永不终结的契合

王佐良纪念文集

曹莉 李明明 主编

生活·讀書·新知 三联书店

Copyright © 2023 by SDX Joint Publishing Company.
All Rights Reserved.

本作品版权由生活·读书·新知三联书店所有。
未经许可，不得翻印。

本书获得清华大学外文系学术出版基金资助

图书在版编目（CIP）数据

 永不终结的契合：王佐良纪念文集／曹莉，李明明主编 . —北京：
生活·读书·新知三联书店，2023.3
 ISBN 978 – 7 – 108 – 07517 – 8

 Ⅰ . ①永⋯ Ⅱ . ①曹⋯ ②李⋯ Ⅲ . ①王佐良（1916—1995）–纪念文集
Ⅳ . ① K825.6-53

 中国版本图书馆 CIP 数据核字（2022）第 182148 号

责任编辑　张　惟
装帧设计　罗　洪
责任校对　曹秋月
责任印制　宋　家
出版发行　生活·讀書·新知 三联书店
　　　　　（北京市东城区美术馆东街 22 号　100010）
网　　址　www.sdxjpc.com
经　　销　新华书店
印　　刷　河北鹏润印刷有限公司
版　　次　2023 年 3 月北京第 1 版
　　　　　2023 年 3 月北京第 1 次印刷
开　　本　635 毫米 × 965 毫米　1/16　印张 36
字　　数　446 千字　图 14 幅
印　　数　0,001 – 3,000 册
定　　价　129.00 元
（印装查询：01064002715；邮购查询：01084010542）

王佐良在家中书房

伏案写作的王佐良

王佐良在西南联大（20 世纪 30 年代）

王佐良与夫人徐序在昆明（20世纪40年代初）

王佐良在英国牛津大学留学期间（20世纪40年代末）

目 录

代序

    曹　莉　学术与生命的契合　001

第一部分　王公著作拾贝

    一、严复的用心　030

    二、查尔斯·兰姆和约翰·韦伯斯特　037

    三、《英国浪漫主义诗歌史》序　056

    四、英国散文的流变　062

    五、另一种文论：诗人谈诗　071

    六、文学史在古中国的先驱　082

    七、今日中国文学之趋向　093

    八、语言之间的恩怨　141

    九、学风变幻，中国学者何以自处？　149

    十、关于英语文学教学：王佐良教授的一次讲演　155

    十一、论文学间的契合　183

第二部分　学者论文

乐黛云　王佐良教授与中国早期比较文学的发展　204

杨恒达　王佐良与比较文学　209

顾　钧　文学间的契合　217

[美] J. 劳伦斯·米切尔　评《论契合——比较文学研究集》　223

黎昌抱　翻译家王佐良　230

张永喜　论王佐良翻译研究的文化比较观　247

吴文安　王佐良的诗歌翻译观　262

刘　鹏　黄梦冉　从王佐良英译《雷雨》管窥译者主体性　271

张中载　诗人王佐良　280

张　剑　"英语诗歌与中国读者"　287

　　　　——王佐良先生的英美诗歌研究

王　立　大浪淘沙见真金　历尽风雨展文华　296

　　　　——《今日中国文学之趋向》与抗战英文宣传册

陈　彦　"迷人的抒情"与"泥土的根"　319

　　　　——西南联大时期王佐良的诗歌实践

卞之琳　第一本中国学者撰写的英国诗通史　330

　　　　——简介王佐良著《英国诗史》

何辉斌　殷企平　论王佐良的外国文学史观　333

姜　红　王佐良先生的学术创新思想与实践　343

叶　隽　那代学人的"弦歌"与"绝响"　349
　　　　——读《王佐良全集》

李伟民　春天，想到了王佐良先生和莎士比亚　358
　　　　——论王佐良先生的莎学研究

江弱水　一辞有两面，两面各一辞：两篇诗评的文本互参　394

第三部分　难忘王公

李赋宁　《王佐良文集》序　408

陈　琳　忆佐良师——《王佐良全集》序　414

胡文仲　缅怀王佐良先生　453

张　耘　忆王佐良老师　458

钱兆明　恩师王佐良为我引航　465

王　宁　中国当代比较文学的先驱　476
　　　　——回忆王佐良先生二三事

高继海　我的导师王佐良　484

李　铁　王佐良先生琐忆　491

杨国斌　平易、真诚、开放：王佐良教授的

　　　　学术境界与风格　498

吴　浩　致契合　510

　　　　——纪念王佐良先生百年诞辰

王　立　共铸学术精品，耕耘中外文苑　514

　　　　——王佐良先生与商务印书馆

王　星　爷爷的书房　533

王　意　苏怡之　王　星　王佐良的生平和他的事业　537

第四部分　王佐良传略和著作简表

一、王佐良传略（清华篇）　554

二、王佐良著作简表　564

代序
学术与生命的契合

曹 莉

2016年6月6日上午,初夏的阳光透过松柏和银杏挺拔的枝干,在清华大学丙所会议室窗外轻快地穿行,这里正在举行"全球化时代的契合:王佐良先生百年诞辰学术研讨会"。会议室外水清木华,绿草如茵;会议室内窗明几净,光线柔美。来自全国各地的近50名学者齐聚清华,共同追忆、畅谈我国外国文学和比较文学的奠基者之一王佐良先生的学术遗产以及他情系一生的两校(清华、北外),为我国外国语言文学学科的发展和外语教育所做出的卓越贡献和深远影响。

会议期间,我特意请工作人员拉开窗帘,让王佐良先生生前居住并挚爱的清华园透过宽大的落地窗进入与会者的视野——彼时彼刻,自然之美与学术之美映入同一个画面,烘托出王佐良先生毕生所追求的人与自然、文字与思想、学术与人生的美妙契合。

那天到会的大多为王佐良先生生前好友、同行、同事、学生,还有先生的家人。他们当中有:中国比较文学学会名誉会长、北京大学中文系教授乐黛云,英语系教授刘意青、申丹;北京外国语大学英语学院教授张中载、金莉、张剑;北京外国语大学外国文学研究所副所长姜红、校史馆馆长姚胜;外语教学与研究出版社总编辑徐建中;中国社会科学院文学研究所所长陆建德,外国文学研究所研究员叶隽;中山大学外国语学院语言研究所所长丁建新;浙江财经大学外国语学院院长黎昌抱；清华大学校史馆馆长范宝龙，大学图书馆党委书记蒋耘，外文系前主任程慕胜、颜海平，欧美文学研究中心主任暨本次会议主持人曹莉；王佐良先生的家人代表、美国布朗大学图书馆馆长王立和夫人等。远在美国和加拿大的刘新民教授、杨国斌教授还发来了书面发言。大家无不深切缅怀，高度评价先生的学术成就和重大贡献。研讨会期间，北京外国语大学外语教学与研究出版社赠予清华大学图书馆的《王佐良全集》12卷本在其著作专架上展出；由清华、北外两校校史馆联合推出的"卓越与为公：王佐良先生百年诞辰展览"在清华大学校史馆正式开幕。

一个月后，我作为王佐良先生的学生和清华大学的代表，应邀回到母校北京外国语大学参加"王佐良先生百年诞辰纪念大会"。各路前辈、学友和同行再度相聚北外，深情回忆王佐良先生在外国语言文学和比较文学学科建设、外国文学、诗歌研究、诗歌创作、文学翻译、外语教育和公共写作等领域的深刻洞见和杰出成就，盛况空前。我在发言中说：

> 王佐良先生是清华大学外文系的杰出校友，青年学者的典范。先生对"传统与现代""外来文化与本土文化"及"中国与世界"的思考，可以用"契合"二字高度概括。"契合"与清华大学，包括清华外文所秉承的"中西融会、古今贯通、文理渗透"的会通理念一脉相承，他在《想起清华种种》一文中提出以"卓越"和"为公"作为清华人的行为准则："卓越，就是不满足于一般地好。""卓越也意味着不囿于中国旧说或西方新论，而能突破界限，实现新探索、新综合。""为公，就是以所学贡献国家、为人民服务。"
>
> 无论是相遇还是契合，先生终身所倡导和实践的文学与社

会、为学与为人、西学与中学、中国与世界的交融与"契合",值得我们这一代人永远铭记、不断追寻;而他所追求和垂范的开放中见严谨、平易中见深邃、包容中见真诚的治学作风和品格,正是这个全球化时代的文化交流、学术研究和科学探索最需要的精神和品质。

我是在北外读本科的时候,有幸受教于王佐良先生的。1982年春季学期,先生亲自指导我完成本科毕业论文《浅论济慈的诗歌》,并给予"A等"成绩。1984年初春,我参加了当年在北外举行的为期三天的五门研究生入学笔试(政治理论、基础英语、英美文学、二外法语、综合考试),4月收到了面试通知书。记得面试那天,北外西院办公楼某会议室里有王佐良、周珏良、丁往道、吴冰等诸位先生在座。我在回答关于浪漫主义诗歌的有关问题时,特意引用了一段英诗(现在想不起来是布莱克还是华兹华斯的了)。几位先生的微微颔首让我意识到,在数月之后,我将如愿回到北外校园攻读英美文学硕士研究生学位。

1987年,我从北外硕士毕业,在众多的择业可能性乃至各种具有时代烙印的诱惑中,选定去先生的母校清华大学外文系任教,这在很大程度上是由于王佐良先生这批清华和西南联大的天之骄子、新中国外国语言文学的领路人的感召和激励。老清华外文系人才济济,艳压群芳,全国第一。榜样的力量是无穷的!再续辉煌,重振清华人文和外文,对一个青年学子而言,该是多么美妙的中国梦!

20世纪90年代初期,我奉命担任外文系英语专业教研室主任,时常陪同系主任程慕胜老师去王佐良先生在清华中八楼的寓所,请教关于清华外文系学科发展和专业建设的问题。先生每次都是在他的书房里热情地接待我们,师母徐序老师也总是笑眯眯地用一个精致的小托盘端来茶水和糖果，然后安静地坐在一边听先生和我们交谈。那时的我，涉世未深，视野有限，只晓得配合系主任和先生谈工作，很少主动向先生当面或书面请教学术问题。现在每每拿起先生写的那一本本极有见地、思想通透的书，真是后悔莫及！清华外文系资深教授汪礼瑞老师是徐序师母的同事加好友，她只要去看师母，必要喊上我一起去，这样一来，我和师母相见的次数也就多了起来。每次去，师母都带着她特有的温婉笑容来给我们开门让座，她的那种迷人又温暖的慈祥模样，至今历历在目！先生去世后，师母有一阵子去美国和女儿王佳同住，我们打过几次越洋电话，寄过贺年卡，师母回国第二天即打来电话：她老人家从美国为我女儿墨湄带回了巧克力，这是一份多么甜美的礼物！

也是在 90 年代初期，恰逢清华大学图书馆报告厅落成，先生非常喜欢报告厅典雅大气、浑然天成的风格，表示愿在报告厅做一场学术讲座。我们非常高兴，很快落实了相关事项。1993 年 11 月 16 日上午，清华师生有幸耳闻目睹了一代外国文学大师王佐良先生在清华当时最为典雅的讲坛上如数家珍，娓娓道来。那天先生讲的题目是："Where is Good Prose to be Found？"那是他最为钟爱的话题之一。其时，先生正沉浸在写就《英国散文的流变》（1992 年完成，1996 年出版）和《英国文学史》（1992 年完成，1996 年出版）这两部标志性著作的喜悦和兴奋之中，能在自己的母校清华大学新落成的图书馆讲坛上与青年学子分享自己最新的研究成果该是一件何等的乐事！

1995 年秋至 1996 年夏，我获得富布赖特奖学金并赴美国访学，王佐良先生是推荐人之一。1994 年春，我在家中接到了先生给我打来的电话，先生说，他"一口气看完了"我用英文写的富布赖特学者研究计划，计划的内容和英文都"非常出色"，表现了一个青年学者的"可贵思考和追求"，他愿意"全力推荐"。先生的推荐给了我一把走向国际学界的金钥匙,我后来去剑桥大学攻读博士学位也与这段富布赖特访学的经历有关。记得当年在美国新闻署驻京办面试时,考夫曼女士和北大王式任教授与我开玩笑说:"你有王公的推荐信,今天的面试就权当聊天了。"应该说,富布赖特访学计划是我走向学术成熟期的开端。1999年,台湾生智出版社出版的当代大师系列之十四,《史碧娃克》,就是我在康奈尔和哈佛访学期间孕育而成的。后来我凭这本小书,于1998年获得了择优晋升教授的机会。令人深感遗憾的是,我的赴美访学尚未启程,王佐良先生却于1995年年初突然驾鹤西去了。否则,待我从美国返学归来,该有多少学习心得和感悟要向先生汇报和倾诉!

2021年,清华迎来了110周年校庆,我在清华工作也已进入第34个年头。一个人的一生能有多少个34年!这本《王佐良先生纪念文集》是继2016年在清华和北外举办王佐良先生百年诞辰纪念会之后的一个夙愿,它既是对先生的纪念,也是对自己和各位学术前辈及同行在外国文学、比较文学和翻译学等领域研究先贤成果,接续学术传统,助推薪火相传的一次阶段性小结。

借主编纪念文集的机会,我一遍遍重温先生的学术思想和学术著作,愈发感到"契合"这一先生孜孜追求和践行的学术和人生理念,宛如一根红线,将先生为人为学高度统一、孜孜不倦、弦歌不辍的悠悠岁月绝妙地串在了一起。这条红线给予我们的启示是多方面的,从这条红线中,我们不仅看到了前辈大师以及他们所从事的学术和教育事业的纯粹和伟大,也触发了与我们这个时代密切相关的几点反思:

> 如何整理、总结和传承中国外国文学、比较文学研究与教学的学术谱系与治学传统?
>
> 中国外国文学和比较文学研究与教学中有怎样的中国故事?

如何讲好这样的中国故事?

当代学人需要具备哪些学养,才能成为一个(新时代)优秀的外国文学学者?

从2013年起,由王佐良、李赋宁、杨周翰、陈嘉、范存忠、冯至等老一辈学者开创的新中国外国文学学科,经过半个多世纪的变化和发展,正式拓展为外国文学、外国语言学与应用语言学、翻译学、比较文学与跨文化研究、国别与区域研究五个学科发展方向。纵观王佐良先生一生的学术遗产和辉煌成就,令人不由得发出"一个学者就是一个学科"的感慨!诗人王佐良、文学史家王佐良、翻译与跨文化研究专家王佐良、外国文学研究专家王佐良、比较文学研究专家王佐良——五大学科方向,几乎无所不包,并行不悖;长期徜徉在先生脑海和笔端的文字与思想的契合、文学与文学的契合、文学与人生的契合、文化与社会的契合、学术与生命的契合,在先生身上结合得如此地自然熨帖,天衣无缝!

从20世纪40年代留任西南联大担任助教开始,先生就着眼于中外古今和中国文学与外国文学的相遇及比较。1946年发表的抗战期间英文宣传册《今日中国文学之趋向》,是先生最早的一篇向国际社会宣传介绍中国现代文学,发表自己关于中国文学、外国文学和比较文学学术洞见的长文。青年王佐良的文学慧眼、学术功底和治学风格呼之欲出,健壮且饱满。文中中西古今的对话和比较比比皆是,开人心目。该文译者,先生的五子、美国布朗大学图书馆馆长王立的如下评价可谓恰如其分、一语中的:

> 新近发现的珍稀抗战文献中的《今日中国文学之趋向》(*Trends in Chinese Literature Today*),是王佐良先生(1916—1995)在抗战

期间为军委会战地服务团撰写的。该册出版于1946年，但注明成文于抗战结束之前。这批专门为来华盟军编印的关于"中国与中国的事物"的英文宣传册，具有重要的文物价值和学术研究价值。该文以精辟的见解、生动的笔触，概述了从五四新文化运动开始的约25年里（大约从1917年至1943年）中国现代文学的全景式发展历程、时代特征和历史意义。由此，作者对中国新文学的成就提出了独特的思考、诠释和展望，并从中阐发出自己的文学理念和追求。尤其是从那时开始他就以中外文学史相互"契合"的视角，运用比较研究的方法概括总结中国新文学的发展趋向。由此而发端的其后许多研究著作都一脉相承，体现了五四以来的人文思想精神。

"契合"，affinity，是王佐良先生学术和生命视野的一个核心概念，它不仅是读书和思考的方法，更是先生的学术和精神追求。先生在这篇文章中，从五四新文化运动说起，纵横捭阖，如数家珍。仅仅一篇文章，就将中国20世纪上半叶的文学地图描绘得泾渭分明，一清二楚，其中的高峰、高原、平原、低谷一目了然，恰如其分。而贯穿文章始终的核心概念和治学方法就是——"契合"。马克思列宁主义与中国革命的具体实践相结合是"契合"，中国文学与外国文学之间的对话与交流是"契合"，学术理想与人生追求的高度重合也是"契合"。"契合"二字可谓王佐良先生的毕生追求和丰硕成就之真实写照，透过先生大半个世纪的求学和治学历程，我们清晰无误地看到了诗人与翻译家的契合，文学评论家与文学史家的契合，中国文学家与英国文学家、比较文学家的契合，学者与教育家的契合，直至学术与生命的契合——这种多维度、多视角、多学科和多领域的一以贯之的契合，在中外学界堪称凤毛麟角，出类拔萃。

先生在 20 世纪 40 年代开始动笔，80 年代成书的比较文学英文论文集取名《论契合——比较文学研究集》(Degrees of Affinity: Studies in Comparative Literature)，可谓由来已久，别有深意。在中译本序言中，王佐良先生开宗明义地指出："书中所有文章都围绕一个中心：作家之间，文学之间的契合。"他接着这样写道：

> 当外国文学的输入解决了本土文学的迫切需求时，本土文学就会应时而动，发生巨变，并同时与外国文学产生契合；而这时的契合就不仅是文学间，也涉及社会、文化、经济和其他方面。倘若一种古老的文学与一种新兴的文学相遇一处，前者有着悠久而弹性十足的古典传统，后者又拥有富有创意的美学或激进的意识形态，契合与碰撞就会更加精彩。
> 这即是 20 世纪中国文学与外国文学的相遇。

对先生而言，中国文学与外国文学的相遇，是研究的内容，也是研究的视角和方法，更是研究的理想和目标。先生曾率先提出，中国古代诗品和文论的发达，反映出中国文学史书写在世界的先驱地位；中国对外国文学的接受，折射出中国学人的历史性选择和现实需求；文学史的写作，需要注重经纬骨架和品种演化；对一名优秀翻译家而言，诗歌不但可译，而且还能促进本国语言的诗歌写作，而他关于文学之间、作家之间"契合关系"的思考和研究，则为中国和世界的比较文学研究提供了富有创见的新理念和新方法。

文学翻译是先生的至爱，无论是中译英，还是英译中，都有传世之作，而"契合"正是翻译的核心要义和灵魂所在。翻译不仅仅是文字的转换，更是文明的碰撞、文化的交流和思想的砥砺。好的翻译能打开一扇扇新世界的大门，为民族文化和本土文化注入新的源泉和养分。"翻译，特别是文学翻译对于任何民族文学、任何民族文化都有莫大好处。不仅是打开了若干朝外的门窗，还能给民族文学以新的生命力。如果去掉翻译，每个民族的文化都将大为贫乏，整个世界也将失去光泽，宛如脱了锦袍，只剩下单调的内衣。"（《严复的用心》）

早在20世纪40年代西南联大留校任教时期，先生就开始尝试翻译文学作品，但他的乔伊斯《都柏林人》翻译手稿却因日本飞机空袭而不幸丢失。先生曾与吴景荣、许国璋、周珏良等合译苏联作家爱伦堡的《暴风雨》（英文转译）。新中国成立后，先生曾与西南联大时期的老师金岳霖、钱锺书等一起被聘为《毛泽东选集》英译委员会委员，参加了《毛选》1—4卷的翻译工作。

对于翻译方法和技巧，先生历来主张"该直译则直译，该意译则意译，任何成功的翻译都是直译与意译的结合"，"一切照原作，雅俗如之，深浅如之，口气如之，文体如之。译者要不断锤炼自己的汉语，使之纯净而又锐利"。从以下译文案例中，我们可以管窥先生忠实原作、精准巧妙的生花妙笔：

"My Heart Leaps Up"
by William Wordsworth
《每当我看见天上的虹》
华兹华斯

My heart leaps up when I behold
A rainbow in the sky:
So was it when my life began;
So is it now I am a man;
So be it when I shall grow old,

Or let me die!
The Child is father of the Man;
And I could wish my days to be
Bound each to each by natural piety.

每当我看见天上的虹
我的心就跳。
初生时这样,
长成人也这样,
老了也不会不同——
否则不如死掉!
婴儿是成人的父亲。
但愿我一生的时间
前后有天生的虔诚贯串。

《雷雨》(节选)

曹禺

Thunderstorm(partly selected)

Cao, Yu

鲁贵:他妈的!(兴奋地问着)你们想,你们哪一个对得起我?(向四凤同大海)你们哪一个不是我辛辛苦苦养大的?可是你们哪一件事做得对得起我?(对大海)你说?(对四凤)你说?(对鲁妈)你也说说,这都是你的好孩子啊?……我跟你们一块儿饿着肚子等死。你们想想,你们是哪一件事对得起我?(对大海)……我要是饿死,你是哪一点对得起我?我问问你,我要是这样死了?

Lugui: God almighty! (Heatedly) Just look at you. There's not one of you can look me in the face! (To Sifeng and Ta-hai) I've worked my fingers to the bone to bring you two up, both of you, but what have either of you ever done to show your gratitude? (To Ta-hai) Eh? (To Sifeng) Answer me that! (To Lu Ma) Or perhaps you can tell me, seeing that they're your precious children? … I've just got to stay here and starve to death with you! Now just ask yourselves: What have you ever done for me that you can be proud of? (To Ta-hai) … If I did die, you'd have it on your conscience, now wouldn't you? Eh? If I did die like this?

无论是英国浪漫主义诗人华兹华斯笔下的天上彩虹，还是中国剧作家曹禺所塑造的鲁贵，经由语言和文化的恰当转化，原先的雅俗深浅、文采神韵得到了最大限度的保留和传递。而先生翻译的培根《谈读书》，更是字字珠玑，形似神似，是一座后人难以超越的文学翻译高峰：

Of Studies (partly selected)

Francis Bacon

《谈读书》（节选）

弗朗西斯·培根

Studies serve for delight, for ornament, and for ability. Their chief use for delight, is in privateness and retiring; for ornament, is in discourse; and for ability, is in the judgment, and disposition of business.

读书足以怡情，足以傅彩，足以长才。其怡情也，最见于独处幽居之时；其傅彩也，最见于高谈阔论之中；其长才也，最见于处世判事之际。

语言的锤炼，就是思想的锤炼，反之亦然。王佐良先生的文字之所以能够炉火纯青，力透纸背，通达传神，全然源于他的好学乐思，而先生的才华和博学一定是与他开放的思想和活跃的思维相辅相成、互为成全的。这一点在诗人王佐良身上，亦是栩栩如生，出神入化。先生写诗、评诗、译诗、编诗集、写诗史，早在学生时代，先生就对诗歌创作情有独钟，大学时代写的《暮》，颇有几分英国玄学派和现代派相结合的诗韵：

《暮》
浓的青，浓的紫，夏天海中的蓝；
凝住的山色几乎要滴下来了。
夕阳乃以彩笔渲染着。
云锦如胭脂渗进了清溪的水——
应分是好的岁月重复回来了。
它于是梦见了繁华。

不是繁华！
夜逐渐偷近，如一曲低沉的歌。
小溪乃不胜粗黑树影的重压了。

树空空地张着巨人的手
徒然等待风暴的来到——
风已同小鸟作着亲密的私语了。

静点吧，静点吧；
芦管中有声音在哭泣。
看！谁家的屋顶上还升腾着好时候的炊烟？

这首诗的开头:"浓的青,浓的紫,夏天海中的蓝;凝住的山色几乎要滴下来了。"将夕阳辉映下的湖光山色渲染得淋漓尽致。但诗人并不满足用巧妙的意象或"巧思"(conceit)来描写黄昏时分的景致,而是要写活他所处的那个时代,风暴来临之前的场景。诗人此时已经经历了"一二·九抗日救亡运动"的洗礼,他采用今昔对比的手法,着力渲染和揭示昔日安逸的时光(繁华,好时候的炊烟),正在被席卷而来的风暴(战争、饥饿、动乱)所摧毁,"好时候的炊烟"被"低沉的歌""粗黑的树影"和"芦管中的哭泣"取而代之。

《1948年圣诞》(节选)
伦敦的阴雾笼罩了丝头巾,
巾下的人脸何等洁白!
眼眶下却有忧郁的青色,
心头涌起的不是太阳,
只想躲进更浓的黑暗。
今夜处处窗子都亮着,
却有寂寞从四面袭来,
像是那灰色城楼外的军队,
悄悄地逼近又逼近,
包围了一个无救的敌人。

从时间来看,这首诗写于先生留学牛津的第二个圣诞节。可以想象,一位年轻的中国学者,远离祖国的至爱亲朋,只身一人远渡重洋,负笈求学,在异国他乡合家团聚的日子里,来到世界上最繁华喧闹的城市——伦敦,然而大都市的喧哗和热闹,如何能赶走举家团聚之时海外游子心头的寂寞和无奈?!"今夜处处窗子都亮着,却有寂寞从四面袭来",写活了多少离家远游的中国学子的期盼和寂寥!

下一首《心胸》是先生对英国文学大文豪莎士比亚的由衷赞叹,也是一位中国学者与英国剧作家的对话和神交。四百年风云变幻,科学技术突飞猛进,人类文明一日千里,然莎士比亚诗才永恒,精神不朽。全诗言简意赅,虚实有致,通透俊朗:

《心胸》(节选)
莎士比亚,你的心胸坦荡荡
吸收这个的俊逸,模仿那个的开阔,
只要能写出更动人的诗剧,
让感情在舞台上燃成烈火。
但又比火永恒。
多少人物的命运留下了长远思索的命题:
一个青年知识分子的困惑,
一个老年父亲在荒野的悲啼,
一个武士丈夫的钟情和多疑,
另一个武士在生命边缘的醒悟,
都曾使过往岁月的无数旅人停步,
重新寻找人生的道路。
……
因此你坦荡荡。
四百年云烟过眼,
科学登了月,猜出了生命的密码,
却不能把你销蚀。
有什么能代替你笔下的人的哀乐,生的光华?

语言——汉语、英语,是先生终生的陪伴和佩剑。语言对于诗人、翻译家、批评家,就好比琴弦对于音乐家,画笔对于画家,钢枪对于战士。语言的魅力和能量是无穷的。然而,两种语言,母语和外语在先生心目中是这样排列的:

《语言》(节选)
中心的问题还是语言。
没有语言,没有文学,没有历史,没有文化。
有了语言,也带来不尽的争论:
是语言限制了思想,
还是语言使思想更精确,
使不可捉摸的可以捉摸,
使隐秘的成为鲜明,
使无声的愤怒变成响亮的抗议,
……
我学另一种语言,
我要钻进去探明它的究竟,它的活力和神秘,
它的历史和将来的命运,
……
但我更爱自己的语言,
无数方言提供了各种音乐,永远不会单调!
各个阶段的历史,各处的乡情和风俗,
永远不会缺乏深厚而又深厚的根子,
而协调它们、联系它们、融合它们的
则是那美丽无比、奇妙无比的汉字!
……
但愿它能刷新,
去掉臃肿,去掉累赘,

> 去掉那些打瞌睡的成语，那些不精确的形容词，
> 那些装腔作势的空话套话，
> 精悍一点，麻利一点，也温柔一点，出落得更加矫健灵活。

这首诗不仅表达了先生的语言观，而且彰显了先生的世界观、文化观和人生观——汉字连接着我们的文化之根，外语打开了我们认识世界的另一扇窗户。不装腔作势，不讲空话套话，"精悍一点，麻利一点，也温柔一点，出落得更加矫健灵活"，又何尝不是先生做人做事的方式和原则，文如其人、见字如面，说得正是这种境界。

先生在他生命的最后十年，致力于文学史的研究。除了与周珏良、何其莘等先生共同主编国家社会科学基金重点研究项目《英国文学史》五卷本之外，先后独立编写了《英国浪漫主义诗歌史》《英国诗史》《英国散文的流变》《英国文学史》等多部文学史专著。如果先生的若干学术随笔和文学研究论文是他学术生涯的一片片高原，那么这些鸿篇史书，则是先生学术遗产的一座座高峰，其中蕴含的学问、思想、才华和洞见后人难以企及。

先生主张修史当有本（中）国观点，编著者不仅要尊重历史，还"要有中国观点；要以历史唯物主义为指导；要以叙述为主；要有一个总的骨架；要有可读性"；"写外国文学史首先应该提供史实，以叙述而不是以议论为主"，要"有说有唱，说的是情节，唱的是作品引文。没有大量的作品引文，文学史是不可能吸引读者的"。1987年12月1日，先生在南京参加全国外国文学学会年会期间，就文学史的写作原则致信好友周珏良：

> 更实在一点的也许是关于文学史写法的讨论。这次从英、美、苏联、民主德国、印度等国一直谈到我们中国，算是把文学

史的各种写法展览了一下，虽说比较概略，但也有点启发。我的想法你是知道的，在这次会上也说了一下，人们的反映似乎是我太重文学性，而对科学性注意不够。唉，我多么不喜欢这个"性"字！而我所提的文学性，也不是当前西方和中国文论界所提的"文体性"之类，无非是希望看到文学史写得有点人情味和文采。为什么这些年来出的中外文学史都读起来像普通社论，谈文学而本身无文学味！我们的前辈并不这样，鲁迅和闻一多的文学史类著作都是很好的散文，甚至是抒情散文。文采当然并不等于堆砌美丽的辞藻，而是能有新见解，能从新角度看旧事物。

（《中楼集·与友人论文采书》）

1992年完成、1996年出版、2017年由商务出版社再版的《英国文学史》是先生独撰的一部文学史杰作。在序言中，先生这样写道：

近年来一直在从事文学史的研究和撰写，有一个问题始终令我困惑，即一部文学史应以什么为纲。没有纲则文学史不过是若干作家论的串联，有了纲才足以言史。经过一个时期的摸索，我感到比较切实可行的办法是以几个主要文学品种（诗歌、戏剧、小说、散文等）的演化为经，以大的文学潮流（文艺复兴、浪漫主义、现代主义等）为纬，重要作家则用"特写镜头"突出起来，这样文学本身的发展可以说得比较具体，也有大的线索可循。同时，又要把文学同整个文化（社会、政治、经济等）的变化联系起来谈，避免把文学孤立起来，成为幽室之兰。在这过程里，我也参考了外国已出的文学史，发现不论总的结构原则如何，到一定阶段（特别是近现代）总要分章论述小说、诗歌、戏剧之类品种。此外，由于我是中国研究者，冥冥之中，总有一条以唐诗、宋词、元曲、明清小说为线索的中国文学演化图显现于我的脑海，使我更信以品种演化为经之不误。

1992 年，清华园

序言开宗明义地交代了先生写史的原则和本书的布局。先生的中学和西学功底，使他在撰写一部异国文学史时，能够做到信手拈来，举重若轻。第一章引论也仅有 1168 字，简明扼要，直抵问题核心：

> 对于英国文学，外国研究者的看法不同于英美研究者，他们总有自己的偏爱和独特的着重点。法国人在英国文学中寻找的是符合法国人口味的东西，例如智慧、理性、明彻的风格。在法国文学史家的笔下，乔叟的重要性在于其以法为师，而拜伦的主要缺点则在于其非理性的气质。德国人说莎士比亚是一个错生在英国的德国天才。有的苏联文学史家发掘出一本名叫《牛虻》的英文小说，而对在英国家喻户晓的《傲慢与偏见》一书只字不提。
>
> 也有另外一种倾向，即在英国文学中寻找自己本国文学所缺乏的东西。在美国长大并任教多年的西班牙哲学家桑塔亚那（George Santayana）曾经这样论述英国和英国人：
>
>> 英格兰是气氛之乡，到处弥漫着一种发亮的雾。这雾糅和了距离、扩大了远景，使熟见之物变得幻异、罕见之物变得和谐、美丽的东西更为神奇、丑恶的东西可以入画。……
>> 一切都沉吟着，一切都是发亮的、灰色的。
>> 英国人听命于他心里的气氛，他灵魂里的气候。
>>
>> （《在英格兰的独白》）

文章是写得美极了！然而如果人们跟着这位向导去读英国文学，那么势必会只去寻求英国的幽默，英国人的怪脾气，像《阿丽丝漫游奇境记》那样的奇怪作品，兰姆的小品文，爱德华·李亚的"荒谬诗"（nonsense verse），吉尔勃特与沙利文的滑稽歌剧，等等。这里无疑有许多好东西——有谁能不被阿丽丝的奇遇、更奇的语言和逻辑所吸引呢？

但是这类作品却不能代表英国文学的全貌。还有数量极大的其他作品是英国文学里的珍宝。如果只着重气氛，那么人们又怎么去看待那些既善于写出诗意的气氛又能给读者以深刻的现实感，既有阳光又有阴影的作家，例如莎士比亚、密尔顿、济慈、狄更斯和哈代等人呢？

然而偏爱与独特的着重点又是不可免的。就以本国读者而论，每一代人对于古典名著都有程度不同的新看法，都会对传统的看法有所修正和发展；在这个意义上，可以说是每一代人都在重新发现古典名著。而就外国读者和外国的研究者而言，那么不同的环境、文化传统，不同的立场和观点，更是势必要带来不同的看法。

而且，这样的事也是有益的。只要外国研究者了解并尊重有关作家、作品、所处时代、社会等等的事实，那么在深入阅读和研究具体作品之后，提出自己的看法和解释正是有助于维护和发扬人类优秀文化遗产的大好事。一部文学作品从来不是一个孤零零的密封世界；它需要众多读者的关心与阅读，众多作者的观摩与仿效，众多批评者的评头品足和互相争论，才会以其题材和艺术不断丰富人类的精神生活，才会获得"不朽"，否则它只会变成文学博物馆里的木乃伊。一个重要作家之所以重要，在于他还有超越本国国界的影响，这样人们也就理所当然地把他看成是属于全人类的一种民族文学，固然需要钻进去研究，但有时也需要从外边、从远处有一个全面观——这样人们不仅可以纵观它的整个轮廓，而且还会看清其高峰之所在，以及这些高峰与别的民族文学的高峰之间的距离和关系。

下面写的是一个中国研究者对于英国文学的一个纵观。

上述引论可谓高度概括，画龙点睛，然而层次和思想又是丰富的、起伏的，既不缺史料，更不缺文采，真真切切地做到了有说有唱，有血有肉，完全没有一般性文学史的呆板铺成和八股之风。先生从比较入手，点出法国人、德国人、苏联人和在美国生活的西班牙人如何写英国文学史，虽各领风骚，但都免不了偏爱和偏颇，由此说明文学史家的每一部著作都是从他所在的文化和历史角度，借助自己的学养和思考，对英国文学大师和英国文学经典的一次重读和纵观，中国学者以中国眼光撰写的英国文学史，也不例外。

文艺复兴时期的英国文学是英国文学史上的一座丰碑，作家作品层出不穷，千姿百态。先生准确抓住了"诗与诗剧"和"散文"两大领域，绘声绘色、准确精当地勾勒出文艺复兴时期英国文学的全貌。读者只要一看章节目录，便会一目了然，心领神会：

第三章　文艺复兴时期文学：诗与诗剧
诗歌的花朝
诗剧的兴起
马洛的历史想象力
琼森的现实主义
集大成的莎士比亚
舞台上的历史和历史观

喜剧：丰富与奇幻的集合
悲剧的试笔
悲剧艺术的顶峰
传奇剧的得失

第四章　文艺复兴时期散文
两种风格的争论：科学家的介入
英文《圣经》的文学成就
培根的随笔：小作品，大作用
巴洛克和其他风格
政治斗争的武器
世纪中叶的回顾与展望

文艺复兴时期的诗与诗剧，是英国文学发展史上的第一座高峰，从才华横溢、出类拔萃的马洛、琼森到集大成者莎士比亚，从喜剧、悲剧到传奇剧，从舞台到历史，从文学到政治，作家经纬，作品坐标，先生全都了然于心。英国散文是文艺复兴时期与诗歌诗剧争相斗艳的奇葩，先生抓住当时盛行的两种风格加以阐述：

> 1660年左右，西塞罗与色尼加之争已经过去，英国散文呈现这样一种局面，即说理性、辩论性的散文与随意性、抒情性的散文两类并存，各有佳作，而很多文章则融合两者之长，同时不论何类，都受到科学家的实用风格的冲击。形成这一局面，是变的结果。
>
> 这是一个剧烈变化的时代。从十六世纪到十七世纪前半整整一百多年，散文诸家竞起，两种风格之争，小册子之战，文

胜于质还是质重于文的辩论，都反映了英国文艺复兴时期经济、政治、宗教上的重大动荡，举凡原始积累、海外扩张、王位继承、清教主义的兴起、大革命的逼近与爆发，科学上的突破与发展……都影响了散文，也都有求于散文，因此在散文家的文句后面有着意识形态的风云变幻，连巴洛克式的华丽怪诞也代表着一种思想情态。

寥寥数语，即将文艺复兴时期英国两种散文的显著特点和前因后果、来龙去脉交代得清清楚楚，泾渭分明。一句"形成这一局面，是变的结果"，高度概括了文学的发展进程与社会大潮的动荡和变革互为因果，相激相荡。

清新、隽永、通透、契合、潇洒、大气，是先生特有的学术境界和写作风范。读先生的书和文章，经常有一种心领神会、如沐春风之感。佶屈聱牙、晦涩难懂的辞藻和套话在他的笔下荡然无存，无影无踪。取而代之的是晓畅的文字、渊博的学问和深邃的思想。先生曾这样教导学生："好的文学作品应该是能使人耳目清明的，论述文学的文章也应该照亮作品，而不是布下更多的蜘蛛网。"学术论文要"写得短些，实在些，多样些，如果做得到，也要新鲜些"。要如实记录自己"所感到的喜悦、兴奋、沉思、疑问、领悟等等"，并应"尽量避免学院或者文学家圈子里的名词、术语"。先生的博士生、我在北外读硕士时期的同学杨国斌教授这样评价先生的博学和晓畅："他的渊博与深邃，以平易、真诚和开放的风格表达出来，让读者感到亲切而不会望而却步。这也正是王佐良教授的学术境界与风格的核心。"

《英国浪漫主义诗歌史》的序写得同样清新灵动，别具一格。作者青年时代在西南联大的求学热忱与后来作为成熟学者的学术判断自然巧妙地融为一体。行文俊逸而深刻，令人心生向往，由衷钦佩：

20世纪30年代后期,在昆明西南联大,一群文学青年醉心于西方现代主义,对于英国浪漫主义诗歌则颇为反感。我们甚至于相约不去上一位教授讲司各特的课。回想起来,这当中七分是追随文学时尚,三分是无知。当时我们不过通过若干选本读了一些浪漫派的抒情诗,觉得它们写得平常,缺乏刺激,而它们在中国的追随者——新月派诗人——不仅不引起我们的尊重,反而由于他们的作品缺乏大的激情和新鲜的语言而更令我们远离浪漫主义。当时我们当中不少人也写诗,而一写就觉得非写艾略特和奥登那路的诗不可,只有他们才有现代敏感和与之相应的现代手法。

半个世纪过去了,经历了许多变化,读的诗也多了,看法也变了。

现代主义仍然是宝贵的诗歌经验,它是现代思想、现代文化的一个重要组成部分,而且为它们打先锋,起了突破性的历史作用。但是浪漫主义是一个更大的诗歌现象,在规模上,在影响上,在今天的余波上。现代主义的若干根子,就在浪漫主义之中;浪漫主义所追求的目标到今天也没有全部实现,而现代主义作为文学风尚则已成为陈迹了。

而先生对浪漫主义诗人华兹华斯的评价更是点睛之笔,精准无虞,令人浮想联翩,回味无穷:

> 法国大革命就曾深深激动了他,使他后来写下这样的名句:
> 幸福呵,活在那个黎明之中,
> 年轻人更是如进天堂!——《序曲》第十一章

他的山水诗极其灵秀,名句如:

我好似一朵孤独的流云。

在十四行诗方面，他将密尔顿的豪放诗风发扬光大，用雄浑的笔调写出了高昂的激情，例如这样的呼唤：

啊，回来吧，快把我们扶挽，
给我们良风、美德、力量、自由！

他是诗歌方面的大理论家，虽然主要论著只是《抒情歌谣集》第二版（1800）的序言，但那篇小文却含有能够摧毁18世纪古典主义的炸药。他说诗必须含有强烈的情感，这就排除了一切应景、游戏之作；诗必须用平常而生动的真实语言写成，这就排除了"诗歌辞藻"与陈言套语；诗的作用在于使读者获得敏锐的判别优劣高下的能力，这样就能把他们从"狂热的小说、病态而愚蠢的德国式悲剧和无聊的夸张的韵文故事的洪流"里解脱出来；他认为诗非等闲之物，而是"一切知识的开始和终结，同人心一样不朽"，而诗人则是"人性的最坚强的保卫者，是支持者和维护者，他所到之处都播下人的情谊和爱"。

这样崇高的诗歌理论过去何曾有过？但光有理论不足以服人，需要新的诗歌来体现它！

先生写文学史，真正做到了载歌载舞，有说有唱。每一段引文、每一处对比、每一段论述，都相映成趣，恰到好处；思想与文字，史实与评论，前后呼应，水乳交融，如高山流水，顺势而下，惟妙惟肖却又不乏洞见和深刻。只有王佐良先生这样的学术大家，才无须依赖那些深奥晦涩的西方文论术语，而全凭自己的慧眼和学养来准确把握灿若星辰的英国文学发展长河，写实写活距我们几百年之遥的英国文学和英国文学史。

"契合有诸多呈现形式。它不囿于某一时代,可跨越数个世纪。"无论是写史还是翻译,不论是写诗还是评论,先生的跨越、深刻和晓畅是同时并存、紧密契合的。其在不同时期和不同领域的表现可谓一脉相承,交相辉映。日复一日的积淀和深刻独到的见解一路踏歌而行,携手并进,行至永远。本纪念文集取名为《永不终结的契合》,正是为了表明其中的应有之义。

本文集在2016年6月"全球化时代的契合:王佐良先生百年诞辰学术研讨会"的基础上整理扩展而成。全书由"王公著作拾贝""学者论文""难忘王公"和"王佐良传略和著作简表"四部分组成。其中,"学者论文"部分按照王佐良先生所涉猎的比较文学、翻译研究、诗歌实践与研究、文学史、文学批评等若干学术领域的顺序进行编排,旨在全面系统地展示其学贯中西、会通古今、扎根中国、放眼世界、潜心学术、创造新知、教书育人、追求卓越的人生旅程。期望先生的学术思想、治学风格和通才魅力在清华大学110周年校庆之际能再一次照亮历史,启示当下,激励后人。

感谢我的清华同事李明明副教授在本书编辑过程中鼎力相助;感谢白申昊、曹晓濛、王宇豪、毛琬鑫、王璐、张熠琳等同学提供文本转换和格式编辑等方面的及时协助。感谢王佐良先生的家人王意、王立、王星的慷慨支持。先生的孙女王星远在非洲公务,自告奋勇翻译了先生20世纪90年代初在北外的演讲"About Teaching of English literature",节选了她自己和爷爷共同钟爱的"Charles Lamb and John Webster"一文。感谢所有作者和同行的宝贵贡献和友情指点。

谨以此序献给尊敬的王佐良先生和我亲爱的妈妈高明女士。

2022年4月完稿于荷清苑

王佐良、李鲸石教授来清华外文系指导工作，左二王佐良，左一系主任吴古华（20世纪80年代）

1993年北外英美文学系列讲座，二排左七王佐良，左四曹莉

2016年清华纪念王佐良百年诞辰研讨会现场

2016年王公百年诞辰研讨会合影

第一部分

王公著作拾贝

一、严复的用心

在历史上,一个大的文化运动往往有一个翻译运动伴随或作为前驱。中国在 19、20 世纪之交酝酿着一个文化上的巨变,也有一个翻译运动应运而生。只不过,这个运动虽然造成一时声势,影响更为深远,却只是两个人的努力结果。1896 年林纾译了法国小仲马的小说《巴黎茶花女遗事》,使中国读书界了解到西方大都市中青年男女的感情生活。1897 年严复在天津创办《国闻报》,开始在上面连载他自己所译赫胥黎的《天演论》,让中国高级知识界接触到当时最新的西方思想(原书出版于 1893 年,四年后就出现中译,可见严复是力求及时的,仅这一点也可看出他用心之良苦)。后来两人都取得了巨大的成功。今天看来,林纾不懂外文而能译外国文学作品达 180 种之多,是克服了特大的困难才能做到的;然而从另一个角度看,也许严复的成就更为难得——因为林纾所译的文艺小说比较容易引起读者兴趣,而严复所译则都是我们今天要称为理论书的大部头著作,不是消遣读物。然而,它们不仅赢得了相当数量的读者,而且引起他们严肃认真的思考,其故安在?显然,首先因为它们出现在一个历史转折的前夕,饱经帝国主义列强侵略和清朝皇帝专制统治之苦的中国知识分子忧国忧民,正在寻求救国革新的真理,因此才能对西方的新理论新学说产生好奇心。然而如果没有严复在翻译上下的功夫,那么这种好奇心是不容易得到满足的,即使初步引起了,也难以使它持久。所以严复的翻译的重要性可能比我们所认识的还要大，而他所采取的翻译方法也可能是另有深意的。

让我们重读他所译的《天演论》的开场白：

> 赫胥黎独处一室之中。在英伦之南。背山而面野。槛外诸境。历历如在几下。乃悬想二千年前。当罗马大将恺彻未到时。此间有何景物。计唯有天造草昧。人功未施。其借征人境者。不过几处荒坟。
>
> 散见坡陀起伏间。而灌木丛林。蒙茸山麓。未经删治如今日者。则无疑也。

再让我们看看原文：

> It may be safely assumed that, two thousand years ago, before Caesar set foot in southern Britain, the whole countryside visible from the windows of the room in which I write, was in what is called "the state of Nature". Except, it may be, by raising a few sepulchral mounds, such as those which still, here and there, break the flowing contours of the downs, man's hands had made no mark upon it; and the thin veil of vegetation which overspread the broad-backed heights and the shelving sides of the coombs was unaffected by his industry.

两相对照，就可以发现严复是把整段原文拆开，照汉语习见的方式重新组句的：原文里的复合长句在译文里变成了若干并列短句，主从关系不见了，读起来反而更加流畅。原文里第一人称的"I"成了译文里第三人称的"赫胥黎"，也是值得注意的变化。为什么要这样变？

很可能，是为了要使译文读起来像中国古代的说部与史书，史书的开头往往是"太史公曰、臣光曰"之类。对于科学名词的处理也是煞费苦心的——严复本人曾经说过一段话：

> 新理踵出。名目纷繁。索之中文。渺不可得。即有牵合。终嫌参差。译者遇此。独有自具衡量。即义定名。……一名之立。旬月踟蹰。

他并不怕创立新名词；事实上，他颇创立了一些，有的还颇为巧妙，如以"涅伏"译"nerve"，"名学"译"logic"，"群性"译"political nature"，"化中人位论"译"Man's Place in Nature"，"清净之理"译"pure reason"，等等。然而他又体念读者的困难，尽量少用新名词，凡能用中国成语者都用成语，因此将上段引文中的"the state of Nature"译成了"天造草昧"。

如从风格着眼，人们又会看出：严复这段译文写得比赫胥黎的原文更戏剧化。原文首句是板着面孔开始的：

> It may be safely assumed that...

而译文的第一句：

> 赫胥黎独处一室之中……

则立刻把我们带到了一个富于戏剧性的场合，引起我们的推测、悬想。而且这不是孤例。在原文本段略后处，赫胥黎简要地写了"unceasing struggle for existence"几字，而严复的译文则是：

战事炽然。强者后亡。弱者先绝。年年岁岁。偏有留遗。

不仅是加了好些字,而且读起来简直像一个战况公报了!

我们禁不住又要问:他为什么要这样?为什么要把一部科学理论著作译得如此戏剧化?有一点也许可以提出作为部分的回答,即他是要把此书译成一本有强烈的历史意识的著作,所以他也就调动他所掌握的种种风格手段来增强读者的历史感。这对于一部纵论人类亿万年来通过物竞天择的无情斗争而演化到今天的重要著作,无疑是完全适合的。

严复还曾译过英国诗,这一点论者不多。就在这本《天演论》里,我们发现他译了赫胥黎所引的一段诗,原文是:

> All Nature is but art, unknown to thee;
> All chance, direction, which thou canst not see;
> All discord, harmony not understood;
> All partial evil, universal good:
> And, spite of pride, in erring reason's spite,
> One truth is clear, whatever is, is right.

作者是英国18世纪重要诗人亚历山大·蒲柏(Alexander Pope),出处是他的名作《人论》(*Essay on Man*),特别是最后一行("凡存在的都正确")是人们经常引用来说明当时统治阶级所支持的理性主义的绝对自信的。蒲柏的诗不好译,因为他虽无多少新见解,在表达艺术上却是公认的最有才能的大家。严复是否了解蒲柏的重要性,我们不知道,但是他的译文是颇见功力的:

> 元宰有秘机,斯人特未悟。

> 世事岂偶然，彼苍审措注。
> 乍疑乐律乖，庸知各得所。
> 虽有偏沴灾，终则其利溥。
> 寄语傲慢徒，慎勿轻毁诅。
> 一理今分明，造化原无过。

首先，这是用韵文译韵文，格律是严谨的，比后世的用散文来译高明多了。其次，译文很有原文那种肯定、自信的口气，连蒲柏教训人的神情也传达过来了。第三，蒲柏每行中有一反一正两个意思，译文也照样，对照分明，干净利落。但严复并不是无懈可击的。最后一行译文的下半——"造化原无过"——缺乏原文的确切性和概括性，在一个小结前文的紧要地方他译得过分自由了。

我们对严复的翻译实践已略有所知，现在可以进而研究他的翻译理论了。就在《天演论》的卷头凡例里，严复提出了他的"三点论"：

> 译事三难：信、达、雅。求其信，已大难矣。顾信矣，不达；虽译，犹不译也，则达尚焉。……
> 易曰：修辞立诚。子曰：辞达而已。又曰：言之无文，行之不远。三者乃文章正轨，亦即为译事楷模。故信、达而外，求其尔雅。

这是一段名文，是近代中国最有名的翻译理论，后来讨论翻译的人很少不引它的，但是紧接的下文同样值得注意：

> 此不仅期以行远已耳，实则精理微言。用汉以前字法句法，则为达易。用近世利俗文字，则求达难。往往抑义就词，毫厘千

里。审择于斯二者之间，夫固有所不得已也，岂钓奇哉！

如果我们暂且撇开一点不论，即为什么必须用"汉以前字法句法"才能传达"精理微言"，我们会看出严复的"雅"是同他的第一亦即最重要的一点——"信"——紧密相连的。换言之，雅不是美化，不是把一篇原来不典雅的文章译得很典雅，而是指一种努力，要传达一种比词、句的简单的含义更高更精微的东西：原作者的心智特点，原作的精神光泽。我们在上文提到过的"戏剧化"就是这种努力的一端。

而严复之所以选择"汉以前字法句法"，也不只是从语言或风格着眼。他从事翻译是有目的的，即要吸引士大夫们的注意。这些人足以左右大局，然而却保守成性，对外来事物有深刻的疑惧；只是在多次败于外夷之手以后，才勉强看向西方，但也无非是寻求一种足以立刻解决中国的某些实际困难的速效方法而已。严复比他们看得远；他知道事涉根本，必须彻底改革中国社会，而要改革奏效又必须引进一整套新的思想。他所翻译的书是经过精心选择的：亚当·斯密的《原富》，孟德斯鸠的《法意》，穆勒的《名学》和《群己权界论》（即《论自由》），斯宾塞的《群学肄言》，赫胥黎的《天演论》，等等，每一本都是资本主义思想的奠基之作，涉及经济、政治、哲学、社会学、科学等重要方面，合起来构成近代西方的主导的意识形态系统。正是这一点体现出严复是一个不同一般的高超译者：他对于西方文化的了解比人们所承认的要深得多，他想通过翻译达到的目的也比人们所觉察的要大得多。

但他又认识到这些书对于那些仍在中古的梦乡里酣睡的人是多么难以下咽的苦药，因此他在上面涂了糖衣，这糖衣就是士大夫们所心折的汉以前的古雅文体。雅，乃是严复的招徕术。

他成功了：硬是把一本又一本讲西洋资本主义政治经济学的理论

大书介绍到了中国知识分子中间,使得其中对西洋文化无兴趣,甚至反感的人也认真阅读和思考起来,产生了一系列重大后果,有的且为严复本人始料所未及。他的翻译实践是全力争取这样的读者的实践。拿实践来检验他的理论,我们就容易看出:他之所谓"信"是指为这样的读者准确传达原作的内容,"达"是指尽量运用他们所习见的表达方式,"雅"是指通过艺术地再现和加强原作的风格特色来吸引他们。吸引心目中预定的读者——这是任何译者所不能忽视的大事。

1981 年

二、查尔斯·兰姆和约翰·韦伯斯特

Charles Lamb and John Webster（英汉对照节选）
王星节选自《论契合——比较文学研究集》第九章
梁颖译
Selected by Wang, Xing from
Degrees of Affinity: Studies in Comparative Literature, Chapter 9
Translated by Liang, Ying

There is nothing in common between Lamb and the early enthusiasts. Tragic poetry is not necessarily better than comic wit, but it is at least different. In placing emphasis on a quality hitherto only slightly, if at all, touched, and touched only to be denounced as "wild" and "untutored", and in glorifying it as one of the major reasons why these dramatists are as immortal as Shakespeare himself, lies the originality of Lamb.

Lamb was turning over in his own mind the idea of an anthology. The note-book he kept for dramatic passages was being steadily added to. But the Specimens of English Dramatic Poets Who Lived About the Time of Shakespeare came tardily, as twelve years had to elapse between the first conception of the idea and its final realisation in 1808.[1]

Once published, however, the book made literary history. Though

---

[1] The history of the *Specimens* has been well told by Dykes Campbell, in *The Athenaeum* for August 1894, pp. 265-7. See also E. V. Lucas's continuation of it in his edition of *Works of Charles and Mary Lamb*, 7 vols., 1903-5, IV, 597-603, and F. S. Boas, op. cit.

upon its first appearance the scholars snubbed it, yet all through the nineteenth century, in spite of hostile criticism, it remained the anthology for the Elizabethan drama. The common reader was now able to read in one compact volume all the important old dramatists except Shakespeare. The manner of representation is a cross between the meagre epigrams of the early miscellanies and the complete plays of Dodsley. To follow Dodsley would make Lamb just another, and probably much inferior, Isaac Reed, and possibly Lamb's greatest objection to Dodsley and Isaac Reed is that the forbidding look of their solid eight or twelve volumes discourages, even repulses, the advances of timid readers. He, on the other hand, wants to hold their attention. So he thinks in terms of separate scenes, and selects only "scenes of passion, sometimes of the deepest quality, interesting situations, serious descriptions, that which is more allied to poetry than to wit, and to tragic rather than to comic poetry". His reader is forever kept on the crest of huge emotional waves, and there can be no better alias for the Specimens than "a collection of dramatic crises". But we must also note the word "poetry". Lamb's approach to the old drama is not that of a practitioner in the theatre; he treats the Elizabethan plays as literature fit for quiet reading in the solitude of a study. Not however because he is blind to the dramatic effects, to which no one can bring a keener and more discerning appreciation; but he believes that certain effects are so subtle that ordinary stage performance can only result in spoiling the wonderful illusion that one got during the reading of the plays. Even the great actors are of no avail:

Never let me be so ungrateful as to forget the very high degree of satisfaction which I received some years back from seeing for the first time a tragedy of Shakespeare performed, in which these two great performers [Kemble and Mrs. Siddons] sustained the principal parts. It seemed to embody and realise conceptions which had hitherto assumed no distinct shape. But dearly do we pay all our life after for this juvenile pleasure, this sense of distinctness. When the novelty is past, we find to our cost that instead of realizing an idea, we have only materialized and brought down a fine vision to the standard of flesh and blood. We have let go a dream, in quest of an unattainable substance. [2]

For the Specimens, however, his preoccupation with poetry has given Lamb those sudden flashes of insight into the characters and the situations in the plays, flashes that are happily crystallised into the form of notes. Dr. Johnson called notes evils, however necessary, but apparently he had reckoned without such fascinating evils as his own note on Polonius and all of Lamb's notes in this anthology. They are exactly what a helpless reader would expect of a literary critic. The critic should map out the paths that the reader is to take in his wanderings in the unknown country of an author's mind, but he should not do the walking or the thinking for the reader. Now the notes in the Specimens contain some of Lamb's happiest and most glorious writing—they are what give the anthology as anthology immortality—and yet they are no substitute for the reader's own judgement. By their fine exaggerations they stimulate the reader into an impatience to read the text for himself. For Lamb's enthusiasm is

---

[2]　Works, ed. cit., I, 98, in "On the Tragedies of Shakespeare".

infectious. He glows as he talks, until finally he identifies himself with the suffering heroes and heroines. Here again we see the difference between the scholars and Lamb. The scholars were more concerned with history, with changes that mark one age off from another, while Lamb the critic pure and simple was passionately interested in the universal values of literature.[3] He had very little historical sense, and readily read himself into the dramatists. The dangers of this kind of criticism have been pointed out,[4] but the greatest, as far as the Specimens is concerned, is the lack of a sense of proportion. Lamb's habitual use of Shakespeare as a yardstick is a case in point. While it is true that we have been doing Lamb injustice by considering these utterings in isolation and without due regard for the modifications he carefully attaches to them, one's first impression is bound to be that poor Shakespeare is made too often to serve as avoirdupois on Lamb's critical balance. One explanation lies perhaps in that he is always absorbed in the dramatist of the moment. Once he takes a man up, he must pour out his whole heart before him. There can be no half measures. If this method is one of exaggeration, it is also the reason why he has been able to revive such tremendous interest where the antiquarians and anthologists created merely lukewarm curiosity. His notes, in short, were the greatest single factor in bringing attention again to the less familiar names of Marston and Heywood, Middleton and Rowley, Dekker and Tourneur and Webster.

---

[3] This distinction between literary history and criticism is made by F. W. Bateson in *English Poetry and the English Language*, Oxford, 1934, pp. 4-5.

[4] Apart from the contemporary strictures of Gilchrist and Gifford, see Saintsbury's *A History of English Criticism*, 1911, pp. 349-351.

Lamb's method of selecting is particularly favourable to a dramatist like Webster. Webster has been, until very recently, looked upon as a dramatist of separate scenes of great power and beauty rather than one whose strength lies in the shapeliness of a complete play. What Lamb has selected are exactly those startling scenes. Indeed, it is difficult to imagine that any one, given the same limited space to represent Webster in, could do better. No better specimens can be had. From The Devil's Law-case, Lamb quotes the scene in which Contarino and Ercole are getting ready to fight a duel, which strikes him as being "the model of a well-managed and gentlemanlike difference". Appius and Virginia furnishe him with the scene in which a father kills with his own hand his only and much beloved daughter. But fuller representation is rightly given to the two great tragedies on which Webster's name has since been built. Of The Duchess of Malfi we read not only the bed-chamber scene in which the Duchess secretly marries Antonio, but the greater part of the fourth act, from the sad spectacle of the waxen bodies, through the madmen's dance, to the strangling of the Duchess and the remorse of Ferdinand. From the equally rich mine of The White Devil Lamb quarries the dirge scene and the whole of the arraignment of Vittoria. Perhaps we can make the same selections from Webster, but assuredly we cannot write Lamb's notes to illustrate and illumine Webster's genius:

> *All the several parts of the dreadful apparatus with which the death of the Duchess is ushered in, the waxen images which counterfeit death, the wild masque of madmen, the tomb-maker, the bellman, the living person's dirge, the mortification by degrees,—*

are not more remote from the conceptions of ordinary vengeance, than the strange character of suffering which they seem to bring upon their victim is out of the imagination of ordinary poets. As they are not like inflictions of this life, so her language seems not of this world. She has lived among horrors till she is become "native and endowed unto that element". She speaks the dialect of despair; her tongue has a smatch of Tartarus and the souls in bale. To move a horror skilfully, to touch a soul to the quick, to lay upon fear as much as it can bear, to wean and weary a life till it is ready to drop, and then step in with mortal instruments to take its last forfeit: this only a Webster can do. Inferior geniuses may "upon horror's head horrors accumulate", but they cannot do this. They mistake quantity for quality; they "terrify babes with painted devils"; but they know not how a soul is to be moved. Their terrors want dignity, their affrightments are without decorum.

But his comparison of Webster with Shakespeare has weathered the storms of opposition. All through the nineteenth century, many critics had been in the habit of naming Webster as second only to Shakespeare in tragic art. The same dirge in question, which Lamb compared with the song in The Tempest, reminded a writer in 1833 of another portion of Shakespeare. "It has" he wrote, "all the hopeless distress, the vague, bewildered, terrrific sorrow of Ophelia. With what beauty and feeling is the dirge composed which she [Cornelia] mutters, as reason and misery are struggling for the mastery of her mind." If the timid took care to modify their statements, often couched in a web of inter-comparisons involving many other dramatists,[5] the bolder spirits of Swinburne, Gosse, and Symonds were ready to go to any length:

> *Webster is far beneath Ben Jonson in scope and freshness of invention, in learning, and in the more obvious forms of comedy; in versatility and in natural ease of dialogue we must confess him also inferior to that great master. But, like Shakespeare, he is transcendental; his strong muse wings itself out of the common world, and sees things with the eyes of a visionary.*[6] *He does not use the vulgar machinery of revenge and ghosts in order to evolve an action. In so far as this goes, he may even be said to have advanced a step beyond Hamlet in the evolution of the Tragedy of Blood.*[7]

> *... in the deepest and highest and purest qualities of tragic poetry Webster stands nearer to Shakespeare than any other English poet stands to Webster; and so much nearer as to be a good second; while it is at least questionable whether even Shelley can reasonably be accepted as a good third... For it is only with Shakespeare that Webster can ever be compared in any way to his disadvantage as a tragic poet: above all others of his country he stands indisputably supreme. The place of Marlowe is indeed higher among our poets by right of his primacy as a founder and a pioneer: but of course his work has not—as of course it could not have—that plenitude and*

---

[5] Such as Leigh Hunt in *Imagination and Fancy*, 1844, p. 220, "I take Webster and Decker to have been the two greatest of the Shakespeare men, for unstudied genius, next after Beaumont and Fletcher". What a tangle of comparisons!

[6] Edmund Gosse, *Seventeenth Century Studies*, 1883, 1913, p. 50.

[7] A. Symonds, *Webster and Tourneur*, 1888, p. xi.

> *perfection of dramatic power in construction and dramatic subtlety in detail which the tragedies of Webster share in so large a measure with the tragedies of Shakespeare.* [8]

The last quotation is from Swinburne. In the same essay, he calls Webster "a limb of Shakespeare" and "the right arm". Elsewhere, he spoke of Webster and Dekker as "gulfs or estuaries of the sea which is Shakespeare", a statement which was to call forth the rebuttal of William Watson:

> *A gulf or estuary of the sea which is Shakespeare! The image is picturesque but hardly veracious, conveying as it does a suggestion of open sunlight and bracing briny air which is utterly foreign to Webster's talent. His art is no breezy inlet of any ocean, but rather a subterranean chamber where the breath and light of morning never penetrate. In the palace of life he seems to inhabit, by preference, some mouldy dungeon peopled with spectral memories, and odorous of death.* [9]

But that is not all. Swinburne must also compare Webster with the Greeks? [10] Webster is greater than Sophocles, because Sophocles lacks that "instinctive righteousness" which is shared only by Aeschylus, Shakespeare, and Webster. As to Euripides? He is far lower in rank, being inferior to Webster

---

[8] *The Age of Shakespeare*, 1908, pp. 45 & 47. But the article was first published in *The Nineteenth Century for June*, 1886, pp. 861-881.
[9] *Excursions in Criticism*, 1893, pp. 18-19.
[10] *The Age of Shakespeare,* already cited, pp. 35-36.

not only in moral sentiments, but even in dramatic art. We see to what strange blind alleys of criticism Lamb has led the enthusiasts of Webster.

But if there is one phrase of Lamb's that has aroused more controversy than any other, it is the phrase "the innocence-resembling boldness" in his notes on the character of Vittoria. A harmless enough phrase, which would probably have been passed over with no comment by the critics of today. But Lamb wrote it at a time when critics and readers alike were busily prying into the hearts of the characters in the old plays. The London literary world had just been taken by storm by the vogue of character-study. The vogue, initiated by Whately and Morgann in the eighteenth century, established and sustained by such brilliant Shakespearean critics as Coleridge and Hazlitt, was not to abate until after the publication of *Shakespearean Tragedy* in 1904. The critics read their fellow critics with the same ingenious curiosity and minute care as they read the old poets. Even a casual remark, an aside, a careless slip of the pen, was pounced upon, provided it touched a dramatic character. Hence the amount of attention, of the learned and the pious alike, that had been focused on this simple phrase of Lamb's offered without ceremony or fanfare as an explanation of "this White Devil of Italy". Dyce, the first editor of Webster, loved the character of Vittoria, but questioned her "innocence":

> *For my own part, I admire the dexterity with which Webster has discriminated between that simple confidence in their own integrity which the innocent manifest under the imputation of a great crime, and that forced and practised presence of mind which the hardened offender exhibits when brought to trial. Vittoria stands before her judges, alive*

to all the terrors that surround her, relying on the quickness of her wit, conscious of the influence of her beauty, and not without a certain sense of protection, in case of extreme need, from the interposition of Brachiano. She surprises by the readiness of her replies; but never, in a single instance, has the author assigned to her any words which were likely to have fallen from an innocent person under similar circumstances. Vittoria is undaunted, but it is by effort. Her intrepidity has none of the calmness which belongs to one who knows that a plain tale can put down his adversary; it is a high-wrought and exaggerated boldness, —a determination to outface facts, to brave the evidence she cannot refute, and to act the martyr though convicted as a criminal. [11]

Henry Hallam, who in his *Introduction to the Literature of Europe in the Fifteenth, Sixteenth, and Seventeenth Centuries*, 1837—1839, put Webster after Heywood, but nevertheless gave him the dignity of separate treatment, concurred with Dyce on the extravagance of Lamb's phrase. To him, the part of Vittoria "is rather a delineation of desperate guilt, losing in a counterfeited audacity all that could seduce or conciliate the tribunal". The discussion, we see, had gradually drifted away from the character of Vittoria into the problem of evil. Evil could not be combated with more vigour and indignation than it was in the middle of the nineteenth century by Charles Kingsley. Naturally the Elizabethan dramatists as a whole and Webster in particular did not escape his attention. In his *Plays and Puritans*, Kingsley examined in some

---

[11] *The Works of John Webster*, 4 vols., 1830, I, viii-ix. I follow however the revised text of the 1857 ed., pp. xiii-xiv.

detail Webster's two tragedies as symptomatic of the dark, unhealthy mentality of the seventeenth century. They are conceded to be "the two best tragedies written since Shakespeare's time", and yet there is in them "no development of the human soul for good and evil, which is Shakespeare's especial power". Hereupon Lamb's phrase comes in amid the sighs of the impulsive parson-novelist: "Poor Elia, who knew the world from books, and human nature principally from his own loving and gentle heart, talks of Vittoria's 'innocence-resembling boldness' ". Not that Lamb's words are not sincere, but Kingsley wonders if Lamb realises that "the strength of Webster's confest master scene lies simply in intimate acquaintance with vicious nature in general".[12] A. W. Ward supplied the academic verdict, pronouncing Lamb's phrase "utterly erroneous, and destructive of the consistency which the character throughout maintains".[13] Even Sir Edmund Gosse, whose fault was certainly not one of indifference to Webster, admitted that Lamb "exaggerates the effect of Vittoria's 'innocence-resembling boldness' upon our minds; surely Monticelso's altogether extravagant abuse has as much to do with the favour we feel for her as her own rather brazen confidence".[14]

We are not for the moment concerned with the reputation of Webster among the poets and scholars of the later nineteenth century, but an acquaintance with some of their views on Lamb's criticism of Webster shows what an influential book the *Specimens* has been. People respect

---

[12] *Plays and Puritans, and Other Historical Essays,* 1873, pp. 48 & 50. The article first appeared in *Miscellanies II*, 1859.
[13] *A History of English Dramatic Literature,* 3 vols., 1875, new ed. 1899, III, pp. 58.
[14] *Seventeenth Century Studies,* 1883, pp. 56.

it even in their strong opposition to it. In the case of Webster, the very stimulating, not to say suggestive, nature of Lamb's notes has brought to much intelligent, even if at times hostile, attention to the dramatist that his position among the greater Jacobean playwrights is secure. Whether, as Lamb suggested, Webster comes nearest to Shakespeare in tragic intensity, whether he has moved horrors skillfully, whether his Vittoria pleads with an innocence-resembling boldness, his name is now firmly put back on the map of literature, the name of a major city with its myriad lighted windows and its dark, vicious archways.

译文

兰姆和早期的戏剧迷毫无共同之处。虽说悲剧诗不见得就比喜剧性诙谐好，但是至少不一样。兰姆的独具慧眼在于他第一次强调了这些戏剧的某种特质，之前的评论家对此少有提及，或者即便提及，也多斥其为"狂野"和"无教养"的。兰姆则极力推崇，视之为足以使这些剧作家与莎士比亚一样不朽的主要原因之一。

兰姆在脑中盘算着编一本选集。他那本记录优秀戏剧段落的笔记本不断在增厚。但是他的《莎士比亚同时代英国戏剧诗人之范作》却姗姗来迟，从最初萌生这个念头到1808年出书，整整用了十二载。

但是一经出版，这本书就载入了文学史册。虽然起初学者们对它嗤之以鼻，但整个19世纪，它都是唯一权威的伊丽莎白时代的戏剧选，尽管也不乏带有敌意的批评。现在，普通读者在一本小巧的集子里就可把莎士比亚以外的所有昔日重要剧作家的作品一览无余了。编选模式介于只选少量名言警句的早期选集和多德斯雷的全剧收录之间。照搬多德斯雷的模式只会使兰姆成为第二个多德斯雷，甚至是逊色很多的艾萨克·里德。或许，兰姆最反对多德斯雷和里德的地方就是他俩那令人生畏的大部头巨著（分别为八卷本和十二卷本）会把胆怯的读者吓跑，或让他们望而却步。而兰姆要做的是把读者留下。所以他要一个场景一个场景地选，选"那些深情的场景（有时极度深情）、有趣的场面、严肃的描写。这些部分与其说诙谐，不如说更像诗，而且是悲剧诗，非喜剧诗"。他的读者始终颠簸在情感浪潮的巅峰，如果给他的《范作》起一个别名，最恰当的莫属"戏剧冲突集"了。但是，我们也应注意"诗"这个词。兰姆并不是以剧院演员的视角看待昔日的戏剧，而是将其视为适合在书房潜心阅读的文学作品。但这并不是因为他无视其戏剧效果，实际上，没人能像他那样对戏剧有那么敏锐和充满洞见的感知了；而是因为他认为有些戏剧效果是如此微妙，普通的舞台演出只会毁掉人在阅读剧本时才有的美好想象，即便是最好的演员也不行：

> 我绝不会背着良心，说忘了数年前第一次看到莎士比亚的一出悲剧在舞台上演出时带给我的满足感，当时是两位出色的演员（肯布尔和西登斯夫人）担任主角。就好像之前朦胧无状的念头有了具体的显现一般。但是我们余生都要为这种幼稚的愉悦、这种具体感付出高昂的代价。新鲜感过去之后，我们会发现，与其说一个念头有了具体的显现，倒不如说我们只是把微妙的幻影具体化，使之降为具体有形而已。为了追求一个不可企及的东西，我们放弃了梦想。

但是在选编《范作》时，兰姆对诗歌的专注使之对剧中的人物和场景不时有灵感闪现，这些灵感都恰如其分地写在了注释里。约翰逊博士曾说过注释是魔鬼，不管有多不可或缺。但他显然没把自己对波洛涅斯的注释以及兰姆编撰这部选集的注释包括进去，因为这种注释正是无助的读者期望文学评论家所能提供的。评论家应该画出路线图，让读者得以畅游在作者大脑中的未知之乡，但是不能越俎代庖，替读者去游、去想。这部《范作》的注释包括了兰姆的一些最自然、最辉煌的文字——正是它们成就了这部选集的不朽——但是这些注释并没取代读者自己的判断。恰如其分的夸张勾起了读者的胃口，让其迫不及待地去读原作，因为兰姆的激情颇具传染性。他兴致勃勃地侃侃而谈，最后与苦难的男女主角感同身受。此处，我们又一次看到了兰姆和学者的区别。学者更关注历史，关注一个时代与另一个时代的不同，而兰姆这个纯粹、简单又满怀激情的评论家感兴趣的却是文学的普适性价值。他鲜有什么历史感，评论时往往带入主观之见。这种文学批评的不足之处已有评论家提及，但就《范作》而言，最大的不足是均衡感的缺失。兰姆惯把莎士比亚作为衡量的标准就是一例。诚然，我们这样孤立地评价他的只言片语，而没有参考他随后的详细解释，显得有失公允，但读者的第一印象肯定是：在兰姆文学批评的天平上，可怜的莎士比亚被太过频繁地用作砝码了。一种解释也许就是兰姆一直就为那个时代最出色的剧作家所吸引。一旦喜欢上这个人，他就要对之和盘托出，绝不能有所保留。若说这种方式有些夸张，它也解释了为何他能激起读者狂热的阅读兴趣，而那些老学究和选集编者却只能引来不温不火的好奇而已。一言以蔽之，他的注释是重新唤起大众去关注那些不太为人所知的名字的唯一重要因素，比如马斯顿、海伍德、米德尔顿、罗利、德克、特纳和韦伯斯特。

兰姆的选编方法对韦伯斯特这样的剧作家尤为有利。直到最近，评论界一向都还认为韦伯斯特写单个场景是出彩的，但整部剧的谋篇往往不够理想。兰姆选的恰恰就是那些出彩的场景。事实上，考虑到有限的篇幅，很难想象还有谁能比兰姆做得更好，还能选出更好的篇章。比如《魔鬼的案例》，兰姆选了其中康塔瑞诺和埃尔科莱准备决斗的场景，因为他认为那个场景"在描写有所把持、颇具绅士风度的争执方面堪称典范"。他从《阿庇斯和弗吉尼亚》中选取的是父亲亲手杀死自己挚爱女儿的场景。但是更充分的展示可见于让韦伯斯特从此得以青史留名的两部伟大剧作。关于《玛尔菲女公爵》，我们不仅可以读到女公爵和安东尼奥偷偷结婚的卧房场景，还可读到第四幕的大部分，从蜡像尸体到疯人舞，再到女公爵被勒死以及费迪南德的追悔莫及。从另一部同样丰富的宝藏《白魔》中，兰姆把那个哀悼场景和审讯维多利亚的全过程飨给读者。或许我们亦可以选出同样的段落，但我们肯定写不出兰姆那种凸显出韦伯斯特天资的注释来：

> 引入女公爵死亡的所有那些可怕的场景：蜡像的以假乱真，疯人的面具，造墓者，敲钟人，生者的挽歌，逐渐加深的屈辱——即使这些场景能和我们通常想到的复仇联系起来，也很少有人能像韦伯斯特那样描写出如此离奇的苦难。女公爵经历的仿佛不是现世的磨难，所以她的语言也似乎不属于这个世界。她一直活在恐惧里，直到恐惧"成为她的一部分"。她说着绝望的语言，有如生活在地狱深渊的灵魂。巧妙地驾驭恐惧，触到灵魂深处，恐惧最大限度地叠加，折磨一个生命，直至其生命之花枯萎凋零，然后再用凡人的伎俩来个最后一击：这些都只有韦伯斯特写得出。二流的天才亦可以"恐惧堆积恐惧"，但却做不到韦伯斯特这样。他们误以数量为质量；他们"用画出的魔鬼吓唬孩子"；但他们不知道如何直击读者的灵魂。他们的恐惧缺少尊严，他们的恐吓不够得体。

但他把韦伯斯特和莎士比亚相比较的做法还是战胜了反对派的唇枪舌剑。整个19世纪，很多评论家都习惯于认为韦伯斯特在悲剧艺术上仅次于莎士比亚。那首被兰姆拿来与《暴风雨》中的短歌相比的挽歌，在1833年还让一位作家想起了莎士比亚的另一个剧本："这个挽歌有着所有奥菲莉娅式的无助绝望，那种说不清、雾蒙蒙、可怕的绝望。韦伯斯特笔下的可妮莉雅一字一句都那么美，那么富有深情，仿佛理性与痛苦都在试图控制她的神智。"如果说保守点的评论家为求妥帖着力控制言辞，常常将之与多位剧作家放在一起来谈的话，那大胆如斯文本恩、格斯、赛蒙斯者则是直言不讳：

> 论格局、创新、学识以及更显而易见的喜剧形式，韦伯斯特都远在本·琼森之下；论多才多艺和语言的自然流畅，我们也必须承认他不及琼森。但是同莎士比亚一样，他也是形而上的，他的缪斯翅膀超越尘寰，他透过一双幽灵的眼睛看事物。
>
> 他没有为了推动剧情而借助那种俗不可耐的复仇和鬼魂把戏。我们甚至可以说，在推动流血悲剧这个门类的发展方面，他比《哈姆雷特》还前进了一步。
>
> ……论悲剧诗的深度、高度、纯度，韦伯斯特与莎士比亚之间的距离比其他任何一位英国诗人与韦伯斯特之间的距离都要近，近到足以使他成为次优；至少可以说，雪莱是否可以成为第三优，都尚存疑问。只有跟莎士比亚相比，才显出韦伯斯特作为悲剧诗人的不足：毋庸置疑，他比我国所有的诗人都好。马洛因其奠基者和开拓者的身份，的确在我国诗人中的地位高些，然而他的作品没有——当然也不可能有——那么丰富和完美的戏剧效果，在构思和细节的精妙处，韦伯斯特的悲剧跟莎士比亚的悲剧是如此地接近。

最后这段引文来自斯文本恩。同样在这篇文章里,他还说韦伯斯特是"莎士比亚的一个肢体"和"右臂"。在另一个地方他又说"如果莎士比亚是大海,韦伯斯特和德克就是港湾或入海口",并为此遭到了威廉·沃森的反驳:

> 莎士比亚是大海,韦伯斯特和德克是港湾或入海口!如画的意象,但不甚属实,令人联想到一览无余的阳光和令人振奋的咸海水,但是韦伯斯特跟这些毫不沾边。他的才华不是任何海洋的入海口,而是清晨的气息和阳光永远也到达不了的地下密室。他似乎喜欢住在发霉的地窖里,与鬼怪的回忆和死亡的味道相伴。

然而这还不够。斯文本恩还得把韦伯斯特和古希腊的剧作家相比较?韦伯斯特比索福克勒斯更伟大,因为索福克勒斯没有"本能的正直",这种正直只在埃斯库罗斯、莎士比亚和韦伯斯特身上能找到。那欧里庇得斯呢?差得更远了,不仅在道德情操上逊于韦伯斯特,在写作技艺上也不如。可见兰姆把韦伯斯特的仰慕者们引到了怎样的死胡同。

但是如果要说兰姆有哪个词引发了最多的争议的话,那就是他在注解中评价维多利亚时用了"天真的大胆"一词。这个词并无什么害处,今天的评论家可能根本不会留意。但是在兰姆写作的时代,评论家和读者都热衷于探求昔日戏剧中的人物内心。伦敦的文学圈尽刮人物性格分析之风。这股风由惠特利和摩根开启于18世纪,后由杰出的莎士比亚评论家柯尔律治和黑兹利特推动,直到1904年《莎士比亚悲剧》一书的出版才有减弱之势。读其他评论家的著作时,带着读原著一样的机警好奇和认真求索。随便一个词、一句无心的话,甚至一个笔误都会被狠狠抓住不放,只要是跟戏剧人物有关。因此，兰姆此言一出，博学之士和狂热读者纷纷都去关注《白魔》。戴斯，韦伯斯特的第一位编者，喜欢维多利亚这个人物，但却质疑她的"天真"：

> 要我说，我赞赏韦伯斯特对这两种人的区分：一种是清白者在面对无端指控时自然流露的无辜，一种是不知悔改的罪犯在面对审判时拒不认罪的佯装之态。维多利亚面对审判者，清醒地知道一切的可怕，依赖己身的机智，意识到美貌的影响力，而且也没忘记，一旦情况紧迫，博卡诺会随时介入保护自己。她的机智敏捷让人瞠目，但是作者从没赋予她一个清白者在这种场合该说的话。维多利亚勇敢无畏，但她的不害怕是强力为之的。她缺少那种知道一个简单的真相就能把对手打败的平静；她那是一种极力打造、高度夸张的大胆——面对事实、面对无可辩驳的证据强行狡辩，尽管罪证确凿却还表现得像个殉道者。

亨利·哈勒姆在其《15、16、17世纪欧洲文学概论》(1837—1839)中把韦伯斯特排在海伍德之后，但却给足了韦伯斯特面子，单列一章专门讨论，表示认同戴斯对兰姆此语的评价。于他而言，剧中维多利亚那部分"实际上描写了一个绝望的罪人，因为佯装出来的大胆失去了本可以诱惑或安抚审判官的一切有利因素"。可以看出，讨论的焦点逐渐从维多利亚这个剧中人物转向了罪恶这个问题。说到罪恶，没有谁比19世纪中期的查尔斯·金斯利谈得更激烈、更愤慨了。昔日的剧作家作为一个整体和韦伯斯特这个个体自然也逃不过他的眼睛。在《戏剧和清教徒》一书中，金斯利详细剖析了韦伯斯特的两部悲剧，认为个中体现了17世纪那种黑暗的、不健康的心理特征。金斯利承认这是"莎士比亚以来写得最好的两部悲剧"，但"剧中人物的灵魂没有向善或向恶的发展,而这却是莎士比亚的专长"。于是,教士兼小说家金斯利在连连叹息声中提到了伊利亚的那个评语:"可怜的伊利亚,从书本认识世界,多从自己善良的本性认识人类,说什么维多利亚具有一种'天真的大胆'。"金斯利倒不是认为兰姆不真诚,而是疑惑兰姆是否意识到"韦伯斯特那个认罪场景的精彩之处恰恰在于其对罪恶人性的熟知"。沃德代表学院派做出了裁决,说兰姆的评语"完全错误,破坏了这个人物自始至终的一贯性"。就连一向对韦伯斯特并不冷漠的埃德蒙·格斯爵士也承认兰姆"太过夸大了维多利亚'天真的大胆';毫无疑问,蒙特切尔索的恣意谩骂与她的不知羞耻有关,也与我们给予她的好感有关"。

在此我们关注的并不是韦伯斯特在19世纪晚期的诗人和学者中的名望,只是知道一些他们关于兰姆对韦伯斯特态度的看法,可以证明《范作》在当时多有影响力。即便是强烈反对,人们也对之怀有敬意。至于韦伯斯特,兰姆那些令人振奋的(即使说不上启发性的)注释引发了人们对这位剧作家如此之多的绝妙评论(即便有些时候显得怀有恶意),以至于牢牢奠定了其在詹姆士一世时代的重要剧作家当中的地位。是否真如兰姆所说,韦伯斯特在塑造悲剧效果方面仅次于莎士比亚,他巧妙地描写恐惧,他的维多利亚用一种天真的大胆为自己辩护,这些都不重要,重要的是韦伯斯特的名字已牢印在文学的版图上,印在了那个万家灯火与黑暗阴森的拱廊并存的大城市的文学版图上。

三、《英国浪漫主义诗歌史》序

20世纪30年代后期,在昆明西南联大,一群文学青年醉心于西方现代主义,对于英国浪漫主义诗歌则颇为反感。我们甚至于相约不去上一位教授讲司各特的课。回想起来,这当中七分是追随文学时尚,三分是无知。当时我们不过通过若干选本读了一些浪漫派的抒情诗,觉得它们写得平常,缺乏刺激,而它们在中国的追随者——新月派诗人——不仅不引起我们的尊重,反而由于他们的作品缺乏大的激情和新鲜的语言而更令我们远离浪漫主义。当时我们当中不少人也写诗,而一写就觉得非写艾略特和奥登那路的诗不可,只有他们才有现代敏感和与之相应的现代手法。

半个世纪过去了,经历了许多变化,读的诗也多了,看法也变了。

现代主义仍然是宝贵的诗歌经验,它是现代思想、现代文化的一个重要组成部分,而且为它们打先锋,起了突破性的历史作用。但是浪漫主义是一个更大的诗歌现象,在规模上,在影响上,在今天的余波上。现代主义的若干根子,就在浪漫主义之中;浪漫主义所追求的目标到今天也没有全部实现,而现代主义作为文学风尚则已成为陈迹了。

为了说明这一些,有必要对浪漫主义进行再认识。浪漫主义包罗广,内容也复杂,因此需要限制范围。作为第一步,这里选择了英国浪漫主义诗歌作为再认识的具体对象。

英国浪漫主义的特殊重要性半因它的环境,半因它的表现。

论环境:当时英国是第一个经历第一次工业革命的国家,是世界上最大的殖民帝国。在国内,它的政府用严刑峻法对付群众运动,而人民的斗争则更趋高涨,终于导致后来的宪章运动和议会改革。从布莱克起始,直到济慈,浪漫诗人们都对这样的环境有深刻感受,形之于诗,作品表现出空前的尖锐性。

论表现:英国浪漫诗歌时间长、数量大,而且两代重要诗人都有多篇不朽之作,在题材和诗艺上都突破前人,突破国界,影响了全欧洲以至全世界的文学和思想。英国的近代诗歌理论也是在这个时期开端的,几位大诗人都做出了意义重大的贡献。

由于这些原因,英国浪漫主义诗歌又不仅仅是英国一国的,而是世界诗歌的一个重要部分。对它的再认识也是对世界诗歌的更多一点了解。

再认识首先意味着要认识它的历史——它的来龙去脉,它的兴起和发展,其中有哪些重要诗人,他们写了哪些主要作品,在思想和艺术上有什么特色,有什么变化,造成了什么影响,对于今天又有什么意义,等等。

这就牵涉到本书的写法。

这是一部断代诗史。诗史是一个文学品种的历史。对于文学史的写法,近来讨论颇多,我也想说明一下自己是根据什么原则来写此书的。

这部断代英国诗史是由中国人写给中国读者看的,因此不同于英美同类著作。它要努力做到的是下列几点:

一、叙述性——首先要把重要事实交代清楚。为此大量引用原作,加以翻译,让读者通过它们多少知道一点原作的面貌。

二、阐释性——对于重要诗人的主要作品,几乎逐篇阐释,阐释不限于主题,也谈到诗艺和诗歌语言,而且力求把题材和技巧结合起来谈。

三、全局观——要在无数细节中寻出一条总的脉络。诗史不是若干诗人的专题研究的简单串联,它对所讨论的诗歌整体应有一个概观,找出它发展的轨迹。

四、历史唯物主义观点——这是一个大题目,针对诗史,这里只谈两点:一是把诗歌放在社会环境中来看。诗人的天才创造是重要的,但又必然有社会、经济、政治、思想潮流、国内外大事等不同程度的影响;英国浪漫主义本身就是第一次工业革命和法国资产阶级革命两大革命的产物。二是根据当时当地情况,实事求是地阐释与评价作品。

五、文学性——谈的是文学作品,就要着重文学品质。讨论诗歌不能只谈内容,还要讨论诗艺。上面说到过的整体发展脉络就包括了诗艺本身的发展变化。其次,讨论文学问题的文章本身也应是文学作品。

这五点中的任何一点都不是可以轻易做到的,本书只是一种向它们靠拢的努力。但是我又以为,只有做到了这些,才能使我们中国人写的外国文学史有比较鲜明的中国色彩。

就叙述性而言,西方史学界近年来的做法是分析多于叙述,虽然最近又出现了"回到叙述"的呼声。文学史也一样。他们面对本国读者,许多史实和作品几乎人人皆知,无须多事叙述,倒是更需要从新的观点进行分析评论。面对中国读者,则首先要把重要史实和作品向他们交代清楚。何况叙述性在任何文学史都是重要的,西方文学史中经历时间淘汰而存在下来的,多数仍是叙述性、描写性的,而且也没有纯粹的叙述,叙述之中必然包括分析评论,观点和创见是不会被埋没的。

就阐释性而言,近来西方文论界对阐释有两种主要看法,互相矛盾。一是认为评论者的阐释不可能道出作者原意,有时连作者本人的说法也未必准确;二是人人有权阐释,作品的最后完成在于读者的接受,而读者是一个九头鸟,人各不同,代各不同。我们相信常理的人可以有第三种看法,即阐释是存在的事实,文学史家的职责之一即是阐释。特别是中国人为中国读者写外国文学史,阐释更是不容推卸的责任。他的中国观点也正是通过阐释来表现的。当然,他首先要弄懂作品本身,为此他需要搞清一切与作品有关的事实,包括英美本国人对作品的阐释。但是他会有所取舍,会注意到本国人认为当然,因而不大注意的东西,特别是在艺术评价方面,他会受到历史悠长的中国文化、文学传统的隐秘的、持久的影响,会用它的高标准和平衡感去做出他独特的判断。应该说,正是这种来自各方的评论大大丰厚了对一个作品的认识。作品虽产生于一国,阐释却来自全球,文学的世界性正在这里。

就全局观而言,多少文学史家做过努力,但又有几人成功?以"人民性"或"现实主义"来贯穿一切,往往是大而无当,公式化,几乎根本否定了文学的文学性。然而提出"国民性"或"国家意识的发展"等等来作为纲领,也未必济事,这样的观念可以无所不包,也就不突出任何东西。此外就是把作家作品按时代大致划分,略谈每个分期的"时代精神",接着就凭编写者的个人印象或趣味,对作品发表一些欣赏性的读后感,不涉及思想上、文艺上的重要问题,这样的文学史也许可作优美的小品文来读,但又怎能称得上历史?然而每一种认真的努力又都不是白费的,以上的不同"流派"之中都各有可取之处,所留下的成品也有高出一般的。过去的主要问题似乎是对文学的特殊性和复杂性认识不足,外国人写的别国文学史往往连史实也了解不够,评价更是脱离本国人的生活实际。我们应该更加广泛阅读,不仅读文学作品本身，还要读有关的哲学、科技、政治制度、民间习俗种种有关的著作，甚至参考档案、小报、政府公告、戏院海报、政论小册、单篇歌谣等等，深入文化的内层，这样也许能够更多了解事物之间的关联。同时，又需要居高临下地看全局，看整体，而在这一点上外国人由于比较超脱也许更能看得清楚些。中国过去虽然没有完整的文学史，但是历来对于文学品种的演进，有一种共同的概观，例如汉赋、六朝乐府、唐诗、宋词、元曲、明清小说等，在每个品种内部又理得出兴衰变化，虽然限于文体，不失为一种脉络，有利于写诗史、散文史、小说史的。

就历史唯物主义而言，这是任何写历史的人应有的观点，上述全局观的取得就离不开历史唯物主义。我们当代中国学者特别需要用它来研究和判别外国文学史上的各种现象。它会使我们把文学置于社会经济、政治、哲学思潮等所组成的全局的宏观之下，同时又充分认识文学的独特性；它会使我们尽量了解作品的本来意义，不拿今天的认识强加在远时和异域的作者身上，而同时又必然要用今天的新眼光来重新考察作家、作品的思想和艺术品质。过去由于我们对历史唯物主义的认识限于表面，运用起来也就粗糙、简单；如果今后我们能够加强学习，理解文学现象的复杂和多面性，通过对一个具体对象的全面深入的研究来提高运用的能力，我们将会做得更好。历史唯物主义也是需要发展的，而最好的发展办法是将它应用在新的、难的课题上。在这样做的时候，我们也需要参考一下别的国家在文学史研究上的新动向，例如美国最近兴起的"新历史主义"就是值得我们注意的。

就文学性而言，中国古典文学传统向来着重文采——"言之无文，行之不远"。不仅作品本身要有文采，讨论这作品的文章也要有文采。我们的文论大多是优美可读的。《文心雕龙》用典雅的骈文讨论了有关文学创作的一系列问题。杜甫建立了以诗论诗的传统。单拿现代来说，鲁迅为《新文学大系·小说二集》所写的序是用抒情的笔调写的现代文学史的一个方面，而闻一多的《宫体诗的自赎》则是诗人写的诗史片段。他们两人都有志于文学史而未竟其功，但又都树立了用优美的文笔来写文学史的先例。只是到了后来，才出现了那种冗长、刻板的论文，谈文学而本身无文学性可言。西方的文学史原来也是注意本身风格的。德·桑克蒂斯的《意大利文学史》就是既有卓见，又有文采，因而为学术界所重。不过后来也出现了一种极为枯燥、乏味的文学论文，近来更是术语连篇，越来越奥僻难读了。在这样的时候，我们中国的文学史家重振文采，中国特色也就不标自明。需要注意的，倒是不要因为重文采而走到只讲究辞藻、华而不实的另一绝端。真正的文采不是舞文弄墨，而是文字后面有新鲜的见解和丰富的想象力，放出的实是思想的光彩。为了写好文学史，应该提倡一种清新、朴素，闪耀着才智，但又能透彻地说清事情和辩明道理的文字。

以上五点，未必把重要方面都已包括在内，但如果能够贯彻，中国人写的外国文学史不仅会增加中国特色，而且会对世界上文学史的写法做出独特贡献。

这是就中国外国文学研究者的整体而言，个人的试作则是另一回事了。本书断断续续写了十年，昔日的夙志未泯，今天的成品未必尽如人意愿，还请广大读者、同行学人多作批评指教，我这小小的"作品"也是要靠读者的"接受"才能最后完成的。

1987 年 7 月 12 日

四、英国散文的流变

英国散文始于何时？这是文学史家感兴趣的问题。

一般说来，散文的起始迟于韵文。最初的诗歌实际是早期丛林里、大海边、高山上人们宣泄情感的呼叫，是口头的；散文则是用来讲道理、记事、翻译外来宗教及其他经典或者异族统治者的文书等等，是书面的，要等书面文字形成一个体系才能出现。从这个意义上说，散文是文明的产物。

许多民族的早期文学选本，总是诗歌的比例大大超过散文，也许原因就在这里。

英国散文的特殊情况还在于它经历了三个语言时期，即古英语、中古英语、近代英语。三种语言有联系，然而差别很大，在古英语、中古英语时期，散文的收获不及韵文，而散文中的重要著作还是用拉丁文写的，比德的《英国人民宗教史》就是一例。所以，用拉丁文，因为它是欧洲知识分子共有的文字，用它便于思想和学术交流，且不说作者想替自己建立全欧的声誉了。

迟至 16 世纪，已是近代英语时期，培根还用拉丁文写他的哲学著作，只在他认为次要作品如《随笔》里，才用了英语。

但是事情的另一方面却是，在每个时期都有人坚持用本土语言写作。这些有志之士当中，第一个重要的是 9 世纪的阿尔弗雷特国王。他为了振兴本土学术，曾组织人——并且亲自动手——把一些拉丁文著作译成古英语。对此,凯尔(W. P. Ker)教授曾说:"那位伟大的国王常遭被除名的危险,然而政治史和文学史都少不了他,而英国的文学史同政治史一样是前后连贯的。"[1]这个"前后连贯"论是有争议的,但是凯尔的继任者,也是伦敦大学英国文学教授的钱伯斯教授不仅坚持此说,而且把由阿尔弗雷特开始的英国散文传统从9世纪延伸到了16世纪,并指出其中的关键人物是莫尔。

汤玛斯·莫尔(1478—1535)是英国文艺复兴的重要人物,其名著《乌托邦》是用拉丁文写的,但是他也用英文写了《理查三世史》。从此书和莫尔的其他英文著作,钱伯斯引了大量例子,说明莫尔在叙事、辩论与对话等方面的能力,以及在形成《圣经》英文译本中的影响,结论是:

> 莫尔是发展出一种有力的散文的第一个英国人,这种散文适合他的时代的一切用途:有雄辩力量,有戏剧性,多样化。莫尔的散文既善辩论,又善叙述,能够构筑出有持续说服力的段落,又能迅捷地开展对话,时而活泼,口语化,时而精雕细刻,甚至近乎绮丽。这当中有些方面已是当时的英文所能做到,但是莫尔是第一个具有能满足十六世纪英国的一切要求的散文风格的人。当时英国特别缺乏一样东西。别的作家……能够掌握雄辩文和说明文的风格,而那时英国最需要的是一种能把当代事件用生动、有戏剧性的叙述文记录下来的散文风格。[2]

---

[1] W. P. 凯尔:《英国散文选》卷一,第 16 页。
[2] R. W. 钱伯斯:《英国散文的连续性》,牛津大学出版社,1932 年,第 liv 页。此书原是"早期英文文本学会"丛书之一的尼科拉斯·哈卜斯菲特所作《汤玛斯·莫尔爵士传》的序言,后又单本发行,被公认为突破旧说的出色之作。

莫尔提供了这样的风格；不仅如此，批评家还发现他的《理查三世史》是"一个精心设计、细致加工的整体，比例恰当，无懈可击"。[3] 钱伯斯还进而论述莎士比亚的历史剧《理查三世史》也得益于莫尔的这部同名史书。[4] 既然如此，那就让我们读读莫尔的文章本身吧。这里是《理查三世史》的一个片段，是关于已故国王爱德华四世的情妇琪恩·肖厄的：

> 接着，逐渐地，似乎是出于愤怒而不是贪婪，护国公派人去到肖厄的媳妇家里（因为她丈夫并不与她同居），把她所有的财物搜刮一空，价值在三千马克以上，并把她本人投进监狱。然后装模作样对她进行了审问，说她到处奔走，想迷惑他，又说她同王室大臣合谋想杀害他。等到一看这些罪名无法成立，就恶毒地想出一条她本人无法否认，而且全世界都知道确有其事的罪名，不过在这时他突然郑重其事地提出，只使所有的人听了发笑罢了，这罪名就是她不贞。因此之故，他作为一位有节操、不乱来、洁身无垢的王爷，自命是上天派到这邪恶的世界来纠正人们的道德的使者，下令伦敦区主教责成她当众赎罪，具体说就是在星期日手持蜡烛走在十字架前，跟随一队人游街。结果她走在队里，面容娴静，步伐规矩，虽然身上只穿一件宽大的袍子，可是显得十分秀美，连她那原本苍白的双颊也在众人好奇的注视下出现了可爱的赭红，于是她那可耻的大罪反而赢得群众中那些看上了她的身体远于她的灵魂的人的纷纷赞美。不喜欢她的行为的良善的人对于修正罪恶是高兴的，但也对她的赎罪感到同情，而不

---

[3] R. W. 钱伯斯：《英国散文的连续性》，第 liv 页。
[4] 同上书，第 clxv-clxviii 页。

是感到庆幸，因为他们看得出护国公之所以这样惩罚她并非出自道德感，而是另有卑劣用心的。

这个女人生在伦敦，来往的都是体面人物，从小受到良好家教，婚姻也合适，只是嫁得早了一点，丈夫是良善市民，年轻，和气，有钱。但由于他们结婚时她还不成熟，她并不爱他；从无对他有热恋之心。这可能是一种原因，使她容易在国王引诱她的时候愿意满足他的胃口。当然，对国王的尊敬，对美丽的衣饰、优裕愉快的生活和大量钱财的指望也能迅速地打动一颗温柔多情的心。当国王勾上了她，她丈夫天性良善，懂得怎样对自己有利，不敢碰国王的小老婆一下，马上把她完全让给了国王。国王死后，宫廷大臣收纳了她，其实国王在世之日，他早已垂涎于她，只是不敢凑近，或是出于尊敬，或是由于一种友好的忠诚。她长得标致，白皙，身上无一处不合式，如能身高略增一点就更美了。凡是在她年轻时见过她的人都这样说。当然也有些人现在看了她（因为她还活着），觉得她绝不可能曾经漂亮。我认为这种判断类似把一个死了多年的人从坟墓里挖出头骨，凭这一点来猜想此人过去是否美丽一样，因为她现在当然老了，瘦了，干瘪枯缩了。但就是这样，如果想重构她的面容，还可以看出只需把某些部分充实一下，仍然可以现出美貌。喜欢她的人不仅爱她的美貌，更爱她的愉快的举止。因为她聪明，能读会写，客人面前表情愉快，问什么都有话说，既不一声不响，也不唠叨，有时还不伤大雅地说说笑话。国王常说他有三妾，各有所长：一个最愉快，一个最有心计，一个最虔诚——可称是他那王国里最信神的娼妇——因为很难使她离开教堂，除非是立刻上他的御床。这三人中两个是有身份的人，但由于谦虚，自愿做无名氏，也放弃别人对她们特长的赞美。最愉快的那位就是肖厄家的媳妇，国王也因这一点特别喜欢她。他有许多女人，但只爱她一个，而说实话（不然即使对魔鬼也是罪孽），她从不用她的影响去害人，而是使许多人得到了安慰或解救。国王不高兴了，她会使他宽解、息怒；某些人失去国王的欢心了，她会使他们重获恩宠。有些人犯了大罪，她可以为他们取得赦免；有些人的财产快被没收，她能使成命收回。她帮了许多人递上对国王的重要申请，不收任何报酬，或虽收小量也只是为了好玩而不是攒钱，像是她只要能将一件事做好也就满意了，或为了表明她有能力左右国王，或表明有钱的浪荡女人并不总是贪婪的。

我料定会有人想，这个女人无足轻重，不值得浪费笔墨，不该将她夹在重要事务之间来一起追忆，特别是那些只凭她的现状来估量她的人更会这样想。但是我认为正因为她现在沦为乞丐，无人照顾，缺朋少友，她更值得我们追忆。想当年她有钱，得国王欢心，在朝廷有势，帮许多人办成了事情。许多人也曾得势，由于干了坏事反而至今留名。她所做不比这些人少，但因没有干多少坏事就被人忘怀。人们总是把作恶的人刻在大理石上，而把行善的人委于尘土。这个女人的遭遇就是一个好例子，因为她今天所乞求的活着的人如果当年没有她，则今天乞求的该是他们了。

果然是一节出色文章。从文字讲，已十分接近现代英语，除个别虚词和句法形式外，对于今天的读者不构成特别困难。不仅如此，文字也没有书本气，倒是平易的、口语化的。它很好地完成了叙述任务，但又非纯客观的叙述，而是含有评论以至讽刺的，例如讲当时还称"护国公"的理查三世的为人和用心就很明显。细节的生动和戏剧性是另一特色，读者很难忘记琪恩·肖厄游街的情景。文章的组织也见匠心,以写这个女人在先王死后的遭遇开始,继而叙述她的背景和如何成为先王的情妇,如何又与一般得宠的情妇不同,不是借势欺人而是常以助人为乐,并且着力写她的美,通过今昔对比而更显其美,最后作者出来发表了一通议论,表示他写的虽是一个女人,用意却在烘托理查三世的阴险诡诈,并未离开主题。换言之,这里有历史,也有史论,两者都不浅薄,而有深度——用美人的荣枯同人们对待善恶的态度相提并论,涉及人世的沧桑和人情的冷暖,这一切构成了文章的深层肌理,是经得起一再重读的。

我们通过这段文章,也多少可以看出莫尔是怎样一个有才华、有热情又有风趣的人,这对于我们进一步了解《乌托邦》也是有帮助的。

《理查三世史》终未完成,但是莫尔已在英国散文史上建立了功绩。前面引过的钱伯斯等学者的话是有道理的;[5] 莫尔所提供的不只是一般所谓好散文,而是"能满足十六世纪英国的一切要求的散文风格",特别是"一种能把当代事件用生动、有戏剧性的叙述文记录下来的散文风格"。由于他做到了这一点,由于他的英文在总体上是平易的、口语化的,他——一位历史家、思想家,而不是舞文弄墨的辞章家——成为班扬、笛福、德莱顿等人的先驱。从近代英国讲,站在平易散文传统这条长线的起点的就是这位伟大的人文主义者。经过这样的一番回顾,我们可以进而审视英国散文发展史上的几个重要阶段了。

---

[5] 钱伯斯的著作造成重大影响之后,50年代的牛津学者C. S. 路易士在其所著《16世纪除戏剧外的英国文学》(1954年,《牛津英国文学史》的一卷)中对于莫尔散文的评价不同,指出其缺点是句子太长,形容词太多,以及"几乎完全缺乏节奏上的变化"(第180页),但也承认它的长处,特别是善于描绘人物,"琪恩·肖厄的写照是作者结合明晰和严肃两者的一个美好的例子"(第166页)。总的说来,莫尔的重要性虽然不宜提得过高,但钱伯斯的论断还是妥当的。

统观以上，有几点值得小结一下：

1. 英文散文运用的领域十分广大，不论是宣告、叙事、说明问题、进行争论，还是纪游、抒情、写小说剧本、写信、写便条、写日记等都要用散文。这是散文之幸，由此而得到多方面的锻炼，炼出一种精确、有力而又伸缩自如的传达工具；反过来，应用广也对散文提出了严格要求，要求它面向社会，面向实际，首先能完成人们在日常交际中的各项表达任务。

在英文散文发展顺利的时候，不仅文学家能写好散文，各界人士都出现散文能手，全社会都关心语言质量。

2. 语言质量不是一句空话，而有具体要求。对于各类散文，人们的第一个要求是清楚达意。要做到清楚达意并不容易，首先要求说话写文的人能够想得清楚。阻碍清楚达意的因素也很多，其中有非语言的因素，但是就语言而论，不要写得艰深，而应写得平易，这也是历代致力于准确达意的人所共同要求的。

英国散文中有一条平易散文传统，其历代的代表者是培根→德莱顿→班扬→笛福→斯威夫特→科贝特→萧伯纳→奥威尔，而首先要求平易的是皇家学会的科学家们，他们看出为了推进科学，科学文章必须写得"数学一般地平易"，否则会误了社会发展的大事。平易不只是归真返璞，而是一种文明的品质。

3. 平易推到极限就成了平淡，这也是人们不喜欢的。同样的写得平易，有的人就写得更有艺术——自觉或不自觉的艺术。上述平易传统的代表人中，情况也不同，而且除了共同的平易倾向，各有各的特点，这当中也有艺术。同时，随着语言的变化和其他因素，历代对于平易的认识也是有所发展的，什么样的文章才是平易，标准也是有所不同的。

怎样才能做到平易而又不平淡呢？根据英文散文的发展来看，有一个比艺术更重要的因素,即散文所传达的内容。当内容十分重要或说话写文的人有炽热的情感、道德感或新现实新思想要传达的时候,则文章即使写得极为简朴也会吸引人的。班扬的不服从国教者的宗教热诚点亮了他的朴实散文;笛福的平易散文之所以有深度,原因之一是他能捕捉社会生活中的许多有意义的细节,科贝特的纪游之作之所以能放异彩,是因为他深知民间疾苦而心急如焚;萧伯纳的锐利则来自激荡的19、20世纪之交的英国社会的新锐社会主义思想。

4. 同时,每个时代又总有一些人更重视散文的艺术性,为了开拓或者加深散文的表达力而进行各种试验。从黎里到乔伊斯也有一条试验性散文的路线,其中不仅有小说家,还有17世纪初的巴洛克风格家如汤玛斯·勃朗、19世纪初的随笔作家兰姆、稍后写梦幻的德昆西、19世纪末的美学家配特。他们的试验遍及题材、音韵、节奏、形象、句式、古词僻词新词的运用,以及整篇文章的格局和结构的变化种种。他们当中把试验推进得最远的往往得不到传人,试验及身而终,但是对于散文的发展却也有贡献,例如使语言变得更敏感、更能表达新的事物和深层的感觉。

5. 散文是不断适应新情况的,而在这一过程里得到扩充和发展。16、17世纪在意识形态方面的论战,18世纪报刊文学和写实小说的兴起,19世纪浪漫主义的泛滥、小说中现实主义的深化、政治经济学的革新、科学著作的普及等都锻炼了又发展了散文。在20世纪,又随着大众传播工具的发展而出现了口语、音乐和图像所组成的新的艺术形式。

6. 将来如何?新的品种方兴未艾,但未必能将已经存在多年的品种一一挤掉。正同韵文不是一种"正在死亡的技巧",书面文字也会存在下去。过去它为民族的一致和文化的连续做出了重要贡献,今后就在计算机的屏面上也少不了它的一席之地。有人更愿听广播,有人更习惯于阅读。共存局面将继续下去,虽然侧重点会有所变化。不同的品种会有不同的质量要求,但是超越这一切,人们会有共同的关心,那就是把英语这有深厚历史根子而又历来对外面世界开放的语言,在新的条件下运用得更有效率又更能发挥人的想象力。

1992 年 1 月 31 日

五、另一种文论：诗人谈诗

诗人谈诗，常能道人所不能道，许多精妙之点，令人神往。

他们多数不喜写皇皇大文，对诗的看法往往出现在日记、书信、笔记之中，也见于访问记、谈话录，以及他们读过的书上的眉批、旁注之类。

英国多诗人，也多这类谈诗的随意文章。

例如班·琼生，诗人、剧作家。他同苏格兰诗人特鲁蒙德的谈话录就值得一读。在这书里，他说："莎士比亚缺乏技巧。"又说：玄学派诗人"邓恩在某些方面是世上第一诗人"，但是"由于他不遵守轻重律，应该绞死"。琼生说话就是那样直截了当。他喜欢在酒店里同文友斗智，在"美人鱼酒馆""魔鬼酒馆"等处的顾客就听过他同莎士比亚互逞雄辩。后来琼生还写了一书，名为《树木篇，又名发现录》，表达他对于人生和文化的看法，谈得多的仍是诗和戏剧的性质和他读书中的心得，仍然是亲切、富于人情味的。他在这里写下了对莎士比亚的最后看法。他仍认为这位大对手"空气太多"，但他又说："我爱其人，珍惜其令名，崇拜之心，不亚于任何人。"

稍后的德莱顿写了一篇文章，叫作《谈剧诗》。文章相当长，内容是今古戏剧之别，和英法戏剧的高下。德莱顿本人是诗人，是今剧的首领，写的是所谓"英雄诗剧"，是一种新古典主义亦即法国风的诗剧，严整有余，深刻不足，失去了伊丽莎白朝诗剧的恢宏的英雄光泽。但是文章却写得十分动人，因为他采取了对话录的方式，描写四位才子在一个良辰美景的好日子出去郊游，边走边讲，有说有笑，但在见解上各不相让，争辩中语多机智，整篇文章是用自然流畅的口语体写成的。这类谈话录也有一个欧洲传统。柏拉图的《筵席篇》就是描写在一次有苏格拉底参加的宴会上，老少咸集，热烈而风趣地讨论爱情这个大题目的情况，既是一件哲学史上的重要文献，又是一篇绝好的文学散文。

18、19世纪之交，雕刻匠、画家、诗人布莱克默默地生活和工作着，其实他是一个对时事深有所感的血性汉子。他喜欢在名流著作里面写下不客气的批语。例如他在一本培根《随笔》的标题页的中间大笔写下："对魔鬼王国献的妙策。"在当时名画家雷诺兹的《画论》里面，结合着批作者，他也不忘批培根："培根的哲学毁了英国。培根只是另一个伊壁鸠鲁。"这是他写在一页上的话。另一页上他又写道："伟大的培根——人们这样称他；渺小的培根——我这样称他。他说凡事都须先经实验。他的第一条原则就是无信仰。"下面又另有一批："培根的哲学使得政治家和艺术家都变成傻瓜和坏蛋。"

布莱克为什么抓住培根不放？只为一点，即反对培根的哲学，即随实验科学而俱来的理性主义。

他对雷诺兹批得更多、更系统。乔舒亚·雷诺兹爵士是18世纪70年代英国皇家艺术院第一任院长，其画颇受名公贵妇们的喜爱，但布莱克深厌其人、其画、其艺术原则，对他的画论几乎逐条批驳，强调的主要是："一个在心里找不到任何灵感的人不该斗胆自称艺术家。……一个在心灵和思想上从不走向上天的人不是艺术家。"

他对同时诗人华兹华斯也有意见，曾在后者的诗集上批道："在华兹华斯身上我看到自然人经常同精神人作对，因此他不是诗人，而是一个同所有真实诗歌和灵感为敌的邪教哲学家。"

如果我们觉得布莱克的批语谴责多于说理，对于写诗的具体问题谈得不多，那么读一读比他稍后的青年诗人济慈的书信，就会感受到后期浪漫主义的某些特点。他同前辈布莱克有相似处，如对于想象力的绝对重视，认为"由想象力捕捉到的美的也就是真的"，因此后来诗中有名句说：美即是真，真即是美。他又说诗人无自我，无个性，也最无诗意：

> 我要说诗才没有个本身——它什么都是又什么都不是——它没有特性。使讲道德的哲学家吃惊的却只使变色龙似的诗人狂喜。玩索事物的黑暗面和玩索事物的光明面同样无害，因为二者都止于冥想。诗人在生活中最无诗意，因为他没有一个自我，他总在不断提供内情，充实别人。太阳、月亮、大海、有感情的男女都有诗意，都有不变的特点——诗人可没有，没有自我——他的确是上帝创造的最没有诗意的动物。

然而诗人又最善于吸收。为此济慈创造了一个名词，叫作"消极感受力"：

> 有好几样东西在我的思想里忽然合拢了，使我立刻知道什么品质能使人有所成就，特别在文学上，莎士比亚多的就是这一品质。我指的是"消极感受力"，即有能力经得起不安、迷惘、怀疑，而不是烦躁地要去弄清事实，找出道理。……对一个大诗人说来，美感超过其他一切考虑，或者说消灭了其他一切考虑。

这一名词——"消极感受力"——可能是济慈全部诗论里最引人注意，最挑逗人们去解释、评论的名词了，但济慈并不长于创造名词，事实上，他只创了不多几个，而且都是在写信给弟妹或朋友时信笔写下的。他倒是更善于用普通话一语破的，如他称有些诗是"别有用心"的：

> 我们讨厌那种看得出来是有意要来影响我们的诗——你要是不同意，它就像是要把双手往裤子口袋里一插，做出鄙夷不屑的样子来。

这里谈到的姿势既简单明了，又形象具体，是一点儿没有诗意的。也只有真诗人，才不怕说这种大俗话。

又如，关于诗的三个信条：

> 关于诗，我有不多几条信条。……首先，诗应写得有点适度地过分，以此使读者惊讶，而不是靠标奇立异。要使读者感到说出了他最崇高的思想，有一种似曾相识之感。第二，诗的美要写到十分，要使读者心满意足而不只是屏息瞠目；形象的产生、发展、结束，应当自然得和太阳一样，先是照耀着读者，然后肃穆庄严地降落了，使读者沐浴在灿烂的黄昏景色之中。当然，想想怎样写诗比动手写诗要容易得多，这就引到了我的第三条：如果诗来得不像树上长叶子那么自然，那还不如干脆不来。

还有一段妙文：

> 我把人生比作一幢有许多房间的宅邸，其中两间我可以描述一下，其余的还关着门，还进不去。我们首先进去的那间叫作"幼年之室"或者"无思之室"，只要我们不会思维，我们就

得在那里待下去,虽然第二间房门已经敞开,露出光亮,我们却不急于进去。等到我们的内在思维能力醒来了,我们才不知不觉地被驱促前进了,一走进这个我将称为"视觉之室"的第二间房,我们就为那里的亮光和空气所陶醉,到处是新奇事物,使人心旷神怡,乐而忘返,想要终老斯乡了。但是呼吸了这种空气的后果之一,就是使人对人类的心灵和本性敏感了,使我们觉得世界上充满了悲惨、伤心、痛苦、疾病和压迫,这一来,"视觉之室"的光亮逐渐消失,同时四边的门都开了——都是黑漆漆的,都通向黑暗的过道——我们看不到善恶的平衡。我们在迷雾里。——这就是你我当前的处境。我们感到了"人生之谜的负担"。

真是难得的好文章(而济慈根本不把它当作文章来写),因为当中有多少顿悟,而说法又多么不同一般,全都出自一个诗人最深的体会。这几间房子的比喻使人想到王静安的几层境界说,但是王静安似乎只是就词论词,没有济慈在诗的一个崇高境界里得到的"世界上充满了悲惨、伤心、痛苦、疾病和压迫"的感觉——而人们在一个长时期里还把他当作"颓废诗人"!

济慈也在书信里品评前辈和同时期诗人。他见着好诗就高兴,但又保持头脑的清醒,一方面吸取前人精华,一方面自创新路,甚至对于密尔顿这样一位他曾刻意模仿的大诗人,他也终于毅然脱离其影响,说出了"他之生即我之死"那样决绝的名言。

诗人也写诗来论诗,这是中外皆然的。与杜甫的《戏为六绝句》或元好问的《论诗三十首》不同的,是欧洲诗人写得比较长,比较系统。贺雷斯、波瓦罗、蒲柏——这是许多人知道的例子。彭斯在给拉布雷克的诗札里酣畅地谈过他的诗歌主张:

> 批评家们鼻子朝天,
> 指着我说:"你怎么敢写诗篇?
> 散文同韵文的区别你都看不见,
> 还谈什么其他?"
> 可是,真对不住,我的博学的对头,
> 你们此话可说得太差!
> ……
> 我只求大自然给我一星火种,
> 我所求的学问便全在此中!
> 纵使我驾着大车和木犁,
> 浑身是汗水和泥土,
> 纵使我的诗神穿得朴素,
> 她可打进了心灵深处!

这是好诗,也是好主张,浪漫主义的大篷车正在田野上行进!拜伦在《唐璜》里骂过湖畔派,主要是不喜欢那批"变节者";济慈追怀伊丽莎白朝诗人的恢宏大度,更有点文学批评的味道。20世纪的奥登哀悼叶芝,固然怜惜其诗才,但更多的是把他的逝去看作一个文明时代的终结。奥登此篇是优秀的诗作,但以对叶芝的具体成就而言,他没有像当代盖尔语诗人绍莱·麦克林那样写得率直而又充满欣赏和同情:

> 你得到了机会,威廉,
> 运用你的语言的机会,
> 因为勇敢和美丽,
> 在你的身旁树起了旗杆。

> 你用某种方式承认了它们，
> 不过口上也挂了一个借口，
> 这借口却不曾毁了你的诗，
> 反正每个人都有借口。

另一个凯尔特文化的继承者、苏格兰大诗人休·麦克迪尔米德则在有名的《二颂列宁》一诗里探讨了一个聪明人想避免的问题，即诗歌与政治的关系。诗人看出了列宁是：

> 一种推动世界前进的力量，
> 最完善，也最开朗

而相形之下，文人（包括他自己在内）是渺小的：

> 一切伟大的都自由而开阔，
> 这些人又开阔到了何方？
> 充其量只打动了边缘上一小撮，
> 对人类没有影响。

话又是说得非常干脆，同时又都是好诗。那么，应该怎样努力呢？回答是：

> 诗同政治都要斩断枝节，
> 抓紧真正的目的不放手，
> 要像列宁那样看得准，
> 而这也是诗的本质所求。

> 列宁的远见加上诗人的天才,
> 将要产生多大的力,
> 古今文学里所有的一切,
> 都不能同它匹敌。
>
> 不是唱小调去讨好庸人,
> 而是拿出全部诗艺,
> 就像列宁对工人不用速成法,
> 而讲了整套马克思主义。
>
> 有机配合的建设工作,
> 实干,一步一步前进,
> 首要事情放在首要地位,
> 诗也要靠这些产生。

这可以说是麦克迪尔米德在共产主义社会前景照耀下取得的诗歌观。

当然,诗人也仍有写论文的,有的还写得非常好。

古者不论,从浪漫主义运动开始,诗人们写的论文、宣言就不断出现。英国浪漫主义的两位开山祖之中,华兹华斯在《抒情歌谣集》第二版(1800)卷首写的一篇序言文章不长而意义重大,它否定了新古典主义诗歌,替浪漫主义诗歌打开了大门,从此诗坛进入空前的激荡时期,影响及于当今;柯尔律治写了一部书,名曰《文学传记》,强调了想象力的重要性,是算得上文艺理论的少数英文大部头著作之一,也产生了深远的影响。

19世纪后半,出现了一个诗人,名曰马修·安诺德,诗也写得不坏,但不及其论文更受后代重视。他的文章写得明白晓畅,而且会提口号，例如"试金石说"（用什么标准去判断作品真是第一流），"甜蜜与光明说"（即欧洲文明中有宗教信仰与古典文明两大成分），"诗为人生之批评说"，等等。从后世的影响来说，安诺德的特殊的重要性在于他对文学的社会作用的见解。他生在 19 世纪后半，眼看由于工业化的无孔不入的影响，社会风气大变，各种思潮激荡，基督教的信仰衰微，想找一个可以代替宗教来维系人心的东西，最后找到了文学。他认为教育的中心措施应是传播"世界上想过和说过的最好的东西"，也就是文化精华，其中心即是文学。他相信高雅文学能够挫败庸俗势力，提高社会的文明格调。因此他的文论也就不只是品评文学作品，而是提出了有关世道人心的文化观、社会观。如今在英美等国，还有不少文学教授服膺其说。20 世纪五六十年代颇有影响的英国文论家利维斯可以说是在新条件下继续着安诺德的斗争。

以现代而论，则最大的诗人兼文论家无疑是艾略特。艾略特的诗有世界影响，而使这影响加速形成又四处扩大的则是他的文论。这些文论起初都是他替伦敦《泰晤士报》文学副刊写的书评，其中评格里厄孙教授编的《玄学派诗选》一文引起了读书界的玄学诗热，而一系列 17 世纪诗剧家集子的评论则又使文学界感到在这些莎士比亚的年轻同行身上有着一种精神的也是艺术的深刻品质。其实，这两者——玄学诗的奇喻和 17 世纪诗剧的深刻——加上法国后象征主义的都市风的嘲讽，正是艾略特的现代主义诗歌想要继承的品质，因此这些文论既阐明前人，又宣传己作。艾略特受过哲学训练，文章说理清楚而又有深度；同时，他有文采，善于比喻，善于举例，必要时也来一两个时髦名词（如"客观关联物"），在议论上又力求惊人，不怕扬言"《哈姆雷特》是一个艺术上的失败""密尔顿是英国诗里隔绝古今的中国长城""在 17 世纪英国诗里发生了一个重大的感觉脱节"等等，使得英美的文坛、讲坛上议论纷纷，从而更加推广了现代主义文艺观点的影响。他主编的《标准》季刊又以其国际性现代性赢得了各国高雅人士的赞赏，使他拥有更多的听众。

但不能只将艾略特看成一个宣传家；如果不是有真知灼见，而且文章确实写得出色，那么他的宣传也是不会奏效的。他的种种优点可以从他所写的另一篇论文看出，即篇幅相当长的《但丁》。在这篇文章里，他说明但丁《神曲》的主要特点，特别是《天堂篇》的写法，回答了一个问题：即天堂向来是难写的——比地狱难写得多——但丁又是怎样写好的？艾略特通过但丁的用词、描写、气氛的烘托等实例，不仅回答得很圆满，而且进一步阐明了但丁思想和艺术的伟大。这样的文章应该说是最好的实际批评，但又不只就文论文，而透视了欧洲文学的深远传统。

当代国际学术生活里的一个特点是讨论会多，已经有人写了小说讽刺那些飞来飞去在世界各地开会——并且兼干一些风流勾当——的大学人物了。在这类会上，照例有各种讲演、发言，各种论文的宣读，活跃了学术空气，但未必真正推进了学术。当然，也真有讲得精彩的，例如在1979年美国现代语言学会年会上爱尔兰诗人显默斯·希尼作的发言。

希尼出生在北爱尔兰，写诗有突出成就，被认为是叶芝之后第一人，近年来常在美国大学教书，但还未沾上学院习气，仍然用诗人的直觉和敏感来探讨诗歌创作。在这次会上，人们请他谈的是"对诗歌的若干未说出的假定"。他比较了两首诗，一首是詹姆士·赖特写的《致开花的梨树》，一首是罗伯特·洛厄尔的《渔网》。两人都是美国当代诗人，都写下了优秀作品，然而就这两诗而论，希尼以为赖特所作虽然也涉及了"嘲弄人的警察和年轻的暴徒"，但态度是消极的、隐退的。技巧上也松懈，不是力图从解决困难中见功夫，而是走了自由体的容易一路，因此总的说来，等于是承认了一种流行论调，即诗已不再是社会生活里的积极力量了。洛厄尔则相反，他对自己在历史中的位置有认识，并要自己的诗能承受住历史的猛烈冲击，对于语言也力求硬朗、准确，因此，虽然洛厄尔一生除写诗外别无其他职业，却将写诗放在社会的全景中来看，从而也就无言地"谴责了那种认为诗歌活动太纯洁、太雅致，经不住当前这一历史时刻的杂乱、粗糙的侵袭"的论调。希尼又进而评论《渔网》本身说：

> 这首诗初读可能使人觉得作者对自己有点溺爱，因为它谈的是诗人在不断修改自己作品中过了一生。但是诗行的钢铁框架使诗篇没有坠入自我陶醉；它不是一篇言词，而是一种精心制成的形式，也是一种故意发出的声音，一开始像音叉那样甜美，而结束时则只听允一下下猛烈的撞击，像是有人在毫不客气地猛叩门上的铁环。理解到此诗内在的生命是在用尽心计向一个人工制成的形式运行，就会使我们不只注意它表面上所做的"无能为力"的宣告，而还注意到洛厄尔对于诗歌艺术作为一种职责的内在的信任。我们注意了，受到作者有所承诺的鼓励，听到了这种承诺所产生的权威的音调。

这一番话涉及许多问题：诗人的历史感，社会职责，形式与内容的关系，表象与内情的矛盾，诗人的承诺和权威——有承诺才有权威，有权威才能使个人精心雕琢的艺术品获得公众间的力量。这未必是所有诗人的信条，但是对于一个像希尼这样生活在一个世界上的"热点"，几乎天天看子弹在人行道的石板上爆炸的诗人看来，这是他的诗论，也是他的承诺。

1989 年 5 月 31 日

六、文学史在古中国的先驱

文学史的写法，世界上大概不止一个传统。西方传统是学者们熟悉的。是否也有一个中国传统呢？从表面上看，似乎没有。第一部以《中国文学史》为名的书是迟到 1904 年才出版的。从那时起，中国的文学史家受过日本、英国、法国、美国、苏联的影响，却没有写出一部为学术界共同接受的中国文学史。国外用外文出版的中国文学史似乎也没有一部是多数学者满意的。这些文学史的主要问题是：没有多少中国特色。

这情形令人不解。中国人并不缺乏历史感；事实上，中国的史学著作属于世界上最优秀之列。他们也不缺乏批评意识，倒是有时候批评得太过了，在公元 6 世纪，中国的文论就已达到一个高度精微深刻阶段。他们早就有了一些有利于促成文学史的因素，包括一些近似文学史的著作。本文的目的是对这些因素做一简单回顾，并初步探讨一下为什么虽有这些因素而文学史仍然长远不能出现的原因。

一

中国史家早就有了将过去一代尽可能多的文学及其他著作加以记录和评述的做法，至少可以追溯到公元 1 世纪的班固。他在所编的《汉书》内加上了一个新的部分，叫作《艺文志》。这是一种有评注的图书目录，很有系统，而且翔实可靠。班固创始之后，历代史家继起效法，各朝的正史大多有了《艺文志》。除此之外，正史中的名人传总要包括若干文学家在内。范晔的《后汉书》又增加了《文苑传》。这些小传，类似英国《国家传记字典》（DNB）中的项目，至今是古代作家集子的标准版里常有的附录。

6世纪初，发生了几件事情，都是有利于文学史的出现的。钟嵘著的《诗品》按照诗作的优劣来定诗人的品级。同时出现了两部选本。梁朝昭明太子编的《文选》收罗丰富，以后一千多年都是学者常用的大型选本，历史对它所做的注解评论数量就很大。另一个选本是徐陵编的《玉台新咏》，收集的主要是宫体诗，它是专题选本的开始。

将诗人按照高下分品是一种文学批评的活动，牵涉到评价与分类。钟嵘还表现出一种历史感，因为他所讨论的诗人是从古代一直排到与他自己同时期的，只是把活着的人除外。这一发展无疑是为文学史的出现准备了条件。至于选本也能有助于文学史，其原因也是清楚的。好些早期的文学史实际上就是变相的选本，不同只在于所选文章是按照时代先后排列的——因此出现了分期问题——并且用评述性的文字把它们串联起来而已。

但是比以上诸书更能促进文学史的产生的是刘勰的《文心雕龙》。它是一部系统性很强的文学理论专著，把文学创作的各方面问题都谈到了，这样的书在中国是不多的，加之它的论述很有创见，因此至今中国、日本等国的学者经常开学术会议来探讨它，赞颂它的博大精深。文学史家也会发现它是一个宝库。例如它有一篇题名《时序》，实是从古代到5世纪的微型中国文学史。作者在回溯了这一长时期内的主要成就之后，以下面一语作结：

文变染乎世情，兴衰系乎时序。

换言之，文学是随社会发展的。这话在今天可能已是老套，但刘勰活在 5、6 世纪之交（约 465—?），那时候人们对文学作品及其来源还在用神话之类来做解释。在那样的环境里能说出这样的话，足见刘勰的创见是远远超越他的时代的。另有后续的一篇，题名《才智》，其中纵览了 8 个朝代的 94 位作家，目的在于探讨传统与个人才能的关系——而这也是一个现代文学理论家关心的题目。

《文心雕龙》的大部篇幅——共计 20 篇——是用来讨论诗文的各种体裁的。作者列举了 33 种，诗、乐府、赋、颂，哲学与历史著作，一直到章、表、奏、启、议、对、书、记，中间还有一些奇怪体裁，如对词、连珠和"七"。所谓"七"，是指一类散文诗，其中提七个问题或发表七点议论。这个分类也许有点烦琐，但从此也可以看出当时各类体裁的作品，不论韵文或散文，已是如何地丰富。

更会引起我们注意的是作者所用的历史观点。这 20 篇每篇都以一个概略的回顾开始。试以《明诗》为例，它的回顾包含了下列一段：

> 暨建安之初，五言腾踊。文帝、陈思，纵辔以骋节；王、徐、应、刘，望路而争驱；并怜风月，狎池苑，述恩荣，叙酣宴，慷慨以任气，磊落以使才；造怀指事，不求纤密之巧；驱辞逐貌，唯取昭晰之能：此其所同也。乃正始明道，诗杂仙心，何晏之徒，率多浮浅。唯嵇志清峻，阮旨遥深，故能标焉。若乃应璩《百一》，独立不惧，辞谲义贞，亦魏之遗直也。

这段文章虽然充满了人名和修饰词，进展的速度却很快，脉络也清楚，主要是因为刘勰把所论的作家分成了几类，并且点明了建安与正始这两个时期之间文学的巨大不同。英国学者大卫·尼科尔·司密斯曾说："当人们将诗人以家庭分类并且探溯他们所继承的先人时，文学史就出现了。"[1]在这里,我们也看到一部断代的中国诗史的雏形了。

刘勰此书还有其他值得文学史家取法的地方。

首先,他对术语的使用。刘勰所用术语不多,但每个都精选,往往只用一两个字就点明了一个重要的理论主张,例如"风骨"。"风骨"非刘勰所首创,在他之前已经有人用过,但是指绘画和书法而言。[2]现在刘勰却把这两词作为他的理论体系的中心术语,不仅用来指个别作品,而且用来标出一整个文学时代的特征。例如他一再说"建安风骨",后来的批评家也不断重复这句话。"风骨"的确实含义,至今有各种解释,但有一点也许是可以提出的,即用在建安时期的作家(其中包括曹操父子)身上,"风骨"所指的品质类似西方文论里的所谓"崇高"。中国的文论家喜欢用比喻来思索问题、说明主张,这两字中的"风"是指不羁的运动或想象力,而"骨"则指坚强的性格或高贵的品质;两字合起来,就恰当地标出了那个动乱频仍的建安时期中一些勇将和逸士所写的诗的特点:苍劲、有力、格调高尚,同时又美丽动人。

其次,他写法的简约。简约一直是中国传统文论的一大特点,直到20世纪初年都如此,后来才出现那种连篇累牍的冗长文章。刘勰从不辞费,总是三言两语就能突出一个论点。事实上,他把评论纳进了几乎每句话的肌理之中,叙中有评,评中有叙,二者是结合的。例如他把嵇康和阮籍两位诗人放在一起讨论,说了这样一句话:

嵇康师心以遣论,阮籍使气以命诗。

(《才略》)

---

[1] 大卫·尼科尔·司密斯:《华顿的英国诗史》,英国学士院华顿纪念演讲,伦敦,1929年,第14页。
[2] 例如谢赫在《古画品录》里用"风骨"来指明画家的成就,袁昂在《书评》里用"风"或"骨"分别说明个人书法的某种特点。

这里他何止仅仅提供事实,在这些词句后面有他对两人的景仰,所用的强烈措辞和庄重韵律产生了一种力量,把这个论断一下子推到我们的面前,不容我们不加注意。

第三,他善于比较。上面所引关于嵇阮两人的句子就是一例。这类比较是他一贯运用的,整部《文心雕龙》书里随处可见。这部分他写的是当时流行的骈文,而骈文着重对偶,易于进行比较。但刘勰的比较不是形式主义的,而有着充实的内容,措辞往往很醒目,有时还带着戏剧性。比较也不总是三言两语,有时为了说清问题,也能长达一段,例如下引:

> 魏文之才,洋洋清绮。旧谈抑之,谓去植千里,然子建思捷而才俊,诗丽而表逸;子桓虑详而力缓,故不竞于先鸣;而乐府清越,典论辩要,迭用短长,亦无懵焉。但俗情抑扬,雷同一响,遂令文帝以位尊减才,思王以势窘益价,未为笃论也。
>
> (《才略》)

这段话把曹氏兄弟做了比较,讲得很中肯,而且突破旧说,自有创见,但又从人人都能接受的常识出发,写法则既有力,又富文采。

最后,他的文学性。我们已经提到他的文采。上面的全部引文都是例子。他善用形象,"风骨"两字即是形象。他不仅利用骈文的形式来进行对比,而且很讲究"丽辞"的艺术性,不甘心于"言对"和"正对",而刻意追求"事对"和"反对"[3],一定要使一个句子做到其内部的两半在意义和声韵上都对比确切而说法巧妙,其用力之勤,效

---

[3] 刘勰曾用了《文心雕龙》的整整一篇来讨论"丽辞",中有语云:"故丽辞之体,凡有四对:言对为易,事对为难;反对为优,正对为劣。"

果之好，令人想起英国 18 世纪擅长双韵体诗的蒲柏。但是他又从不让这些风格上的考虑妨碍他说出自己的真实意思。《文心雕龙》一书全部是用典雅的骈文写的，然而没有因此而模糊论点或挫钝词锋，读者也不因看这样长的排偶文章而感到疲倦，这便是刘勰非凡的成功。

二

综上所述，刘勰的《文心雕龙》在几个重要方面都是文学史的先驱。

8 世纪又有一个发展，有利于一种文学体裁的历史——具体说就是中国诗史——的兴起。

这就是在诗歌创作中出现了一个新的类别，即论诗的系列诗。这个类别的创始人是杜甫。

杜甫是中国两个最伟大的诗人之一——另一个是李白。以前，他也曾在诗里论过诗人和诗艺，例如写过有名的诗行：

清新庾开府，俊逸鲍参军。

他比刘勰更精练，只用一个形容词就说出了一个诗人的特点。但是这两行是写在《春日忆李白》一诗里的，而那首诗表达的主要是杜甫对李白的怀念。在别的诗里杜甫也写过很有文学批评创见的诗行，但也是零星的想法，而且是同别的东西夹杂在一起的。

等到 761 年，他写了《戏为六绝句》，这就不同了。这六首诗无论在内容和形式上都不同于杜甫自己——或任何别人——以前写的。它们集中讨论诗艺，并且回顾了过去两百年的诗坛情况。

有意思的是，杜甫又从讨论庾信开始，只不过在这里，昔日"清新"的骚客变成了笔力更健的老诗人：

> 庾信文章老更成，凌云健笔意纵横。

第二首是杜甫对他写诗之时流行的诗歌风气的评论，话说得极为直截了当，远不是过去人们所认识的那个温柔敦厚的杜甫了：

> 王杨卢骆当时体，
> 轻薄为文哂未休。
> 尔曹身与名俱灭，
> 不废江河万古流。

所谈到的诗人是所谓初唐"四杰"：王勃、杨炯、卢照邻、骆宾王。他们写的是当时宫廷喜欢的诗：有点浮艳，不免轻薄。等到 8 世纪中叶，人们对这类诗产生了反感，对他们也就颇多批评。杜甫对他们又是什么看法？这诗的最后两行有不同解释，关键在于：它们是针对"四杰"的，还是针对杜甫同时人的？根据杜甫平素对初唐以及更前的诗人的总的态度来看，他对他们是谅解的，甚至欣赏的，他所称为"清新"的庾信和"俊逸"的鲍照其实都是艳诗的能手[4]，所谓"当时体"是指"当时的诗风"，当时的人们要求四杰写从六朝以来就已流行的宫体艳诗，他们也顺应时势，写了那类作品。然而尽管各代有各代的时尚，诗歌本身总是向前发展的，有如长江大河，永远流动。无论如何，杜甫在这里表达了一种能动的历史观。

在后续的几首绝句里，杜甫提出了两个论点。

一个是：不薄今人爱古人，清词丽句必为邻。

---

[4] "……淫艳哀音，被于江左，迄于萧齐，流风益盛。其以此体施于五言诗者，亦始晋宋之间，后有鲍照，前则惠休。……然尤以艳丽著者，实惟（徐）摛及庾肩吾，嗣则庾信、徐陵承其遗绪，而文体特为南北所崇。"（刘师培：《中国中古文学史讲义》，人民文学出版社，1957 年，第 91 页。）

另一个是：别裁伪体亲风雅，转益多师是汝师。

这里的"别裁""伪体""风雅"等词都被后人一再引用、套用，作为论点，作为书名，热闹得很，但杜甫的本意却是惊人地简单、朴实：对古今诗人，不存偏见，择其善者从之，自有清词丽句来到笔下；不搞邪门歪道，以高尚纯净为主，向一切会写诗的人请教，于是自己的艺术天地也就大大扩充了。

说这番话的杜甫，当时已是老年。同他所喜欢的庾信一样，他也是"文章老更成"，也是有了许多年的"凌云健笔意纵横"。但他也展望未来，愿意将他的一生经验和诗艺观传给后来的人们。《戏为六绝句》既是过去两百年诗歌的小结，又是一位老诗人写给将来的留言。

后来的诗人也没有辜负杜甫。他们效法了他以诗论诗的榜样，从宋朝到清朝，九百年之久都有这类的诗出现。实际上，是在中国古典诗的大传统之内又建立了一个论诗之诗的小传统，后者的一个重要发扬者是金朝诗人元好问（1190—1257）。他也写了一系列的诗，讨论从魏晋以来的诗歌发展，但规模比杜甫的六绝句大多了——他一共写了30首，总题就叫《论诗》。

开宗明义，元好问以恢复"正体"（以别于杜甫所说的"伪体"）为己任：

汉谣魏什久纷纭，
正体无人与细论。
谁是诗中疏凿手？
暂教泾渭各清浑。

为此，他讨论了30个诗人，从建安时代一直到宋朝，大体上按照时间先后排列。

元好问本人是一个不坏的诗人,对于前人颇有精彩的描述,例如这样写阮籍:

> 纵横诗笔见高情,
> 何物能浇块垒平?
> 老阮不狂谁会得?
> 出门一笑大江横。

最后一行来自黄山谷,但用在这里很合适。引用前人——特别是正在讨论的那位诗人——的句子,化入自己的诗,这是元好问以及后来写这类诗的人常用的手法之一。

但是,虽有这些优点,元好问的历史观却是成问题的。他反对发展变化,反对后来居上。这 30 首论诗的诗的中心思想是:宋诗(尽管他引用了黄山谷)是唐诗的堕落。这个思想表现在各处,例如有这样一首:

> 奇外无奇更出奇,
> 一波才动万波随。
> 只知诗到苏黄尽,
> 沧海横流却是谁?

事实上,宋诗虽有毛病,也有优点。苏东坡、黄山谷做了当时有出息的诗人不得不做的事,即在一个老的诗歌传统已经尽了它的作用,不再有生气的时候,勇敢地走出他们自己的路,创造一个新的传统。这两位都是写诗能手,有新的诗歌观和新的技巧:苏东坡的全面流畅和潇洒,所谓"出新意于法度之中,寄妙理于豪放之外",黄山谷的以才学为诗,"虽取古人之陈言于翰墨,如灵丹一点,点铁成金",都使得宋诗别有风味,对那些求新的读者是有吸引力的。宛如英国在伊丽莎白朝成百个诗人齐唱的抒情花朝之后,人们欢迎邓恩和其他玄学派诗人的讽刺性机智和奇思怪喻一样。可是元好问反对这种转变,他不是像杜甫那样"不薄今人爱古人",也不相信"转益多师是汝师",而是固定地站在唐诗一边,认为宋诗败坏了那个卓越的诗歌局面,这就表现出一种非历史的观点,不仅比8世纪的杜甫倒退,而且不及6世纪主张文学随社会发展的刘勰了。

值得深思的是:元好问的这一观点不限于他一人,而是许多诗人和批评家都有的,也不限于金朝,而是一直到20世纪都有人这样主张。在文学之士之间,一直在进行着——有时是激烈地,很伤感情地争论唐诗宋诗孰优孰劣。人们似乎是把这两个时代的诗歌——虽然中间隔了很多年——当作同时存在的事物看待了。

三

以上的简单回溯可以说明:古中国确有一些有利于文学史出现的因素。刘勰指明了一条道路。杜甫开创了写诗来回顾和评价历代诗歌的传统。正式史书里早有图书目录和作家小传。选本选出,"选学"构成一门学问。阐明文学作品的注释、笔记、文章也是每代不绝,其中有许多卓见。

然而尽管有这些条件,20世纪以前没有出现过一部文学史。等到1904年印行了林传甲的《中国文学史》,人们发现这是一本内容杂沓、系统紊乱的书,从中国文字的构成一直说到骈俪文的特点,几乎什么都有,而属于文学范围的东西则不多。据作者自述,此书是有一个蓝本的,即日本学者笹川种郎在早稻田大学用的讲义。

为什么在一个爱好文学、有深远文学传统的国家里,经历几千年之久，文学史迟迟不肯露面？原因何在？

谈到原因，我们就不是叙述事实，而是涉足于猜测之域了。我们已经谈到了以元好问为代表的非历史观点。此外，中国的史学本身也许也有问题。古中国对历史的看法是无所不包：既然社会上的一切活动，包括文艺活动，都列入正史，那么，一部单独叙述文学活动的历史就似乎没有必要了。

其次，中国古典文学传统本身的优点中包含着弱点。例如中国传统文学批评的行文简约是一优点，产生了许多隽言妙句，但却不惯于——似乎也不屑于——做较长较深的系统性讨论。对于史学和其他著作的文学性的重视，也是一方面使得中国的古文优美可读，另一方面则又造成过分注意美文的倾向，有时就显得华而不实。

在这些之上还有别的更大的问题值得考虑。在世界上许多国家，文学史的出现都是较迟的。英国第一部像样的文学史是托马斯·华顿的《英国诗史》，它是在18世纪中叶才出版的。国别文学史的观念是等到现代国家形成、国家意识成熟之后才有的，德·桑克蒂斯的《意大利文学史》适应了一个正经历着诞生痛苦的意大利国家的需要，同时又表达了它的希望。

中国人几千年生活在一个自给自足的帝国之中，似乎是另外一种情况。

也许我们还可以看看同一个社会整体发展有关的方面。在欧洲经历着文艺复兴的空前变化的时候，中国最好的头脑不是用在过去曾使他们骄傲的工艺发明上，而是转到八股上去了，而不屑于八股的真正的天才们则又潜心于经学、文字学、版本学了，他们似乎缺乏一个广阔的思想天地。但也许这话根本错误：也许他们心里有远比我们所想到的更大更根本的东西呢？谁敢说持有非历史观点的元好问就一定不比我们这些还在同早已落伍了的进化论打交道的人聪明？

七、今日中国文学之趋向

Trends In Chinese Literature Today（英汉对照）
王立　辑译　Compiled and translated by Wang, Li
杨国斌　校译　Collated by Yang, Guobin

I

There are many questions put to a Chinese, but there is one yet to be asked: what about your literature? Even when curiosity is strong and the point raised, the average Westerner is apt to be led astray. Not that guides like Giles and Arthur Waley are undependable, but that here as elsewhere the Westerner is often found, much to our amusement, adoring or detesting a China that does not exist. The translations, the 'gems' of the one, the 'Book of Songs' of the other, are all fine things, but they are anachronistic. It is all very well to go sentimentally into raptures over the classical yesterday, but what on earth is the expression of contemporary China? In other cases a study of the past will have oriented us, in so far as tradition will reveal to us a glimpse of the hidden background. But with the literature of the new generations in China tradition has lost much of its prestige, and the shaping forces should be sought elsewhere.

For there has been acceleratingly in the last twenty five years, a change that has gone to the root of things. Many reasons can be accounted for, but there is one stronger than all the others combined, namely, the coming of Westerner. I need not go into the tremendous impact produced by this sudden meeting between two civilizations; that is already journalistic commonplace. We have been plunged into a flux out of which nothing, not even our souls, looks quite the same.

The history of modern China is not smooth sailing. It is rugged, full of sound and fury and burning questions. Coming through all this painful reality, the Chinese youth is mentally an old man.

But when he looks back to the literature of old, he finds it sadly lacking in the things that he thinks indispensable. The elegant old tradition has produced beautiful works, but there is in it a dreamy far-away-ness that is too soft and tender for this cut-throat world of ours. He needs something heavy, almost ugly, to fall back upon. He has got a lot to say, and has said it uncompromisingly and without fear. However harsh and unsteady, his is a haunting voice, because it carries with it the authentic pulse of the change.

The product is what has been called the New Literature of China. Often crude, and most uneven in its accomplishment, it is nevertheless the embodiment of the new *zeitgeist*.

II

But when we come face to face with this New Literature, we find that it has not got a great many names to boast of and few works of real literary merit. This is, however, not to be wondered at; since, first, it is all a matter of some twenty five years, it being chiefly the harvest of the Chinese Renaissance of 1919, and, secondly, because of its very newness, it cannot but turn its back on the classical heritage of China and apply itself to imitate the literatures of the West. Following repeated humiliations in foreign wars, translation was reluctantly taken. up, first with the intention of prying into the secrets of the "barbarian's" modern cannons, then, as the inroad of Western ideas gained momentum, the further curiosity to look a little into his institutions, customs, and passions. Two men became the precursors of the New Literature without their being aware of it themselves. Yen Fu (严复) translated Montesquieu and Adam Smith and Charles Darwin, while Lin Shu (林纾) with the help of an oral interpreter, rendered into elegant classical Chinese, the works of Dickens and Haggard. Their translations are the triumphs of the old style. It is they who opened the eyes of the bewigged mandarins and the Chinese intelligentsia at large to other aspects of Western civilization than the mere efficiency in war.

The first real awakening followed in 1919, seven years after the establishment of the Republic, when the whole question centered on the problem of language. Hitherto the written language was one handed down by the ancients and had little, if any, connection with the spoken word. This state of affairs virtually closed the books to all but a very few, illiteracy being the curse of the nation. But the public was tasting the first freshness of democracy, and eager in their desire to catch things up. And what was the good of democracy at all, argued the leaders of the New Culture Movement, men like Dr. Hu Shih and the late Chen Tu Shiu (陈独秀), if it did not break down the old barrier and make education accessible to all, so that even the humblest farmer could have a voice in the way the government should be run? They advocated therefore the use of the vernacular in writing. Opposition was strong, and it looked for a moment that the tiny battle cry of that handful of university professors might be overwhelmed by the countrywide protest, as bitter as it was violent. To the old scholars, the classical language stood much as the humanities had stood in medieval Europe, not only for culture and decency, but the *raison d'etre* of everything, on which hinged the whole destiny of man. Lin Shu, the translator of Dickens, wrote an open letter to the Chancellor of the National Peking University demanding the immediate dismissal of those faculty members who were heretical enough to adopt in literary works 'the cant of the rickshaw coolies and street venders'. The new leaders were saved, however, chiefly by popular enthusiasm and the fact that the classical language had already died a natural death itself. It had became [sic] trite, wooden, sapped of blood and vigour by more than twenty centuries of continuous exploitation. Thus when Dr. Hu Shih wrote his famous *Constructive Revolution in Literature*, he found himself in the same situation as that confronting Wordsworth when the latter bombarded the complacent literary world of his day with the *Preface to Lyrical Ballads* in 1800. Both pieces are manifestoes, and both changed the course of literature for many years to come.

With the new medium firmly established and following the wake of the New Culture Movement, the nation suddenly found itself facing a new horizon. The age was constructive as well as destructive. The *New Youth* Magazine propagated the cult of democracy and science, with an enthusiasm that was singularly naive. Western political ideologies, from Anglo-Saxon representative government to communism and anarchism, found a ready soil in China. The plays of Ibsen were introduced for their iconoclasm and those of Bernard Shaw their social satire. But there was really a good deal of anachronism in the foreign authors translated. We find Homer making his appearance in China together with Byron, and

Dumas novels prized in the same enthusiasm as *Plutarch's Lives*. Some twenty centuries of Western literature were compressed into a single moment to quench the thirst of the new generation. There was something like Elizabethan profusion, something of the robustness too, in the way the new works were produced. Girls walked out of their homes to tread on the independent path of Nora, while young men with dishevelled hair and pale faces, and above all a seriousness that beat down every obstacle, began to form clubs and societies, which had a mushroom growth all over China. It was a "bliss to be alive in that dawn, but to the young was very heaven".

Many of the works produced at that time, though historically important, lack intrinsic value to recommend themselves. But Lu Hsun's (鲁迅) works, especially his *True Biography of Ah Q* (《阿Q正传》), need special mention. A returned student from Japan, he early gave up his medical study which he thought of secondary importance in a country where the diseases of the soul had to be cured first for the unprofitable life of an author. Nevertheless, the hand of the surgeon can still be seen at work in his anatomy of Chinese characters, done in a way at once bitter and penetrating that has rarely been surpassed. Lu Hsun had a tranchant [sic] wit characteristic of the shysters of East Chekiang, which made him the most hated man in the country, not so much by the old group, who really respected his tremendous classical scholarship, as by what he mockingly called the paragons of virtue in the new camp itself. Their pretentious and indifference to the cry of humanity disgusted him. The attack was launched by essays of all descriptions, ranging from regular magazine articles to prefaces and postscripts of a few dashing lines. His stories are eclipsed by his essays in the very force of the satire launched. But whatever he wrote he wrote with a grand style of his own which is really the strongest point in his works. The style is a curious combination of a Chinese with a faint crown of the old elegant tradition and a deliberate Western construction in some of the sentences, a combination that is strangely fascinating. He can be very lyrical at times, as has been revealed by his *Wild Grass* (《野草》), a collection of what might be called prose-poetry, in which we see the greatman off his guard, softened by nostalgia, touched by a melancholy tinted strongly with old Chinese sentimentality. But even in those rare moments, he did not forget the grudge he bore the world; for, like Swift, whom he resembled in so many other ways, he used writing as a moral weapon and turned a deaf ear to the murmurings of Art for Art's sake.

There is yet another significance of Lu Hsun's in the influence he has exerted on the younger writers by his translations. Early under the sway of Gogol and Sienchiewitz [sic], as he confessed in an essay, he is almost the first one to introduce the Slav writers into China. It is, however, not his translations that are really remarkable, but the way he did them. He believed in and actually practised a word-to-word, exact-to-the-last-detail rendering. Where there is a vital difference in syntax, he twisted and manipulated the Chinese until some resemblance was established. To justify his method he gave two reasons. First, there is always the atmosphere and the rhythm of the original to consider. Secondly, the Chinese language, he argued, needs new structures to express the thoughts of a brave new world. He frankly admitted that his is a stiff translation.

By the early twenties, *pai hua* (白话), as the vernacular has been called, was firm on its feet, and the New Literature in its full swing. But much of the first enthusiasm was also over and a note of disappointment set in. For though the new vistas were opened, the new writers found in them no message and turned to ivory towers. Chow Tso Jen (周作人), brother of Lu Hsun the polemic, began to write with Montaignian ease, and grace too, on rain, Chinese tea, Greek poetry, pornographic literature and Havelock Ellis, whom he always quoted with respect, and small talks and life in general. He has a silent, unobtrusive wit and a shrewd eye for details, coupled with a style that is not unlike Lamb's in their common love of archaisms. A familiar essay writer, he yet is redeemed by his Chinese features, his studies of the prose masters of the late Ming Dynasty, smack too strongly of the cheaply smart kind of modern journalism.

The *pai hua* prose gained with the passing of time greater flexibility and greater freedom of movement, thus making possible the production of many notable works of fiction. But the greatest experiment was being carried out in the field of poetry [.] From the very beginning poetry had been the most vulnerable spot in the New Literature. Dr. Hu Shih's Book of *First Attempt* (《尝试集》) contains a good deal of democratic poetry that is fresh; but the New Verse, with no rule and pattern to follow except the poet's innovation, extempore and elegance of the old poetry. But, clearly, there was very little to learn from the old form which had really outlived all the possibilities. Nor was it desirable to adapt Western forms. They experimented on everything that came handy, from English blank verse to Italian sonnet. They would count every Chinese character as an English syllable, since, they argued, there could be only the one sound to it. The result was a poem not only strange in content, but regular-to-death in shape, so regular that it was dubbed 'bean curd square' poetry by the unsympathetic native wits. Such were the extremes, indeed, reached by the new poets, that some of them would copy slavishly not only the rhyming scheme but even the accent pattern as well of English poetry, insisting on using the pause after every Chinese term as the equivalent to an English accent.

But, granted all its faults, the age saw a burst of lyrical poetry and a serious study of the literature of the West. The poetic world was then dominated by a group of university wits, known as the New Moon School (新月派), so called because of their organ, the New Moon Monthly. English influence was predominant in this group, but most of them gave the impression of knowing the 19th century Romantics only. They had some polish, to be sure, they built up some sort of form; they had a pleasing music, and here and there we find a few lines of great beauty. But the texture is threadbare, the versification stiff, the rhythm taxingly regular, and above all the poets themselves did not have much conviction or a true romanticism that was necessary to sustain them through a poetry of that calibre. Sometimes their poetry is merely a *jeu d'esprit,* or at best an artificial flower that has got nothing under it.

However, when all is said and done, they gave the New Poetry a timely lesson of technical innovation, and any survey, however short, would be incomplete if it does not mention the two leaders of the New Moon School, Hsu Tze-Mo (徐志摩) and Wen I-To (闻一多). Hsu was, from all reports, a lively and charming person, deeply read in English literature, and commanded the largest audience of his day. His love poems are perhaps among the best things produced by the New Literature, but none the less he is fettered by the limitations of his group, and often led by his desire to achieve form to run into doggerel. A superficial optimism carries him successfully through most of his lyrics, but when he really gets serious, as when he condescends to describe a scene of two soldiers killed in the civil war, he is most unconvincing. His poetic contributions were cut short by his death in an air accident, and the sudden change of fate affected also the evaluation of his works. His is tragedy that has often occurred to men of letters: their most ambitious works are not appreciated by posterity, which turns instead to their least pretentious, bits and ends of careless writing, preserved only because their existence has been overlooked. In his own eyes Hsu was first and last a poet, and only in his spare hours, when he had nothing better to do, did he write any prose. With the change of fashions in literature, his poetry is now seldom read, if at all. But his prose has been steadily mounting in people's esteem. It is a very ornate prose, image-beladen, with all the sensuousness of a Keats. *Cambridge As I See It*, generally considered his masterpiece in prose, reveals to us his sensitiveness to all that is going on round him, colour, smell, the rippling of a river, the intoxication of a mind.

But from the poetic point of view, any of our indebtedness to the New Moon School is really that to Wen I-To alone. He of all the persons had his eye on the technical possibilities of the New Poetry and was a much more careful craftsman than the rest of the group. He explored the mysterious Gothic vein of romanticism, and in his diction we find clearly a trace of Li Peh, whose sinister verse made him a Coleridge among the Tang poets. There is a greater play of imagination, more artistic finish, and a depth of feeling that is as masculine as the lyrical quality of Hsu Tze-Mo is feminine. In many places he showed himself a student of Baudelaire, whose *Fleur du Mal* clearly influenced his *Dead Water*, a masterpiece that made much use of the suggestiveness of sound in symbolizing the political and intellectual deterioration confronting China of the day. But his disappearance from the poetic scene was as sudden as his presence was brilliant. After 1930 he plunged himself into the classics of antiquity, and there, in the company of the dead, found at last, not merely the sweetness of learning, but the rare blessing of serenity which, transcending the narrow limits of time and space, has enabled him to interpret the buried past with so much understanding and love.

With Wen gone, the New Moon eclipsed and gradually retired into oblivion. Their place was taken over by the Creationists（创造社）who, though coming into being much earlier chronologically, extended their activities well into the thirties. The Creationists have been pigeonholed as romanticists, but they really had very little in common except that they were all students returned from Japan and were eager to risk their fortune in literature. There was novelist Chang Tze-Ping（张资平）who learned from the Japanese the naturalistic way of depicting love and was the nearest resemblance produced by the New Literature to the popular novelist of the West. There was also critic Chen Fang-Wu（成仿吾）, who wrote more slogans than literature, quarreled with Lu Hsun, and finally turned communist. There was Yu Ta-Fu（郁达夫）, too, in the best tradition of the old Chinese romanticists, forever fragile, poverty-stricken, yet nonchalant and haughty, whose ill fate was only matched by the brilliance of his talent. Yu's first appearance was as a novelist, when his *Downward Fall* (《沉沦》), a combination of Chinese sentimentality and Western *fin du siecle* atmosphere, won him renown and popularity. Later he gave up fiction for essays, in which genre he has produced some of the finest travel sketches in the New

Literature. But the leader of the Creationists was Kuo Mo-Jo（郭沫若）. Kuo's versatility is proverbial. In the field of translation alone, his contributions would have made him a name already. He translated such voluminous works as Tolstoi's *War and Peace* and several of Upton Sinclair's novels. It is he too who made Omar Khayyam popular with a fine version of *Rubaiyat*. Above all he is the first man to introduce Goethe somewhat systematically into China. He translated *Faust* and *Worthersleiden* the latter done in such a captivating style that Werther at once stormed the hearts of Young China, a sort of malady as he had been to the 19th century Europe.

The position Kuo Mo-Jo occupies in the New Poetry is even higher. I might be forgiven to say that he is the first really great new poet. He begins where the New Moon School has ended, by taking up the passionate revolt against-the-old-order side. Everything is broad in Kuo, and there is always a spontaneous overflow of powerful emotions. On the other hand, a stooping in traditional poetry, which emphasized correctness of form more than anything else, has helped Kuo to avoid the coarseness and pomposity that his kind of verse is usually subject to. He is sometimes found to be indulging even in ivory boats and gem-like moons and other finished mosaics and arabesques that could appeal to the best of Imagists. However, he is chiefly elemental and dynamic, and not fettered by any intentional imitation or borrowing of other poets, foreign or Chinese. Consequently beside the frigidity and pretty-prettiness of the New Moon School, he is all expansion. His influence has been healthy: he taught the New Poetry to look outwards to Nature, not the Wordsworthian Nature of transcendental pantheism, nor the devouring, antagonistic, tooth-and-claw side of Nature in the early English ballads, but the Nature of a Goethe, thought-provoking, beautiful with great winds and gorgeous sunrises, abundant and wild with a meaning, which, intelligible to man only, is yet irretrievably blended with his destiny.

The Creationists were a much more vigorous organization and had a larger following than the New Moon School. But, though it is the Creationists who first used the term Revolutionary Literature, both of them were at the time too occupied with aesthetics and a much belated romanticism to take care of the demands of the people. The pendulum of literature had fallen from the moral-propagandist pole of the early stage to the aesthetic-retiring. Poetry, which was the chief contribution of the period, was further removed from the people. And pai hua, for which so many battle [sic] had been fought, began to acquire mannerisms that were unwelcome to the public. Meanwhile the country was steadily running to the dogs, and discontent began to take the shape of underground revolutionary activities.

There was therefore an undercurrent of realism and prose. Lu Hsun was still writing his miscellaneous essays; Chow Tso-Jen had not yet become fussy with gossip; Lin Yu-tang（林语堂）began to appear, under the guise of a fighter, armed with an aggressive style, wrote most of the essays later collected in the *Skirmishes* (《剪拂集》). For periodicals they had the *Yu Sze* (《语丝》) in the north and the *Stories Monthly* (《小说月报》) in Shanghai, which latter was generally considered the stronghold of the group of writers under the name of Literature Research Society（文学研究会）. The Society had long been in existence, and contained men of all colours, from Miss Ping Hsin（冰心）, the first blue stocking produced by the new tradition, who distinguished herself at the very early stage as a poet and story-teller with typically feminine merits, to Shen Yen-Ping（沈雁冰）, the editor of the *Stories Monthly* who was later to write under the pen-name Mao Tun（茅盾）of the coming revolution with such success. These writers, together with Lu Hsun, who was also a member, were at the time chiefly occupied with two things; the translation of Russian revolutionary writers and the literatures of the 'weak and small' nations of Europe, and the preparing of the mind of the Chinese masses to greet the coming Kuomintang Northern Expedition which crushed before it all the reactionary forces and finally brought about the unification of China. The time was ripe for the New Literature to embrace, as it had embraced from the very beginning, politics again.

Thus when we come to the third Phase, we find the New Literature full-fledged with ideologies, but ideologies that alas! clashed. The revolution had come, triumphed, but also changed hands. The much-hoped-for paradise, in spite of the blood that had been generously shed for it, did not come. An aftermath of sharp disappointment forced itself in, and disappointment spurred the radical factions to further action, while leaving the moderate elements to seek refuge in the false security of art. Literature went left.

We of this day cannot perhaps size up the difficult position the radical writers found themselves in and would therefore fail to do them justice if we say that much of their writings is mere crude propaganda. In those turmoil years following 1927, the young extremists, indignant and desperate, were too absorbed in the actual struggle, too occupied with the living issues, to have any regard for artistic performance. Most of them were therefore unconvincing, because always the moralist got the better of the poet or the novelist, and there was always the voice of dogma silencing the feeble protests of life and art. As things now stand, out of the whole bundle of philippics and declamations, we see only two persons emerge unscathed by the sieving process of time. Ting Lin（丁玲）, the brilliant Sophia in the movement, could really put out something at once beautiful and dangerous. She was of the headlong, temperamental type, had read *Madame Bovary* with dreamy eyes, and revolted, as early as when she first appeared with her novel, *In The Dark* (《在黑暗中》), against the conventions of modesty that had confined Chinese ladies to their isolated, tuberculosis-infested boudoirs for centuries. But she was not all ideas; for there was always the woman's instinct in her for the palpable facts to make her distrust mere abstractions. It may perhaps also be said that exactly to this she owed her success, which, however, when set against the dark background of her life, has made her look all the more tragic.

Less passionate, but more bitter, and perhaps of more lasting literary value, are the works of Mao Tun. They are always vast, well-planned, and classical in their proportions. He reasoned out the breakdown of the old Chinese farming system in *Spring Silkworm* (《春蚕》), and the futility of China's new industries in the face of foreign competition in the *Twilight* (《子夜》) which is, besides the most ambitious, also the longest work produced by the New Literature, being well over 500 pages of very small type. Revolution, however, was a bitter reality to him, and the titles of his famous trilogy, *Disillusionment* (《幻灭》), *Dilemma* (《动摇》), and *Pursuit* (《追求》), bespeak the themes he took up. What renders him the infallible and most outspoken portrayer of the stormy early thirties is his unflinching realism, which is further strengthened by a vast Balzacian sweep? He is also the first novelist in the New Literature who knows how to weave isolated episodes into a good plot. Thus he is never dull, and some of his novels have been dramatized by the Chinese movies. He makes much use of satire, which accounts perhaps for the fact that many of his characters are more caricaturish than third dimentional. His women, like Turgeniev's, are invariably more lifelike, more rounded off figures than his men.

Mao Tun （茅盾）has deviated from the beaten path of Chinese prose style in many respects. Most Chinese writers, even the very new ones, are sentimental and rely on the purple patches for effect. In that light Mao Tun does not even have a style to speak of. His language is plain, even drab. He has no vanity for the frills and fancy stuffs of expression and says things in a hard direct way.

Speaking of style, it is interesting to compare Mao Tun with another writer, Shen Tsung Wen （沈从文）, who belongs to no particular school. For story-telling ability Shen is unsurpassed but he is better known as a magician of words, a dealer in polished phrases and fugitive thoughts. The curious thing about Shen is that his progress as a stylist is the reverse of the experience of others. Whereas most writers, like Shakespeare, start with great elaborateness and gradually mature into sustained simplicity, Shen's style has changed reversely. When he first attracted popular attention, he was a true 'country rustic', as he has called himself writing his lovely little stories of the sailors and prostitutes of a forgotten valley in West Hunan. But very soon he became fond of edification, while his diction got increasingly flowery. He can, however, really write. Puritan in his strictures of others' conduct and lack of vistas, he is matchless as a student of the primitive desires in our body. There is a Renaissance splendour in his praise of a young woman's warn nudity, and at his best, as in the *Border Town* (《边城》), he has certainly sensed, like Hardy, the essential tragedy in human existence.

I cannot pass by this period without a word on Pa Chin (巴金). A prolific writer, he yet resents to he thus labelled. His appeal to the middle school students is the strongest because of the presence in his works of certain stock types that strike home to the juvenile hearts the ideas of a revolutionary-romantic paradise. He is intensely individualistic, and autobiographical too. The revolution in his *Turbulent Waters* (《激流》), for instance is more an intellectual affair, supported by some lonely enlightened young men, than a real movement. The actions of violence are impulsive and always end in the death of the hero; the masses are nowhere. With such a temperament, it is only natural that he should have written with great facility. But no man has ever doubted his sincerity; and certainly it is a rare consolation for any writer to have aid before him and at his complete mercy the hearts of a whole generation of youth who have devoured him with tempests of passion and deep gratitude. All this sounds that the period was one of storms and great upheavals. Was there really nothing else? The monotony imposed by the dogmas and rules of the Left critics approached the state of tyranny, but human spirit admits of differences. The protest took the form of a magazine, the *Modern* (《现代》). Of the two editors, Sze Tze Chun (施蛰存) wrote psychological stories of great poetic beauty, and Tu Heng (杜衡), besides a superb fiction writer, was also a critic versed in the art of dialectic. There were stylists, however, like the now killed Mo Sze Yin (穆时英), who were cheaply smart, and critics who sought to distinguish themselves by running after the fashions of the day. But the Moderns should not be summarily dispatched if only for one reason, and that a very substantial one, namely, they supplied what the Left group lacked, poetry. The whole Left Movement, for all the slogans shouted, had not produced a readable poet. But now from the Moderns there came a poet of rare qualities, the leader of a new poetic movement, in the person of Tai Hwang-Shu (戴望舒). In spite of the vagueness of his moods and feelings, Tai is gifted with lucidity of style; and against the prevailing Russian influence, he brought in the French emphasis on precision, a timely dose to cure the poetic diction of its swollen pomposity. However, to his discredit, he begot also a whole litter of poetasters, who mistook symbolist poetry for mere ambiguity. On the whole, the Moderns marked a return to English and American influences, though it must be said that they advertised themselves too much and had sold as much glittering fool's gold as the true metals of literature.

The *Modern* was published in Shanghai, and so was another literary periodical, the *Literature Magazine* (《文学》), edited by Fu Tung Hwa (傅东华), to which Lu Hsun and Mao Tun had been contributers. At this time of the period, most of the literary activities took place in the south. Shanghai, the great port-city, the storm center of all the underground struggles, was attracting, with facilities of printing and easy accessibility to new things, young men from all parts of the country. For the radical elements, Shanghai's foreign concessions afforded comparative safety. The cosmopolitan life of Shanghai, in short, with all its paraphernalia of evils and opportunities, was to many of the young intellectuals what London had been to Shakespeare.

But, for this bourgeois Shanghai, or the political-minded south in general, the classical north had nothing but positive contempt. Peiping clung fast to the elegant, highbrow things in culture. In the field of scholarship it had reasons to be even haughty. For all the best universities of the country were in or near the town, and if Lu Hsun and Mao Tun were down in the south, Dr. Hu Shih and a host of learned professors were lecturing. in the shadow of the Forbidden City. Above all, to those lonesome souls who found Shanghai too hot, too commercialized for the fragile flower of literature, Peiping offered solitude.

But the north had a handful of good periodicals and plenty of good writers. The *Ta Kung Pao Literary Supplement* (《大公报》文汇副刊), for instance, though limited in space, had been the rendezvous of most of the best poets and novelists of the country. It had introduced such memorable works as the long narrative poem the *Precious Steed* (《宝马》) and the critical essays of George Yeh (叶公超) and Chu Kwang Chien (朱光潜), whose book on Crocean aesthetics is the most systematic and scholarly treatise produced by the New Literature. There was also the brilliant though short-lived *Mercury*, backed up by the university wits, with a cast that could compare favorably with any in the country. Pien Tse-Lin (卞之琳) distinguished himself in poetry, Li Kwang-Tien (李广田) and Ho Chi-Fang (何其芳) in essay writing, and Hsiao Chien (萧乾), Lu Feng (芦焚), and Fei Ming (废名) reaped good harvests in fiction. Hsiao Chun (萧军), the seasoned soldier from the now Japanese-occupied northeast, made his appearance with what Lu Hsun described as the best novel of the generation, *The Village In August* (《八月的乡村》). Lastly, the New Drama, which I have so far neglected because of its comparative immaturity, could now pride itself on two young playwrights, Tsao Yu (曹禺) in tragedy and Li

Chien-Wu（李健吾）in high comedy.

The Chinese are, just like the English and the French, a theatre-going people. The old singing opera, still loved and patronized by many, falls outside our fold. In the years right before and immediately following the establishment of the Republic, there rose the Culture Drama（文明戏）, which was the first revolt against the old stage: a revolt but not a serious challenge, for when the public turned for a curious moment to the new effort, they found it sadly stripped of all theatrical glamour. The usual practice was to have some one [sic] frame the skeleton of a play, mostly patriotic, leaving the details and the dialogue to the wits and whims of the actors themselves who always did their parts in an offhand way and, like Chinese politicians, had a passion for tediously long speeches. It had served its purpose as propaganda, but artistically it was a failure. Taught by the lesson, the real new play-wrights contented themselves for a time with the translation and adaptation of Western plays, of which Oscar Wilde's *Lady Windemere's Fan* was an outstanding success. Tentatively, however, they could not help risking some work of their own, knowing as they do that to push the New Culture home in every Chinese heart, they had yet to enlist the help of the drama. Such was Dr. Hu Shih's one-act play, *Lifelong Affair*（《终身大事》）, and such were a host of others, the main theme of which was invariable anti-Confucian, especially the Confucian conception of family and marriage. They did not have a large audience, but they were acted all over China. The twenties saw the dramatic world dominated by Tien Han（田汉）and his Nan Kuo Dramatic Club（南国社）, who, inspite of their sentimental tendencies, had done at least two valuable things for the New Drama: they won an audience and they studied seriously the art of acting. More Western dramatic works, from Shakespeare to John Synge, were translated, and dramatic artists began to go into the different 'effects' technically. Still, Tien Han and his followers were careless in the construction of their plays, and so, though the stage was set, great dramas had yet to be written.

The plays of Tsao Yu and Li Chien-Wu could not per-haps answer the description 'great', but they are at least technically sound. On the other hand, an academic education such as they received has not betrayed them to the dry, stiff, lifeless drama of Senecan scholars. As a matter of fact, they have always been vacillating between the classical and the modernistic. Li Chien-Wu is smart and slick, and Tsao Yu has more than once copied New York and Hollywood. In his third play, the *Wilderness*, he is seen to be imitating, with all outward conformity, Eugene O'Neill's *Emperor Jones*. And certainly it is also true that he has utilized ready-made devices of Ibsen and other Western dramatists. Though the bag of tricks that have won him immediate success and recognition will have to be thrown away for good, Tsao Yu is redeemed by his possession of the classical conception of what constitutes the tragic. Primitive passions plus a Freudian Aedipus [sic] complex make up the theme of his first and tremendously popular play, the *Thunder Storm*, which is, however, suppressed for that very smelly dose of modern science. His *Sunrise* (《日出》) is condemned by some, and praised by many, chiefly for the problematic third act, in which the playwright resorts to the Joycean technique of putting-everything-in, parading all the incidents in a brothel, which have scant connection with the main plot.

But I have anticipated. I should go back to the time when the New Literature was employed by the radical writers chiefly as a weapon for propaganda. The occupation of Manchuria by the Japanese in 1931 intensified the political consciousness of literature, and the fighting around Shanghai in 1932 further confirmed the writers in their opinion that the efforts of literature should all be directed to the emancipation of the nation. Yet for a time there was a short lull. Lin Yutang, the old biting wit of the Yu Sze group, published the first issue of *Lun Yu* (《论语》), literally Confucius' *Analects*, in June 1932. It was a magazine devoted to humourous writings only, much in the same nature as the English *Punch* or the American *New Yorker*. Fed up with the narrow dogmatism of the Left critics, Lin Yutang declared that there was already too much loose talk of politics, and it was high time that somebody led the hordes hack to the human plane, to sanity again. The trouble with most Chinese writers was, according to him, that they took themselves too seriously to mind life well, and when you do not know life, what is the point of talking of the proletariat? Then, what was the cure? It lay, he further pointed out, in the adoption of Western journalistic technique to write of the familiar, everyday things in our life. These arguments caught for a while the ear of the Chinese public, which had grown tired of the endless quarrels among the Left writers themselves and welcomed Lin Yutang and his *Lun Yu* as something fresh. But the sense of humour rarely appeared in that magazine as an unalloyed purity, as it was often blended with clownish exhibitionism that disappointed. *Lun Yu* has proved itself to be after all a comic relief in a vast tragedy that was only curtained by the war.

By the middle of the thirties, the lull was broken by more Japanese aggressions, and the government was seriously preparing for the inevitable outcome. Lu Hsun and Mao Tun still wrote, but they just like everybody else had dropped the old left argument and demanded a united front against the common enemy. After the Sian *coup d'etat* in 1936 in which Generalissimo Chiang Kai-Shek was detained by Chang Hsueh-Liang, the old clash of ideologies was as remote as if already a century old. The pendulum fell back again, but this time nationalism triumphed over all.

III

The first few months of war found the country in a flush. Literary activities came to a standstill, and literature was chiefly employed as reportage and one-act plays. Of the many pieces of reportage, few, however, could be accepted as good journalism. But the one-act plays were immensely popular because many of them, such as the famous *Throw Down Your Whip* (《放下你的鞭子》), could be acted at the street corners. Dialogue was reduced to the simplest, war songs inserted, and the classical distinction between the actors and the audience discarded, for more than once hid the villagers found to their surprise that they played the chorus in the drama they had come to see. This brought home to every remote quarter the idea of war.

But the heavy demands of war have also caused, unconsciously but happily, a fundamental change in the New Literature that was at first concerned only with diction. For the *pai hua* of Dr. Hu Shih had now grown stale and dusty with use and, what was worse, it had acquired deliberate Western mannerisms. The modernization had been carried to such an artificial extreme that some of the new works read like translations. The impossibility of the whole situation had been sensed before, but it had to wait for the coming of the war to take definite measures to set it right. And when these were taken, what was more natural than a return to the native soil, which has furnished forever home-spun words that are charged with the fire and vigour of simple life?

There was, therefore, a larger percentage of colloquialism to fiction. But consciousness, the first impatience with mere imitation of foreign sources, found its most colourful expression in the form of a recitation movement in poetry. War had made it necessary to stress the communal nature of poetry. If poetry is not to be sung, it should at least be read aloud. But could all poetry stand this test, or ordeal, as Tai Hwang-Shu would have said? Clearly a new technique is involved. You cannot read subtle, ambiguous poetry to move a public intent on being appealed emotionally. You have to employ the methods of speech, cumulative, reinforced by repetitions, with watchwords interspersed here and there. In many cases the poet found that for tricks he had to fall back upon the old *tan tze* and folk songs. The products were sometimes a little wild, but compensations were not lacking. For the poetic diction was purged of its literariness and more often was the poet fired by the burning passions on the face of his listeners to more heightened imagination. Read before large crowds, beside flaming camp fires, with a lot of refraining and echoing, War Poetry was essentially the people's poetry.

As the war dragged on, however, writers began to see the point of setting down to work on more serious, more lasting things. Thus we find long novels show up, mostly in the vein of exposing the social evils in the rear. Drama had a beautiful flowering in the big cities of Free China, and it was in many cases financed by the military authorities. Young essayists followed the path of the great Lu Hsun, who died on the eve of the war.

And now we find ourselves facing a prosperity.[1]*The war is over. In spite of the still nebulous situation, a respite has set in, giving the country time to build and grow. The universities have get used to their surroundings and intellectual life is again on the stir. New ideas are forming, new tendencies in the shaping, and the new spirit is struggling for new expression. Material difficulties are wellnigh insurmountable, but somehow new printing centers are established in the interior and elsewhere. New works, printed on yellowish native paper, are again filling up the bookstalls to meet the demands of a reading public with more varied tastes. Hundreds of periodicals devoted themselves to serious literature and some to poetry exclusively. Chinese journalists, too, are trying to be up-to-date, and many magazines can be classed unblushingly with the American *Reader's Digest*. As usual, translation has played its part in this new burst of intellect. Besides the Russian works, to which Chinese writers have always taken a great fancy, a number of contemporary French, American and English writers, such as Antoine Sainte-Exupery, Andre Gide, James Joyce, Ernest Hemingway, John Steinbeck, and a host of others, have also been rendered into Chinese. But it is in the field of fiction writing especially that the best fruits are being plucked.

IV

To sum up, in the twenty five years of development, we find the New Literature first hesitating and experimenting and then acquiring a definite

---

[1] *The manuscript for this pamphlet was prepared before the war ended. The Editor has taken the liberty to change some of the words to this paragraph.

political colouring which proves at once its strength and weakness. Much of the New Literature is crude and formless, but the strides we have made in this quarter of a century are great. We have gone through romanticism, realism, impressionism, expressionism, naturalism, symbolism, and now realism. In poetry we have made the greatest experiment, though achieved the poorest result. In prose we have the great Lu Hsun, whose greatness is owned even by his enemies, and a dozen or good fiction writers. In drama, we have the admirable works of Tsao Yu and Li Chien-Wu. In short, we can quite without shame or discredit to ourselves produce a dozen works to show the world how far we have get, where we are, and what is likely to become of us.

For whatever can be said against it, modern Chinese literature has at least one redeeming feature: its purity. Even meddling with politics, it has remained faithful to life. Of its numerous faults and failings, lack of high seriousness cannot be counted as one. Young Chinese writers, however humble and under whatever lead, are inspired by ideals and sunshine. It is a highly imaginative literature.

This leads us to a closing thought. What will become of this literature? We have seen that it began with imitation. People are talking of a return. But whither? No question is harder to answer. The achievements of Lu Hsun, however, may throw us a little light. We are a generation that have been brought up with a deep respect for this great man. We find in him traits, stubbornly Chinese, that were afforded him by the old literature. From these Lu Hsun cultivated a style that has such a strange fascination. Is here, then, not a little revelation? The present is changing, but the future, though unknown, will, I think, have occasion to turn back to the rooted past, not perhaps for advice, but to claim kinship. Herein will lie the meaning of development.

译文

译者按：新近发现的珍稀抗战文献中的 *Trends in Chinese Literature Today*（《今日中国文学之趋向》），是王佐良先生（1916—1995）在抗战期间为军委会战地服务团撰写的。该册出版于1946年，但注明成文于抗战结束之前。这批专门为来华盟军编印的关于"中国与中国的事物"的英文宣传册，具有重要的文物价值和学术研究价值。该文以精辟的见解、生动的笔触，概述了从五四新文化运动开始的约25年里（大约从1917年至1943年）中国现代文学的全景式发展历程、时代特征和历史意义。由此，作者对中国新文学的成就提出了独特的思考、诠释和展望，并从中阐发出自己的文学理念和追求。尤其是从那时开始他就以中外文学史相互"契合"的视角，运用比较研究的方法概括总结中国新文学的发展趋向。由此而发端的其后许多研究著作都一脉相承，体现了五四以来的人文思想精神。本文译自 Wang Tso-Liang（王佐良），*Trends in Chinese Literature Today*（《今日中国文学之趋向》），*Pamphlets on China and Things Chinese*，Series PA，No.6，*Peiping*：War Area Service Corps，National Military Council，April 1946（"中国与中国的事物"英文宣传册，PA学术系列第6种，北平：军委会战地服务团，1946年4月）。为了方便读者参考，对正文中出现的所有外国作家和作品名称都试加了注释。

一

虽然有很多问题向中国人提出，但有一个还没被问过：你们的文学怎么样？即使出于强烈的好奇心而提出这个问题，普通的西方人也容易被误导。倒不是说像翟理斯（Herbert Allen Giles，1845—1935）[2]阿瑟·韦利（Arthur Waley，1888—1966）之类的指南不可靠，[3] 而是这里与其他地方一样，西方人——说来也好笑——常常钟爱或厌恶一个实际上不存在的中国。那些翻译作品，比如翟理斯译《古文选珍》和韦利译的《诗经》，虽然都是好东西，但它们都不合时宜。动情地为古典的往昔而欣喜若狂当然很不错，但究竟什么是当代中国的表达呢？在其他情况下，研究过去也就指明了现在的方向，因为传统会向我们透露一瞥（现代社会的）隐藏的背景。然而在中国，由于有了新一代的文学，传统已经在很大程度上失去其声望，因此它的塑造力量应该到别处去寻找。

在过去25年里，发生了触及事情根源的日益加速的改变。虽然有许多原因可以来解释这种变化，但有一个比所有其他因素加起来都更重要的缘由，那就是西方人的到来。这里不需要叙述两个文明之间的这种突然相遇所产生的巨大影响，因为那已是新闻界的老生常谈了。我们陷入了这样一种变动，由此所有的东西，甚至连我们的灵魂，看起来都不完全一样了。

现代中国的历史不是一帆风顺的。它的道路是崎岖的，充满了喧嚣、骚动和炽热的问题。经历过这一切痛苦的现实，中国青年在精神上已经是个老人。

当他回首旧文学时，很遗憾地发现里面没有他认为必不可少的东西。典雅的旧传统产生了优美的作品，但其中梦幻般地遥远，对于我们这个残酷无情的世界来说，实在是太温柔太纤弱了。他需要借助那种沉重的、近乎丑陋的东西来做依托。他有很多想说的，并已经毫不

---

[2] 又译贾尔斯，英国汉学家，翻译过《庄子》《聊斋志异》等中国古典文学作品，并编撰与中国文化相关的著作，如《华英词典》（*Chinese-English Dictionary*）、《中国文学史》（*A History of Chinese Literature*）等。

[3] 又译亚瑟·威利，英国汉学家、文学翻译家，主要译作有《诗经》《论语》《道德经》《一百七十首中国诗》等。

妥协地、无所畏惧地说了。不管怎样刺耳或不稳定,他发出的都是令人萦绕于心的声音,因为它承载着变化中的中国的真实脉动。

其成果就是我们所说的中国新文学。它常常是粗糙的,在其成就方面非常参差不齐——尽管如此,它仍然是新的**时代精神**(原文为斜体,译文为黑体,下同——译者注)的体现。

二

但是当面对这个新文学时,我们发现它没有很多值得夸耀的名字,也没有几部真正有文学价值的作品。其实这也不足为怪,因为:首先,它只有短短 25 年的历史,主要体现 1919 年中国的文艺复兴的成果。其次,因为其非常新奇,所以它不得不抛弃中国古典传统,而致力于模仿各种西方文学。经过对外战争的反复蒙羞,很不情愿地开展起翻译活动,最初的目的是探究"夷人"的现代大炮的秘密。最后,随着西方思想侵袭的得势,则开始好奇地去看看它的制度、习俗及爱好。有两个人成为新文学的先驱,而他们自己并没有意识到这一点。严复翻译了孟德斯鸠(Baron de Montesquieu,1689—1755)[4]、亚当·斯密(Adam Smith,1723—1790)[5]和查尔斯·达尔文(Charles Darwin,1809—1882)[6];林纾则在口译者的帮助下,把狄更斯(Charles Dickens,1812—1870)[7]和哈葛德(Henry Rider Haggard,1856—1925)[8]的作品渲染成典雅的文言文。他们的翻译是旧式风格

---

[4] 法国启蒙思想家、社会学家,西方国家学说和法学理论的奠基人,代表作有《论法的精神》《波斯人信札》和《罗马盛衰原因论》。

[5] 苏格兰哲学家、经济学家,经济学的主要创立者,代表作有《道德情操论》和《国民财富的性质和原因的研究》(简称《国富论》)。

[6] 英国生物学家、进化论的奠基人,在其代表作《物种起源》中阐述了该理论。

[7] 英国批判现实主义小说家,代表作有《雾都孤儿》《双城记》《远大前程》《大卫·科波菲尔》等。

[8] 又译赖德·哈格德,英国小说家,代表作有《所罗门王的宝藏》及续集、《艾伦·夸特梅因》和《她》等。

的胜利。正是他们，使戴假发的官员和中国知识阶层看到西方文明还有其他内容，而非仅仅是战争中的实力。

第一次真正的觉醒是在"中华民国"成立七年之后的1919年，当时所有的问题都集中在语言上。截至那时，书面语是古人流传下来的，它与口语几乎没有关联。在这种状况下，除了少数人，实际上向大众封闭了书籍，文盲成为国家的祸根。但公众正在品尝着民主的最初的新鲜感，并迫切地渴望迎头赶上。新文化运动的领袖人物如胡适博士和已故的陈独秀等人认为：如果民主不把旧障碍打破，从而让所有的人都能接受教育，让最卑微的农民也能就政府如何运作发表意见，那要民主何用？因此，他们主张在写作中使用白话文。（此主张）阻力很大，乍看上去那少数大学教授小小的口号，可能要被激烈而狂热的全国性抗议所淹没。对于老学究们来说，文言文的至高地位如同中世纪欧洲的人文学科，它不仅代表了文化和礼仪，简直就是万物的根本，事关整个人类之命运。狄更斯的翻译者林纾，在给国立北京大学校长写的公开信中，要求立即开除那些极端旁门左道的教员，因为他们在文学作品中，竟然采用"引车卖浆者流之言"。新文化的领袖们坚持下来了，主要依靠民众的热情，也因为文言文已经寿终正寝。它早已变成陈腐的、僵化的，被20多个世纪的持续使用耗竭了血液和活力。因此，当胡适博士写下著名的《建设的文学革命论》时，他发现自己面临着与华兹华斯（William Wordsworth，1770—1850）[9]相同的情势。后者在其发表于1800年的《〈抒情歌谣集〉序言》中，不断抨击当时志得意满的文坛。这两篇文章都是宣言，并都改变了其后许多年的文学进程。

随着新的语言媒介的确立和新文化运动的觉醒，国家突然发现自

---

[9] 英国浪漫主义诗人，代表作有《抒情歌谣集》《丁登寺旁》《序曲》《远游》《革命与独立》等。

己面临着一个新的视域。这个时代是破坏性的，也是建设性的。《新青年》杂志传播了对民主和科学的崇拜，带着一种格外天真的热情。西方的政治思想，从盎格鲁 – 撒克逊的代表制政府到共产主义和无政府主义，都在中国找到了现成的土壤。易卜生（Henrik Ibsen，1828—1906）[10]的戏剧因为其中对旧传统观念的破除，而被介绍进来；萧伯纳（George Bernard Shaw，1856—1950）[11]戏剧的引进则因其社会讽刺。但是在对外国作者的翻译中，也确实有大量的时代错置。我们发现荷马（Home，约公元前 873— ？）[12]与拜伦（George Gordon Byron，1788—1824）[13]在中国一起露面，大仲马（Alexandre Dumas，1802—1870）[14]的小说受到与普鲁塔克（Plutarch，约公元 46—120）[15]的《传记集》同样热情的赞赏。20 个世纪左右的西方文学，被压缩成一个时代，来为新一代解渴。新作品的创作，则有些像伊丽莎白时代的那样缤纷斑斓和强劲有力。女孩们走出家门踏上娜拉（Nora）的独立路径[16]，而小伙子们则带着那蓬乱的头发、苍白的面容和克服一切困难的严肃态度，去组织俱乐部和社团，使之如雨后春笋般遍及全中国。这真是一种幸福啊，"活在那个黎明之中，年轻人更是如进天堂"。[17]

那个时代创作的作品，虽然在历史上很重要，但缺乏内在的价值，没有很多值得推荐。然而鲁迅的作品，尤其是他的《阿 Q 正传》，

---

[10] 挪威剧作家，被称为"现代戏剧之父"，代表作有《玩偶之家》《人民公敌》等。
[11] 爱尔兰剧作家、社会活动家，1925 年获诺贝尔文学奖，代表作有《圣女贞德》《伤心之家》《华伦夫人的职业》等。
[12] 古希腊盲诗人，相传创作长篇叙事史诗《伊利亚特》和《奥德赛》，统称《荷马史诗》。
[13] 19 世纪初英国浪漫主义诗人兼革命家，代表作有《恰尔德·哈洛尔德游记》《唐璜》等。
[14] 19 世纪法国浪漫主义作家，代表作有《亨利三世及其宫廷》《基督山伯爵》《三个火枪手》等。
[15] 罗马帝国时代的希腊作家，以《传记集》（又称《希腊罗马名人传》）一书闻名后世。
[16] 挪威作家易卜生的社会问题剧《玩偶之家》的主人公，是具有叛逆精神的女性形象。
[17] 华兹华斯《序曲》第十一章，"Bliss to be alive in that dawn, but to the young was very heaven"（王佐良译文）。

特别值得一提。作为一个从日本归来的留学生,他早就放弃了他的医学研究,而去当一名生活上无利可图的作者。他认为在一个必须先治疗灵魂疾病的国家里,医学是次要的。然而,仍然可以看到他在用外科医生的手来解剖中国人的性格,他的方式既辛辣又透辟,几乎无人能超越。鲁迅有着浙东讼师敏锐机智的特点,这使他成为这个国家最遭人厌恨的人。恨他的并不一定都是老派人物——老派的其实很敬重他极好的古典学问——反而在新阵营内,他所戏称为道德典范的那些人,对他最为厌恨。他们对人性的呼唤的那种自负和冷漠使鲁迅反感。他对这类人的抨击见于各类文章,从正规的杂志文章到一些新锐系列的序言和后记都有。他的杂文中那种强劲的讽刺散发的光芒,使他的小说黯然失色。但无论写什么,他都用自己出类拔萃的风格来写,这实在是他作品中最突出的特长。这种风格是奇妙的中国式的,带着隐约的老派典雅传统,刻意结合了一些西方句式的结构,是一种奇特的、富有吸引力的结合。他有时也会很抒情,如他在可称为散文诗的集子《野草》中所流露出的那样。在这里,我们看到了伟人的率性,由于怀旧而下笔温柔,略带被中国古典情怀感染而产生的一丝伤感。然而即使在这些罕见的时刻,他也没有忘记他对世道的不满;像斯威夫特——他在许多方面太像斯威夫特(Jonathan Swift,1667—1745)[18]了,他将写作作为一种道德的武器,而对"为艺术而艺术"的喃喃细语充耳不闻。

  鲁迅的地位还有另一种重要性,那就是他通过翻译而对年轻作家所产生的影响。他在一篇文章中承认,早年在果戈理(Nikolai Vasilievich Gogol-Anovskii,1809—1852)[19]和显克微支(Henryk Sienki-

---

[18] 英国政论家和讽刺作家,代表作有《格列佛游记》和《一只桶的故事》等。
[19] 俄国批判现实主义作家,代表作有《钦差大臣》《死魂灵》等。

ewicz，1846—1916）[20]的影响下，他几乎是第一个把斯拉夫作家引进中国的。然而，不同凡响的还不是他的翻译本身，而是他的翻译方法。

他不仅相信翻译要逐字地译，要精确到细节，而且也是这样实践的。句法中有至关重要的区别的地方，他就转变调整中文，直到确定好一些相似点。为了解释他的方法，他给出两个原因：首先，总有原文中的基调和韵律要考虑；其次，他认为中国的语言需要新的结构，来表达对一个美丽新世界的思想。他坦率地承认他的翻译是一种硬译。

到了20世纪20年代初，被称作"白话"的本国口语，已经在如火如荼的新文学中坚实地站住了脚。不过，最初高涨的热情也已经退去，失望的气氛在上涨。虽然新的景致已经展开，但是新作家们并没有在其中找到讯息，于是他们转向了象牙塔。周作人，那位好论战的鲁迅的兄弟，开始用蒙田（Michel de Montaigne，1533—1592）[21]式的闲适又优雅的笔触来写雨、中国茶、希腊诗歌、情色文学和他总是恭敬地引用的哈夫洛克·埃利斯（Henry Havelock Ellis，1859—1939）[22]，以及闲谈和日常生活。他有静谧的、不引人注目的机智和对细节锐利的眼光，再加上像兰姆（Charles Lamb，1775—1834）[23]那样对古词语的风格的喜爱。他虽然是位小品文作家，但他的中国特色和他对晚明散文大家的研究为他增色，尽管他的作品仍然带着一种当代新闻写作的廉价小聪明的意味。

随着时间的流逝，白话散文获得了更大的灵活性和更自由的运动

---

[20] 波兰批判现实主义作家，代表作有《火与剑》《洪流》《你往何处去》《十字军骑士》等。
[21] 16世纪法国人文主义思想家和作家，代表作为《蒙田随笔全集》。
[22] 英国性心理学家、作家，主要著作有《性心理学研究录》《性的道德》《性的教育》《性心理学》等。
[23] 英国散文家，代表作有《莎士比亚戏剧故事集》（Tales from Shakespeare）、《伊利亚随笔》（Essays of Elia）、《英国戏剧诗样本》（Album Verses）等。

空间，从而使许多令人瞩目的小说创作出来。但最大的试验是在诗歌领域进行的。从一开始，诗歌就是新文学中最薄弱的环节。胡适博士的《尝试集》书中含有大量新颖的民主精神的诗歌，但新诗除了诗人的创新、即兴和旧体诗的优雅以外没有什么规则和模式可循。而很明显，新诗几乎从旧的形式中学不到什么，因为它实在已丧失了所有的可能性。顺应西方的形式也不可取。他们尝试了每一种有用的方法，从英文无韵诗到意大利十四行诗。他们会把每个汉字作为一个英语音节，因为他们认为这里只能有一个声音来对应它。结果一首诗不仅内容奇怪，而且在形式上规整到极致，因太齐整了，以致被无情的本土谐趣戏称为"豆腐块"诗。的确，新诗人的创作是这样地极端，以至于有些人会照猫画虎，不仅照搬英文诗中的押韵和重音模式，还坚持要在每一个等同于英国重音的中文词语后使用停顿。

然而，诚然所有这些缺点确实存在，时代却目睹了突然涌现的抒情诗和对西方文学的认真研究。于是诗歌界被一群新月派的大学才子支配，之所以如此称谓，是因为他们的刊物是《新月》月刊。英诗对这群人的影响是主要的，但他们中的大多数给人的印象是只知道19世纪的浪漫主义。无可否认，他们有些作品很优雅，建立了某种形式，还有令人愉悦的音乐感，零零散散地可以找到几行美妙出色的范例。但是其质感是陈旧的，诗律是僵硬的，节奏又是刻意规整的。尤其要命的是，诗人们自己并没有太多的信念或真正的浪漫主义去支撑起有分量的诗歌。有时他们的诗只是一个妙言警句，或顶多是一种徒有表象的人工的花朵。

然而，不管怎么说，他们至少及时地给予了新诗技巧创新上的经验。而任何的概述，不管多么简短，如果不提新月派的这两位领军人物——徐志摩和闻一多，都不会是完整的。从所有的报道来看，徐志摩是一位活泼而有魅力的人，他曾深入研读英国文学，并赢得了当时最大的读者群。他的爱情诗,也许是新文学创作中最好的作品之一。但他依然被其团体的局限性所束缚,因而经常被他追求形式的愿望引导而沦为打油诗。一种肤浅的乐观主义使他成功地完成了他大多数的抒情诗,但是当他真正严肃起来,屈尊描述一个两名士兵在内战中阵亡的场景时,便非常没有说服力。他对诗歌的贡献被他的空难去世打断了,同时,命运的突然变化也影响到对他作品的评价。这是常常发生在文人身上的一个悲剧:他们那极其雄心勃勃的作品却不为后人所欣赏,于是反而转向他们最不虚夸、零零碎碎、漫不经心的写作,保存下来只是因为它们的存在被忽视了。在徐志摩自己看来,他完全是一位诗人,仅仅是在业余时间里,没有别的更好的事情去做时,他才写散文。随着流行文学的变化,现在很少有人读他的诗了。他的散文却越来越受到人们好评。这是一种非常华丽的散文,充满了形象并带着所有济慈(John Keats, 1795—1821)[24]式的敏感。一般被认为是他的散文代表作的《我所知道的剑桥》,向我们展示了他对周围正在发生的一切都非常敏感:颜色、气味、荡漾的河水和心灵的陶醉。

但是从诗的角度而言,我们确实只将新月派的贡献归功于闻一多一人。在这个群体之中,居然只有他关注着新诗的技巧创新,而且他是一位比其余的人更细致的工匠。他探索神秘的哥特式(Gothic)[25]的浪漫主义风格。在他的措辞里,我们清楚地发现李白的痕迹。李白险峻的诗句使他成为唐代诗人中的柯勒律治(Samuel Taylor Coleridge,1772—1834)[26]。他有更丰富的想象力,更艺术化的呈现和与徐志摩抒情的阴柔气质相比更深刻、阳刚的气概。在许多地方,他证明自己是

---

[24] 英国浪漫主义诗人,代表作有《恩底弥翁》《圣艾格尼丝之夜》《夜莺颂》和《秋颂》等。
[25] 泛指欧洲中世纪以来的神秘超自然的艺术风格,主要用黑暗、恐惧、孤独、绝望来表现艺术主题。作为文学流派,哥特小说自18世纪英国浪漫主义时代开始盛行,主要通过揭示社会的邪恶和人性的阴暗面来进行探索。
[26] 英国浪漫主义诗人和评论家,代表作有《古舟子之歌》《文学传记》等。

波德莱尔（Charles Pierre Baudelaire, 1821—1867）[27]的学生，其《恶之花》（Flowers of Evil）显然影响了闻一多的《死水》。这部杰作使用了大量音响暗示，象征当时中国面临的政治腐朽和文化衰退。他从诗坛上消失之突然，就像他闪亮登场时一样。1930年以后，他全身心地投入古代经典的研究，在与逝者为伴后终于发现，这里不但有学问的甜美，还有难得的宁静，超越了时空的限制，使他能够用如此多的理解和爱去阐释被埋藏的过去。

闻一多走后，新月派黯然失色，逐渐退隐并被人遗忘。他们的地位被创造社的作家们所占据。这个群体虽然在时间上出现得要早得多，但他们的活动一直延续到了20世纪30年代。创造社群体虽被归类为浪漫主义，但除了都是从日本归国的留学生和都是急于不顾前途风险而从事文学之外，他们其实并没有多少共同语言。小说家张资平从日本人那里学到的那种用自然主义描绘爱情的方式，是新文学创作与西方流行小说家最为相似之处。评论家成仿吾写的口号多于文学，他与鲁迅争吵过，最终成为共产党员。郁达夫，在中国旧浪漫主义的最好的传统中，总是虚弱且贫困，但却冷淡又傲慢，其不幸的命运只和他的天赋才华相匹配。郁达夫的第一次出现是作为一个小说家，他的《沉沦》结合中国式的多愁善感和西方的世纪末的氛围，为他赢得了名声。后来他放弃了小说而转向散文，用这种体裁创作了新文学中若干最好的游记。而创造社的领导人郭沫若，他的多才多艺是众所周知的。单在翻译领域里，他的贡献就已经使他名声煊赫。他翻译了像托尔斯泰（Leo Nikolayevich Tolstoy, 1828—1910）[28]的《战争与和

---

[27] 19世纪法国现代派诗人，象征派诗歌先驱，代表作有《恶之花》《巴黎的忧郁》《美学珍玩》《可怜的比利时》等。
[28] 19世纪俄国批判现实主义作家、改革家、思想家，代表作有长篇小说《战争与和平》《安娜·卡列尼娜》《童年》《复活》等。

平》(War and Peace)那样的长篇著作和几部厄普顿·辛克莱(Upton Sinclair, 1878—1968)[29]的小说。他精致版的《鲁拜集》译本也让莪默·伽亚谟(Omar Khayyam, 1048—1131)[30]流行起来。尤其他是第一个比较系统地把歌德(Johann Wolfgang von Goethe, 1749—1832)[31]介绍到中国的人。他还翻译了《浮士德》和《少年维特之烦恼》。后者营造的迷人风格使得维特立刻冲进中国青少年的心扉,所带来的烦恼和他曾在19世纪欧洲时引起的一样。

　　郭沫若在新诗中的地位甚至更高。恕我直言,他是第一个真正伟大的新诗人。他(的新诗创作)开始于新月派已经结束的时候,对旧秩序一方进行了激昂的反叛。在郭沫若那里一切都是广阔的,他身上总有一种自发的强烈情感流溢出来。另一方面,俯身于强调正确格式的传统诗歌,有助于他避免新诗通常容易犯的粗放和浮夸的毛病。有时我们可以发现他甚至沉溺于象牙船和宝石般的月亮以及其他做工精美的马赛克图案和阿拉伯花纹之中,这些对意象派诗人非常具有吸引力。然而,他非常单纯质朴又充满活力,而且从不故意模仿或借用外国或中国其他诗人的著作,因此相对于新月派的拘谨和精美,他的作品极尽疏放。他的影响是健康的:他教导新诗向外去看自然,但不是华兹华斯的先验泛神论的自然,也不是早期的英国民谣中吞噬、颉颃以及爪和牙这方面的自然,而是歌德式的、发人深省的、带着大风和绚烂的日出般美丽的、具有丰富的荒野意义的自然。这样的自然只有人能够欣赏和理解,而它还不可挽回地与人的命运相融合。

　　创造社是一个比新月派更有活力的组织,并拥有更大一批追随

---

[29] 美国小说家,代表作有《屠宰场》《石油》《波士顿》等。
[30] 波斯诗人、数学家、天文学家和哲学家,代表作有《鲁拜集》(Rubaiyat)及《代数学》等。
[31] 德国著名思想家、作家、科学家,代表作有《少年维特之烦恼》(Die Leiden des jungen Werthers)和《浮士德》(Faust)。

者。虽然正是创造社作家们首次使用了革命文学这一术语,但这二者在当时都忙着专注于美学和过于陈旧的浪漫主义,而不是去关心人民的需求。文学的钟摆已经从早期道德宣传的一端,移动到审美退隐的另一端。诗歌——这一时期的主要贡献,离人民就更远了。而已经是争论纷纷的白话文,开始变得过度矫饰而不再受大众欢迎。同时,国家持续败落,不满情绪逐渐形成了地下革命活动。

由此就出现了现实主义和散文的暗流。鲁迅还在写他的杂文;周作人尚未对那些流言蜚语变得挑剔和唠叨;林语堂在战士身份的伪装下开始现身,以一种咄咄逼人的风格写了很多文章,大多数后来被收集在《剪拂集》里。他们的期刊在北方有《语丝》,在上海有《小说月报》,后者通常被认为是"文学研究会"名下的作家群体的据点。文学研究会已存在好久了,成员形形色色:从由新传统产生的第一批"蓝袜子"冰心小姐——她在很早阶段就以具有典型的女性优点的诗人和讲故事者而成名,到后来以笔名茅盾非常成功地描写了即将到来的革命的《小说月报》编辑沈雁冰,这些作家与同为成员的鲁迅一道,在当时主要忙于两件事情:翻译俄国革命作家和欧洲"弱小"国家的文学,并为中国大众在思想上做准备,欢迎国民党的北伐。北伐粉碎了所有的反动势力,最终实现了中国的统一。新文学再次拥抱政治的时机已经成熟,因为它从一开始就已经拥抱了政治。

这样当进入第三个阶段时,我们发现新文学羽翼丰满、意识形态味道浓厚,而且,哎呀,是相互冲突的意识形态!革命来了,胜利了,但也已易手。尽管人们已经慷慨地为它流了血,然而备受向往的天堂,并没有到来。强烈的失望感沉重地压了下来,失望促使激进派进一步行动,同时,温和的元素在艺术的虚假安全中寻求避难。文学走向了左翼。

如今我们或许不能估量激进作家当时所处的困境,倘若说他们的大量著作仅仅是粗糙的宣传品，对他们会有失公允。在 1927 年之后的那些动荡的岁月里，愤怒而绝望的年轻极端分子太专注于实际斗争，太埋头于现实问题，因而不能顾及艺术的表现。他们中的大多数人都因此而缺乏说服力，因为道德家的一面总是比诗人或小说家的一面更占上风，总是有教条的声音来压制艺术与生活软弱的抗议。现在看来，在整批抨击别人和唱高调的人群中，我们只看到了两个人毫发无伤地经历了时光的过滤进程。丁玲，这位运动中才华横溢的沙菲，真的能创作出既美丽而又危险的作品。她属于那种轻率的、喜怒无常的类型，早就用带着梦幻色彩的眼睛读了《包法利夫人》（*Madame Bovary*）[32]，并以她的小说《在黑暗中》，反叛那千百年来把中国女性幽禁在她们那孤独的、滋生结核病的闺房中的传统规矩。但她并不是只有思想，她也有女人对生动事实的直觉，这使她不信任纯抽象的东西。也许还可以说，她恰恰凭借这一点获得了成功，但在她黑暗的人生背景的映衬下，这使她看起来更加具有悲剧色彩。

少了些激情，但多了些痛苦，而且也许具有更持久的文学价值的，是茅盾的作品。它们都是广阔的、经过精心构思的，在同类作品范围内属第一流的。他在《春蚕》里演绎出旧中国农业系统的崩溃，在《子夜》里讲出了面对外国竞争的中国新产业的无用。《子夜》不但是最雄心勃勃的，也是新文学创作的最长的作品，其篇幅长达 500 多页，由非常小的字码成。然而，革命对他来说是一个痛苦的现实，从他著名的三部曲的标题《幻灭》《动摇》《追求》就足以看出他写作的主题。使他成为那暴风雨般的 20 世纪 30 年代早期无可指摘又直言不讳的阐述者的，是他坚定不移的现实主义。这种现实主义，因为带

---

[32] 法国 19 世纪批判现实主义作家福楼拜（Gustave Flaubert，1821—1880）的成名作和代表作。

有巴尔扎克（Honoré de Balzac, 1799—1850）[33]式的气派而更为有力。他也是新文学中第一个小说家，知道如何把孤立的事件编织成一个合情合理的情节。因此他从不会是乏味的，而且他的一些作品已被改编成中国电影。他大量地使用讽刺手法，也许正是因为这样，他的许多角色更具有二维漫画的特征，而非三维立体的。他笔下的女人，像屠格涅夫（Ivan Sergeevich Turgeneve, 1818—1883）[34]笔下的一样，无不是比男人们更栩栩如生、更丰满。

茅盾在许多方面背离了因循守旧的中国式散文风格。大多数中国作家，即使是很新派的，也都充满感性，追求华丽辞藻产生的效果。从这个意义上来说，茅盾甚至没有风格可言。他的语言是朴素的，甚至是单调的。他没有自负的修辞和花哨的表达。他只是用一种有力的、直接的方式来叙事。

说到风格，比较一下茅盾和另一个作家沈从文会很有意思。沈从文不属于任何特定的流派。他讲故事的能力是出类拔萃的，但他更以文字魔术师而闻名，他是优美的短语和瞬间想法的操控者。奇怪的是，沈从文作为一个文体家的进步和别人的经验正相反。大多数的作家，如莎士比亚（William Shakespeare, 1564—1616）[35]，其风格是从最开始极度详尽的阐述，逐渐走向成熟、简明化，而沈从文的风格演化却是反向的。当他第一次引起人们的广泛关注时，他自称是一个真正的"乡下人"，写一些发生在湘西一个被遗忘的山谷里关于水手和妓女的可爱的小故事。但很快，他开始喜欢教化启迪，同时他的措辞也

---

[33] 法国批判现实主义小说家、剧作家，被称为"现代法国小说之父"，代表作有《人间喜剧》《朱安党人》《驴皮记》等。
[34] 俄国19世纪批判现实主义作家、诗人和剧作家，代表作有《猎人笔记》《父与子》《处女地》《罗亭》等。
[35] 欧洲文艺复兴时期英国作家、戏剧家和诗人。他创作了大量脍炙人口的文学作品，如《罗密欧与朱丽叶》《哈姆雷特》《李尔王》《奥赛罗》等。

越来越华丽。然而,他是真正能写的。他会苛责别人的行为,批判别人缺乏想象。而且他写起我们身体中的原始欲望来,可谓无与伦比。他对年轻女人裸体的赞美中,有文艺复兴般的华丽,并在他的巅峰之作《边城》中,他肯定已经如哈代(Thomas Hardy,1840—1928)[36]那样,感悟到人类存在根本的悲剧。说到这个时期我不能不提巴金。他是一个多产的作家,但他不满足于被看作多产作家。他对中学生的吸引力是最强的,因为他的作品中某些老套的类型击中了青少年心目中有关革命浪漫主义天堂的想象。他(的作品)带有强烈的个人主义色彩,也是自传体式的。例如在他的《激流》中的革命,更像是一个知识分子的事件,虽得到一些孤独有觉悟的年轻人的支持,但并不是一场真正的运动。暴力行动是冲动的,总以男主人公的死亡为结局,却看不见群众在哪里。拥有这样的写作气质,他本就应写来得心应手,这实属自然。当然,从来没有人怀疑他的坦诚。确实,在他之前对任何作家来说得到援助都是一种罕见的安慰。他完全支配了整整一代青年的心,他们对他充满了狂热的激情和深深的感激。这一切,听起来都让人觉得那是一个暴风雨般的、强烈动荡的时期。难道真的没有别的什么了吗?由教条和左派的批评强加的规则单调乏味得近乎残酷,但人类的精神是容得下差异的。抗议以一本杂志的形式出现了,这就是《现代》。它的两位编辑中,施蛰存写过非常有诗意的优美的心理小说,杜衡除了是一位出色的小说作家外,还是精通辩证法艺术的评论家。也有人追求风格,耍耍小聪明,比如已被杀害的穆时英。还有那些试图以追求时尚来使自己与众不同的批评家。但现代派不应该被一笔抹杀,如果只找一个原因,而且是非常重大的原因,那就是

---

[36] 英国小说家、诗人,代表作品有小说《德伯家的苔丝》《无名的裘德》《卡斯特桥市长》,诗歌《韦塞克斯诗集》《早期与晚期抒情诗》等。

他们提供了左翼所缺乏的诗歌。整个左翼运动，就其所有呼喊的口号而言，没拿出什么有可读性的诗作。但现在，从现代派中来了一位具有罕见素质的诗人，这就是新诗运动的领袖——戴望舒。尽管他的心境和情感是模糊的，但他却有明朗的风格，并一反当时流行的俄罗斯的影响，带来了法国式的对精密性的重视，这是一帖能及时治疗膨胀浮华诗风的制剂。然而不幸的是，受他的影响，出现了一整窝蹩脚的诗人，他们误认为象征主义诗歌只不过是意义模糊。总体上说，现代派标志着英美（文学）影响的恢复。虽然，不得不说他们标榜自己太过了，所兜售的闪闪发光的愚人金属和真正的文学金属一样多。

《现代》杂志在上海出版，另一个期刊《文学》也是，它由傅东华编辑，而鲁迅和茅盾早已是其投稿人了。在此期间，大部分的文学活动发生在南方。上海这个巨大的港口城市，是所有的地下斗争的风暴中心。由于拥有印刷设备和获取新事物的便利，上海吸引了来自全国各地的年轻人。对于激进者来说，上海的外国租界提供了相对安全的地方。总之，上海国际化的生活，以及与其相伴而来的种种罪恶和机遇，对许多年轻知识分子来说，就像伦敦曾经对于莎士比亚的意义一样。

但是，对于资产阶级的上海或有政治头脑的整个南方而言，古典的北方有的确实只是蔑视。北平彻底地依恋着文化上高雅的、阳春白雪的东西。在学术领域，它甚至有理由更傲慢。因为国家所有最好的大学都设在这个城市或附近，当鲁迅和茅盾南下，胡适博士和一群饱学的教授正在紫禁城的阴影下讲学。尤其是那些寂寞的灵魂发现上海太热、太过商业化，对于嫩弱的文学花朵来说，北平提供了独有的清静。

但在北方，还是有一些好的期刊和许多优秀的作家的。例如《大公报》文汇副刊，尽管篇幅有限，却是大多数最优秀的诗人和小说家的聚处。它曾经介绍过一些令人难忘的作品,如长篇叙事诗《宝马》和叶公超与朱光潜的评论文章,后者关于克罗齐(Benedetto Croce,1866—1952)[37]美学的书是新文学创作的最系统的学术论著;也有短暂却才华出众的《水星》,在大学才子们的支持下,其特色可以与这个国家的任何作家媲美。卞之琳因写诗而成名,李广田和何其芳以散文出众,萧乾、芦焚和废名在小说中收获颇丰。萧军,这位来自被日本人占领的东北的老练的战士,带着被鲁迅描述为这一代最好的小说《八月的乡村》而亮相。最后是新戏剧。我在此之前忽略它,是因为它还不太成熟,而现在,它可以为两个年轻的剧作家而骄傲:悲剧作家曹禺和高雅喜剧作家李健吾。

中国人,就像英国人和法国人一样,都是爱看戏的人民。旧的唱腔戏剧,喜欢光顾的人还很多,超出了我们的讨论范围。在那些民国成立之前和之后紧接着的几年里,文明戏兴起了,这是第一次对旧舞台的反叛,但这种反叛不构成严重的挑战,因为当公众好奇地转向一个新的尝试时,他们发现它不幸地被剥去了所有戏剧的魅力。文明戏通常的做法是由人设计一个剧情框架,大多是爱国主义的,然后把细节和对话留给演员自己发挥才智和想象力,他们全凭即兴发挥的方式来演其角色,就像中国的政客那样有激情地进行冗长的演讲。它虽然起到过宣传的作用,但在艺术上却是失败的。受到了这个的教训,真正的新剧作家一度满足于翻译改编西方戏剧,其中如奥斯卡·王尔德(Oscar Wilde,1854—1900)[38]的《温德密尔夫人的扇子》(*Lady Windemere's Fan*)是一个杰出的例子。然而,他们忍不住大胆尝试着

---

[37] 意大利哲学家、历史学家、文艺批评家。他的主要哲学观点写在《美学原理》《逻辑学》《历史学的理论与实践》以及《实践活动的哲学》之中。作为新黑格尔主义哲学的主要代表之一,他创立了表现主义美学,要求艺术表现主观的情感,用非理性的直觉取代理性,从而使主观的情感表现成了艺术的本质。

[38] 19世纪英国作家与艺术家、唯美主义代表人物,代表作有《道林·格雷的画像》《温德密尔夫人的扇子》等。

出自己的作品，他们明白，当他们将把新文化深深地植入每个中国人的心田时，他们早已在积极参与戏剧了。例如胡适博士的独幕剧《终身大事》，以及这类的一大批作品，其主题无一例外的是反对儒家的，特别是儒家的婚姻和家庭观念。虽然他们没有大量的观众，但他们的演出遍及全中国。20世纪20年代的戏剧世界由田汉和他的南国社主导，尽管他们有多愁善感的倾向，但至少为新戏剧完成了两件宝贵的事情：他们赢得了观众，他们认真研究了表演艺术。越来越多的西方戏剧作品，从莎士比亚到约翰·米林顿·辛格（John Millington Synge，1871—1909）[39]，都被翻译过来了，而且戏剧艺术家开始在技术上从事不同的"特效"。不过，田汉和他的追随者在戏剧的建构方面并不上心。因此，虽然舞台已经搭好了，伟大的戏剧还没有编写出来。

曹禺和李健吾也许不适合被形容为"伟大的"，但他们至少在技法上是扎实可靠的。另一方面，他们接受的学术教育没有哄骗他们成为塞涅卡（Lucius Annaeus Seneca，约前4—65）[40]式枯燥、僵化、死气沉沉的戏剧。事实上，他们一直在古典与现代之间踌躇不定。李健吾聪明圆滑，曹禺已经不止一次地复制过纽约和好莱坞。在他的第三部剧作《原野》中，因所有外在形式的一致，他被认为是模仿尤金·奥尼尔（Eugene O'Neill，1888—1953）[41]的《琼斯皇帝》（*Emperor Jones*）。当然，他的确利用了易卜生和其他西方剧作家现成的技巧。虽然为他赢得了短时间内的成功和认可的小妙招不是永久有效的，但他因拥有构成悲剧的经典概念而挽回了局面。原始的激情和弗洛伊德

---

[39] 爱尔兰剧作家，文学复兴运动的领导人，代表作有《骑马下海的人》《西方世界的花花公子》《补锅匠的婚礼》等。

[40] 古罗马政治家、哲学家、悲剧作家、雄辩家，新斯多葛主义的代表，其学说和著作《道德书简》在西方影响深远。

[41] 美国剧作家，表现主义代表人物，主要作品有《琼斯皇帝》《毛猿》《天边外》《悲悼》等。一生共四次获普利策奖，并于1936年获诺贝尔文学奖。

(Sigmund Freud, 1856—1939)[42]的俄狄浦斯情结（Oedipus complex）组成了他第一部非常流行的戏剧《雷雨》的主题。然而它因为引入难闻的现代科学药剂而被压制。他的《日出》受到一些指责，但被更多人称赞，主要是针对存在问题的第三幕，即剧作家凭借那堆砌一切东西的乔伊斯（James Joyce, 1882—1941）[43]式的技巧，来巡展妓院里的大小事件，这与主要情节缺乏联系。

  但这属于前瞻。我应该回到那激进的作家以新文学为主要的宣传武器的时期。1931年日本人侵占满洲，这使得文学的政治意识得到强化。而且1932年在上海附近的战斗，使作家们进一步确信，他们主张的文学活动都应该指向民族解放。然而，其间却有一段短暂的平静。林语堂及其尖刻机智的语丝团体，在1932年6月出版了第一期《论语》，字面意义即孔子的《论语》。这是一本致力于发表幽默作品的杂志，在性质上大致类同于英国的《笨拙》（Punch）或美国的《纽约客》（New Yorker）。因为厌倦了左翼的批评家们狭隘的教条主义，林语堂宣布，现在已有太多关于政治的随意谈论，而人们正需要有人来引领他们回到人类层面，回归心智的健全。据他说，中国大多数作家的问题是他们太把自己当回事，太在乎生活的好坏，而如果你不懂得生活，谈到无产阶级又有什么意义呢？那么，解决问题的措施是什么？他进一步指出，就在于采用西方的新闻技法来写我们熟悉的、日常生活中的事情。这些论点一时间引起了中国大众的注意，他们对左翼作家之间无休止的争吵早已厌倦，于是欢迎林语堂及其《论语》带

---

[42] 奥地利精神病医师、心理学家、精神分析学派创始人，主要著作有《图腾与禁忌》《梦的解析》《超越唯乐原则》等。俄狄浦斯情结的说法缘自古希腊故事。在心理学上用来比喻有恋母情结的人，在潜意识内的矛盾冲突，有时会以艺术的形式表现出来。
[43] 爱尔兰诗人、作家，其长篇小说《尤利西斯》（Ulysses）是意识流作品的代表作；其他重要作品有《一个青年艺术家的画像》《芬尼根的守灵夜》和《都柏林人》等。

来的这些清新的东西。但是很少有纯正的幽默感出现在这个杂志里,经常掺和其中的出风头癖令人失望。《论语》已经证明了它自己不过是在被战争掩蔽的巨大悲剧之中的一种滑稽的安慰而已。

到了 20 世纪 30 年代中期,更多的日本侵略行径打破了平静,而政府正在为不可避免的后果认真地做着准备。鲁迅和茅盾依然在写作,但他们和其他人一样,停止了旧的左翼论争,要求建立统一战线以反对共同的敌人。在 1936 年的西安事变中,蒋介石委员长被张学良扣留之后,旧的意识形态的冲突便已成过去,仿佛那是一个世纪前的事。钟摆再次倒退,但这次是民族主义战胜了一切。

三

战争的头几个月,国家处于不稳定的状态。文学活动陷入停顿,文学创作主要体现在报告文学与独幕剧上。大量的报告文学作品中,很少有好的新闻,而独幕剧却极其受欢迎,因为其中许多可以在街头上演,如著名的《放下你的鞭子》。对话被最简化,插入了战争歌曲,同时,传统的演员和观众之间的界限被抛开了。村民们不止一次惊讶地发现,自己也在前来观看的戏目中加入了合唱。这样,就把抗战思想深入地带到了每一个遥远的角落。

战争的大量(宣传)需求,也不知不觉地给起初只关心文辞的新文学带来了根本的变化,这是令人欣喜的。胡适博士的白话文已经被用烂,更糟糕的是,它染上了西方刻意矫饰的习气。现代化已进入一个人造的极端,以致一些新作品读起来就像是翻译版的。人们很早就察觉到了形势的棘手,但直到战争来临,才能采取明确的措施来克服它。而当可以采取措施时,还有什么比回归乡土更自然的呢?它包含了永恒的家乡情结所编织的话语,其中充盈着俭朴生活的火热和活力。

因此,[这一时期的]小说里有较大成分的白话。而人们发现那起初让人无法忍受的对外国作品的单纯模仿可以在诗歌朗诵运动中大放异彩。战争迫使人们释放共享诗歌的天性。如果诗不能吟唱,那它至少应该能被大声朗读。但像戴望舒所说的那样,所有的诗歌都能经受住这个测试或考验吗?显然,其中包含新技巧。一个渴望在情感上被打动的公众,你给他朗读微妙、隐晦的诗句,只能是徒劳的。你必须使用演说的方法,累积、加强重复,在各处穿插口号。许多时候,诗人发现他必须在技巧上依靠老的弹词和民歌。这样一来,作品有时会有点狂野,但也会有效果。因为此时诗歌用语的文学性已被精练,诗人更是经常被他的听众脸上燃烧的热情激发出更丰富的想象力。在大量人群面前、在燃烧的篝火旁边朗读,加上大量的叠句和共鸣,抗战诗作在本质上是人民的诗歌。

然而,随着抗战的持续,作家们开始领会到创作那些更有意义、更持久的东西的重要性。因此我们发现长篇小说出现了,它们主要是揭露在大后方社会中的罪恶。戏剧在自由中国的大城市里繁荣发展,而且在许多情况下是由军事当局资助的。年轻的散文家们沿着伟大的鲁迅(开辟)的道路——鲁迅已在抗战前夕去世——继续前进。现在,我们面对的是一派繁荣。战争结束了。[44]尽管局势仍然不明朗,但是一个喘息的机会已经到来,给了国家建设和发展的时间。大学的环境安定,学术生活重新活跃起来。新的观念正在产生,新的趋势正在形成,新的精神正在奋力争取新的表达。物质匮乏几乎是不可解决的困难,但是内地和其他地方已建立新的印刷中心。那些印刷在发黄的土纸上的新作品,再次填补了书摊,以满足读者大众更多的、不同品位的需求。数百家期刊致力于出版严肃文学,有些专门刊登诗歌。中国记者们也在试图跟上时代,而且许多杂志可以被勉强与美国《读

---

[44] 原编者注:本册的这篇稿件写于抗战结束之前。编辑冒昧修改了本段中的某些词语。

者文摘》归为同类。像往常一样，翻译在这新一轮的知识爆发中也起了作用。除了中国作家一直非常喜爱的俄罗斯作品，许多当代法国、美国和英国作家的作品，如安东尼·德·圣-埃克苏佩里（Antoine de Sainte-Exupéry，1900—1944）[45]、安德烈·纪德（Andre Gide，1869—1951）[46]、詹姆斯·乔伊斯（James Joyce，1882—1941）[47]、欧内斯特·海明威（Ernest Miller Hemingway，1899—1961）[48]、约翰·斯坦贝克（John Steinbeck，1902—1968）[49]，以及一大批其他人的著作，也被译成了中文。但是在小说创作领域，特别是最好的（文学）果实，尚待采摘。

四

概括地说，从 25 年来的发展中，我们发现新文学首先是彷徨的和实验性的，然后获得了一定的政治色彩，与此同时证明了自身的优势与不足。虽然许多新文学作品是粗放的、无定形的，但是我们在这四分之一世纪中的进步是巨大的。我们经历了浪漫主义、现实主义、印象主义、表现主义、自然主义、象征主义和当前的现实主义。在诗歌方面，我们进行了最大量的实验，尽管取得的只是最不理想的成果。在散文方面，我们有伟大的鲁迅——其伟大甚至连他的敌人都承

---

[45] 法国作家、飞行员，"二战"时参加空军抗击纳粹德军，在 1944 年 7 月 31 日执行一次飞行任务时失踪（60 年后才确认为坠海牺牲），代表作有《小王子》《夜航》《人类的大地》等。
[46] 法国作家，主要作品有小说《田园交响曲》《伪币制造者》和散文诗集《人间食粮》等。1947 年获诺贝尔文学奖。
[47] 爱尔兰作家、诗人，20 世纪最伟大的作家之一，后现代文学的奠基者之一，其作品及"意识流"思想对世界文坛影响巨大。
[48] 美国作家和记者，被认为是美国"迷惘的一代"（Lost Generation）作家中的代表人物。他的小说《老人与海》（*The Old Man and the Sea*）一书先后获得普利策奖（1953）和诺贝尔文学奖（1954）。其他代表作品有《太阳照样升起》（*The Sun Also Rises*）、《永别了，武器》和《乞力马扎罗的雪》等。
[49] 20 世纪美国最有影响力的作家之一，代表作品有小说《人鼠之间》《愤怒的葡萄》《月亮下去了》《珍珠》《伊甸之东》《烦恼的冬天》等。

认——还有十几位优秀的小说家。在戏剧方面，我们有曹禺和李健吾的令人钦佩的作品。总之，我们可以毫不惭愧或迟疑地用所创作的众多作品向世界展示我们的进步，我们现在位居何处，以及我们将来可能成就些什么。

无论喜爱与否，中国现代文学至少有一点可取之处：它的纯洁。即或涉及政治，它依然保持忠实于生活。在其众多的缺点和失败中，缺乏高度严肃性不能算其一。中国的年轻作家们，无论如何谦卑，无论被什么所引领，激励其灵感的都是理想和阳光——是一种极富想象力的文学。

这就使我们得出一点结论性的思考。我们的文学会变成什么样的？我们已经看到，它始于模仿。现在人们都说回归，但归往何方？没有比这更难回答的问题了。然而，鲁迅的成就可能会有助于我们理解这一点。我们这一代人都是怀着对这位伟人的深深的敬意成长起来的。我们在他身上发现了旧文学赋予他的那种中国式倔强的性格特点。借此，鲁迅修炼成一种具有如此奇特魅力的风格。那么，在这里有没有些许启示呢？虽然现时正在发生变化，将来又尚未可知，但我想（文学）会有机会寻根回到过去的——或许不是为寻找建议，而是宣示一种亲缘关系。发展的意义亦即在此。

八、语言之间的恩怨

语言的使用中有一个有趣的问题,语言学家似乎不大谈,倒是一些文学家凭直觉捕捉到了。

不久前看杂志,看到了这样一段话:

> 关于欧洲的将来,我个人的希望是:英国将继续把它最好的东西献给欧洲,即它的语言。英语是了不起的语言,是很好的材料,既可用来完成实际任务,又可用来表达各色各样的观念。没有另一种语言像它。它已经代替了法语而成为国际标准语。希望它能兴旺下去。

话是女作家缪丽尔·斯帕克(Muriel Spark)在1990年对《新政治家》杂志记者说的。她是著名小说《布罗迪小姐的青春》的作者。当年《纽约客》杂志曾以整个一期篇幅全文登载这部小说,宛如发现了一个新的天才。她是苏格兰人,但是英文写得干净利落,以风格著称。

苏格兰作家绝大部分是用英文写作的,但有些人心里是不情愿的。虽不情愿却使用它有许多原因,这也是从1707年苏格兰同英格兰合并之后的政治、经济形势使然。有些人曾力图重兴苏格兰语,20世纪20年代的"苏格兰文艺复兴"运动里面的人物就曾试过,但是无法挽回大局。这当中,诗人休·麦克迪尔米德的情况引人注目。他

糅合苏格兰南部方言和字典上的古词,创造了一种拉兰斯语,写出了多首惊艳的抒情诗,而且说过:

> 用英语的词来说苏格兰的事,
> 就像让吱吱的鸟来唱贝多芬的曲子。

尽管如此,后来他仍旧不得不用英语写《悼念詹姆斯·乔伊斯》等长诗。1980年我去澳大利亚爱特莱德开作家会议,讨论到"文学与民族个性"的时候,听见苏格兰诗人、小说家伊安·克赖顿·司密斯说,他自己虽用英语写作,却发现这个语言不足以表达他最深切的感觉,因此他有时还要用盖尔语和苏格兰方言写诗。

事情的另一面是:在广大的第三世界,却有不少人在用英语写作。用不是母语的英语作为文艺创作的语言,就比用它作为商业语言高了一个档次。原因也是复杂的。有的是因为本国各部族语言繁多(如尼日利亚有两百种之多),没有一种部族语言有超越小区域的重要性,加上殖民者推行英语,英语也就成为共同语言;有的是因为当地居民大部分是外来奴隶的后代,因此当地流行的是混血儿语言,受英语教育的知识分子也就感到英语更具优势,如在西印度群岛一带;更有一种情况如印度,虽然原有各民族的高度发达的文学语言,英帝国主义却以政治经济的压倒优势硬把英语加在他们头上,通过学校培养了一批兼通英语的知识分子阶层,其中一部分人从19世纪起始就用英文写作。麦考莱的远见产生了尼赫鲁的文雅英语。不论什么原因,今天世界上有众多英语作家活跃在英语国家以外的地区,特别是在印度、非洲和西印度群岛三个区域出现了拥有全世界声誉的英语作家,近年来得诺贝尔奖的就有索因卡和沃尔考特。

这些人心甘情愿地用英语写作吗?沃尔考特有一首诗透露一点消息:

> 我，已经诅咒过
> 那个喝醉的英国警官的我，将怎样
> 在这个非洲和我热爱的英语之间选择？
> 两个都背叛，还是送还它们给予的一切？
> 面对这样的杀戮，我怎么能宁静？
> 离开非洲，我又怎么能生活？
>
> ——《远离非洲》(王伟庆译文)

这一节诗之所以有意义，还因为沃尔考特是在远离非洲的西印度群岛谈他的矛盾：非洲是祖先，是古代历史；英国警官是造成他远离非洲的压迫者，是近代历史；英语是后者的一部分，然而他却喜爱它，用它来写作，他这么做不只是心甘情愿，而且全身心投入，写出了自己最隐秘的感情。

处于类似情况的还有许多人。就是西印度群岛内，还有一个 V. S. 奈保尔，著名的英文小说家，几度成为诺贝尔奖的候选人。在一个意义上，奈保尔更值得研究，因为他是印度人的后裔，在他身上混合着古老的印度文化、西印度群岛的现实经历和一支非常锐利的英文文笔。

然而沃尔考特和斯巴克所称赞的英语却是有"内部矛盾"的。这一点同样有当代诗人的话可作印证。

这位诗人是托尼·哈里森（1937—　）。他也是一个奇异的混合：产业工人的后代，学古典语言的大学生，政治上的左派，莫里哀剧本的译者，纽约大都会歌剧院上演剧目的歌词执笔者，狂热的语言学者——正是他把词典、词典学家、语音学家和语音符号一齐搬进了诗歌，请看：

> 诗是国王们的言辞。你是那类

> 莎士比亚只让演丑角的家伙：写散文去吧！
> 所有的诗，包括伦敦佬济慈的，你知道，
> 都已由我们配音成了 RP，即所谓
> "公认的发音"，请相信我们，
> 你的言语已掌握在"公认者"们的手里。
>
> "我们说〔ʌs〕，不说［uz］，老兄！"
> 这就封住了我的嘴！
>
> ——《他们和我们》

RP 即是 Received Pronunciation，"可以接受的发音"，语音学家旦尼尔·琼斯定下此名，将上层人士的发音同伦敦下层人民的 Cockney 之类的发音区别开来。哈里森在另一首诗里就提到过这位"打盹的旦尼尔·琼斯"。琼斯本人已死，他的这个名词也不再为人接受，而哈里森还在诗里尖锐地指责它，是因为他对这类事是充满义愤的。他在另一首诗里写道：

> 你居然成了诗人真是怪事！
> 你这诗才来自何处？
> 我说：我有两个伯父，乔和哈利……
> 一个口吃，一个是哑巴。
>
> ——《遗传》

不只伯父们，他的父亲——一个锅炉工人——也是"哑巴"：

> 他渴求能从人的语言解脱出来，

> 那压了他一生的，铅一般沉重的舌头。
>
> ——《标以 D 字》

一边是口齿伶俐的上等人，一边是舌重如铅的"哑巴"们，"他们和我们"的界线像刀切似的分明，这就逼使哈里森奋起写诗：

> 我不得不吞下父亲们火一样的语言，
> 把它化成一串打结的火绳，去点燃
> 多少代压抑着的沉默，一直回到
> 亚当寻找创世名词的当年，
> 尽管我的声带会因受烤而变黑，
> 也仍将有火焰不断地唱歌。
>
> ——《食火者》

他要吐出火来，用它来烧掉祖辈的沉默，而这火是同 RP 相对的粗壮的发音和这类发音后面的一整个庞杂的、卑下的，然而是活跃的语言世界。

这后者就是所谓俗语（demotic language），其对立面是雅词（polite language）。两者当然有关联，然而区别是存在的、巨大的，而且不等于文言、白话之分，也不等于书本体和口语体之分。口语体当中仍然有雅与俗的分别，正同白话中有舞台式与街头式的分别。

如果说以上只是议论，那么，历史和现实都要求人们面对一个具体问题。当第三世界的作家学习英语的时候，他们该学习什么样的英语呢？当然，他们并无选择。殖民地的官吏和教育家早就规定了要学"纯正英语"。即使近来增加了口头英语的分量，也仍然是合乎规范的干净的英语。这方面的学习也是颇有成效的。一大批外国人学会了用英语写历史、自传、政论文、思想性著作，有的还写得比本国人更有文采。

然而文学作品却是另一回事。它不能只图雅洁，还需要写得浑厚、芜杂、粗俗，也就是需要学校所不教的俗语。世界文学里的喜剧和喜剧性作品多是充满俗语的——没有俗语就没有拉布雷，也没有狄更斯。而近年来英语小说的趋势之一也似乎是更大程度地摆脱"满大人式"（Mandain）的雅词而趋向乔伊斯式的俗语。

学校不教俗语，还因为俗语不好教，教它，得同时教生活。俗语与当时、当地的生活密切结合，是它的最丰富、最有趣、最有活力的表现之一。换言之，英语俗语是英国社会文化的一部分。这类英语俗语很难用来写第三世界的生活。

那么，第三世界的英语作家怎么办？

对此，尼日利亚的钦纽亚·阿契贝说过一段话：

> 对一个非洲人，用英语写作有严重的不利之处。他发现自己写的情景和思想方式在英国生活方式里没有直接的对应物。这时他可以有两条出路：一条是试着在规范英语的范围内说出所要说的，另一条是扩展这个范围，让英语来适应自己的思想。第一条路会产生胜任而无精打采的、平淡的作品，第二条路则会产生新的东西，对英语会有价值，对他想要传达的材料也有好处。但是这条路也会不易控制，可以导致拙劣的英文被当作非洲文或尼日利亚文而被接受或加以辩护。我认为有能力扩展英语范围来适应非洲思想格局的人应该通过充分掌握英语——而不是对它缺乏了解——来实现这个目标。

（《新国家里作家的作用》，《尼日利亚杂志》1964年6月第81号）

这是《分崩离析》的作者的经验之谈，而且他点出的问题不限于非洲人,对亚洲人、西印度群岛人和任何用英语写作的外国人都适用。同样是两条路摆在他们面前:一条是拿自己去适应规范英语;另一条是叫英语来适应自己。但是要做到后者,首先要"充分掌握它",只在这个基础上,才谈得上创造性地运用它。实际的情况是:有作为的外国作家在运用英语的时候,总不甘心于写"无精打采的、平淡的作品",而总是把英语的范围大力扩充,其极者就是拉什迪那样的"全盘语言"(Whole Language)。这个名词是英国小说家安东尼·伯吉斯创的,用以指那类变动超过英语词汇和句式的局部,而在全面风格上加以改造的恣意挥洒的文字。不过,拉什迪虽是印度次大陆出生,却在英国上中学和大学,并且工作多年,他对于英语是做到了"充分掌握"的。

问题是:拉什迪的"全盘语言"对于英语是祸还是福?或者扩大一点说,世界上这样多的人说写英语,对于英语是一件好事还是坏事?或者还可进而一问:这样地运用英语,对于当地语言又有什么影响?

学者乔治·斯泰纳曾经想过这方面的问题,他的回答是:

> 英语的国际化开始造成双重的削弱。在许多地区社会,引进的英语由于它的人为预制的词义场,正在侵蚀当地语言文化,使之难保独立性。有意或无意地,美国英语和英国英语在向全球渗透的过程里,变成了毁灭语言的天生多样性的凶手。这种毁灭也许是我们这个时代特有的生态破坏中最难恢复的一种。更隐秘的是,英语逐渐转变为世界贸易、技术、旅游的Esperanto("世界语"),也对英语本身产生削弱的影响。用一句时髦的话说,英语的无处不往正在得到消极的反馈。

(《通天塔之后》,1975,牛津版第470页)

一种"生态破坏"——话是说得够有力的,而英语到处通行的后果是本身的削弱,也正应和了一句笑话:"英语是最容易说得糟糕的语言。"对于听着大量有关化妆品、糖果食品、卫生用具、游戏节目、新潮时装等等的流行名词——往往是从英语译来的——从电视上不断袭来而苦于无法适应的一部分白发读书人,斯泰纳的话是会引起共鸣的。

然而阿契贝却说:"第二条路则会产生新的东西,对英语会有价值,对他想要传达的材料也有好处。"我的体会是:这里谈的是文艺创作。通过创作而给英语输入新东西是会有助于扩大它的想象世界的,而用它传达了当地的现实,也会丰富世界文学的内涵。

那么,这是不是双重的加强呢,或者说既有削弱,也有加强呢?语言与语言的碰撞和融合是文化交往的一部分,现今世界里这种交往正在变得更频繁、更迅捷,而从一种语言本身来看,它总是既要保持过去的精华,又要吸收外来因素,否则无以传达新的现实。但是在这些之后,还有一个大问题需要注意,即民族感情。例如在比利时和加拿大,就都有一个民族为保持自己语言的独立而进行着激烈的斗争。从意识形态、生活方式等方面来看,斯泰纳所指出的"生态破坏"也仍在进行,需要第三世界的国家认真对待。回头再看缪丽尔·斯帕克女士关于英语优越性的话,法国人就未必服气。我知道不少法国人以说英语为耻。总之,不同语言之间恩恩怨怨的事还很多,需要进一步的观察。

1993 年 6 月 15 日

九、学风变幻,中国学者何以自处?

关于西方新文论,米彻尔所列的七大特点是一种概括,试再简述于下:1. 当今是文学批评的黄金时代;2. 新文论是大学产物;3. 它是认真的、试验性的、百科全书式的、个人内省式或放纵式的;4. 新文论最重要的是三派,即女权主义、马克思主义、后结构主义;5. 新文论有一类特定刊物,不同于传统的学报;6. 新文论受到传统派人士的猛烈反对;7. 新文论盛行于工业发达的西欧北美,是帝国中心城市的主要文学形式,而在过去帝国殖民地和边缘地带,文学的主要形式仍是小说、诗歌、戏剧、电影等创作。

其后的"评述"部分则半是说明,半是驳斥,特别是对于以《第三世界季刊》为代表的传统派人士的驳斥,表现了新文论的战斗性,然而说理不足。从所列特点本身来看,其他各点则姑置勿论,1、7两点特别需要进一步商榷。

当今是文学批评的"黄金时代"吗?

如果说当今西方文论盛行,文论成为一种专门学问,连保守的老牌大学也不得不设立新文论讲座,不得不允许研究生作有关文论的博士论文并取得学位、教职,这是符合实际的。这样的局面是伴随着科技大进展出现的,是后工业社会中人文学问的新思索的产物之一,这无疑是正确的。然而能将它比作18世纪欧洲启蒙主义时期一样重要的"黄金时代"吗?这里问题不在"黄金"还是"黄铜"之类的比喻——作者对此所做的戏弄是文人的痼习——而在于这一局面是否有启蒙主义一样的力量和影响。到今天为止，新文论在当代思潮里不是主流，不过从科学、哲学、语言学、社会学等主流学问套用了若干概念和名词，周游于极少数以文论为业的大学教师之间，在影响上没有启蒙主义、浪漫主义席卷全社会的普遍性和深远性，甚至没有现代主义对全世界文艺创作的催发力。如果说新文论兴起不过二三十年，还得等待半世纪再论，那么至少迄今为止，还不能说已经出现了文学批评的黄金时代。

文论是当今发达国家的主要文学形式吗？能够看出发达国家与边缘地带及前殖民地的文坛的不同，是有眼光的，然而同样的观察却可以引出不同的判断。前殖民地创作的兴盛正说明在宗主国式微之后，那些地区迸发出了空前旺盛的创造力，同时还有现实的苦难在折磨它们，使它们的作家发奋写作，在优秀的小说、诗歌、剧本和电影里寄托了忧思和希望，并且一如作者所言，在艺术上"也表现出成熟、内省、复杂和实验的特点"；而在发达国家则出现了文学批评的"工业中心"，许多聪明人不是努力创作，而是从事奥秘、琐碎、冗长的经院式争论，两相对照，何者更值得注意，更需研究？作者对这个局面有一个解释，认为伟大的批评时代必然后于伟大的创作时代，因此帝国中心的文坛仍然是先走了一步，也就是说前殖民地仍然处于低级阶段，这不还是西方先进论的"帝国模式"的重版吗？

何况文论究竟是不是当今发达国家的主要文学形式，也还需要进一步探讨。这样说，至少表现了对文学的范围只有极窄狭的了解，而对什么是主要形式又沾上了"以我为主"的偏见。发达国家的创作就真的不振吗？未必。如果眼光不限于超级高雅文学，至少可以看出各类小说仍然是兴旺的，特别是电影、电视文学更在蓬勃发展，文坛并不惨淡，只不过重点转移了。倒是文论本身，遭遇了至少是风格上的危机。好的文论应该是好的散文,今天的文论有几篇是像样的散文?连是否能算文学作品都难说,又怎能说是"主要的文学形式"?

当然,新文论突破了旧说,扩大了文学批评的视野,表现了人类智慧的探索精神和先见性,确是当代西方文化的一个特色,然而过分强调它的成就与重要性却无助于它的提高和发展。需要做的倒是在它已经出现了 30 年之后,对它的主要理论来一个内行的评估。

所谓内行,是指:1. 对新文论的内涵、代表人物、主要倾向有了解、有研究;2. 看得出新文论与旧文论的联系、文学批评与其他学问的联系,也就是不仅有当代观点,还有历史眼光。

贡巴尼翁的文章符合上述两点。首先,新文论的若干主要理论肇源于西欧,特别是法国。法国研究者了解它们的内情,正因了解内情,他们把外国人往往惊为天人的理论、观点、说法之类看成平常事物,这样反能看得真切。其次,历史眼光正是此文之长。

用历史眼光,就会看出文学批评上论战重复出现,从起始的激烈到后来的调和,如有规律一般。然而尽管调和,却不可能消灭差别,因为做人文学问,总有两大传统或明或暗地对立着。根据法国的情况,贡巴尼翁称这两大传统为耶稣会派与本笃会派的对立传统:前者重修辞学,一般范畴(如体系、类型、结构),共同问题;后者重文学史,细节(正是版本学、目录学、考据学者致力所在),个别现象(作家与作品的独特性),而避免由此及彼,大而言之。

这两大传统的本身也在演变,其内涵与着重点在不同时期也不一样,在历史上两者互有消长,然而直到今天,仍然形成对立的两大学派。贡巴尼翁就是把 20 世纪 60 年代的罗兰·巴特的新文论与雷蒙·比卡尔的朗松主义旧学问之间的论战看成是这种对立在继续,在延伸。

其实何止法国有这样的两大传统的对立。在米彻尔的美国,也同样存在。新文论者极言文学史的虚妄,而大型美国文学史仍在出版。

新文论越来越不好读，人们也就更加盼望埃德蒙·威尔逊、F. O. 麦息生等人再生。在我们中国，也存在这种对立，而且历经反复：单说近代，明朝的空疏为清初的朴学所替，朴学又为后来的经世之系取代，时至今日，还有观点与材料、体系与事实基础、才气与实学的对立。

那么把这两大对立的传统结合起来，各取其长，岂不更好？是的，这是理想的解决办法。而且传统虽对立，属于传统中的人却又各有不同情况，兼有两者之长的非凡学者还是有的。然而人是受时代影响的，一代的学风熏陶了一代的学人，能超越的毕竟极少。

这就使我们想到了在这个新文论成为一时风尚、影响及于中国的时候，中国的学者何以自处？

对此可以有不同答案。以下只是一个研究者的思考。

1. 要更多了解新文论中各种理论的实质。要知其前因、后果、贡献所在、要害所在。

2. 要有联系地看今天的问题，联系西方社会思潮、文化传统、文学实况，也联系中国传统和中国文学现状。这种联系也是一种比较。人文学问的国际化就是靠联系和比较。这次我们把美法两篇文章对照，就使我们的思路更广，如果我们能把德、意、苏联等国的学者也请来发言，一定会谈得更加全面。从另一个文学与学术传统来的中国人由外看内，还会看出他们欧洲个中人所不曾觉察的问题。

3. 要保持清醒头脑，回到根本问题。根本问题仍是：

作者；

作品；

读者；

社会。

作者——放逐作者已证明是行不通的，作者的意图仍然需要研究。作者有权利对自己和别人的作品发言。当今新文论最忽略的，恰是作家们的文论。普鲁斯特在前，劳伦斯、艾略特、庞德、伍尔夫等人在后都写过绝好的文论。就是到了今天，我看默斯·希尼谈诗，就远比无数的新文论家谈得中肯、深刻。作家们很少致力于构筑庞大的理论体系——如新文论家所为——他们进行实际批评，文章也清新可读，历史证明这样的文论是长存的。

作品——作品屹立，尽管争论汹涌如潮。每一代人都对作品进行发掘，各有自己的发掘方法，文学作品的神秘与伟大，在于它怎样也发掘不尽。20世纪四五十年代的"新批评"所注重的细读、深读，至今没有旁法可以替代。回到原著吧，回到作者确实写下的字句吧。在那样的基础之上，构筑你的理论体系与想象世界吧。

读者——新文论中接受美学的功绩之一是把读者请了回来。即使作者醉心于独白，他也是有心目中的读者的。有了读者，作品才是开放的、流动的，才有生命。读者不只是接受者，还是给予者，他能找出作者不经意的破绽，看出作者不自觉的意义，无数读者的欣赏和评论伴随着作品往下传，变成作品的氛围和背景；每一代读者对作品有不同的读法，每一次新的阅读使作品重生。是历代读者在决定什么是名著，也是他们在不断修改这个名著单子，他们会有偏见（如男性中心主义），而且不同阶层的人趣味不同；但是长久列在这个单子上的作品毕竟是雅俗共赏、经得起反复阅读的。以这个单子为中心的文学史也不是任何人的臆造，虽然对于作品的阐释和评价是会随时代而更新的。

社会——社会与文学，文学与社会，大题目，老题目，话已经说了不少，然而未必说清楚了，更没有说尽了。在这个题目上，西方新文论表现了锐气，女权主义要求纠正社会上的大不平，重新来解释名著，后结构主义寻求文本中的矛盾与破绽，要使文字解构、社会解构。另一方面，新文论又探讨根本性问题：文学是怎样成为一种社会

"制度"的，作家是如何产生的，印刷条件的改变怎样影响了艺术品的质量，新的传达媒介的出现又将怎样改变文化与社会本身，在一个剧烈变动的当代社会中，文学可以做或不做什么？……

问题无穷，人的智慧也永在延伸。

1989 年 3 月 2 日

十、关于英语文学教学：王佐良教授的一次讲演

About Teaching of English Literature: A Lecture by Professor Wang Zuoliang
（英汉对照）

王星译

Translated by Wang, Xing

Good morning, ladies and gentlemen,

We're supposed to discuss the whole of English literature in an hour and a half. That is impossible. One can't learn the whole of English literature within an hour. So I have decided to adopt a more practical approach, that is, since we are all teachers of English literature, we can talk about what are the sort of things that we ought to emphasize in our course. I should start with genres because each genre is something concrete and one can talk about the evolution of that particular genre in quite concrete terms.

1. Drama

I'll start with drama. Now drama, of course, is one of the most important genres in English literature. I shall not attempt to discuss every important writer with you because that again is impossible. But perhaps a few highlights may be mentioned. In this connection, naturally, Shakespeare is the name that comes first to one's mind. Shakespeare, Ben Jonson and John Webster, these three writers may represent the maturity of English drama, not of English drama as a whole, but of English poetic drama. By poetic drama, I mean plays written in blank verse. They are not plays in the modern sense of the word. They are a particular type of plays, because they are all in verse. There are certain passages in prose, but mostly they are in verse. In other words, they are the poets' drama. These people came at the right moment when England was wide open, open to foreign ideas, open to foreign books, open also to foreign words. This was the time when the English language was in a period of great expansion and the English language from that time onwards has always been open to foreign influences, ready to absorb foreign words.

Shakespeare was perhaps the most veracious absorber as well as the most daring innovator. He is a bit out of the ordinary. In a sense he's really common, but in another sense, he's quite extraordinary in that he does not obey any rules. He mixes things up. He mixes the tragic with the comic in order to make the tragic even more tragic. He mixes the polysyllabic words with the monosyllabic words. I'll just give one example. Well, you all know the play *Macbeth*. In Act II, Scene II, there is a place where Macbeth talks about the impossibility of ever washing his hands clean, since his hands are stained with blood. There is a memorable passage, when he says something like this:

> *(this my hand will rather)*
> *the multitudinous seas incarnadine,*
> *making the green one red.*

You see in the first line. "the multitudinous seas incarnadine", most of the words are polysyllabic, that is, containing many syllables, not one-syllable words. But in the next line, "making the green one red", these are all monosyllabic words. This combination produces a very striking effect: the first line, of course, means no matter how vast the ocean is, how much water there is in ocean, it will not be sufficient to wash the blood off from my hands. And the second line is really common, consisting of monosyllabic words. That is just one of many examples about Shakespeare's use of language.

After Shakespeare and many of his contemporaries, which we have no time to discuss, I'll make a big leap forward, across centuries, to come down to Bernard Shaw of the 20th century. In the 20th century, English drama had a kind of resurgence, mainly due to the effort of the Irish playwrights, not just Shaw, but there were other Irish playwrights, like W. B. Yeats, like Lady Gregory, afterwards, also playwrights like Sean O'Casey. Even now Irish drama is in a quite active state. It has still got good playwrights. But let's talk about Shaw. We have only a few moments for Shaw. Now, Shaw also created a new type of drama. He learned it from the Norwegian playwright, Ibsen. Ibsen started the whole type of new drama in Europe, the realistic drama. Shaw took over this drama from Ibsen and further polished it. He added one very important element, that is, verbal wit. His plays are discussion plays. You won't see much action in any of Shaw's plays. You don't see people getting killed. You don't see policemen chasing after thieves. You don't find much love interest either —of course there is love. But you do hear a lot of talk and really fine talk as that. Shaw writes that kind of play because that's the type of drama that suits his genius most. He is a wonderful speaker. I'll just give you a few examples. In a play called *A Man of Destiny*, you have a passage about Englishmen:

"There's nothing so good or bad that you will not find Englishmen doing. But you will never find an Englishman in the wrong. He does everything on principle. He fights you on patriotic principle; he robs you on business principle; he enslaves you on imperialist principle."

That's one of the many passages that you'll find in Shaw's plays. It's really witty. Of course this means Englishmen never confess that they have made mistakes; they are always in the right. But the way the sentences are balanced is Shaw's own. Another example:

"The more things a man is ashamed of, the more respectable he is."

That's a satirical remark about modern society. In other words, the more evil you do, the greater will become your fame, or your position in society. One last example, and I will have done with Shaw:

"He who can does; he who cannot teaches."

Like what I'm doing. Have you got the point? The man who is really capable, who is really able, always does things; and the man who is not capable of doing anything really worthwhile, always teaches other people to do things. We may translate this into something like "有能力者干事，无能力者训人"，something like that. Well, I've just given you two examples to show that English drama is something very important, that we ought to teach our students to pay attention to.

2. Poetry

The second genre I'll take up and I don't have much to say about that because I shall leave most of my remarks to my lecture tomorrow, is poetry. England certainly has many singing birds, many poets. There were several great moments. One great moment was the time of Queen Elizabeth when there were hundreds of poets writing sonneteers, writing lyrics of all kinds and writing poetic plays. We mustn't forget drama when we talk about English poetry because as I said, Shakespearean drama is verse drama, drama written in verse. Another important moment was the time of Romanticism, when poets like Wordsworth, Coleridge, Byron, Shelley, Keats became really active. This was the time when they were all looking for a kind of an ideal society. We sometimes talk about the romantic quest. By the romantic quest we mean that these romantic poets were looking after something. They were not just writing verse to please themselves. They were writing verse to express their ideals of society, ideal society, ideal relationship between men and women. Of course some of them later turned back into their own minds. Wordsworth and Coleridge used to be great enthusiasts for the French Revolution. Later on, they became disappointed because they couldn't bear the kind of violence that they found existing within the French revolutionary camp, particularly the violence between the various factions among the French revolutionaries. But when they started to write poetry, they were great enthusiasts. Wordsworth wrote a very famous passage about how enthusiastic they were at the beginning of the French Revolution. He said something like this:

> Bliss was it in that dawn to be alive
> But to be young was very Heaven!

It was a great bliss to live in that dawn of revolution, but to be a young man was just like being in heaven. A poet who could sing like this will never really become a reactionary, although during the days when we were under the influence of our Soviet colleagues, we somehow dismissed him by calling him a conservativist or counter-revolutionary, which isn't really fair.

Well, by and large romantic poetry was young men's poetry. All the important poets of the second period of Romantic Movement in England died young. Byron who didn't die particularly young lived only to be 36, I think. Shelley died at 30, Keats at 26. And what wonderful poetry they had managed to write before their death! They were like great beauties in Chinese folklore, who refused to become old women by dying early. These people would never allow people to see how weak, how imbecile they would become in old age, so they died young, and they wrote wonderful poetry. I think the best sentence, or the best statement we can make about the romantic poets is a line from Keats: "Beauty is truth, truth beauty". And by truth, it doesn't mean something abstract; it means, or it includes, the miseries of the world. Keats has sometimes been described as a rather decadent poet, which is completely untrue. Because it was Keats who said no one can really reach the highest place in poetic achievement, only "those to whom the miseries of the world. Are misery, and will not let them rest," I'm quoting from Keats, from his *The Fall of Hyperion*. "Who are the greatest poets?", asked Keats. The answer is: only those people who are so concerned about the miseries, the sufferings of the world, that they cannot rest peacefully while there are people suffering in the world. Now these lines actually come from Keats, and when you are looking to his poems, like "Ode to A Nightingale", you'll find suffering, human suffering, existing side by side with great beauty in a natural world and it is this contrast that is really poignant. Okay I think I've said enough about poetry, since there will be another occasion to discuss some of the poets in greater detail.

3. Prose

Now I come to prose. Prose is a very, very wide kind of literature, because what I mean by prose is not just the essay, not just the familiar essay. I think we ought to enlarge the range of prose. It should include political writing, scientific writing as well. It should also take in things like ordinary talk, history, philosophy, art, I mean books discussing art, literary criticism, and I've said also political and scientific writing. Anything that's not done in verse is prose. Only when you enlarge the definition of prose, will you find that prose is a very, very important genre in literature, in any literature. I wish our writers could write better prose. Nowadays our prose is a bit stereotyped.

When you look into English prose, you'll find it's got all kinds of writers. It's got the essayists, like Lamb, like Hazlitt. I know many people that are really fond of Lamb. Lamb is whimsical; Lamb is very endearing; sometimes he's very moving. He worked very hard as a clerk in the East Indian House for the best part of his life. He wasn't a very well-to-do man of letters. He loved books, old books. He liked to associate with friends, very good to his friends. He lived a quite hard life because his sister went mad, and he had to keep her company. There're moving stories about how they tried to help each other. But I should also teach our students to read Hazlitt. I think Hazlitt is a greater critic. Hazlitt can also write very sharply, almost like Bernard Shaw. I remember a saying of his, which goes like this: "If one wishes to know the force of human genius, one should read

Shakespeare; if one wishes to know the insignificance of human learning, one may read his commentators." If you want to know what a human genius can do, read the works of Shakespeare; if you want to know how insignificant, how laughable, how ridiculous human learning is, then read all the Shakespearean scholars. I think we ought to keep that in mind to try to talk about important things in Shakespeare criticism, not just to waste our time on really trivial matters.

Of course there're other prose writers. A great moment of English prose came also in the time of French Revolution, when three great prose writers came almost at the same time. Burke, who wrote a book called *Reflections on the Revolution in France*, he was against the French Revolution, unlike his earlier self, at first he was for the American Revolution, but he didn't support the French revolution, and he wrote really well. There is a very famous passage in his book *Reflections on the Revolution in France* about Marie Antoinette, the Queen of France: "I can remember the day when I first saw her appear on the horizon, glittering like a morning star, full of life, of joy, of splendor, and later on she became a prisoner. What a revolution! The glory of Europe is extinguished forever." It's highly rhetorical, but you must admit it is also highly effective.

Now, this was taken up by a man called Thomas Paine, who fought in three revolutions—I said three revolutions, I ought to say two revolutions and a sort of hidden revolution. He first fought in the American Revolution; then he went to help the French in the French Revolution. He also took part in the revolutionary activities in England. So that's why I say he fought in three revolutions. He was a prose writer noted for his plain style, very, very plain. When he heard Burke singing the praise for the French Queen, he laughed. He said Burke was too much an idealist. He didn't know the reality of the distress of the French people. He just saw how disgraceful, how sudden, there was a change of destiny in the French nobility. So he is like a man "who pities only the plumage but forgets the dying bird". The dying bird is the French people—the French people are dying while one bird is displaying her plumage, the beautiful feathers, on the surface of the French society. That is a famous saying. Of course he has other famous sayings, for instance, "These are times that try men's souls". That was the saying which he said during the crisis in the American Revolution, when the American revolutionaries were downcast, were in the depth of their despair because of military reverses. "These are the times that try men's souls, the brave ones can stand it, and the cowards will disperse. " He also said: "The sunshine soldier and the summer patriot will shrink from this crisis, from the service of this country". At the time like this, when there was great difficulty, those people who could take part in a revolution when things were going on well will now "shrink", this is the word used very effectively, from the service of their country.

After Thomas Paine, there came another great writer of very plain prose by the name of William Cobbett, whose most famous work is *Rural Rides*. He was a peasant writing in the language of peasants. He edited a newspaper called *Political Register*, which was very popular among the poor people. I used the word "peasant"; actually this is the word that ought not to apply to the British, because the British peasants disappeared in the 14th century. I mean the poor farming labourers. Well, he himself did farm labour, and he was poor. He knew what the poor people were thinking about, and he wrote articles to express their wishes in very plain language.

Probably the name is new to you, but I can tell you Marx quoted Cobbett frequently in his works. These people used prose as a weapon of debate. Debate makes prose more subtle, makes prose hitting even harder, so it's a good thing. Naturally in talking about the English prose, one must not forget the other side of the picture, that is, it can be quite humorous; it can be quite ironical. It can even talk about nonsense, for instance, in books like *Alice in Wonderland*, you'll find the English language used in a most illogical kind of way. Actually it is supposed to be really logical, but really it's a kind of nonsense. Or it's the other way round—you find it quite nonsensical, actually it makes very good sense. Its logic turned upside down. And anybody who wants to learn to write the so-called pure English ought to read *Alice in Wonderland*.

4. Novel

Now I'll come to the novel. I don't have much time left, but I shall say that the English novel is a very rich field. You have the novels written by Defoe, very realistic. Not long ago I was rereading *Moll Flanders*. I found the book of absorbing interest. Moll is a woman really much alive. One is struck by the aliveness of women in the English novel, not only Moll Flanders, but also of course the heroines in Jane Austen's novels, and also characters like Hardy's Tess. Tess is not a hard-bought figure. She's not a chocolate-box beauty. She's a real person. She works hard. She's a manual worker. She walks long distances. It's a very interesting thing that you don't find cars in Hardy's novels. The best you can find is carriage, but most of Hardy's characters are not the privileged people. They cannot ride carriages to go to places. They usually go on foot. Tess goes to a lot of places on foot. She milks the cows. She churns butter and cheese. She stands precariously on a tractor, feeding the machine with bundles of wheat.

There are some really interesting chapters in this novel *Tess*, something that you don't find in other novels, how work is actually done by women, by women labourers, and yet at the same time she's extremely ethereal, in a sense she's really striking. Sometimes I use the word "ethereal" because I remember a passage in this book which describes how when in the small hours of the morning, around three o'clock or four o'clock, Tess has to get up to milk cows. She usually gets up first. She wakes the others, and then when her boyfriend comes down to see her, he finds dew-drops still on her face. It's the most lovely picture. Then when the sun goes up, and when people are walking in broad daylight, he finds Tess in a different shape, the real Tess, the strong, robust, young, exuberant Tess. So you can find these descriptions in Hardy which you do not find easily in Dickens, I must say, though Dickens is the one English novelist that must be studied. If you don't have time for other novelists, you have to study Dickens. He is so realistic, and so fantastic. I like to read the novel *David Copperfield*. All the characters come alive. Sometimes they are a bit caricaturish, that is, they are like cartoon figures. Sometimes, not always. People generally say Dickens exaggerates, but he exaggerates in an imaginative kind of way. He can talk about fog. There's fog everywhere, there's fog even in the pipe being smoked by the ship's captain. This is a most unexpected kind of stroke, a stroke of genius. Well, running over the names of the English novelists will give one a sense of its richness, Defoe, Dickens, Thackeray, Jane Austen Scott, the Bronte sisters. What a wonderful novel *Wuthering Heights* is. So intense, so pastoral, and yet so moving. Hardy, I've just mentioned, Joyce, Woolf, Graham Greene, also Henry Greene, Waugh and more recent ones. You have realism. You also have fantasy.

5. Literature in the New Media

Now I finished with the genres, but I like to say a few things, a few words, about some of the other types of things, types of literature. I should like to mention the new media. I mean the type of literature that you find in broadcasting, in TV. One point I allow myself to admit is this: qualitatively, if not quantitatively, English broadcasting is superior to American broadcasting. I mean I get more enjoyment out of listening to BBC than to VOA. Somehow the British know how to use the words to better effect. This is the type of literature that we ought to acquaint our students with. If you can find a type of book called "oral history", I hope you'll try to introduce oral history into your course. There are more American examples than British ones. You may have heard of the book *Working*, which is very famous. It consists of a number of interviews. A writer interviews various people. He takes along a recorder with him, and he records the interviews. Later on he edits all these interviews, collect them together into a book. Now, in Britain there are also examples of good oral history. There's a book called, for instance, *Portrait of Village*. It's almost a kind of elegy, by elegy I mean it describes a way of life which is fastly vanishing, which is no longer to be found easily in many parts of Britain, for instance, the art of thatching roofs. English people liked to have their roofs thatched, with not the modern type of roofs with slates on, but thatched roofs which can only be done by a special type of workmen. But it's disappearing. And also people make bells in a special way in the old times, they are also disappearing.

6. Translation

Another thing which I'd like to mention is translations. There were great moments of literary translation in English literary history. The time of Elizabeth was one of such moments, when The English *Bible* was translated, the authorized version of *The English Bible,* 1611. It's a very influential book, whether you like it or not. Actually *The Bible* can be read as good literature. It was the time when all the classics, Greek and Roman classics, important books, and also important continental works, like *Montaigne's Essays,* Roman books like *Plutarch's The Parallel Lives* which influenced Shakespeare in the writing of his plays. That was the time when translations became really important. The 20th century also saw many good translations. In the beginning decade, there were translations done by a woman called Constance Garnett. She translated many Russian novels, the works of Tolstoy, Dostoevsky, and Turgenev. And they had tremendous influence on English writers, writers like Virginia Woolf, who once said, nowadays if anybody wants to write an English novel and not to do it the Russian way, then it would be just a waste of time. In other words, the only way to write a good novel is the Russian way, the way of Tolstoy, the way of Turgenev, the way of Dostoevsky. Of course one can see her point when one thinks about the difference between these two types of novels: English novels are familiar, dealing with everyday life, realistic family affairs; whereas the Russian novel touches the very soul of a person. It's profound. It's really intense. It's got the sort of hidden world that you find only in the works of Dostoevsky, for instance. And when you talk about great panoramic novels, then nothing can beat Tolstoy's *War and Peace.*

7. Suggestions

I think I've finished with the genres. Now I'd like to make a few suggestions. In fact I'll make two suggestions. One is: teach literature along with language. I know in most colleges and universities in China, literature is a kind of object of suspicion, I should say. People generally don't want to give time, to provide time for courses of literature. They will say: what's the use of literature? We want our students to master the English language. Well the answer is, you can find the best of English, as well as the worst of English, in literature, in literary works. It's got everything, because the language of literature is the language of life. And a person who has really made a good study of literature will not write sentences that are really awkward, will not use language just mechanically. He will use language with some subtlety. But when we teach the course, we ought to discuss the literary works. We ought to analyze the language. We shouldn't forget the language, because without an understanding of language, you cannot really understand a work of literature. So these two things really go side by side. In other words we should not adopt that approach, a kind of purely literary approach, separating literature from language, to say language is not my concern, language is not my business. Language is our business just as literature is our business. The second suggestion is that we should try to link it up with British culture—try to link up English literature with British culture. In fact a work of literature cannot be studied apart from the society in which this particular work is produced. The best way to understand people, people's mind, people's temper, people's character, or what the philosophers called the inner climate of a people is through literature. So that's why I say we should try to combine the two.

My last point is that we ought to adopt a comparative approach or a comparatist's approach, that is, after all we are Chinese teachers. We ought to teach English literature from a different perspective than the perspective from which the English teaches literature. There's no question that we ought to love literature, English literature, but we should also keep a little distance to look at it from our perspective. In doing that we'll be able to see English literature in a twofold perspective. In other words, we should compare; we should also connect. When we compare, we'll see that English literature, great as it is, has certain shortcomings. For instance, English writings, generally speaking, are not as lucid as French writings. And I've just spoken about the difference between the English novel and the Russian novel. Russian novel is more powerful. There're certain things we can do in Chinese which the English cannot do really well in English. I think this distance, this apartness, may be helpful so that when we teach English literature, we'll teach it as a member of world literature. We'll not become pseudo-Englishmen. We are after all citizens of the world.

Thank you.

译文

女士们，先生们，上午好。

原计划是我们在一个半小时里对英语文学做一次全面探讨。但这是不可能的，没人能在一个小时里了解整个英语文学。所以我决定采用一种更实际的方式，那就是：既然我们都是教授英语文学的老师，我们可以谈谈哪些事情是应该在课程教学中特别留意的。我会从类别开始，因为每种文学类别里都有一些具体范例，可以帮助我们用非常具体的分析来探讨特定类别的演变。

一、戏　剧

我准备从戏剧开始。如今"戏剧"当然是英语文学中最重要的类别之一。我并不准备和你们探讨每一位重要的作者,因为这仍旧是不可能的。然而总会有些绕不过去的高峰。在这方面,显然,莎士比亚会是第一个让人想起的。莎士比亚、本·琼生和约翰·韦伯斯特,这三位作家或许可以作为英语戏剧成熟时期的代表,但并不能代表英语戏剧的全部,而是作为英语诗剧时期的代表。我所说的诗剧,是用无韵体诗歌创作的戏剧。它们并不是现代意义上的戏剧。它们是一种特殊形式的戏剧,因为它们都是用诗歌写成的。其中某些段落是散文体的,但大部分是诗歌体的。换句话说,它们是诗人的戏剧。这些作者恰逢英格兰充分开放之时:对外国的思想开放,对外国的著作开放,同样对外国的语言开放。这个时期是英语语言的大探索时期,英语从此对外来影响敞开大门,时刻准备吸收外来词汇。

莎士比亚也许是最心胸开阔的吸收者,也是最勇敢的探索者。他有些不同常人。一方面他很平实,但另一方面他因为不循规蹈矩而卓尔不群。他将事物混搭。他把悲剧与喜剧混搭,为了使悲剧甚至更加悲剧。他还将复合音节词与单音节词混搭。我会举一个例子。你们都知道《麦克白》这部剧。在第二幕第二场,麦克白说起他永远不可能将双手洗干净,因为他的双手沾满了血。这里有段值得记住的台词,他是这样说的:

(我这双手会使)
五洲之海皆触之改颜,
由绿转红。
[(this my hand will rather)
the multitudinous seas incarnadine,
making the green one red.]

你们可以看出，在第一句中"the multitudinous seas incarnadine"大多是复合音节词，也就是说，有很多音节存在，而没有单音节词。但在下一句"making the green one red"中，全部是单音节词。这种组合造就了一种很震撼的效果：第一句显然表明无论海洋有多宽广、海洋中有多少水，都不足以洗去我手上的血。而第二句却很平实，全部以单音节词写成。这只是莎士比亚对语言的使用的范例之一。

对于莎士比亚之后的以及许多与他同时代的戏剧家，我们没有时间去讨论。我会大幅跳过几个世纪，直接跃到 20 世纪的萧伯纳。在 20 世纪，英语戏剧出现了某种复兴，主要归功于爱尔兰戏剧家，但并不只是萧伯纳，还有其他的爱尔兰戏剧家，比如 W. B. 叶芝，还有格雷戈里夫人，在此之后还有肖恩·奥凯西。即便在当今爱尔兰戏剧也很活跃。那里涌现出不少优秀的剧作家。不过还是让我们谈谈萧伯纳。关于萧伯纳，我们的时间也很有限。言归正传。萧伯纳同样创造了一种新的戏剧形式。他是从挪威剧作家易卜生那里领悟到的。易卜生在欧洲开创了一种全新的戏剧形式：现实主义戏剧。萧伯纳从易卜生那里继承了这种戏剧并发扬光大。他在其中增加了一个非常重要的因素，那就是"妙语"。他的戏剧是论辩的戏剧。你们不会在萧伯纳的戏剧中看到很多动作戏。你们不会看到有人被杀，你们不会看到警察抓小偷，你们也不会看到很多的恋爱戏——但其中当然有爱情。然而你们绝对会在萧伯纳创作的那种戏剧中听到很多对话以及确实精妙的对话，因为这才是最符合他的天才的那种戏剧。他是一名优秀的交谈者。我会给你们举几个例子。在一出名叫《风云人物》的戏剧中，你们会听到一段有关英国男人的台词：

英国男人做事时，你发现不了那么好与那么坏的东西。但你永远不会发现一个英国男人出错。他做所有事都基于原则。他会基于爱国原则揍你，他会基于商业原则抢你，他会基于帝国原则奴役你。

(There's nothing so good or bad that you will not find Englishmen doing. But you will never find an Englishman in the wrong. He does everything on principle. He fights you on patriotic principle; he robs you on business principle; he enslaves you on imperialist principle.)

这就是你们会在萧伯纳的戏剧中听到的诸多台词之一。确实很机智。显然话里的意思是英国男人永远不会承认自己犯了错，他们永远是站在正确的一方。但遣词造句的方式是萧伯纳独有的。再举一个例子：

一个人越行为可耻，他越被视作有为。

(The more things a man is ashamed of, the more respectable he is.)

这是对现代社会的讽刺。换句话说，你做的恶事越多，你的名气就越大或者社会地位越高。再举最后一个例子，我将结束谈论萧伯纳：

He who can does; he who cannot teaches.

我现在就类似后者。你们听出其中的奥妙了吗？真正有能力的人，确实有能力的人，通常会去做事；然而没有能力做任何有价值的事的人却往往去教训别人做事。我们或许可以这样翻译："有能力者干事，无能力者训人"（王佐良译），或者诸如此类。至此，我已经为你们提供了两个范例用来说明英语戏剧是非常重要的，我们在教授学生时理应重视。

二、诗 歌

  关于我即将谈论的第二个文学类别,我今天不会说很多,因为我准备把更多的评论留到明天的演讲中,那就是诗歌。英格兰当然拥有很多歌者、很多诗人。那里出现过几次辉煌时期。其中一个辉煌时期是伊丽莎白女王时期,当时有数百名诗人在创作十四行诗、各种不同的谣曲以及诗剧。当我们谈论英语诗歌时我们千万不能遗漏戏剧,因为就像我刚才所说:莎士比亚的戏剧是诗剧,用诗歌写成的戏剧。另一个辉煌时期是浪漫主义时期,那时华兹华斯、柯勒律治、拜伦、雪莱、济慈这样的诗人正活跃。这也正是他们都渴求某种理想社会的时期。我们有时会探讨浪漫主义的诉求。提到"浪漫主义的诉求"时,我们指的是这些浪漫主义诗人在追求某种东西。他们并不仅仅是在用写诗来自娱自乐。他们是在用写诗来表达他们对社会的理想——理想社会、男女之间的理想关系。当然,他们其中的一些人后来回归到自己的内心。华兹华斯和柯勒律治曾经是法国大革命的热切支持者。然而后来他们失望了,由于他们无法忍受存在于法国革命阵营中的那种暴力,尤其是法国革命者不同派系间的暴力。但在他们开始写诗时,他们曾经是热切的支持者。华兹华斯有一段非常著名的诗句描述他们在法国大革命初期是何等热切。他写下了这样的文字:

  幸福呵,活在那个黎明之中,
  年轻人更是如进天堂!
      ——《序曲》第十一章(王佐良译文)

  (Bliss was it in that dawn to be alive,
  But to be young was very Heaven!)

能生活在革命的黎明中是有福的，然而身为年轻人，才会如见天堂降临。一位曾经能够如此吟咏过的诗人永远不会真正变成一个退缩者，即便如此，在过去受我们的苏联同人影响的岁月里，我们已经把他称为"保守主义者"或"反革命"并多少因此摒弃他，这并不十分公平。

无论如何，很大程度上的浪漫主义诗歌是年轻人的诗歌。所有英格兰第二波浪漫主义运动中的诗人都英年早逝。拜伦算不上离世太早的，也只活到36岁，我记得雪莱离世时30岁、济慈26岁。然而他们在去世前成功地创作出了何等绚烂的诗歌！他们正如同中国传说中的才女，用早逝来拒绝衰老。这样的人永远不会允许别人看到他们在年老后变得何等衰弱、何等愚钝，因此都早早地死去，却留下绚烂的诗歌。关于浪漫主义诗人，我想到的最贴切的句子，或最贴切的论断是来自济慈的一行诗句：

> 美即是真，真即是美。（查良铮译）
> (Beauty is truth, truth beauty.)

所谓"真"，并不意味着什么抽象的东西；它的意思，或它囊括其中的意思是：世间的苦难。过去济慈有时被描述为一位很"颓废"的诗人，但这是完全错误的。因为正是济慈说：没有人能到达诗歌成就的巅峰，除了：

> 那些把世界的苦难当作苦难，并且日夜不安的人。（王佐良译）
> (those to whom the miseries of the world. Are misery, and will not let them rest.)

我引用的是济慈的诗句，原文来自他的《海伯利安》(或者《海伯利安的陨落》)。谁是最伟大的诗人？济慈问。答案是：那些无比关注苦难与世间遭遇的人，那些只要世间还有人在受苦就无法安宁的人。现在可以看出确实是济慈写了这样的诗句，当你们阅读他的诗歌，比如《夜莺颂》时，你们会看到痛楚——人类的痛楚，它们与自然的宏大之美共存，也正因这种对比才真正令人痛心。好了，关于诗歌我想我已经说得足够多了，因为还会另有机会更详细地探讨其他一些诗人。

三、散　文

现在我们转向散文。散文是一种非常宽泛的文学类别，因为我所说的散文不只是随笔，不只是那种被熟知的随笔。我想我们有理由扩展散文的范畴。它应该包括政论写作以及科学写作。它还应该囊括日常杂谈、历史、哲学、艺术。我指的是探讨艺术、文学评论的书，而且我刚才也说了政治和科学类的文字。一切不以诗体写就的都是散文。只有当你们扩展散文的范畴后，你们才会发现散文是文学、任何一种文学中一个非常非常重要的类别。我希望我们的写作者都能写出更好的散文。如今我们的散文是千篇一律的。当你们深入了解英语散文世界后，你们会发现那里有各种不同的写作者。那里有随笔作家，例如兰姆、赫兹利特。我知道很多人非常喜欢兰姆。兰姆天马行空，兰姆人见人爱，有时他的确很有感染力。他大半生作为东印度公司的职员，工作勤勉。他不是一个夸夸其谈的人。他喜欢书，古旧书。他喜欢交友，对朋友很好。他生活不易，因为他的姐姐疯了，他不得不日常陪伴。关于他们如何努力、互相帮助有不少动人的故事。不过，我也会教学生阅读赫兹利特。我认为赫兹利特是一位更为卓越的评论者。赫兹利特可以写得非常犀利，几乎就像萧伯纳。我记得他说过这样的话：

> 如果有人想知道人类天才的力量,他应该去读莎士比亚;如果有人想知道人类领悟力的卑微,他应该去读莎士比亚的评论者。
>
> (If one wishes to know the force of human genius, one should read Shakespeare; if one wishes to know the insignificance of human learning, one may read his commentators.)

如果你想知道一个人类天才能做些什么,去读莎士比亚的作品;如果你想知道人类的领悟力有多么卑微、多么可笑、多么荒唐,去读所有莎士比亚研究者的作品。我想我们应该将此牢记在心,尽量去探讨有关莎士比亚的评论中重要的东西,而不是把我们的时间浪费在一些琐碎的问题上。

当然,还有另外一些散文作家。英语散文的一个辉煌时期也出现在法国大革命之时,三位伟大的散文家几乎同时出现。伯克写了一本名叫《反思法国大革命》的书,他反对法国大革命,与他早期发自内心支持美国独立革命不同,他转而反对法国大革命,但他的文字确实写得很好。在他那本《反思法国大革命》中,关于法国王后玛丽·安东奈特有一段非常著名的文字:

> 我犹记得她首次跃入我视野之日,闪耀如晨星,充满活力、欢乐与光芒,转瞬入监。这是何等的革命。欧洲的荣耀一去不返。
>
> (I can remember the day when I first saw her appear on the horizon, glittering like a morning star, full of life, of joy, of splendor, and later on she became a prisoner. What a revolution! The glory of Europe is extinguished forever.)

辞藻极为华丽，但你们必须承认极有感染力。

接着是一个名叫托马斯·潘恩的人，他曾经为三次革命战斗——我说三次革命，其实应该是两次革命和一次某种潜藏的革命。他最初为美国独立革命而战，然后他去法国助战法国大革命。他还参与了英格兰的革命运动。这就是为什么我说他曾经为三次革命战斗。他是一位因为他的朴实风格，非常朴实的风格而著名的散文作家。当他听到伯克为法国王后唱颂歌时，他笑了。他说伯克太理想主义。说伯克不了解法国民众现实的压抑处境。说他只看到了尊严如何受损、法国贵族的命运如何发生巨变。因此伯克就像这样一个人，"为羽毛毁损而哀悼却忘记垂死的鸟"（who pities only the plumage but forgets the dying bird）。法国人民是垂死的鸟，而有一只鸟还在炫耀它的羽毛——那些漂亮的翎羽，高踞在法国社会的顶层。这是一句著名的话。当然他还有其他的名言，比如说："这是考问人们灵魂的时刻。"（These are times that try men's souls.）这是他在美国独立革命危机时期说的，当时美国的革命者们正士气低迷，由于军事上进入逆境而陷入绝望。"这是考问人们灵魂的时刻，勇敢者可以坚持，懦弱者却会四散逃离。"（These are the times that try men's souls, the brave ones can stand it, and the cowards will disperse.）他还说过："阳光战士和夏日爱国者会从危机中身退，不复报国。"（The sunshine soldier and the summer patriot will shrink from this crisis, from the service of this country.）在类似这样的时刻，当万事艰难时，在一场革命顺利进行时参与的人会从报效国家转而"身退"（shrink），这个词用得非常精当。

继托马斯·潘恩之后，出现了另一位名叫威廉·科贝特的以朴实语言写作散文的伟大作家，他最著名的作品是《骑马乡行记》。他是个农民，用农民的语言写作。他主编一份报纸，名叫《政治纪闻》，在穷困阶层内很受欢迎。我用了"农民"这个词，但事实上这个词不适用于英国人,因为英国的农民在14世纪就已经消失了。我指的是贫穷的农田劳工。确实,他自己从事农田工作,而且他很贫穷。他知道穷人们在想些什么,并且用非常朴实的语言写文章传达出穷人们的意愿。也许这个名字对你们来说有些陌生,但我可以告诉你们马克思经常在自己的著作中引用科贝特的文字。这些人用散文作为一种论辩的武器。论辩使散文更加机智,使散文的打击力度更强,因此这是件好事。当然,谈论英语散文时,必须不能忘记这幅图景的另一面,那就是:散文也可以很幽默,可以很讽刺。它甚至可以言语很荒唐,举例来说,在《爱丽丝梦游奇境》这样的书里,你们会发现英语能用一种很没有条理的方法来表述。原本它是想表达得很有条理,但事实上它表现出的是某种荒唐,或者正好相反——你们觉得它很荒唐,实际上它很有道理。它的逻辑是颠倒逆向的。所有希望学会写出所谓纯正英文的人都应该读读《爱丽丝梦游奇境》。

四、小 说

现在我来谈谈小说。我剩余的时间不多了,但我得说英语小说是一片非常广袤的田野。你们会读到笛福的那些小说,非常现实主义。不久之前我在读《摩尔·弗兰德斯》。我觉得这本书很引人入胜。摩尔是一个非常鲜活的女性形象。英语小说中女性的鲜活形象会打动读者,不仅仅是摩尔·弗兰德斯,当然也有简·奥斯丁小说中的女主人公,还有诸如哈代的苔丝这样的人物。苔丝不是一个硬拼的角色。她不是巧克力盒子上的美女。她是一个真实的人。她工作努力。她是一个体力劳动者。她会长途步行。很有趣的一件事是你们不会在哈代的小说里找到汽车。最多能找到马车,但绝大多数哈代的人物都不是权势阶层的,他们不可能坐马车出门。他们通常靠走路。苔丝走路去了很多地方。她给奶牛挤奶。她搅黄油奶酪。她晃晃悠悠地站在拖拉机上，拿麦子给机器上料。在《苔丝》这本小说里有一些确实很有意思的章节，一些你们在其他小说里找不到的东西：女人们、女性劳动者们是如何做到事实上担当了日常的劳作，但同时她又显得极其清丽脱俗，在某种意义上她甚至令人震撼。有时我使用"清丽脱俗"这个词是因为这本书中有一个段落描述苔丝如何要在一大清早——大约3点或4点——起床去给奶牛挤奶。她通常是第一个起床的。她叫醒其他人，然后当她的男朋友下楼看到她时，他发现露珠仍挂在她的脸上。这真是最可爱的画面。接下来，等太阳升起，人们开始日间奔劳时，他发现苔丝又换了一个样子，那是真正的苔丝，健壮、结实、年轻、充满活力的苔丝。由此你们可以看出，哈代书中的这些描写是在狄更斯那里不容易发现的。尽管如此，我必须说：狄更斯是一位必须要研究的英语小说家。即便你们没有时间去研究其他小说家，狄更斯却是必须要研究的。他是如此的现实主义，同时又如此富有想象力。我喜欢读《大卫·科波菲尔》。所有角色都这么鲜活。有些时候他们会有些漫画化，也就是说，他们像是漫画人物。有些时候，不是总是。人们都说狄更斯夸张，但他是以一种富有想象力的方式来夸张。他可以描述雾气：到处都是雾，甚至在船长抽过的烟斗里也是雾。这是最出乎意料的一笔，神来之笔。总之，罗列英语小说家的名单可以让人了解英语小说的丰富性：笛福、狄更斯、萨克雷、简·奥斯丁、司各特、勃朗特姐妹。《呼啸山庄》是一部多么出色的小说。如此富有张力，如此田园牧歌，同时又如此动人。哈代，我刚才已经提到过。乔伊斯、伍尔夫、格雷厄姆·格林，还有亨利·格林、沃这些新近的小说家。你们能读到现实主义，你们也能读到想象力。

五、新兴媒介中的文学

关于文学类别，现在我讲完了，但我还想说一些东西、一些话，关于一些其他类型的事情、其他类型的文学。我想谈一下新兴媒介。我指的是那类你们会在广播、电视上遇到的文学。我自己体会到的一点是，从质量上看，假如不算数量的话，英国的广播优于美国的广播。我的意思是我能从收听 BBC 中获得比收听 VOA 更多的乐趣。不知为什么，英国人知道怎么更确切地用词。这种类型的文学我们理应让学生们熟知。如果你们能找到一类叫作"口述史"的书，我希望你们未来能尝试将口述史融入课程中。美国这方面的范例比英国的更多一些。也许你们曾经听说过一本非常有名的书叫《工作中》。书中有很多采访。那位作者采访了各种人。他随身带了一个录音机，并且录下所有的采访。随后他整理了所有这些采访，编纂成一本书。如今在英国也有一些优秀的口述史范例。举例来说，有本书名叫《乡村写照》。它几乎是一种挽歌，我说"挽歌"的意思是它描述了一种正在迅速消失的生活，这种生活已经在英国大部分地区都不容易看到，比如说，用茅草铺盖屋顶的技巧。英国人喜欢在屋顶上铺盖茅草，不是用现代风格的板瓦，而是茅草盖顶，这只有一类专业工匠可以做到。然而这些正在消失。过去能够用特殊工艺铸钟的匠人也是如此，他们也在逐渐消失。

六、翻 译

另一件我想说的事是翻译。在英语文学史上有过辉煌的文学翻译时期。伊丽莎白时代就是这样一个时期。《圣经》出现了英译本：钦定的《1611 年版英语圣经》。这是一本影响深广的书，无论你们是否喜欢。事实上《圣经》可以被视为一本优秀的文学读物。那是一个所有的经典著作都得到了翻译的时代——希腊与罗马的古典著作与重要著作，以及欧洲大陆的重要著作，如蒙田的《随笔集》，罗马著作中有影响了莎士比亚的戏剧创作的普鲁塔克的《希腊罗马名人传》。那是一个翻译家变得至关重要的时期。20世纪也出现了很多优秀的译本。在最初的十年里，一位名叫康斯坦斯·伽内特的女人翻译了很多作品。她翻译了很多俄罗斯小说，托尔斯泰、陀思妥耶夫斯基和屠格涅夫的小说。这些小说对英语作家产生了巨大的影响，弗吉尼亚·伍尔夫这样的作家曾经说过，如今什么人想创作英语小说而不采用俄罗斯方式，事后只会证明是在浪费时间。换言之，创作一部优秀小说的方式是俄罗斯式的，是托尔斯泰式、屠格涅夫式、陀思妥耶夫斯基式的。显然，只要想想这两类小说的区别就会明白她的观点：英语小说是家庭化的，着眼日常，写现实主义的家居琐事；而俄罗斯小说直指人物灵魂。它深刻，它富有张力。它能挖出暗藏的世界，就像——比如说，你们只能在陀思妥耶夫斯基的作品中才能发现的那种。此外，当你们说起大场景小说时，没有什么能超越托尔斯泰的《战争与和平》。

七、建　议

　　我想我已经结束了对各种类别的探讨。现在我想再提一点建议。实际上我想提两个建议。一个是将文学教学与语言教学结合起来。我知道在中国大部分学院与大学里文学应该说是一门有争议的课程。人们通常不愿花费时间或留出时间来上文学课。他们会说：文学有什么用？我们希望的是我们的学生能精通英语。嗯，答案是：你可以在文学、在文学作品中找到最好的英语，也能找到最坏的英语。而且一个真正认真研读过文学的人不会写出非常笨拙的句子，不会只机械性地使用语言。他会以某种敏锐的方式使用语言。不过，当我们教授这门课程时，我们应该去讨论那些文学作品。我们应该去分析其中的语言。我们不应该忘记语言，因为没有对语言的理解你不可能真正理解一部文学作品。所以说这两者确实是相辅相成的。换言之，我们不应该抱有那种想法，就是纯文学的想法，将文学与语言分裂开来，说语言不是我关心的，也不在我的业务范围内。第二个建议是我们应该尝试与英国文化相结合——尝试将英语文学与英国文化联系起来。事实上，一部文学作品不可能从产生它的社会中被抽离出来研究。了解一个民族，了解一个民族的心智、气质、性格或者如哲学家们所说的，一个民族的内在气质的最好方法就是通过文学。这也就是为什么我说我们应该尝试使两者结合。

我最后想说的是我们应该采用比较的，或比较文学研究者的态度，因为，毕竟我们是中国教师，我们理应在教授英语文学时使用一种不同于英语母语教师的视角。毫无疑问，我们有理由热爱文学，热爱英语文学，但我们也应该保留一点距离，从我们的视角看待它。这样我们就可以用一种二维的视角看待英语文学。换言之，我们应该比较；我们也应该寻找关联。当我们比较时，我们会看到：尽管英语文学很伟大，仍然有某些短处。比如说，英语文字就总体来说不如法语文字通透。另外，刚才我也谈了英语小说和俄罗斯小说之间的区别，俄罗斯小说更加有力。有一些事情我们可以用汉语做到而说英语者无法用英语真正做好。我认为这种距离感和这种间离感会在我们教授英语文学时有所帮助，我们会以世界文学成员之一的身份来教学。我们不会成为伪英语人。我们归根结底是世界公民。

谢谢。

1993年1月6日于北京外国语学院"英美文学教学系列讲座"

十一、论文学间的契合

On Affinity Between Literatures（英汉对照）

梁颖译

Translated by Liang, Ying

When one reads James Wright's poem, entitled: "As I Step Over a Puddle at the End of Winter, I Think of an Ancient Chinese Governor", and comes to lines like:

> *Did you find the city of isolated men beyond mountains?*
> *Or have you been holding the end of a frayed rope*
> *For a thousand years?*

one finds unmistakable affinity between an American poet writing about his solitude on the bank of the Mississippi in the 1960s and a Chinese poet sitting uneasily in a boat being towed upstream on the Yangtze in the ninth century. When one marvels at Dai Wangshu's Chinese translation of *Baudelaire's Fleurs du Mal* or of Federico García Lorca's *Romance de la Guardia Civil Española*, one finds affinity too between translator and poet, though it varies in scope, depth or intensity from poem to poem.

Affinity works in all sorts of ways. It is not restricted to any one period, but can cut across centuries. Revival of interest in ancient authors shows affinity at work between one generation and another. Charles Lamb's *Specimens of English Dramatic Poets Who Lived About the Time of Shakespeare* revealed a romantic interest in Jacobean drama which was to find a modernist sequel in T. S. Eliot's revaluation of Webster and Tourneur in the next century.

Perhaps the most thought-provoking kind of affinity is to be found where people least expect it: between literatures of widely divergent languages and traditions.

There has been such affinity between Chinese and European literature from 1900 onwards. On the face of it, nothing could be wider apart than these two, each with a distinct social and cultural background of its own. Yet after the Chinese had suffered repeated military defeats at the hands of the Europeans in the second half of the nineteenth century, a cultural situation arose in China marked by a mounting interest in Western technology and institutions. From 1896 to 1908, Yan Fu took it upon himself to introduce to the scholar-mandarins a whole new ideology by translating some of its basic books, ranging from *De l'esprit des lois* and *The Wealth of the Nations* to *On Liberty*. There was still some doubt about whether the Europeans, devilishly clever as they appeared to be in building steamships and forging howitzers, had any polite literature. This was effectively dispelled by Lin Shu's translations of Western novels, ranging from Alexandre Dumas *fils*'s *La Dame aux Camélias* to Charles Dickens's *David Copperfield*, which revealed the depth of their feeling as well as, in some cases, the refinement of their manners. Mrs. Harriet Stowe's "protest" novel, *Uncle Tom's Cabin*, which Lin also translated, made both the translator and his readers indignant over black slavery and apprehensive about yellow slavery, a fate that seemed to be hanging over the heads of the Chinese.

English Romantic poetry made its impact too, at first mainly by quotable lines of a political significance. Three Chinese versions of Byron's *Isles of Greece* appeared in quick succession in Shanghai at the turn of the century and the translators were, respectively, a half-Japanese monk-poet, a German-trained educationist and Dr. Hu Shih, a disciple of the American pragmatist philosopher John Dewey. These versions, of varying degrees of accuracy and poetic felicity, appealed to an intelligentsia who were getting daily more restive under the rule of the Qing emperors. Thus, they were extraordinarily stirred when they came to lines like:

> *Tis something, in the dearth of fame,*
> *Though link'd among a fetter'd race,*
> *To feel at least a patriot's shame,*
> *Even as I sing, suffuse my face;*
> *For what is left the poet here?*
> *For Greeks a blush—for Greece a tear.*
>
> *Must we but weep o'er days more blest?*
> *Must we but blush? —Our fathers bled.*

Soon enough, they also bled, in insurrections which eventually overthrew the Manchu Dynasty and established a Republic.

Shelley's *Ode to the West Wind*, translated somewhat later by the poet-historian Guo Moruo, stirred a new generation of Chinese intellectuals. The line most often quoted—and not by poets alone, but also by revolutionaries in prison and even on the eve of their execution—was the ending:

If Winter comes, can Spring be far behind?

Perhaps that was precisely the kind of effect Shelley meant to achieve, but did he have any idea that it would be so fully realized in distant China?

In all this, one sees affinity.

With the rise of the New Culture Movement of 1919, things took a more decisive turn. There occurred a gigantic language reform. All writings, except official notices, antiquarian essays, and polite verses for ceremonial occasions, were henceforth to be done in baihua, the plain speech, instead of wenyan, the literary medium which had remained virtually unchanged for over a thousand years. Many to this day lament this rash change, particularly poets of the old school, but it certainly facilitated, among other things, translation of foreign works, literary and otherwise. *The Communist Manifesto* was translated from a Japanese version in 1920, and soon China was convulsed in changes that shook the world. For that slim book showed the Chinese intelligentsia and the nascent working class that there could be a juster, more equitable society than the bourgeois democracy many of their elders had been hankering for. The immediate task, however, was to deal with problems arising out of a medievalism which was supposed to be moribund but actually still had plenty of kicks left. Here again translation of foreign literary works proved to be helpful. Ibsen's *A Doll's House* touched a chord in every feminist heart in China, which however only caused the sardonic Lu Xun to ask, "What happened to Nora after she left her husband?"

For Lu Xun found affinity elsewhere, namely, between the suffering masses of Eastern Europe and those of China. He started his literary career by writing an essay on the "Satanic" Byron and translating the short stories from Poland and Russia. A medical man by training, he believed in Darwinian evolution but in his later years moved on to Marxism, translating with stubborn passion the treatises on art and literature by Lunacharsky and other Soviet theoreticians. In between he wrote his own stories which, classically Chinese in their economy of words, were European in their approach, structure, atmosphere, down to their direct, abrupt way of presenting dialogue, a novelty in Chinese fiction. He practised the art of earthbound realism, etching sharply a few significant details, but always managed to stop this side of dullness by his feeling for poetry. A giant bestriding both the classical Chinese and the surging modern worlds, he actively supported those new trends in art and literature that voiced the protest of the poor against the rich—the terrifying etchings of Käthe Kollwitz and the intense, vigorous woodcuts of the young left-wing artists of Shanghai. There were also bonds of sympathy between him and Bernard Shaw the iconoclast, as also between him and progressive American journalists—Agnes Smedley, Edgar Snow and Harold Isaacs.

Thus affinity between Chinese and Western literature in the twentieth century has had many manifestations, but never purely literary. Confronted with an acute problem of survival, China has been attracted by those elements in Western culture that answered to her needs and aspirations at a particular point of time. Many literary endeavours were impelled by a sense of crisis.

Has there not been repulsion also? Yes, of course. Different sections of Chinese writers were repulsed by different things in Western literature: some by its pandering to popular taste for sex and violence, others by its abstruse over-abstraction, still others by its exaggerated sense of its own importance or enlightenment. But even in repulsion there was attraction of opposites, while the mainstream in both literatures had a lot in common, being subject to the same pressures of modern life and aspiring to express the same hopes for a better world.

How did China's long classical tradition react in these encounters and confrontations? It resisted change, of course. However, it had within itself elements that responded to calls from the outside world. The reason why it had such resilience was precisely that it could in some way or other accommodate modifications and reforms. Even when it failed to contain the onslaught of the new, it acted as a shock absorber and a sieve, for long experience had given it a rare critical sense. Thus when European modernism made its presence felt in the poetry of Dai Wangshu and Bian Zhilin in the 1930's, of Feng Zhi and Mu Dan in the 1940's, the sense of values these poets had imbibed from their classical masters and the harsh realities of the country at the time combined to bring about a transformation which made their writings at once more polished and more earthbound than the European works they admired, so that that modernist phase was soon left behind and the poets went on to wider and greener pastures.

Yet the experience sharpened Chinese poetic sensibility. Dai Wangshu changed his own poetic style in the process of translating Baudelaire and Éluard. When Bian Zhilin later turned to translating Shakespeare's tragedies, he trained on them an intelligence refined by his earlier acquaintance with Mallarmé and Valéry. Perhaps the most significant case is that of Mu Dan. An ardent admirer of Eliot and Auden, in mid-career he found he couldn't go on writing modernist poetry and so took refuge in translation. After trying his hand at rendering Pushkin and Shelley and Keats and getting creditable results, he achieved his master work in his translation of Byron's *Don Juan*, all 16 cantos of it, in a Chinese verse just as rhythmic, colloquial and spirited as the original. It is odd that it should have taken a Chinese modernist to appreciate the real qualities of Byron, in spite of Eliot's strictures on his "schoolboy English". In any case, Zha Liangzheng (Mu Dan's real name) brings out to the full Byron's satirical power, conversational ease and unexcelled gift of telling a rattling good story.

The return to Western classics by Chinese translators after 1949, the year of the establishment of the People's Republic, has been on the whole salutary. On the eve of Liberation, the book markets of Shanghai and other cities had been inundated with translations of *Gone With the Wind*, *Forever Amber* and other American best sellers. They too satisfied a need of the common reader. But the deeper recesses of the mind could not be reached by them, nor the hungers of the spirit assuaged. Nor, for that matter, were they models of artistic innovation. Hence, in falling back upon the classical masters of Western literature, sensitive poets, now turned translators, were able to instil a higher sense of values, which also counterbalanced the spread of such Soviet rediscoveries of obscure English novels of a romantic, insurrectionary fervour as Ethel Lilian Voynich's *Gadfly* (1897).

But this does not mean that windows were shut against what was new in the outside world. Only the balance was shifted. All along there had been a strong current in 20th century Chinese literature, represented by

Lu Xun and Mao Dun, which stressed communion with Eastern European literatures. After 1949, increased attention was paid to contemporary Soviet works, but the sphere was also enlarged to include all that was of lasting value in world literature or what Lenin called "the whole cultural heritage of man". In actual practice, emphasis tended to be put on writers who either exposed the evils of the old social order or embraced utopian, socialist or communist ideals, lumped together under the name of "progressives" or "realists". In addition, respects were paid to the "cultural giants", chiefly writers praised or discussed by Marx himself—Homer, Aeschylus, Ovid, Lucretius, Dante, Shakespeare, Cervantes, Burns, Goethe, Cobbett, Shelley, Heine, Dickens, Balzac, etc., an impressive list which bears out the width of reading of a real "citizen of the world".

Indeed, the idea of "world literature" has never before been taken up with such seriousness and such tangible results in published translations. To mention only a few recent ones: a *Complete Works of Shakespeare* in 11 volumes, *Ramayana* in 7 volumes, *Iliad, Odyssey, Aeneid, Manyoshu, La Fontaine's Fables*, Lessing's Laocoon, Rousseau's *Confessions*, Keller's *Der grüne Heinrich, Don Quixote, Don Juan, Ivanhoe* (a new version), selected poems of Burns, Wordsworth, Coleridge, Byron, Shelley, Pushkin, Emily Dickinson, anthologies of Sanskrit, Japanese, French, English, Scottish, American poetry, anthologies of English, American, Australian, Russian, French, German, Japanese, Burmese, Mexican short stories, selected plays of Brecht and O'Casey, a comprehensive anthology of modernist writings in 4 volumes, García Márquez's *One Hundred Years of Solitude* in two Chinese versions. Mention may also be made of the publication of the two volumes on foreign literatures of the first large-scale modern encyclopedia (still in progress) ever published in China, the proliferation of learned societies and journals devoted to the study and translation of foreign literatures and the spate of papers and articles that accompany such activities. Outside the printed page, there have been Chinese stage productions of Shakespeare's *Othello, Macbeth, Lear, Antony and Cleopatra, The Tempest, Merchant of Venice, Measure for Measure, Romeo and Juliet* (one of its several performances in Tibetan dialect), of Molière's *L'Avare*, Brecht's *Galileo*, Arthur Miller's *Death of a Salesman*, Eugene O'Neill's *Anna Christie*, not to mention TV showings of foreign films such as Tolstoy's *Anna Karenina*, Dickens's *David Copperfield* and *A Tale of Two Cities*, Charlotte Brontë's *Jane Eyre*, Hardy's *Tess* and *Mayor of Casterbridge*.

Thus affinity has become widespread, wider than at any time in the past. But how about the depth of understanding? In a sense, widening the field is a way of deepening one's understanding of it. Knowledge of English-language literature is now not confined to the literature of England, as it used to be. Quite apart from the keen interest in American writers, Irish writers like Yeats and Joyce, Scottish writers like Hugh MacDiarmid and Sorley Maclean, Welsh writers like Dylan Thomas, Commonwealth writers like Patrick White, Margaret Atwood, Chinua Achebe, V. S. Naipaul, R. K. Narayan, Wole Soyinka have all been translated or read. For China's part, an ultra-leftist view of literature and the arts is being replaced by a more rational one, still socialist-oriented but far less dogmatic, which opens out to the world's literature, not closes in to brood on its own theoretical niceties.

Hence there will be deeper as well as wider affinities between Chinese and other literatures.

Literary traffic is rarely one-way. Here, only a Chinese view of the scene is sketched. Another book waits to be written to tell the view from the other side.

What next? Large questions remain. In an age marked by world-wide nuclear threat, how will literature survive? For the moment, how should literature cope with the tremendous technological advances? How will the rapid new means of communicating with each other and the use of ever more sophisticated computers affect the world's creative writing?

Those who believe in one world naturally look forward to the kind of literature that traverses languages and cultures, as is advocated by Hugh MacDiarmid in his later years:

> *Knowledge and, indeed, adoption (Aneignung)*
> *Of the rich Western tradition*
> *And all the wisdom of the East as well*
> *Is the indispensable condition for any progress;*
> *World-history and world-philosophy*
> *Are only now beginning to dawn;*
> *Whatever the tribulation may yet be in store for men Pessimism is false.*
>
> —In Memoriam James Joyce

> *Yet the core remains the earth, the solid stones:*
> *We must be humble. We are so easily baffled by appearances*
> *And do not realise that these stones are one with the stars.*
> *It makes no difference to them whether they are high or low*

Mountain peak or ocean floor, palace, or pigsty.
There are plenty of ruined buildings in the world but no ruined stones.
No visitor comes from the stars
But is the same as they are.

——On a Raised Beach

Perhaps one may add: not just stones for metaphysical contemplation or aesthetic enjoyment, but stones with people living on them. After all, it is the people's sufferings that have made literature poignant, as their aspirations have made it noble. Vast areas of the world are still ravaged by desease, hunger, oppression, exploitation, age-old problems that afflict people with a new ferocity. It is heartening to find a major contemporary writer like García Márquez wanting to end all this, to break the cursed century-old solitude in his part of the world, by "building a utopia"—a word that seems to have fallen out of use in these pragmatic days. Thus along with MacDiarmid's "world history and world philosophy", national literatures will endure, with their folk realism and their utopian ideals. Indeed, it is by the interplay between them that the world is enriched and made vastly more lovable.

译文

当我们手捧詹姆斯·赖特的诗篇《冬末，越过泥潭，想到了古中国的一个地方官》，恰逢此句：

你在山那边找到孤独人的城市了吗？
还是紧握着那条磨损了

的纤绳的一头，
一千年都没有放手？

20世纪60年代，一位美国诗人在密西西比河畔写下己身的寂寥；9世纪，一位中国诗人惴惴不安地乘一叶小舟，被纤夫拉着船在长江上逆流而上——你无疑可以感觉到这两位诗人之间的契合。当你对诗人戴望舒所译之诗叹为观止，无论是波德莱尔的《恶之花》，还是费德里科·加西亚·洛尔迦的《西班牙宪警谣》，你都会发现译者和诗人之间也有契合，尽管在不同的诗篇上契合的广度、深度和强烈程度有所不同。

契合有诸多呈现形式。它不囿于某一时代，可跨越数个世纪。对古代作者重燃兴趣，意味着时代虽不同，作品仍可契合。查尔斯·兰姆的《莎士比亚同时代英国戏剧诗人之范作》从浪漫主义角度阐述了詹姆士一世时代的戏剧。无独有偶，一个世纪之后，艾略特也跨越时代，用现代主义视角对韦伯斯特和特纳进行全新的评价。

也许最发人深省的契合见于最让人意想不到的文学之间：语言与传统都大相径庭的文学之间。

1900年以来的中国文学和欧洲文学间的契合就是如此。表面看来，它们各自有着独特的社会和文化背景，没有什么比这两者之间的差异更大的了。但是中国人在19世纪后半叶多次败给欧洲列强后，一种文化现象得以在中国萌生，即国人对西方科技和制度的兴趣日益浓厚。1896年至1908年间，严复敢为天下先，翻译了一系列介绍西方的重要著作，包括《法意》《原富》《论自由》等，从而担负起向旧式文人宣扬全新意识形态的使命。当时的国人依旧存有疑虑，认为欧洲人虽说在汽船和枪炮方面十分高明，却不一定有高雅的文学。而林纾翻译的西方小说有力地驱散了这一疑云。从小仲马的《巴黎茶花女遗事》到查尔斯·狄更斯的《块肉余生述》，西方人丰富的情感和娴雅的举止（在某些情况下）展露无遗。林纾还翻译了斯托夫人的"反抗"小说《汤姆叔叔的小屋》。无论林纾本人还是广大读者都对黑人奴隶制度深恶痛绝，也为黄种人可能会沦为奴隶而忧虑不安，因为中国人似乎正面临着同样的命运。

英国浪漫主义诗歌也对国人产生了影响，起初主要是具有政治影响力的、脍炙人口的诗句。在世纪之交的上海，拜伦《哀希腊》的三个中译本接踵而至。译者中，一个是有一半日本血统的僧侣诗人，一个是有德国学习经历的教育家，一个是美国实用主义哲学家约翰·杜威的弟子——胡适博士。这些译本虽在准确性和诗性语言的贴切程度上各有千秋，但都受到对清政府统治日益不满的知识分子的推崇。因此，当他们读到如下诗句时，心中波澜起伏：

> 也好，置身在奴隶民族里，
> 尽管荣誉都已在沦丧中，
> 至少，一个爱国志士的忧思，
> 还使我的作歌时感到脸红；
> 因为，诗人在这儿有什么能为？
> 为希腊人含羞，对希腊国落泪。
>
> 我们难道只好对时光悲哭
> 和惭愧？——我们的祖先却流血。

很快，知识分子揭竿而起，不惜流血牺牲，最终推翻了清政府，建立了中华民国。

此后不久，诗人兼历史学家郭沫若翻译了雪莱的《西风颂》，激发了新一代中国知识分子。最常被引用的——不仅诗人爱引用，监狱里的革命者也爱引用，他们甚至在行刑的前一晚都还在吟诵——是末尾一句：

> 冬天已经来了，春天还会远吗？

也许这正是雪莱想要的效果，然而他可曾料到自己的愿望竟是在遥远的中国才得以完全实现呢？

从这一切，我们看见了契合。

1919年新文化运动兴起，局势有了决定性转机，巨大的语言变革应运而生。除了官方公告、古籍、仪式颂词，所有写作都用简明的白话，而非千年未曾变化的文学介质——文言。时至今日，很多人还在哀叹那次的语言变革过于草率，特别是旧派诗人。不过，这一变革确乎好处良多，其中之一就是为外国文学或非文学作品的翻译提供了便利。《共产党宣言》于1920年经由日文版译成中文，中国很快陷入巨变，整个世界为之震动。因为这本薄薄的小书让中国的知识分子和新兴工人阶级看到，还存在一个比他们很多父辈期盼的资本主义民主还更加公正、更加平等的社会。但是眼下最紧要的是解决封建社会遗留的问题，因为封建社会虽然理应死亡，实却余孽未消。外国文学作品的翻译在此再次发挥了作用。易卜生的《玩偶之家》触动了中国每个女权主义者的心弦，虽然擅长嘲讽的鲁迅唱起了反调："娜拉走后怎样？"

鲁迅则在同样受苦受难的东欧民众和中国民众之间发现了契合。他通过写一篇论述"恶魔诗人"拜伦的文章以及翻译一些波兰和俄国的短篇小说开启了自己的文学生涯。鲁迅原本学医，信奉达尔文进化论，后转向马克思主义，凭借顽强的意志和满腔的热情翻译了卢那察尔斯基和苏联其他理论家关于文学和艺术的论文。此间，他还进行文学创作。虽说其简练的言辞颇具中国语言的特色，但写法、结构、氛围甚至直截了当的对话呈现形式都是欧式的，在中国小说界实属创新。他采用现实主义写法，着重描写少量的重要细节，但总能运用诗歌上的造诣来抵消白描的无趣。鲁迅是横跨中国古典文学和现代文学界的巨人，他积极支持那些反映穷人对富人表示抗议的文学和艺术新趋势，如凯绥·珂勒惠支的悲凉蚀刻版画和上海左翼青年艺术家充满激情的木刻版画。他和反传统的萧伯纳惺惺相惜，和美国左翼进步记者艾格尼丝·史沫特莱、埃德加·斯诺以及伊罗生也有类似情谊。

因此，20世纪的中西文学间的契合在多方面表现出来，但从来就不仅仅体现在文学上。面临严峻生存问题的中国被西方文化中的某些因素吸引，这些元素能解决该国时下的需求和向往。危机感也催生了大量的文学作品。

难道中国人对西方文学就没有反感吗？当然有。不同类型的中国作家反感的东西有所不同：有的反感西方文学中迎合大众喜好性爱或暴力的成分，有的讨厌其中过于抽象和艰深的部分，有的讨厌其过于夸大自身的重要性或启蒙性特征。但即便是反感，也掺杂着反向吸引。中外的主流文学之间有很多相似之处，毕竟两者都遭遇了现代生活的压力，且都满怀对更美好世界的向往。

面对这种相遇，中国悠久的古典文学传统又会做何反应呢？当然是拒绝变化。但是，它自身也带有对外来的呼唤做出回应的因子。中国文学之所以如此灵活，正是由于它总有办法来适应变革。长久以来的积淀使它具有一种罕见的批判视野，即使未能同化入侵的外来文学，它至少也能荣辱不惊，并筛去相抵触的因素。因此，当欧洲现代主义于20世纪30年代出现在戴望舒和卞之琳的诗中，继而于40年代出现于冯至和穆旦的诗中时，这几位诗人一方面从中国古典文学中汲取营养，一方面又直面当时中国的残酷现实，他们的作品因而兼具阳春白雪与下里巴人特征，比他们效仿的欧洲现代文学更精致，更接地气。因此欧洲现代主义在中国转瞬即逝，而受其影响的中国诗人则大踏步迈向更广阔、更浩瀚的天地。

但这次接触使中国诗人的触角变得更灵敏了。戴望舒在翻译波德莱尔和保罗·艾吕雅的过程中改变了自身的诗风。卞之琳后来翻译莎士比亚的悲剧时，就带着自己早年因为翻译马拉美和瓦雷里而变得更加敏感的诗歌鉴赏力。可能还是穆旦的例子最有说服力。他是艾略特和奥登的狂热崇拜者，在事业中期发现自己不能再创作现代诗，于是偏安一隅，转而从事翻译。穆旦成功地翻译了普希金、雪莱、济慈之后，推出了自己的代表译作，拜伦《唐璜》的全部 16 个诗篇。译作和原作一样韵律优美，朗朗上口，极其灵动。说来也怪，竟会是穆旦这样的中国现代派诗人方能欣赏拜伦的真风采，尽管艾略特讥讽拜伦的英语是"小学生英语"。不管怎样，是查良铮（穆旦的本名）把拜伦的讽刺才能、随意的语体和无可比拟的叙事艺术全部展现给了国人。

1949 年中华人民共和国成立之后，中国译者重拾西方经典的做法大体有益。在那之前，上海和其他一些城市的图书市场充斥着中文版的《飘》《除却巫山不是云》等美国畅销书。它们满足了大众的需要，但却不能拨动人们心灵深处的琴弦，抚慰心灵的饥渴，而且也非艺术创新的典范。因此，敏感的诗人们（现已成了译者）通过再次翻译西方经典文学，给中华民族输送了更有价值的外国文学作品。而且，这次翻译浪潮在一定程度上也可与当时苏联重新发现以伏尼契的《牛虻》(1897 年) 为代表的、默默无闻的左翼浪漫主义英文作品的热潮相抗衡。

但这并不意味着他们对外界的新生事物关上了大门，只是天平的倾斜方向有所不同罢了。20 世纪的中国文学一直有个很强的声音，以鲁迅和茅盾为代表,强调与东欧文学的紧密联系。1949 年以后,这些作家对当代苏联文学作品的关注度越来越大,但同时也拓宽视野,其关心范围囊括了世界文学中所有经久不衰的作品,或者列宁所说的"人类全部的文化遗产"。在实际操作中,这些作家更重视那些揭露旧社会的丑恶或拥护乌托邦、社会主义、共产主义理想的作家,即所谓的"进步作家"或"现实主义作家"。另外,他们还重视"文化巨人",多为马克思本人赞赏或评论过的作家——荷马、埃斯库罗斯、奥维德、卢克莱修、但丁、莎士比亚、塞万提斯、彭斯、歌德、科贝特、雪莱、海涅、狄更斯、巴尔扎克等。这是一份令人赞叹的名单,展现了一个真正的"世界公民"是多么博览群书。

事实上,在此之前,"世界文学"从未受过如此重视,从未如此大规模地被译成中文。只举新近出版的一些译作为例:11 卷《莎士比亚全集》、7 卷《罗摩衍那》、《伊利亚特》、《奥德赛》、《埃涅阿斯纪》、《万叶集》、《拉封丹寓言》,莱辛的《拉奥孔》、卢梭的《忏悔录》、高·凯勒的《绿衣亨利》、《堂吉诃德》、《唐璜》、《艾凡赫》(新版),彭斯、华兹华斯、柯尔律治、拜伦、雪莱、普希金、狄更生的诗选,梵文诗集,日本、法国、英国、苏格兰、美国的诗集,英国、美国、澳大利亚、俄国、法国、德国、日本、缅甸、墨西哥的短篇小说选集,布莱希特和奥凯西的喜剧作品选,4 卷本翔实的现代主义作品选,加西亚·马尔克斯《百年孤独》的两个中译本。还值得一提的是中国第一部覆盖面极广的现代百科全书(尚在进行中)的两本外国文学卷已经出版,研究和翻译外国文学的学术团体和期刊大量涌现,学术论文也不甘落后,如雨后春笋般涌现。舞台剧演出的成绩也不同凡响。莎士比亚的《奥赛罗》、《麦克白》、《李尔王》、《安东尼和克莉奥佩特拉》、《暴风雨》、《威尼斯商人》、《一报还一报》、《罗密欧与朱丽叶》(多次演出,其中一次用藏语),莫里哀的《悭吝人》,布莱希特的《伽利略传》，阿瑟·米勒的《推销员之死》，尤金·奥尼尔的《安娜·克里斯蒂》都被搬上了舞台。电视上也开始播映外国电影，比如托尔斯泰的《安娜·卡列尼娜》，狄更斯的《大卫·科波菲尔》和《双城记》，夏洛蒂·勃朗特的《简·爱》，哈代的《德伯家的苔丝》和《卡斯特桥市长》。

可见，契合发生的范围很广，广度上超过了以往任何一个时期。但在理解的深度上又如何呢？从某种程度上看，横向范围的拓展也意味着纵向理解的加深。如今，对英语文学的了解也不像过去那样只局限于英国文学了。国人除却对美国作家有着浓厚的兴趣外，还翻译和阅读爱尔兰作家叶芝和乔伊斯，苏格兰作家休·麦克迪尔米德和索利·麦克林，威尔士作家狄兰·托马斯，英联邦作家帕特里克·怀特、玛格丽特·阿特伍德、钦纽亚·阿契贝、V. S. 奈保尔、R. K. 纳拉扬、沃莱·索因卡。中国文学和艺术上的极左思潮已被更理性的观点所取代，虽然仍沿着社会主义道路前进，但远不像以前那样教条。它不再幽居暗室，津津乐道于自己思想的细致精微，而是敞开大门，放眼世界文学。

因此，中国与他国文学间将会产生更深、更广的契合。

文学间的交流很少单向进行。这本书只是从中国人的角度来阐述这个问题。期待有从外国文学的角度论述与中国契合的著作产生。

接下来呢？还有诸多重要的问题。在一个全球核威胁的时代，文学如何生存？文学怎能和日新月异的科技进步抗衡？全新快速的沟通方式以及更精密的计算机的使用又会对文学创作产生何种影响？

那些世界大同的信奉者自然向往一种超越语言和文化界限的文学，正如休·麦克迪尔米德在晚年的一首诗中所倡导的那样：

  了解，而且吸纳，

丰富的西方人文传统
以及一切东方的智慧
是任何进步的必要条件；
世界历史和世界哲学的光辉
才刚刚开始显现；
不管人类将面临什么磨难，
悲观都不可取。

——《悼念詹姆斯·乔伊斯》

但立足点还是大地，还是坚硬的石头：
我们要谦卑。我们很容易被表象欺骗，
意识不到这些石头与天上的星辰实为一体。
但石头就是石头，
不管它来自天上，还是地下，
来自山峰还是海底，来自琼楼还是茅舍，
亭台楼阁能变作颓垣败瓦，但顽石不会灰飞烟灭。
星辰上不会有访客下临尘寰，
但是石头依然如故。

——《一片凸起的海滩》

也许可以补充一句：这里说的不光是供人冥想或供美学鉴赏的石头，也是人们立足的地球。毕竟，是人的痛苦成就了文学的深度，是人的渴望成就了文学的崇高。世界上还有很多地方依然饱受疾病、饥荒、剥削和压迫之苦，这些由来已久的问题呈现出愈发猛烈的态势。看到加西亚·马尔克斯那样的当代大家不遗余力地想要解决这些问题，想要用建构乌托邦的方式结束被诅咒的百年孤独，让人颇为欣慰，尽管"乌托邦"一词已经离当今务实的社会渐行渐远了。因此，各国的民族文学会同麦克迪尔米德的"世界历史和世界哲学"一道长存下去，不管其是描绘一方水土的现实主义还是表达理想的乌托邦主义。事实上，正是各国文学的交相辉映，才使得我们的世界更丰盈、更可爱。

第二部分

学者论文

王佐良教授与中国早期比较文学的发展

乐黛云

（北京大学比较文学所）

清华大学外文系是中国比较文学的摇篮。

在20世纪前20年中外文学的频繁接触中，比较文学作为一门学科出现的条件日益成熟。当时清华大学文学专题课有"比较文学专题""法国文学专题""近代文学专题""近代中国文学之西洋背景""近代德国戏剧""文学与人生""《源氏物语》"等，作家研究有乔叟、莎士比亚、密尔顿、但丁、歌德，近代作家有海贝尔、沃尔夫、乔埃斯等，还有拉丁作家。语言课有"高等英文文字学""英语教授法"和"翻译术"三门。[1] 1929年至1931年，新批评派领袖之一、英国剑桥大学英国文学系主任瑞恰慈（I. A. Richards）在清华任教，开设了"比较文学"和"文学批评"两门课程。后来清华大学教师瞿孟生（P. D. Jemeson）根据他的观点和讲稿写成了《比较文学》一书，本书主要是对英、法、德三国文学进行了比较研究，作为当时比较文学的主要教材对中国比较文学的发展起了很好的倡导和推动作用。

当时大学里的比较文学课程虽然受到西方比较文学的很大影响，但它同时也承继着中国传统学术的特点。例如同时开设的有陈寅恪的"佛教经典各种文字译本之比较研究：梵文、巴利文、藏文、回纥文及中亚细亚文诸文字译文与中文译文比较研究"，后来又陆续

---

[1] 《清华人文学科年谱》，齐家莹编，清华大学出版社，1999年，第167页。

开设了"中国文学中的印度故事研究""西人之东方学目录学",以及"敦煌小说选读""元稹白居易""佛教翻译文学"等比较文学课程。陈寅恪指导研究生研究的范围是"古代碑志与外族有关系者之比较研究"等。1936年,陈铨出版了他的专著《中德文化研究》,评述了中国小说、戏剧、抒情诗在德国的传播和影响;1941年,在西南联大,闻一多写了《文学的历史动向》一文,提出中国的《周颂》《大雅》,印度的《梨俱吠陀》和《旧约》里最早的希伯来诗篇,以及希腊的《伊利亚特》和《奥德赛》都约略同时产生,后来,两种文化的波轮由扩大而交接和交织,以至新的异国形式必然要闯进来。他认为:"文化之间的关系应该是勇于'予'也不怯于'受',这才是正确的历史方向。"[2]朱光潜在《诗论》序中也谈到当时清华大学和北京大学负责人胡适等都认为中国文学系必须由外国文学系教授担任一部分课程,《文艺心理学》《诗论》就是他当时在大学执教时的讲稿。这些理论都带有明显的中国特色,20世纪30年代至50年代之间,中国比较文学已在中国大学教育中开辟了一条有自己特色的道路。

正是在这样的正确路线指引下,清华大学外文系培养了中国比较文学第一批优秀学者群体,包括季羡林、李赋宁、杨周翰、杨业治、曹禺等,而王佐良教授是其中突出的一位。

1983年8月,第一届中美比较文学双边研讨会在北京召开。大会由钱锺书先生致开幕词,海外的刘若愚、厄尔·迈纳、西里尔·白之和国内的王佐良、杨周翰、许国璋、周珏良、杨宪益等世界著名教授都参加了大会,这是中国比较文学向世界发展的第一个重要契机。会上,王佐良教授做了重要发言,可惜讲稿已经无法找到。

---

[2] 《文学的历史动向》《神话与诗》,古籍出版社,1956年,第201—207页。

1986年，第二届中美比较文学双边研讨会在美国召开。美方由普林斯顿大学的 Miner 教授主持，中方由杨周翰教授和王佐良教授主持，在普林斯顿、印第安纳、洛杉矶三地召开，历时近一月，为中国比较文学学者提供了一次广泛接触世界学术的绝好机会。1988年，第三届中美比较文学双边研讨会定在北京召开，已积极展开准备，征集了大会论文，文集定名为 Literatures, Histories, Literary Histories。其中也有王佐良教授的重头文章。这次会议因特殊原因未能召开，但论文已编辑成册，分"叙事，历史与文学史""神话与意象：接受和翻译""传统：新与旧"三部分，这部书的中、英文版皆于1989年由辽宁大学出版社正式出版发行，英文版并由美国哈佛大学等著名大学收藏。论文集中王佐良教授的论文《文学史在古中国的先驱》深入讨论了文学史在中国的发展。他以渊博的学识从公元1世纪的《汉书·艺文志》，谈到6世纪出现的《诗品》《文选》，以及提倡"文变染乎世情，兴废系乎时序"的《文心雕龙》，直到杜甫的《戏为六绝句》和元好问的《论诗》30首。他认为这些都只能说是文学史的先驱，真正意义上的文学史在1904年才出现。王佐良教授提出一个值得深思的问题：中国人并不缺乏历史感，也不缺少历史文献。事实上，中国的史学著作属于世界上最优秀之列，他们也不缺乏批评意识……他们早就有了一些有利于促成文学史发展的因素，包括一些近似文学史的著作。为什么"直到19世纪末，正规的文学史始终未能出现在中国"呢？王佐良教授对这个问题做了很有意思的探讨，但他显然与孟而康教授有着不同的"文学史"观。孟而康认为是一种"抒情文学史"的东西，王佐良教授认为只能看作一种文学史的"先驱"。可惜由于形势的局限，会议流产，两位大学者也就失去了就这一问题进行深入讨论的机会。

王佐良先生有关比较文学的著作大部分收入《论契合——比较文学研究集》一书。该书集录了作者在20世纪40年代后期和80年代前期着意从事比较文学研究时用英文撰写的11篇论文，王佐良先生在序言中说，文中论及的问题都已"萦绕在我心头多年了，只是近期我才完全意识到它的重要性"。他指出："当外国文学的输入解决了本土文学的迫切需求时，本土文学就会应时而动，发生巨变，并同时与外国文学产生契合；而这时的契合就不仅是文学间，也涉及社会、文化、经济和其他方面。倘若一种古老的文学与一种新兴的文学相遇一处，前者有着悠久而弹性十足的古典传统，后者又拥有富有创意的美学或激进的意识形态，契合与碰撞就会更加精彩。这即是20世纪中国文学与外国文学的相遇。"王佐良先生在本书中探讨的中心问题是20世纪中西文学间的"契合"关系。教授用"契合"二字，而不用"融合"，十分贴切地描述了各国文化之间的彼此渗透、互相吸取、互相影响，而又保持彼此的差别的特殊关系。"契合"强调文化间的相触，并非消融各自的特点，像"合金"那样融为一体，而是创造各自的新的发展契机，并特别指出这种"契合"不仅限于文学，而是遍及社会、文化、经济等其他各方面。"契合"二字的提出，是王佐良教授对比较文学研究的重大贡献，对于在世界范围内，通过比较文学视域，重新汇通和诠释中西文化，具有十分重大的意义。

　　《论契合——比较文学研究集》出版后，受到中外学术界的一致欢迎，称赞它"用充实的史料有力地论证了20世纪西方文学对中国的影响"，对严复、林纾和鲁迅等翻译家的论述"非常精细"，对中国早期现代诗歌所做的研究"清楚地分析了每位诗人如何超越外国现代派的影响而进一步发展具有独特个性的诗歌"。该书以其新颖的研究方法、独到的见解和清新的文笔，荣获北京市首届哲学社会科学和政策研究优秀成果荣誉奖与全国首届（1979—1989）比较文学图书荣誉奖。

《论契合——比较文学研究集》一书原著用英文撰写，最初由外研社于 1985 年出版，外研社 2015 年出版的《论契合》（英汉双语版）首次将英文文本译成中文，收入《博雅汉语名家名作系列》。翻译工作由北外高级翻译学院梁颖副教授完成。

王佐良与比较文学

杨恒达

（中国人民大学文学院）

王佐良先生作为新中国英国语言文学教学与研究方面的老前辈，以其中外文化的深厚功底，以其见解独到的翻译理论和功力十足的翻译实践，以及关于中外，尤其中英文学史上重要作家、文论家及其成就的深入思考而与比较文学这门学科结下了不解之缘。且不说在我国比较文学学科创建初期，王佐良先生作为外国语言文学领域的著名教授曾给以大力支持，他更是以其丰富的学术积累和开创性的学术观点，为我国比较文学的发展做出了重大贡献。

相对于现在有些几乎天天都在出成果的学者来讲，王佐良先生的学术成果不算多，但是他的特点是学问出自自己的心得，出自自己长期教学与研究中的不断思考。他的这些心得和思考在深思熟虑中带有一种高度的前瞻性。他对我国比较文学的贡献主要体现在比较文学与世界文学观念上的两种新的倾向。

首先，王佐良先生提出了外国文学史编写工作的中国化问题。由于我国的外国文学研究工作有很长一段时间一直停留在翻译与介绍上，在外国文学史的编写方面明显较为薄弱。新中国成立以后，杨周翰等人主编的《欧洲文学史》在外国文学界是一部很有影响的文学史，但是它的最初出现也已经是在20世纪60年代，而且只有上卷问世，下卷虽然完成于1965年，却没有付印。我国外国文学史编写工作开始出现繁荣局面是在20世纪80年代。然而，当时我国外国文学史的编写工作几乎都有类似于王佐良先生在《英国二十世纪文学史》序言中所指出的英国文学史编写的两种模式的倾向。他说的英美和苏联这两种模式,对于我国整个外国文学史的编写来说,实际上就是指自新中国成立前延续下来的英美影响和新中国成立后确立起来的苏联影响。他认为,法德学派的文学史模式总的来说和英美差不多,也就是说,西方模式基本上一致,在学术性、可读性方面较强,但系统性不够;而苏联模式则有宏观,有发现,但有脱离西方实际情况的教条主义倾向。事实上,苏联模式将整个文学史编写工作纳入了意识形态框架,作家思想的定位和文学作品的内容以及文学流派的政治倾向性被看成文学史研究的主要对象。这种模式强调了文学作品思想内容中所包含的人民性、进步性等非文学因素,而忽视了文学作品的文学性本身,它所强调的"现实主义""真实性",实际上还是注重文学同现实中生产斗争和社会斗争的关系,其意识形态的体系性是很强的,但是恰恰因为其教条主义的理论倾向和宏大叙事方式所具有的体系性,我们至今难以摆脱苏联模式的影响。我们在教学研究中已经形成了固定的模式和一些套话。例如,在研究某位19世纪批判现实主义作家的时候,我们会说诸如此类的话:作家以鲜明的主题、典型环境中的典型性格、巧妙而跌宕起伏的情节,深刻揭露了罪恶的金钱原则,批判了黑暗的恶势力和人欲横流的资本主义社会……接下来还会说:作家的揭露和批判是入木三分的,但是由于他不可避免的局限性,所以他提出的解决矛盾的方法是不可取的,等等;而在研究20世纪作家的时候,我们又往往会说诸如此类的话:作品深刻揭示了西方现代社会中人的精神面貌,他们孤独、痛苦、迷惘、无家可归,这是西方现代社会中人的异化在文学中的反映,等等。这种缺乏个性和学术深度的研究方法正越来越引起学者的反感。而西方模式尽管在学术性和可读性方面有可取之处,但由于缺乏系统性,往往给中国读者的阅读理解带来困难。正是出于对这两种模式使中国学界外国文学史编写工作变得很棘手这一事实的考虑，王佐良先生提出了外国文学史编写工作的中国化问题。

王佐良先生说："中国有探讨文学演变、文学体裁的兴衰、品评古今作家作品的深远传统。所谓文学史的中国模式不是就在此中吗？"[1]他认为，中国文学界的前辈能帮助我们在编写外国文学史的时候解决若干重要问题。例如：一、"通过全盘的文化研究来勾画文学史的大脉络"；二、"通过对文学体裁的精湛研究来确定文学演化的特殊形式和一代文学递接另一代文学的明显轨迹"；三、中国文学史家写法上的简练和独具文采，他们写的文学史也是绝好的文学作品；四、这些文学史家还"告诉我们如何吸收外来的新思想的精华和做学问的新方法"[2]。他根据中外学人编写各类文学史的特点，归纳出中国人写给中国人看的外国文学史应该努力具备的5个要点：叙述性、阐释性、全局观、历史唯物主义观和文学性，也就是说，面对中国读者，要把重要的史实和作品向他们交代清楚，还要搞清西方人对作品的阐释，立足于中国历史悠久的文化、文学传统来阐释作品，要有学贯中西的气魄，不能仅仅满足于以"人民性""现实主义"来贯穿一切，而要深入到文化内层，居高临下地看问题，更多地把握事物之间的关联，尤其是要用发展的眼光看待历史唯物主义，既将文学"置于社会、经济、政治、哲学思潮等所组成的全局的宏观之下，同时又充分认识文学的独特性"，既"不拿今天的认识强加在远时或异域的作者身上，同时又必然要用今天的新眼光来重新考察作家、作品的思想

---

[1] 王佐良：《〈英国二十世纪文学史〉序》，王佐良、周珏良主编《英国二十世纪文学史》，外语教学与研究出版社，1994年，第11页。

[2] 王佐良：《一种尝试的开始》，《王佐良文集》，外语教学与研究出版社，1997年，第791页。

和艺术品质"[3]，并且在写作时要注意让文学史也富于文采。王佐良在编写外国文学史的实践中，努力将自己的新观点贯彻其中，例如体现在《英国浪漫主义诗歌史》《英国诗史》《英国散文的流变》《英国二十世纪文学史》等著作中。正是在这一中国化思想的指导下，他写的国别文学史也具有了比较文学的价值，并从比较文学的角度为我国的外国文学史编写工作指明了新的方向。不仅如此，他还在20世纪80年代中期，就以他具有丰厚文化积淀的"契合"论为基本出发点，推出了一批研究20世纪中西方文学间关系的比较文学论文，为当时我国刚刚起步的比较文学学科贡献了最早的个人论文专集《论契合——比较文学研究集》（英文版）。

其次，王佐良先生在翻译理论上发展并丰富了严复"信达雅"说的内涵，以自己的翻译实践和翻译心得预见了翻译研究和文化研究的互动。严复的"信达雅"说在我国翻译界有着不可动摇的权威地位，但是，随着比较文学译介学的发展和比较文学从文化学角度对翻译理论的推进，这三个字已经远远不能适应现代翻译和翻译理论所包含的丰富内容了。王佐良先生认为："时至今日，仍然津津于这三字，则只能说明我们后人的停顿不前。三字也不能等量齐观：'雅'的提法显然问题较多。"于是，他进一步提出了两点建议："一、辩证地看——尽可能地顺译，必要时直译；任何好的译文总是顺译与直译的结合。二、一切照原作，雅俗如之，深浅如之，口气如之，文体如之。"[4]这是他积多年翻译实践经验之体会，非常切合实际。尤其是他改变了翻译原则规定译者遵守的旧观念，提倡换个角度，从读者对译文的要求出发。他归纳为两点：可靠与可读。"所谓可靠，是指译文

---

[3] 王佐良：《〈英国浪漫主义诗歌史〉序》，《王佐良文集》，外语教学与研究出版社，1997年，第780页。
[4] 王佐良：《新时期的翻译观》，《王佐良文集》，外语教学与研究出版社，1997年，第494、495页。

忠实于原作，没有歪曲、遗漏。所谓可读，是指译文流利……"[5]其中，译文忠实于原作是一个基本原则，他对"信达雅"中的"雅"提出质疑，也是基于这一原则。严复致力于翻译西方社会改革、富国强兵的理论大书，"寄希望于官僚和上层知识分子阶层，想引起这些人来看他的译本的兴趣，因此必须投其所好，写出典雅的古文来"[6]。但是，严复没有翻译过小说，没有认真思考过当遇到作品中粗俗者的粗俗语言时应该怎么处理。而王佐良的原则很明确："雅俗如之。"这正是对原作的忠实。可以设想，如果你把一个地痞流氓的满嘴脏话译成了只有文人墨客才使用的典雅语言，这还叫"信达雅"吗？所以，王佐良先生提出三个字不能等量齐观，其中"信"是最重要的，也就是要忠实于原作。在此基础上，他进而注意到译者（包括严复在内）的文化比较的用心，这正是目前人工智能已如此发达却无法替代翻译才干的关键之所在，除非高科技最终能解决如何使机器人充满文化意识的难题。只要人工智能达不到一个真正意义的文化人的水平，翻译的优劣终究取决于翻译者文化底蕴的深浅。王佐良先生由此而将关于翻译的思考转向了比较文学所关注的翻译的文化研究问题。

王佐良先生认为，要了解一门外语，就要"了解使用这一语言的人民的过去和现在，这就包括历史，动态，风俗习惯，经济基础，情感生活，哲学思想，科技成就，政治和社会组织，等等，而且了解得越细致、越深入，越好"[7]。他还认为，作为一个翻译者，不仅要跨学科地了解语源国的文化，还得深入了解自己民族的文化。这样的描绘就如苏珊·巴斯奈特在她的论文《文化研究的翻译转向》中所宣告的那一个跨学科研究的新时代。她还认为，翻译研究已经有了文化转

---

[5] 王佐良：《新时期的翻译观》，《王佐良文集》，外语教学与研究出版社，1997年，第494、495页。
[6] 王佐良：《翻译中的文化比较》，《王佐良文集》，外语教学与研究出版社，1997年，第501页，第499页。
[7] 同上。

向，现在是文化研究需要有翻译转向的时候了。这实际上就是王佐良先生一贯坚持的翻译研究与文化研究的互动。他在进行翻译问题探讨或思考某一个翻译家的翻译问题时，往往不忘来一番文化方面的分析，例如他对严复、林纾、鲁迅、穆旦、戴望舒等人翻译的探讨，都会联系到文化方面的思考。他特别欣赏戴望舒的诗歌翻译，认为："诗的翻译对于任何民族文学、任何民族文化都有莫大好处。"[8]因为在戴望舒这样好的诗歌译作里面，传统与创新是并存的。尤其是好的诗歌翻译可以达到译诗与写诗的互动，达到翻译与文学的互动，尤其是翻译与文化的互动。翻译与文化的关系如此之紧密，以至于王佐良先生说："如果去掉翻译，每个民族的文化都将大为贫乏；整个世界也将失去光泽，宛如脱了锦袍，只剩下单调的内衣。"[9]无怪乎当代活跃的翻译理论家苏珊·巴斯奈特会认为文化研究现在需要有翻译转向了。

王佐良先生推崇戴望舒、穆旦等人的诗歌翻译，是因为诗歌翻译对译者有高度的文化、文学修养的要求，难度很大。而他自己偏偏也对译诗情有独钟。他说："我为什么要译诗？主要是因为我爱诗。原来自己也写诗，后来写不成了，于是译诗，好像在译诗中还能追寻失去的欢乐，而同时又碰上一个难应付的新对手，专门出难题，这倒也吸引了我。"[10]王佐良先生在译诗中得到一种诗意的满足，并敢于向难题挑战，去寻找难译的佳作来翻译。莎士比亚的一首哲理诗《凤凰和斑鸠》是公认的佳作，也是公认的难译之诗，可是到了王佐良先生手里，却处理得很巧妙，成为两种文化的精美结合。译者的妙笔和文化底蕴可以从下面两个诗节中略见一二：

---

[8]　王佐良：《译诗与写诗之间》，《王佐良文集》，外语教学与研究出版社，1997年，第490页。
[9]　同上。
[10]　王佐良：《我为什么译诗？》，《王佐良文集》，外语教学与研究出版社，1997年，第491页。

So they loved as love in twain　它们彼此相爱
Had the essence but in one,　本质乃是一体,
Two distincts, division none:　分明是二,又浑然为一,
Number there in love was slain.　数已为爱所摧。
Hearts remote, yet not asunder;　两心远隔,却不分离,
Distance and no space was seen　虽有距离,但无空间,
'Twixt this turtle and his queen:　在凤和鸠之间,
But in them it were a wonder.　就是这样神奇。

So between them love did shine,　爱情之光照耀两体,
That the turtle saw his right　鸠借凤的火眼,
Flaming in the phoenix' sight:　看自己得到了所恋,
Either was the other's mine.　彼即是此,此即是彼。
Property was thus appalled,　物性变得离奇,
That the self was not the same;　己身已非原身,
Single nature's double name　同质而有异名,
Neither two nor one was called.　不叫二,也不称一。

　　对照以上的中英文,我们可以看到在一字、一句的对应上,译诗和原诗的意思略有一点出入,例如有些标点符号的改变会引起意思上的变化;像"it were"这样的虚拟形式当作何解释,从译文中看不出来。但是,从总体来讲,译诗显示出王佐良先生文化底蕴上的功力十足。中国文化中关于一和二的思考,关于空间转换的观念,关于彼与此浑然一体的想法,都和英文诗中的说法有契合之处,他恰到好处地在译诗中把这种契合表述得淋漓尽致,使中国读者读起来定会为人类心灵的相通拍案叫绝。他的成功表述同他的语言运用能力有很大关

系。他语言朴实，但是很丰富。他喜欢用短句子，使译诗具有中国诗歌特有的内在旋律，朗朗上口，同时又尽量让原诗每节一、四行和二、三行的押韵在译诗中体现出来。他的表述很中国化，例如"鸠借凤的火眼"，这和英文中的表述并不一样，但是中国人更容易接受。至于上文所说的虚拟式的问题，由于中文中没有专门的动词虚拟形式，忽略过去也罢，也许倒反而对语言的简练和中国读者的接受有好处。王佐良先生在翻译方面还提出过一些有益的建议，如进行翻译家专题研究，断代翻译史、口译研究，以及提倡按照不同文体决定不同译法等，对比较文学的译介学和文类学研究的深入开展都有一定的启迪意义。

总之，我国比较文学发展到今天，同王佐良先生这样一些学贯中西的老一辈学者的支持和丰富的学术实践是分不开的。当此我国比较文学学科确立 20 周年之际，我们缅怀王佐良先生，心存深深的感激之情。

文学间的契合

顾 钧

（北京外国语大学）

      王佐良先生是我国20世纪的著名学者，1916年生于今浙江省上虞，1939年毕业于西南联合大学，1947年秋赴英国牛津大学墨顿学院（Merton College）学习，获 B. Litt 学位，1949年9月回国后一直任教于北京外国语大学直至1995年去世。王先生在英国文学研究方面成就卓著，这多少掩盖了他在其他领域所取得的成就，比较文学便是其中之一。20世纪八九十年代，王先生在《中外文学之间》（江苏人民出版社，1984年）、《论契合——比较文学研究集》（外语教学与研究出版社，1985年）、《翻译：思考与试笔》（外语教学与研究出版社，1989年）、《论新开端：文学与翻译研究集》（外语教学与研究出版社，1991年）、《论诗的翻译》（江西教育出版社，1992年）等多部著作中做了大量的比较文学研究，取得了丰硕的研究成果。据我粗略地考证，王先生最早的一篇有关比较文学的文章可以追溯到1946年（*A Chinese Poet*），当时王先生还是西南联合大学外文系一名年轻的助教，可见对中西文学关系的研究贯穿了王先生一生的学术事业。晚年王先生不辞辛劳，还曾两度担任中美比较文学双边讨论会的中方代表团团长，为中国比较文学事业的复兴和走向世界做出了积极的贡献。

      王先生有关比较文学的论文林林总总，大致可以分为两个部分。第一部分主要研究的是20世纪中西方文学之间的关系，这种关系可以简单地归纳为影响与接受，王先生也主要是从这两方面来着手的，如"The Shakespearean Moment in China""English Poetry and the Chinese Reader"研究的是英国作家在中国的影响，而"Lu Xun and Western Literature"则很明显是以鲁迅为个案讨论接受问题。从数量上看，王先生有多篇文章探讨中国新诗中的现代主义，这是王先生最为关心，也是用力最多的一个问题，我以为其中的两篇长文——"Modernist Poetry in China""The Poet as Translator"——可以作为第一部分的代表作。

在中国文学的现代化进程中，诗歌所遇到的困难要远远大于小说和戏剧，但是诗歌的现代化是不可阻挡的历史潮流，西方现代主义与中国诗歌的碰撞也就成为早晚的事情。这一碰撞的结果怎样呢？王先生经过细致的研究得出了如下结论："西欧的现代主义诗歌给中国的诗创作带来了新风格新音乐，但并不能为所欲为，因为它面对的是处在战争与革命的环境里的中国诗人，他们对未来的公正社会有憧憬，而在他们背后则是世界文学里一个历史悠长、最有韧力的古典诗歌传统。这里并不出现先进诗歌降临落后地区的局面，思想上如此，艺术上也如此。除了大城市节奏、工业性比喻和心理学上的新奇理论之外，西方现代诗里几乎没有任何真正能叫有修养的中国诗人感到吃惊的东西；他们一回顾中国传统诗歌，总觉得许多西方新东西似曾相识。这足以说明为什么中国诗人能够那样快那样容易地接受现代主义的风格技巧，这也说明了为什么他们能够有所取舍，能够驾驭和改造外来成分，而最终则是他们的中国品质占了上风。戴望舒、艾青、卞之琳、冯至、穆旦——他们一个一个地经历了这样的变化，而在变化的过程里写下了他们最能持久的诗。"（《中国新诗中的现代主义——一个回顾》）简言之，中国新诗中出现过现代主义，但却是经过改造和变形的现代主义，这种改造和变形的压力来自纵横两个方面——中国古典诗歌的传统和充满了战争与革命的社会现实。

面对三四十年代中国内忧外患的现实，诗人们无法逍遥，他们从欧洲带回的芦笛总会吹奏出另外的声调。王先生在他们的诗中明确感受到了"对国家困境的担忧，而这种感情是西欧和北美的现代主义诗歌少有的"。诗歌可以没有国度，但诗人却有自己的祖国。作为诗人们的学生、朋友和同学，王先生也从未将自己关在文学的象牙塔中，当年他中断在国外的进修毅然回到即将解放的祖国，所表现的不正是一股赤子之情，抒写的不正是一首人生好诗吗？

现实难以回避，但是面对传统，诗人们却可以自主选择。无论是戴望舒的旧瓶新酒，还是穆旦的自出机杼，王先生都给予了充分的肯定，因为两种不同路径都产生了好诗。相比较而言，王先生似乎更赞赏穆旦，"同他的师辈冯至、卞之琳相比，穆旦对于中国旧诗传统是取之最少的"，因此他也就"把现代主义更加推进一步"。这是王先生在 20 世纪 40 年代的看法，到了 80 年代仍然没有改变。可见王先生始终主张中国新诗应当大胆革新，尽管他看到这样的革新常常伴随着冷遇，王先生与穆旦终生的友谊在我看来绝不是偶然的：他们对于新诗有着共同的见解和追求。

王先生与这批 20 世纪三四十年代的诗歌革新者都有私人交往，但在讨论他们的诗作时，我们却看不到一点私人情感的夹杂，而是纯正的学院派研究：言必有据、不尚空论，而且全部从原文出发，所以在这些以英文和中文为写作语言的论文中，我们也能不断看到法文、德文、俄文、西班牙文等多种文字的引文，令人如入山阴道中，目不暇接，也不由自主地叹服老一辈学者的丰厚学养。

或许不是完全的巧合，戴望舒、冯至、卞之琳、穆旦等现代诗人同时也是诗歌翻译家，他们的创作与翻译之间的关系不可能不受到关注。王先生发现，他们写诗和译诗几乎是同步发展、互为增益的，以戴望舒为例，"他的诗风有过几次改变，各有背景，其中一个重要因素则是：他在译诗的过程里对于诗的题材和艺术有了新的体会；因为译诗是一种双向交流，译者既把自己写诗经验用于译诗，又从译诗中得到启发。"（《译诗与写诗之间——读〈戴望舒译诗集〉》）卞之琳是另外一个例子，王先生在《一个莎剧翻译家的历程》一文中谈到了这一点，但这篇文章主要还是讨论翻译，它可以和王先生其他很多讨论翻译的文章归入第二类著作中。

王先生对翻译问题一直非常关注，这不仅因为他本人是优秀的翻译家，而且也是来自他对翻译重要性的认识："在我看来，在文化接触（不必说文化互动）中没有什么比翻译更为重要的了，特别是在一个像中国这样长期封闭的国家里更是如此，每一部文学作品的翻译都是一个新开端。"（《论新开端·序言》）确实，一个民族、一个国家对其他民族、国家文化的了解，就其大部分成员而言，是通过翻译文本来实现的；从这个意义上来说，翻译乃是比较文化、比较文学研究的中心问题。近年来，英国学者苏珊·巴斯奈特甚至认为，"从现在起，我们应该把翻译研究视为一门主导学科，而把比较文学当作它的一个有价值的，但是处于从属地位的研究领域"[1]。她这话说得有点过头，我们把它理解为对翻译研究重要性的极而言之。

王先生讨论翻译的文章涉及面很广，有对两位早期著名翻译家——林纾和严复——的比较和评价，有对近代翻译理论的回顾和分析，也有对翻译中语言和文化关系的解剖，既高屋建瓴，又深入细致，许多结论我想对今天致力于建设"译介学"的人们一定会有很多帮助和启发。

---

[1] 乐黛云等编：《比较文学原理新编》，北京大学出版社，1998年，第28—29页。

就具体的文学作品的翻译而言，王先生讨论最多的是诗的翻译。在所有的文类中诗是最难译的，有人甚至认为诗是不能译的。但是王先生却没有这么悲观，他坚持认为诗是可译的，而且应该多加翻译，因为诗歌的翻译"特别能培养一种新的感受力，特别能给另一种语言和文化注入新的活力"。我国从19世纪后期开始大量地译介西方的诗歌、诗剧，但由于种种原因许多作品被翻译成了散文体，王先生对此不很满意，认为这不能称为严格意义上的翻译，他极力主张的是"以诗译诗"，或者用卞之琳先生的话来说，就是"尽可能在内容与形式上忠于原作，实际上也就是在本国语言里相当于原作"（《一个莎剧翻译家的历程》）。卞先生译的莎士比亚四大悲剧以及查良铮的《唐璜》译本被王先生推举为"以诗译诗"的典范，完全可以和乔治·查普曼的《荷马史诗》英译相媲美。其实王先生本人的翻译杰作《彭斯诗选》适足与上述两者鼎足为三。

　　总的来说，在王先生广泛的讨论中，卞之琳、查良铮、戴望舒是他用墨最多的三位，不仅涉及他们的创作，也涉及他们的翻译以及翻译与创作之间的关系。我认为，对这三位诗人翻译家的研究不妨作为王先生比较文学著作第一、二部分之间的纽带。

　　最后想说明一点的是，王先生对于中西文学的比较不仅表现在这些专门探讨文学关系和翻译的论文中，也灌注在其他文章当中。例如他在一文中讨论托马斯·堪必安时，就将他与南宋词人姜白石做了简要的对比[2]，虽然只有寥寥数语，却让人对这位不太知名的英国诗人留下了深刻的印象。

　　按照当代一位学者的观点，比较文学在学科成立上的本体不是研究对象，而是研究主体的比较视阈——"在两种文学关系之间或文学

---

[2]　王佐良:《文艺复兴的清晨》，《王佐良文集》，外语教学与研究出版社，1997年，第48页。

与其他相关学科关系之间的内在透视"[3]，也就是说，只要一位学者具有了比较视阈，那么，他做的所有研究都可以看作比较文学。据此我们可以说，王先生的《中外文学之间》《论契合——比较文学研究集》固然是比较文学研究，而他的《英国浪漫主义诗歌史》《英国散文的流变》同样可以作为比较文学论著来研读。

---

[3] 杨乃乔主编：《比较文学概论》，北京大学出版社，2002年，第107页。

评《论契合——比较文学研究集》

［美］J. 劳伦斯·米切尔（J. Lawrence Mitchell）
（美国明尼苏达大学英文系）
王军译

这部出色的文集选录了 11 篇文章，论述一批在不同程度上可见"契合"现象的中西方作家。论及的西方作家大多数是英美文人，但篇幅较长的《诗人兼翻译家》一文也提到了法国、西班牙和俄国作家。这 11 篇论文中有 8 篇是在近期写成的（1980—1984），余下 3 篇则写于 20 世纪 40 年代，从而使此书在时间上有一种纵深感，颇为耐人寻味。书中的多篇论文曾散见于中国、英国和美国的刊物上。

王佐良以巧妙的措辞"契合"为题，列举不同文化之间多种相互渗透的现象，如：两种文学之间的关系（中国文学与西方文学）、前人对后人的影响（查尔斯·兰姆对詹姆士一世时期英国诗剧的兴趣）及作家之间关系（美国现代诗人詹姆斯·赖特与 9 世纪中国古代诗人白居易之间的默契）。当论题的中心是中国诗人的时候——如论述鲁迅和诗人、翻译家戴望舒的两篇文章——作者也以充足的史料有力地论证 20 世纪西方文学对中国文学的影响。从这些论述中可以清楚地感到，对于现代，即 20 世纪中国的有识之士来说，文学的感召力总是和语言，同时也和社会政治的影响力分不开。此种联系并不新奇，要想在西方文学中寻找此类现象也非难事——比如，爱尔兰文艺复兴运动与迅速增长的爱尔兰民族主义及爱尔兰语（即盖尔语）之间的联系。当然，读到此书如此不加掩饰地将诗与政治相提并论，大多数当代英美作家和批评家也许会感到不舒服。然而，以奥登和司班德为代表的那一代诗人所热衷与信奉的，正是这样的一种联系。司班德在《献给西班牙的诗》的序言中，把奥登的《西班牙》比作华兹华斯的十四行诗《一位高傲的西班牙人的愤怒》。他认为，法西斯践踏下的西班牙使奥登提笔抒怀，正如遭受拿破仑践踏的西班牙曾激发过华兹华斯的诗情。此外，奥登的诗"把一次政治行动纳入艺术想象的天地，从而用诗的全部传统价值验证了现实中具体事件的内在含义"。但奥登和司班德在多年以后，显然对早年的狂热都流露了懊悔之心，他们热心于修改诗稿便是例证。奥登甚至不同意把《西班牙》收入《牛津二十世纪诗集》。瓦伦丁·坎宁安在"企鹅丛书"《西班牙内战诗集》（1980年）中，对此做了简明扼要的总结："西班牙结束了英国的'社会现实主义'。"

《一位中国诗人》写于1946年。在这篇评介诗人穆旦的文章中，王佐良描述了昆明西南联大在战时的艰苦条件。尽管各种物资缺乏，但是聚集在云南的人们仍然保留着"昔日对心智世界的追求"，像艾略特和奥登这样的诗人特别令他们激动。看来，穆旦尤其深受西方的影响。作者在评论这位诗人时说，"在他的诗中，词语、意象和句法都很欧化"。《中国现代主义诗歌》一文指出，穆旦特别受奥登的影响。这篇文章的写作时间比《一位中国诗人》晚了大约40年（1946年的文章不放在1982年的文章之前，而是紧跟其后，似乎有些奇怪）。穆旦初次读到奥登的诗，似乎是在昆明听威廉·燕卜荪（William Empson，1906—1984）讲授英国当代诗的时候。作者准确地点出了穆旦诗中早期奥登的痕迹"拟人法、工业比喻、讽刺性的政治笔融"。他引《五月》为例，着重讨论了最后几行诗句：

在报上登过救济民生的谈话后，
愚蠢的人们就扑进泥沼里，

> 而谋害者，凯歌着五月的自由，
> 紧握一切无形电力的总枢纽。

这几行诗句还令人想起《西班牙》的第 21 节。那段诗节中最初有"必须的杀害"一句有争议的文字。在以后的版本中，此句改作："自觉地承担一场杀伤的罪行。"顺便提一下，有意思的是：中国人初识奥登的年代竟不早不晚地与诗人对马克思主义的一时狂热同期。奥登对马克思主义的兴趣，如他后来所说的那样，是"出于心理因素，而并非政治信念"。假如穆旦和其他的中国年轻诗人知此，奥登对他们还会产生同样的影响吗？也许不会的。多年以后的奥登公开声明："我们对马克思同对弗洛伊德一样，兴趣只在借他们的理论剥下中产阶级观念的假面具。"（引自《W. H. 奥登》，乔治·怀特著，1981 年，第 68 页）当然，中国这块土地和那场使它震撼的抗日战争也影响了这位英国诗人。他与伊舍伍德曾于 1938 年的上半年访问了中国。他们合著的《战地行》便是此行的结果，而奥登对此书的主要贡献是那组题为《在战争年代》的十四行诗。怀特认为，伴随"人成为他诗中的主题"，奥登拓展了视野，眼光不再仅盯住英国本土。他又推断说，"中国之行可能有助于他开阔视野"。不久之后，另一位也曾栖身昆明的年轻诗人卞之琳，把奥登有感于战时经历而写成的一些十四行诗译成了汉语。

我们在此大谈奥登，可能会引出某些误解。人们要么认为他曾独步于中国诗坛，要么会觉得本书作者对他过于偏颇。事实并非如此。实在奥登鲜明地代表了作者所观察到的一种契合现象，在许多以英语写作的现代诗人中，奥登特别应与艾略特分享荣誉。以卞之琳为例，他就先后受到许多西方诗人的影响。其中作者提到的有波德莱尔、魏尔伦、叶芝、里尔克、瓦勒里、阿拉贡、布莱希特，以及奥登和艾略特。法国文学的影响在戴望舒的作品中体现得最为突出。在《我思想》一诗中，诗人巧妙地将笛卡尔与公元前 3 世纪的中国哲学家庄周融合在一起，据说后者曾梦见自己变成了一只蝴蝶：

> 我思想，故我是蝴蝶……
> 万年后小花的轻呼
> 透过无梦无醒的云雾，
> 来震撼我斑斓的彩翼。

戴望舒还不畏艰难，翻译了加西亚·洛尔迦的作品。作者用了很大的篇幅讨论了诗人的此番尝试。看来，译文在诗的技巧方面取得了实质性的成就，但作者也坦率地指出，洛尔迦对于"左翼诗人小圈子外的"中国读者吸引力不大，戴望舒自己也不写那路的诗。然而，译作却为译者带来了修辞与政治方面的影响："从此，戴望舒的诗中自我成分少了，更加面向读者，以表达对日本侵略者的仇恨。"

《论契合——比较文学研究集》探讨了英格兰、苏格兰、爱尔兰、法国、德国、西班牙、俄国和日本的文学作品。在这样一部论题广泛的著作中，对语言问题的讨论自然要占据显著的位置。作者证明，将一种印欧语系的语言译成汉语，的确是令人生畏的难事。他举的实例使甚至不懂汉语的读者也能明白这点。在 20 世纪初，中国翻译家首先遇到的难题类似但丁和乔叟面临的问题。但丁必须在公认的学术语言——拉丁语和家乡的俗语托斯卡纳语之间做选择，他选择了俗语。乔叟的选择是在社会上有势力的盎格鲁－诺尔曼语和家乡的中西部方言之间。他也毫不犹豫地选择了俗语。在中国，"文言"是多少世纪以来的文学语言，俗语被称为"白话"，其字面意思是"平淡的语言"。这两种语言不论在句法（词序）还是在词法（词汇）上都有很多不同之处。推广"普通话"就基本上消除了这种选择的必要，因为在理论上，口语和书面语已经并为一体。当然，"普通话"与任何一种标准语言（如英国的"标准发音"）一样，更像是一种理想模式，并非与现实完全相符，至少在口语上是这样。在历史上，有一场"文言"与"白话"的斗争。这段历史虽非作者在书中的主要论题，但他似乎在无意中解释了"白话"逐渐取得优势的缘故，即，翻译家们在努力寻求一种既能再现异国文化，又无伤于士大夫们高雅情趣的语言。在 19 世纪末与 20 世纪初，至少这是严复面对的使命。他"以介绍……一个崭新的思想体系为己任翻译了一些基本著作"，其中有托马斯·赫胥黎的《天演论》、约翰·斯图亚特·穆勒的《群己权界论》和亚当·斯密的《原富》。严复选择了"文言"，他行文审慎、字斟句酌，力求译文能适合读者，即那些患了"根深蒂固的仇外症"的士大夫。他自己对此做的解释也许只表明他在语言上的偏爱，也许表明他这个人的明智。他说他之所以遍求文字的典雅，是因为：

> 此不仅期以行远已耳，实则精理微言。用汉以前字法句法，则为达易。用近世利俗文字，则求达难。

在《两位早期翻译家》中，作者认为严复的选择是出于敏锐的判断，并断言，"换句话说，雅是严复推销其译作的手段"。他还以赫胥黎的《天演论》开篇的一段文字为例，剖析了严复的手法。严复大胆地把整段文字由第一人称换成了第三人称写法，"以符合中国古文的文体习惯"。他还以不含从句的短句替代赫胥黎那流畅繁丽、复句迭出的文体。同时，他并不反对在词汇上创新。他创造的词汇中，有些是原词的音译（如：nerve 涅伏、ether 伊脱），而有些则是意译（如 logic 成了"名学"，即"名称的学问"——它最终被音译词"逻辑"

所代替）。与严复生活在同一个时代的林纾，是位精力十分旺盛的小说翻译家。奇怪的是，他只通晓汉语，连一个外国字也不识。他是通过听人口译来进行笔译的，可以平均在四个小时内译出 6000 字。从 1896 年至 1924 年，他用这个办法翻译了英国、法国、西班牙及俄国作家的大约 180 部作品。这些作家包括塞万提斯、笛福、狄更斯、小仲马、雨果、司各特和托尔斯泰。虽然他也没用通俗语言，而是以"文言"写作，但"他打散了严谨的句法，并引进一些新的词语，以此为让步"。王佐良赞叹林译之美，相比之下，后人更为忠实于原作的译本难免失之呆滞无光。他评述道："林纾运用'文言'如此自如……我们这些从小受白话教育的人面对这无与伦比、几乎是不受时间侵蚀的文学语言，只得叹为观止，油然而生敬仰之心。"从这段话中，不难察觉一丝怀古幽情。尽管林纾等人背水为阵，做顽强抵抗，"文言"的败退已是大势所趋。当革命思想与士大夫精神冲突时，退却的是后者。这场冲突也可以从作者对讽刺家和短篇小说家鲁迅的评论中看到。鲁迅把"用词上的学究气"（甚至某些常用词语，他也爱用古的形式）与一种"完全口语化，有时极为欧化"的句法结合在一起，"有意写出读起来像外文的汉语"。他在思想上喜爱俄国及其他东欧国家的作家，但他的译文并不总是容易看懂。然而，果戈理的《死魂灵》却是一个例外，那是一部出色的译作。至此，人们在鲁迅身上多少能看到一个难解之谜：他意在唤醒"下层民众"，为何却又在翻译上选择一种难于为此社会阶层所接受的文体呢？

　　文字改革始于 1919 年的新文化运动。从此，"除了官方文告、考古论文和礼仪上的韵文"，所有的文章书籍都以"白话"写作。从《论契合——比较文学研究集》的论证中，似乎可以看到，这些诗人兼翻译家在这场争取以通俗语言为文学语言的运动中充当了先锋。这对华兹华斯的读者来说，并不奇怪，因为华兹华斯也是一位献身于以通俗语言写作的思想开明的诗人。王佐良认为，从古文体向通俗文体的过渡，是个关键性的转折。假如汉语"未曾经历这场文学革命……它就不会对外文修辞法如此易于吸收"，也就不存在产生"契合"的媒介。对这样一部资料丰富、启迪人心的文集，换一个角度还可以写出更多的评论。因篇幅有限，在此不能评论题为《查尔斯·兰姆与约翰·韦伯斯特》的论文（选自王佐良早期的论著《约翰·韦伯斯特的文学声誉》，1975年），也无法论述他对乔伊斯、奥凯西、彭斯和麦克迪尔米德等爱尔兰和苏格兰作家的浓厚兴趣。但是，仅从这些顺便提到的作家当中，也能窥见作者兴趣与学识的广博。

翻译家王佐良

黎昌抱

（浙江财经大学外国语学院）

一、引　言

王佐良（1916—1995）博古通今，学贯中西，多才多艺，著述等身，成就卓著，在国内外学术界享有盛誉，是"一位不可多得的'文艺复兴式'人物"[1]。他不仅是一位著名教育家、杰出语言学家、出色的作家和诗人、英国文学研究界权威、比较文学研究开创者、优秀编辑工作者，还是一位卓越翻译家和翻译理论工作者[2]。他曾任中国译协理事、北京市译协副会长。王佐良对翻译和翻译研究有着特殊的情结，究其原因，似可归结为两点，一是个人喜欢，二是研究需要。他曾说："我是喜欢翻译的。有时候，当我写完了一篇所谓的'研究'论文，我总是感到：与其论述一个外国作家，不如把他的作品翻译一点过来，也许对读者更有用。"[3] 王佐良一生译作以数量可观的经典诗歌和散文为主，也有小说（短篇）和戏剧；既有英译汉，也有汉译英。他的译文篇篇都是精品，语言新鲜隽永，耐人寻味。他边翻译边思考，提出了自己独到的翻译主张，为我国翻译研究做出了重要贡献。

---

[1] 北京外国语大学外国文学研究所：《王佐良先生纪念文集》，外语教学与研究出版社，2001年，第97页。
[2] 黎昌抱：《王佐良翻译风格研究》，光明日报出版社，2009年，第1—9页。
[3] 王佐良：《翻译：思考与试笔》，外语教学与研究出版社，1989年，第92页。

二、翻译活动及译著

王佐良的翻译活动，据他自己回顾，大体上可分为两类，一类是"中译英"，另一类是"英译中"[4]。中译英活动大致可分为非文学翻译和文学翻译两方面。他的非文学翻译始于1949年，即他回国执教北京外国语学院后不久，他和他的老师金岳霖、钱锺书等著名学者一起被聘为委员，共同参加了《毛泽东选集》1—4卷的英译工作。此外，还包括他于20世纪70年代后期参与主持编写的《汉英词典》（商务印书馆，1978年）。

王佐良最早的文学翻译活动始于他在西南联合大学任教之时，主要译作就是著名剧作家曹禺的成名之作《雷雨》（*Thunderstorm*）[5]。此外，他还先后选译过一些汉诗，如杜甫的《戏为六绝句》（其二）、元好问的《论诗三十首》（选二首）、黄遵宪的《夜起》、谭嗣同的《夜成》、卞之琳的《断章》《尺八》和《给〈论持久战〉的著者》、冯至的《十四行诗》（之二十一和二十七）和《诗八首》（之四）、穆旦的《诗八首》等等，以及一些文论、译序方面的篇章，如刘勰的《文心雕龙》、林纾的《〈孝女耐儿传〉序》和《〈块肉余生述〉前编序》、鲁迅的《〈论语〉一年——借此又谈萧伯纳》和《〈中国新文学大系〉小说二集序》等等。这些译作忠实于原作风格，文字处理巧妙，收录在他的《翻译：思考与试笔》一书里。

王佐良的英译中工作，始于1940年，也是在昆明西南联合大学外文系做助教时。译作是爱尔兰著名作家乔伊斯的短篇小说集《都柏林人》。遗憾的是，当他译完集子后把手稿交给朋友带往桂林准备

---

[4] 王佐良：《翻译：思考与试笔》，外语教学与研究出版社，1989年，第92—93页。
[5] Wang, Tso-liang、A. C. Barnes 译：《雷雨》（*Thunderstorm*），外文出版社，1978年。

出版时，碰上日机轰炸，手稿不幸化为灰烬。后来仅整理出较短的一篇《伊芙林》(*Eveline*)，于 1947 年载于天津《大公报》文汇副刊上。在散文方面，他译过培根《随笔》中的部分篇目，篇数虽然不多，但篇篇精妙，被译界视为经典散文译作。他还摘译过英国散文家科贝特的《骑马乡行记》。科贝特的文章曾受到马克思的盛赞，王佐良非常喜爱，他的译文，如同原作一样质朴有力，散发着土地的芳香[6]。

王佐良最为喜爱也最为倾心的当数英国诗歌，所以英诗译作颇丰，主要收录在《彭斯诗选》(人民文学出版社，1959 年，1985 年)、《英国诗文选译集》(外语教学与研究出版社，1980 年)、《苏格兰诗选》(湖南人民出版社，1986 年) 等著作中。所译作品几乎涵盖了密尔顿、彭斯、拜伦、雪莱、蒲柏、司各特、麦克迪尔米德等一大批英国诗坛有影响力的诗人作品，以及爱尔兰诗人叶芝等人的诗歌。其中《彭斯诗选》是他的成名之作，也是他译的唯一一部单个诗人的诗集，"集中地体现了王佐良的翻译理论，代表了我国彭斯研究和翻译的最高水准"[7]。

王佐良在为中国广大读者译介英语文学的大量优秀著作，尤其是诗歌和散文方面，做出了重要贡献。

三、翻译思想

王佐良在翻译理论方面很有建树，他边翻译边思考，提出了独到的翻译主张。这些主张汇成了文体翻译观、文化翻译观、译诗观、理论与实践统一观、新时期翻译观等"五位一体"的王佐良翻译思

---

[6] 北京外国语大学外国文学研究所：《王佐良先生纪念文集》，外语教学与研究出版社，2001 年，第 248 页。
[7] 陈国华：《王佐良先生的彭斯翻译》，《外国文学》1998 年第 2 期，第 84—90 页。

想体系。

一）文体翻译观

王佐良指出："文体学的任务不在列举若干文体的名目，而在观察和描述若干种主要文体的语言特点，亦即它们各自的语音、句法、词汇与篇章的特点，其目的在于使学者能够更好地了解它们所表达的内容和在恰当的场合分别使用它们。"[8] 他以此为基础，并应用于翻译和翻译研究，形成了自己独到的文体翻译观。

1. 译文要讲究文体适合性。王佐良认为，具备文体学知识，对于原文文体敏感是做好翻译的一个重要前提[9]，"不同的文体要有不同的译法"[10]。一个布告，就要用一种合乎布告的语言来译，广告有广告的译法，通知有通知的译法，政治文章要有政治文章的处理办法。翻译小说，就要把故事、情节、对话等翻译清楚，要译得比较顺畅好读。翻译诗歌，则要考虑格律、音韵、形象等问题，要注意是咏唱体还是说话体，要努力传达整首诗的情调。这里所谓情调，无论是诗歌、散文、小说，还是其他什么文体，作为一个译者，王佐良总认为有一件事忽略不得，那就是原文的口气。"如果作品是讽刺口气，那么译文也应该是讽刺口气；如果仅仅造成滑稽效果，那就没有成功。"[11] 一言以蔽之，他认为译文要讲究文体的适合性。

2. 译语要体现社会场合适合性。王佐良指出，"文体学的灵魂在于研究什么样的语言适合什么样的社会场合"[12]；"语言里最常用的语音、词汇、句法项目是全民共用的，然而每人在不同的社会、文化

---

[8] 王佐良、丁往道：《英语文体学引论》，外语教学与研究出版社，1987年，ii。
[9] 王佐良：《风格学》，季羡林等编《中国大百科全书·语言文字》，中国大百科全书出版社，1988年，第81—82页。
[10] 王佐良：《翻译：思考与试笔》，外语教学与研究出版社，1989年，第35页。
[11] 同上书，第74页。
[12] 同上书，第35页。

环境里对这些项目常须做出不同的选择。选择的目的是适合。适合社会、文化环境的语言就是能达成交际任务的得力的语言"[13]。"语域"是文体学中的一个重要概念,研究语域就是在使用语言的场合(即语境)中考察语言,与语境关系直接。据此,他认为,在翻译工作中,译者也必须注意语言与社会场合的关系。译文同样有一个适合社会场合的问题,同样必须根据原文的要求,运用各种不同的语类、文体,亦即译语要体现社会场合的适合性,因为"适合就是一切"。为此,他总结指出,"译者的任务在于再现原作的面貌和精神:原作是细致说理的,译文也细致说理;原作是高举想象之翼的,译文也高举想象之翼。一篇文章的风格只是作者为表达特定的内容而运用语言的个人方式,它与内容是血肉一体,而不是外加的、美化的成分"[14]。

3. 译者要提高对语言变异的敏感性。王佐良认为任何一种语言在运用上各自都有若干约定俗成的最基本的常规,但语言的运用常有程度不同的个人变异,而变异的目的在于造成突出,引起注意。即是说,不同的人在运用语言时的"表现"会有所不同,有些人为了达到这个或者那个修辞效果,"常对常规作或大或小的变异"[15]。他认为,"变异即是对语言的创造性运用","变异可以是语音语调的、词汇的、句法的,也可以是艺术手法的,如比喻和形象的运用,如某些不常规的词或情景的猝然并列。即使在语言现象完全合乎常规时,其出现的频率与分布的格局异常,也形成一种特殊的变异"[16]。他还指出,变异最多、最突出、最明显的是在文学文体里,因为在此类文体(特别

---

[13] 王佐良:《风格学》,季羡林等编《中国大百科全书·语言文字》,中国大百科全书出版社,1988年,第81—82页。
[14] 王佐良:《翻译:思考与试笔》,外语教学与研究出版社,1989年,第15—16页。
[15] 同上。
[16] 王佐良:《风格学》,季羡林等编《中国大百科全书·语言文字》,中国大百科全书出版社,1988年,第81—82页。

是诗歌）里作者（特别是诗人）的创造力得到最大的发挥[17]。他认为在翻译过程中，译者要提高对语言变异的敏感性，必须善于识别"变异"，并把"变异"在译文中表现出来[18]。为此，"对于译者来说，他有双重任务：一是要有慧眼能在原作里发现变异之处，而这就需要他对那个语言的常规很熟悉；二是要有本领能在自己的译文里再现这变异所造成的效果，而这就需要他对自己语言的各种表达方式有充分的掌握"[19]。

二）文化翻译观

1. 翻译之于文化，犹如锦袍之于内衣。王佐良认为，翻译与文化密不可分，翻译可以促进文化繁荣，文化繁荣往往会带来翻译高潮。他鲜明地指出："在历史上，一个大的文化运动往往有一个翻译运动伴随或作为前驱。中国19、20世纪之交酝酿着一个文化的巨变，也有一个翻译运动应运而生。"[20]他认为："翻译，特别是文学翻译对于任何民族文学、任何民族文化都有莫大好处。不仅是打开了若干朝外的门窗，还能给民族文学以新的生命力。如果去掉翻译，每个民族的文化都将大为贫乏，整个世界也将失去光泽，宛如脱了锦袍，只剩下单调的内衣。"[21]他认为，文化在发展，翻译实践规模随之也更广，质量也更高。从规模上看，到20世纪下半叶，由于新的传播工具大量利用，学习外语的人大量增加，各国之间的文化交流也空前频繁，翻译的势头更猛了，有人称之为"翻译爆炸"。从质量上讲，在国际上，如今的英美文学翻译已"再度接近伊丽莎白朝代的水平了"，我

---

[17] 王佐良：《风格学》，季羡林等编《中国大百科全书·语言文字》，中国大百科全书出版社，1988年，第81—82页。
[18] 王佐良、丁往道：《英语文体学引论》，外语教学与研究出版社，1987年，第512页。
[19] 王佐良：《翻译：思考与试笔》，外语教学与研究出版社，1989年，第32页。
[20] 同上书，第37页。
[21] 同上书，第57页。

们中国的翻译工作者在新中国成立后取得的成就已非过去任何时期所能比[22]。

  2. 翻译者必须是一个真正意义上的文化人。王佐良认为，一个人如果不了解语言当中的社会文化，也就无法真正掌握语言。具体到翻译，他认为，译者的第一个困难是对原文的了解。虽然人类有很多共同的东西，无论怎样难的原文，总有了解的可能，这也使翻译成为可能，但原文中也总含有若干外国人不易了解的东西，这又使深入了解外国文化成为十分必要。不仅如此，他还指出，作为译者，仅仅了解外国文化仍然不够，还必须深入了解自己民族的文化，因为翻译不仅仅是双语交流，它更是一种跨文化交流，翻译的目的是突破语言障碍，实现并促进文化交流。而这种"文化交流"在本质上是双向互动的。一言以蔽之，"翻译者必须是一个真正意义上的文化人"[23]。

  3. 翻译是不断对两种文化进行比较并适合社会文化的过程。王佐良认为，译者不仅仅是一个真正意义上的文化人，还要不断地把两种文化加以比较，因为翻译是一个动态的过程，翻译中译者面对的最大、最直接的困难就是两种文化的不同，他处理的是个别的词，他面对的则是两大片文化。这样，译者在寻找与原文相当的"对等词"的过程中，就要做一番比较，因为真正的对等应该是在各自文化里的含义、作用、范围、情感色彩、影响等都相当，否则，就会望文生义，跌入陷阱。此外，王佐良还强调指出，译者所做的文化比较远比一般细致、深入，因为这里还有如前文所述的"译文要适合社会场合"的问题，即译者必须在注意语言与社会文化关系的基础上，根据原文的要求，运用各种不同的语类、文体知识，不断寻找适合社会场合的

---

[22]　王佐良：《翻译：思考与试笔》，外语教学与研究出版社，1989年，第25页。
[23]　同上书，第18页。

"对等说法"[24]。

三）译诗观

对于翻译，王佐良的兴趣主要在诗歌翻译。他一生的译作以诗歌最多最出名，他对于诗歌翻译的体会自然也就极为深刻，理论思考尤其深入。他的译诗观主要反映在 Some Observations on Verse Translation、《译诗与写诗之间》、《另一面镜子：英美人怎样译外国诗》等文章以及《论诗的翻译》一书中。

1. 诗歌可译。一直以来，诗歌被不少人视为不可译。对此，王佐良结合自己作为诗歌翻译实践者的体会，认为"诗是可以译的"[25]，因为"我们大体上都用同样的方式进行思维活动，否则彼此就无法交往了。但在翻译中，在区分短语的细微差别上，或是在处理某一短语所引起的各种联想方面，或在表达一首诗总的气氛方面，肯定会丢失原诗中的某些东西"[26]。当然他又指出，译诗毕竟是一种创造性的艺术活动，其中的要求是严格的，要完成此项工作困难不少[27]。无论如何，译诗当然有所失，但也有所得，而总的衡量起来，特别是从文学与文学之间、文化与文化之间的互相增益来说，得大于失[28]。

2. 以诗译诗。在翻译诗歌这一文学体裁时，王佐良指出，译者"要忠实传达原诗的内容、意境和情调；格律要大致如原诗（押韵的也押韵，自由诗也作自由诗），但又不必追求每行字数的一律；语言要设法接近原作，要保持其原有的新鲜或锐利，特别是形象要直译。更要紧的，是这一切须结合诗的整体来考虑，亦即首先要揣摩出整首

---

[24] 王佐良：《翻译：思考与试笔》，外语教学与研究出版社，1989年，第19页。
[25] 同上书，第57页。
[26] 同上书，第87页。
[27] 同上书，第70页。
[28] 同上书，第57页。

诗的精神、情调、风格,然后才确定细节的处理"[29]。其言外之意,就是"译诗须像诗",即以诗译诗。不过,译诗时有一点很重要,那就是译者在深入了解原诗之后,需在自己的译文上对词语的使用、句子的排列组合、声韵的选择调配以及诗歌风格等方面有创新和探索的勇气。作为对罗伯特·弗罗斯特的回应,王佐良不失情趣地说:"诗歌也许在翻译中有所丢失,但是我们得到的却是一种新诗,而且我们还因此拥有了一个更灿烂的世界。"[30]

3. 诗人译诗。王佐良喜欢读诗、译诗,也喜欢写诗,他既是译者又是诗人。诗人的气质使他毕生都充满着旺盛的创造力。作为译者,他颇有创见又深中肯綮地指出,诗歌翻译实际上至少有三点至关重要,即诗意、诗艺和译者使用的语言[31]。关于诗意,他认为,译诗须首先弄清原诗意义,而意义不仅仅限于一首诗的字面意义,译者还须考虑到调子或语气、句子结构、节奏、风格的层次(如是口语体还是书面体)以及不同诗人给以不同名称的其他因素,如弗罗斯特所称的"句子声韵"、峨尔孙所谓的"心灵的语词"、勃莱(Robert Bly)所说的"片语的活的调子或芬芳"等[32]。对于诗艺,他的意思是"大凡译诗的人,总想所译像诗"[33]。但到底什么才算是诗,他认为是随着时代与人而变的,即是说,不同时代、不同诗人的诗是不同的。但诗艺的革新也提高了诗歌翻译的质量。至于语言使用,他明确指出,诗歌翻译"需要译者有能力找到一种纯净的、透明的,然而又是活的本质语言——这又只有诗人最为擅长"[34]。总之,对于这三点,只有诗人才

---

[29] 王佐良:《英语文体学论文集》,外语教学与研究出版社,1980年,第2页。
[30] 王佐良:《英诗的境界》,生活·读书·新知三联书店,1991年,第112页。
[31] 同上书,第93页。
[32] 王佐良:《王佐良文集》,外语教学与研究出版社,1997年,第522—523页。
[33] 同上书,第523页。
[34] 同上书,第524页。

能较好地加以把握，所以他主张"只有诗人才能把诗译好"[35]。

4. 译者只应翻译与自己风格相近的作品。王佐良认为，一般而言，一名译者完成的作品，译文总会有些相似之处。一名翻译工作者，无论其有多丰富的翻译实践和多强的翻译能力，不应该什么都译，通常只适宜于翻译某一类作品，只应该译与他自己的风格相近的作品，无所不译必然导致劣译，因为就译者个人而言，他认为没有人能够掌握所有的风格。即使本族语，他所掌握的方面也是有限的，擅长的往往偏于某一层次、风格，无所不能的人毕竟是少数，所以为使译诗得到最好的效果，译者应选择在语言风格上适合自己所擅长的作品来译。他认为，翻译是一个让译者适应他人风格的过程，又是一个对译作施加自己个性的过程。所以"如果莎士比亚、密尔顿、邓恩、德莱顿、蒲柏、华兹华斯、拜伦、雪莱、济慈等等读起来都差不多，那可真是翻译的否定了，也是文学本身的否定了"[36]。

四）理论与实践统一观

王佐良既是翻译理论家又是翻译实践家，在他身上很好地体现了翻译理论与实践的高度统一。就连他的翻译论著《翻译：思考与试笔》的内容体系也充分反映了他的理论与实践统一观。他对理论与实践相结合的问题有着独到的见解，明确指出了两者的统一关系："近年来有两个方面的发展，值得引起翻译界的注意。一是翻译的规模越来越大，质量也显著提高，而且这是中外皆然，已经成了一种世界性的现象。二是现代语言学的研究提供了一些新见解，可能会对讨论翻译问题有点帮助。"[37]这不仅对翻译实践现状做了总结，更为重要的是对基于实践中产生的翻译问题做出了理论思索和展望，其思索和展

---

[35] 王佐良：《翻译：思考与试笔》，外语教学与研究出版社，1989年，第54页。
[36] 同上书，第73—74页。
[37] 同上书，第7页。

望所得,如"文体翻译观""文化翻译观""译诗观"等内容无不深刻地体现了其理论与实践的高度统一思想:理论来自实践,是对丰富实践经验的高度概括和提炼,又能指导实践。为此,他指出,翻译最结合实际,同时又包含了很多深奥的理论问题。若要实现理论与实践的统一,翻译工作者必须不断地学习,不断地深入观察,不断地深入实践[38]。王佐良是这样说的,他在实践中也是这样做的。

五)新时期翻译观

自我国进入新时期以来,在相当一段时间里,大凡谈翻译理论者,无不抬出"信达雅",或搬来他山之石"功能对等",似乎缺乏新意。王佐良却不津津乐道于此,而是提出了自己的真知灼见。归纳起来,王佐良的新时期翻译观主要包含以下两方面。

1. 感悟传统。王佐良认为,中国翻译家有着一个独特的传统,从古代佛经翻译以及近代社会科学和文艺著作翻译的情况来看,该传统至少具有三个特点:一是高度使命感,忧国忧民,不辞辛劳;二是不畏艰难,勇挑难书、大书甚至成套书翻译;三是翻译方法多种多样,如直译、意译、音译、听人口译而下笔直书等等。他指出,特别是在现代中国,许多一流的作家都同时也是翻译家,如鲁迅、郭沫若、茅盾、冰心、曹禺、徐志摩、戴望舒、艾青、卞之琳等。翻译提高或发展了他们的创作,他们的参与也提高了翻译的地位,也促进了翻译事业的发展和繁荣[39]。

对于严复的三字标准论,王佐良指出,如果我们暂且撇开为什么必须用"汉以前字法句法"才能传达"精理微言"不论,我们会看出严复的"雅"是同他的第一亦即最重要的一点——"信"——紧密相

---

[38] 王佐良:《翻译:思考与试笔》,外语教学与研究出版社,1989年,第36页。
[39] 同上书,第2页。

连的[40]。即是说,雅不是美化,不是把一篇原来不典雅的文章译得很典雅,而是指一种努力,要传达一种比词、句简单的含义更高更精微的东西:原作者的心智特点,原作的精神光泽。

在"对等"问题上,王佐良更为强调的是比词、句层面上更重要的通篇"神似"。他说:"人们喜欢谈翻译中'对等词'的重要,殊不知,真正的对等词应该包括情感力量,背景烘托,新鲜还是陈腐,时髦还是古旧,声调是和谐还是故意不协律,引起的联想是雅还是俗等等方面的'对等',而且在文学作品特别是诗的翻译中,还有比词对词、句对句的对等更重要的通篇的'神似'问题。"[41]

关于"二元对立"方法论,王佐良指出要加以辩证看待:尽可能意译,必要时直译。任何好的译文总是意译与直译的结合,该直译时就直译,该意译时就意译。

对于译语的使用,王佐良认为译语要生动活泼,要新鲜,要锤炼。他指出:"有的人追求字面的美,因此或读古书,从中发掘辞藻和成语;或看外国新刊,从中寻找新说法和时髦名词。如果确有必要,两者都可用;仅作装饰,哪样也坏事。往往是白文最顶用,也是最美。美不在文辞,而在文辞后面的思想。要语言锐利、新鲜,首先要头脑锐利、新鲜。"[42]为达此目的,他认为译者还要深刻地体会原作者的思想感情,直至其最细微、最曲折处。

2. 践行新说。其一,翻译研究的语用学视野:语境和作者意图决定词义。王佐良认为,译者必须了解原作的意义,然而确定意义却并不容易。他说:"词义不是简单地一查词典就得,而是要看它用在

---

[40] 王佐良:《翻译:思考与试笔》,外语教学与研究出版社,1989年,第40页。
[41] 同上书,第17页。
[42] 同上书,第4—5页。

什么样的上下文里。"[43]即是说，一个词不仅有直接的、表面的、词典上的意义，还有内含的、情感的、牵涉许多联想的意义。一句话，不只是其中单词意义的简单的综合，它的结构、语音、语调、节奏、速度也都产生意义。他指出，上下文（即语境）不只是语言问题，说话是一种社会行为，上下文实际上提供了一个社会场合或情境，正是它决定了词义。所以"一词一句的意义有时不是从本身看得清楚的，而要通过整段整篇——亦即通过这个词或这句话在不同情境下的多次再现——才能确定"[44]。他还认为，词义不能只看语言形式，还与用词者的意图有关。即是说，社会场合或情境对于语言运用具有无比重要的作用。为此，他指出翻译者"应该在译文里传达说话人的意图以及他表示意图时在口气和态度等等方面的细微差别"[45]。这一观点反映了他对现代语用学研究的努力与贡献。

其二，功能对等理论的新发展：为读者着想。王佐良强调指出，一部作品要靠读者来最后完成，作者总有读者对象，而作品的效果又完全看读者的反应。至于翻译，他说，过去的翻译原则似乎都是给译者遵守的，何妨换个角度，看看读者关心的又是什么。也许有两点是读者都会要求译文的，即它应该可靠、可读。所谓可靠，是指译文忠实于原作，没有歪曲、遗漏。所谓可读，是指译文流利，亦即"上口、顺耳"，即使是直译也要使人大体读得下去[46]。为此，他认为翻译"不能只看原作者意图或译者的意图，不能只管少数批评家满不满意，也要看读者接受得怎么样。这个因

---

[43] 王佐良：《翻译：思考与试笔》，外语教学与研究出版社，1989年，第7页。
[44] 同上书，第9页。
[45] 同上。
[46] 同上书，第4页。

素应该考虑进去"[47]。因为，他认为实际上有时候译者纠缠不清的问题，读者认为无关紧要，而他们认为是很重要的东西，译者却疏忽了。不过，他并不赞同"不同读者用不同译法"。为此，他十分严肃地指出："现在甚至有一种极端说法，即针对不同类型的读者，出版不同的译文。我对此是怀疑的，因为我怕出现一种针对教育程度不高的读者群而准备的简化的译文，那就会像外语学生读的简化名著一样，只剩下了故事大概，而形象、气氛、文采等等都不存在了。但是，确要考虑读者，考虑读者可能有的反应，这一点是完全正确的。这就是说我们译本要不断地更新。"[48]他主张的"读者反映论"不仅是对奈达（Nida）的功能对等理论的一种丰富和发展，似乎还不失对目前国外功能翻译理论某些观点的一种中肯评判。

其三，翻译研究的文体学和社会语言学视角：适合就是一切。首先，王佐良认为，译文要适合原作文体，不同的文体要有不同的译法[49]。条约、法律、学术论著需要用庄重的文体，戏剧必须口语化，诗歌的翻译则不仅要有文采，还应该有意境。其次，他认为译语要适合社会场合。他说："文体学的灵魂在于研究什么样的语言适合什么样的社会场合。"[50]在翻译过程中，译者也必须注意语言与社会场合的关系，译文同样有一个适合社会场合的问题，同样必须能根据原文的要求，运用各种不同的语类、文体。概言之，"适合就是一切"。这充分体现了王佐良将自己对文体学和社会语言学研究所得

---

[47] 王佐良：《翻译：思考与试笔》，外语教学与研究出版社，1989年，第36页。
[48] 同上书，第35—36页。
[49] 同上书，第35页。
[50] 王佐良：《风格学》，季羡林等编《中国大百科全书·语言文字》，中国大百科全书出版社，1988年，第81—82页。

运用于翻译研究的跨学科视野,从而为我国翻译学科建设提供了新的理论视角。

其四,翻译研究的文化转向观:译者必须是一个真正意义的文化人。自20世纪后半叶起,当代西方翻译研究在继语言学转向之后又开始发生了一个重要的变化——文化转向,研究者不再把翻译看成语言转换间的孤立片段,而是把翻译放到一个宏大的文化语境中去审视[51]。于是,越来越多的学者开始从文化层面审视、考察翻译。王佐良认为译者的第一个困难就是对原文的了解,因为原文中总含有若干外国人不易了解的东西,这就使深入了解外国文化显得十分必要[52]。不仅如此,译者还必须深入了解自己民族的文化,因为翻译的目的是突破语言障碍,最终实现并促进文化交流。王佐良的这一文化翻译观似乎与当代西方翻译研究的文化转向颇有渊源。

四、结 语

王佐良既是翻译实践家也是翻译理论家,对我国的翻译事业做出了重人贡献。在翻译实践方面,他的译作不论在语意、语体,还是在文体、审美特征上都与原文在形式、内容和风格上实现了高度的统一,堪称形神兼备的佳译[53],很好地践行了其"一切照原作,雅俗如之,深浅如之,口气如之,文体如之"的翻译主张。他的译作措辞得体,简练精确,行文流畅,脉络清晰,篇篇皆精品,对翻译界产生深远影响,诚如有人指出:"王佐良的译文好似一座高高的山峰,令后来者难以翻越。后来者无论怎么努力也无法逃出王译的影子,也就只

---

[51] 谢天振:《当代西方翻译研究的三大突破和两大转向》,《四川外语学院学报》2003年第5期,第110—116页。

[52] 王佐良:《翻译:思考与试笔》,外语教学与研究出版社,1989年,第19页。

[53] 黎昌抱:《王佐良翻译风格研究》,光明日报出版社,2009年,第122页。

好绕道而行,结果到头来,译出的东西几乎成了王译的解释或延伸,原文的简约和精辟不见了踪影。"[54]

在翻译理论方面,王佐良的"五位一体"翻译思想,内涵丰厚,自成体系,句句深中我国新时期翻译研究之背綮,颇具前瞻性[55],为我国翻译研究做出了重要贡献。王佐良的翻译理论和实践对当下翻译学科建设不乏现实意义。

首先,翻译理论和翻译实践是翻译学科建设和发展不可或缺的两个重要内涵。理论工作者应该立足翻译实践,而不是"忽视"翻译实践和实践者,因为翻译实践是基础,理论工作者应以实践为立足和依归,使其理论既源于实践又能指导实践;实践者即便成绩斐然,也还有做些理论研究的必要,即在对已有翻译理论有所借鉴的基础上,对自己所做的翻译实践加以总结、提炼和理论升华,以便更加有效地指导翻译实践。王佐良是我国译界这方面的杰出"典范",从他身上,我们看到了理论与实践的辩证统一。学科发展需要辩证的科学态度、宽广的学术胸怀、开阔的学术视野。只有理论与实践的高度统一,才能有效推动翻译学科走上健康、快速的发展之路。

其次,王佐良的许多佳译,无论是英译汉,还是汉译英,一般都有其之所以产生的三个背景条件:一是"原作都是绝好文章"[56];二是他"自己喜欢"[57];三是出于学术研究需要。即是说,对于译者来说,若想译出佳作,除选材外,更为重要的恐怕就是其从事翻译的动因。任何只为翻译而翻译的译作,任何只为别有用"心"而"炮制"

---

[54] https://ishare.iask.sina.com.cn/f/1B5xv2XAiiP.html
[55] 黎昌抱:《王佐良翻译观探析》,《中国翻译》2009 年第 3 期,第 29—35 页。
[56] 王佐良:《翻译:思考与试笔》,外语教学与研究出版社,1989 年,第 1 页。
[57] 同上。

的译作，都称不上是真正的译作，更不必说什么"佳译"了。王佐良的这些佳译让我们豁然开朗：若要进行翻译批评，首先就必须深入研究译作之所以产生的背景条件，尤其是译者的翻译动因。健康的翻译动因是译作成功的重要因素。

再次，翻译难是译界共识，但王佐良众多出色的译作似乎昭示着这样一个道理：一个人如果要真正做好文学翻译，成为一名优秀的翻译家，他本人最好也是一位优秀的作家或者诗人。只要他是位优秀作家或者诗人，他就有可能做到透彻理解并巧妙表达原作意义，译诗像诗，译散文是散文。

论王佐良翻译研究的文化比较观

张永喜

(国防大学政治学院)

摘要： 对翻译的研究不应囿于传统语言学研究范式，而应将之提升到文化和历史层面去深入探讨，进而认识其应有的文化意义。这是王佐良在 20 世纪 80 年代初就提出的一个重要学术主张。他更是从文化的角度实际考察和比较了中国近代史上几次重大有影响的翻译活动，详尽分析和阐释了这些活动的文化动因、翻译家的文化立场和方法，为我们重新认识翻译的功能提供了启示，开辟了新时期国内翻译研究的新途径。

关键词： 王佐良翻译研究；文本选择；文化比较；人文价值；多维途径

一、引 言

作为 20 世纪后半叶我国外语界著名学者和教育家，王佐良的学术研究涵盖了语言、文学和翻译等诸多方面。他是国内最早将翻译研究纳入文化研究范畴的学者，并提出"翻译研究应是社会的、历史的、文化的研究"[1]。他的这一观点，对其时国内翻译学研究的文化转向具有重要推动作用。西方文化翻译学者谢莉·西蒙（Sherry Simon）指出："20 世纪 80 年代以来，翻译研究最激动人心的一些进展属于被称为'文化转向'

---

[1] 王佐良：《翻译：思考与试笔》，外语教学与研究出版社，1989年，第6页。

的一部分。文化转向意味着翻译研究增添了一个重要的维度。……这种转向使我们理解到翻译与其他交流方式之间存在着有机的联系,并视翻译为写作实践,贯穿所有文化表现的种种张力尽在其中。"[2]

来自不同文化背景的学者,产生如此相近的观点,看似偶然,实有其必然。一方面,王佐良本身以文学研究和文学翻译见长,其独特的研究方法和开阔的文化视野,为他把翻译研究上升到文化研究的高度去认识翻译的作用创造了有利条件;另一方面,由于翻译研究本身具有天然文化属性,两者之间存在着内在可通约性。因而,王佐良将两者融会贯通起来亦属自然。王佐良翻译研究的文化意识,以及翻译研究文化观的形成发展集中体现在他对严复、林纾和鲁迅翻译的文化动因和文化意义的分析、比较和阐释之中。

二、王佐良对严复翻译的文化意义的认识

在 20 世纪 80 年代以前,国内翻译界对翻译家严复的研究主要集中在对其"信达雅"翻译标准的讨论上。间或有一些研究多把严复翻译和其类似翻译事件作为一种纯粹的历史现象加以认识,但对其造成的影响和所起的作用,缺乏应有的把握和翻译文化意义上的诠释。对近一个世纪来西方主要国家的文学作品在中国的译介与接受历史的研究,往往更多是重翻译事件的罗列,重具体作品的复译历史的梳理,缺乏一种宏大的文化视野,更鲜有从文化交流的高度去研究文学翻译与接受史中所涉及的基本问题,比如翻译选择、文化立场、价值重构等问题。这些"见树不见林"的研究方法,遮蔽了人们对翻译的文化特质的认识,当然也就难以深刻揭示包括严复在内众多近代翻译家所做翻译的真正用心和文化意义之所在。

---

[2] 转引自许宝强、袁伟:《语言与翻译的政治》,中央编译出版社,2001 年,第 317 页。

王佐良对严复的翻译进行了深入仔细的研究,以其独特的眼光和敏锐的触角,从比较文化的角度探寻了严复翻译的文化用心、文化意义和历史作用,开启了国内文化翻译研究的先河。王佐良对严复翻译的文化比较和思考主要体现在两个方面:

第一,对严复翻译的社会需要和文本选择的理解。

王佐良把翻译放在一个社会文化的大背景下加以考察,明确指出:"在历史上每一个大的文化运动总是有一个翻译运动伴随或作为前驱的。发生在19、20世纪之交的新文化运动是中国历史上一场前所未有的波澜壮阔的伟大的文化革新运动,它呼唤新的思想、新的制度、新的人文意识。"[3] 王佐良认识到,严复的翻译正是发生在这样一个文化的巨变和转折时期,因而,他的翻译是以当时的社会需求和呼唤为先导和前提的。

严复最初是在1896年天津创办的《国文报》上连载了他自己所译的赫胥黎的《天演论》,在原著出版仅仅四年之后便让中国高级知识界接触了当时最新的西方思想。而其后严复所译的其他的书都是经过精心选择的理论著作:亚当·斯密的《原富》、孟德斯鸠的《法意》、穆勒的《名学》和《群己权界论》、斯宾塞的《群学肄言》等等,每一本都是资本主义思想的奠基之作,它们涉及经济、政治、哲学、社会学、科学等重要方面,合起来构成近代西方的主导的意识形态系统。

严复翻译的这些书都不是消遣读物,然而它们不仅赢得了相当数量的读者,而且引起了他们严肃认真的思考,原因何在?王佐良认为:"首先因为这些译著出现在一个历史转折的前夕,饱经帝国主义列强侵略和清朝皇帝专制统治之苦的中国知识分子忧国忧民,正在寻求救国革新的真理,因此才能对西方的新理论新学说发生好奇心。"[4]

---

[3] 王佐良:《翻译:思考与试笔》,外语教学与研究出版社,1989年,第317页。
[4] 同上书,第37页。

无疑，严复的翻译为其时的维新变法带来了强有力的思想武器，适应了社会的迫切需要。

第二，对严复翻译的文化立场的解读。

依据文化翻译论的观点，翻译中译者的任何策略的选择和利用都是有其文化考量的。以什么样的策略和手段来处理和解读原文本反映了译者的文化立场。

王佐良在《严复的用心》一文中对严复的翻译策略进行了深入分析，认为严复所采取的翻译方法是另有深意，含有明确的文化用心。王佐良以严复的《天演论》译本为例，对照原文开头，进行了一番仔细的比较。《天演论》的开场白是这样：

> 赫胥黎独处一室之中。在英伦之南。背山而面野。槛外诸境。历历如在几下。乃悬想二千年前。当罗马大将恺彻未到时。此间有何景物。计唯有天造草昧。人功未施。其借征人境者。不过几处荒坟。
>
> 散见坡陀起伏间。而灌木丛林。蒙茸山麓。未经删治如今日者。则无疑也。

其对应原文是：

> It may be safely assumed that, two thousand years ago, before Caesar set foot in southern Britain, the whole countryside visible from the windows of the room in which I write, was in what is called "the state of Nature". Except, it may be, by raising a few sepulchral mounds, such as those which still, here and there, break the flowing contours of the downs, man's hands had made no mark upon it; and the thin veil of

vegetation which overspread the broad-backed heights and the shelving sides of the coombs was unaffected by his industry.

对照原文，王佐良发现，严复的翻译出于文化的考虑，有意采用了并不尽信的"达旨"方法，对原著进行了多方改造[5]。首先，原文中第一人称的叙事方式变成了译文中的第三人称的"赫胥黎"如何如何。王佐良分析道：经严复这么一改，译文读起来就颇有点像中国史书中的"太史公曰、臣光曰"的味道，而且语气似更显亲切、自然，更符合其时国人的文化阅读习惯。原著中的又长又难复合句在严译中都简化成了简古的短句，文辞典雅，明丽流畅。这种拟古的文笔，使文人学士有"道胜而文至"之感，乐于阅读，易于认同。连鲁迅也曾评论说："最好懂的当然是《天演论》，桐城气息十足，连字的平仄也都留心。摇头晃脑的读起来，真是音调铿锵，使人不自觉其头晕。……"[6] 严复有意变更原文人称的叙事方法，其良苦用心可见一斑。

其次，王佐良对严译中所涉文化和科学名词的翻译也做了仔细的文化分析，认为严复翻译中的诸多处理方法煞费苦心，自当含有文化用意。严复本人曾说过这样一段话，也可佐证其用心：

新理踵出。名目纷繁。索之中文。渺不可得。即有牵合。终嫌参差。译者遇此。独有自具衡量。即义定名。……一名之立。

---

[5] 王佐良是20世纪80年代最早开启以严复《天演论》的译文开头段为例，分析说明严复的翻译的语言选择和文化用心的学者，其后许多文章、论著在涉及这个问题时，似多依循和借用王佐良这一研究模式来论及严复翻译的文化用心。
[6] 鲁迅：《鲁迅全集》（第十卷），人民文学出版社，1981年，第381页。

旬月踟蹰。[7]

王佐良认为，严复在学科词汇翻译上，并非如有人诟病的死抠教条，不求创新的一类，相反，他很是大胆地创立了一些新词，而且还创立得颇为巧妙。比如，他把 nerve 译为"涅伏"，把 logic 译为"名学"，把 political nature 译为"群性"，把 pure reason 译为"清净之理"，等等。另一方面，严复又是非常体念读者的困难的翻译家，他尽量少用新名词，凡能用中国成语都用成语，比如把 the state of nature 译成了"天造草昧"。[8] 严复还创译了不少有文化特色的词汇。比如，"天道""天演""天行""天运""物竞天择"等译名，均含有民族传统文化中分量很重的"天"字。词危义富，催人警醒。另有"与天争胜""人定胜天"等词，也是严复从原著中概括发挥而来。片言居要，为"一篇之警策"。为此，有学者认为，《天演论》翻译的成功在一定程度上与他这许多精当、典雅的名词翻译所起到的作用有很大关系[9]。而王佐良则是最早洞察和窥见严复此翻译之妙，并深入探讨其文化意义的人。

王佐良独具慧眼，还从他所擅长的风格论的角度分析了严复的译文的文化用心。比如，上面赫胥黎原文的首句 It may be safely assumed thatr 王佐良认为，原文"是板着面孔开始的"，而严复在翻译时则有意做了较大的变通，将此译为"赫胥黎独处一室之中……"。此一变非同小可，使行文显得具有戏剧化，立刻把我们带到了千年前一个富于戏剧性的场合，引起我们的推测、悬想。而且，此变通之法不是孤例，在原文该段的稍后处，赫胥黎简要地写了"unceasing struggle for

---

[7] 王佐良：《翻译：思考与试笔》，外语教学与研究出版社，1989年，第38页。
[8] 同上书，第39页。
[9] 王克非：《翻译文化史论》，上海外语教育出版社，1997年，第124页。

existence"几字，而严复的译文则是"战事炽然。强者后亡。弱者先绝。年年岁岁。偏有留遗。"严复这里"不仅是加了好些字，而且读起来简直像一个战况公报了"[10]。

面对译文与原文如此大的风格上的悬殊，王佐良提出这样一个问题：严复为什么要这样把一部科学理论著作译得如此戏剧化呢？他的答案是：严复是想要把《天演论》译成一本有强烈的历史意识的著作，所以，他也就调动了他所掌握的种种风格手段来增强读者的历史感。这对于一部纵论人类亿万年来通过物竞天择的无情斗争而演化到今天的重要著作，无疑是完全适合的[11]。

王佐良对严复的文化解读，还集中表现在他对后者"信达雅"翻译标准的理解和文化评述上。通过对严复译著的深入考察，王佐良认为："严复的'雅'是同他的第一亦即最重要的一点——'信'——紧密相连的。换言之，雅不是美化，不是把一篇原来不典雅的文章译得很典雅，而是一种努力，要传达一种比词、句的简单的含义更高更精微的东西：原作者的心智特点，原作的精神光泽。"[12]上述所提到的严复将原文的风格加以"戏剧化"的处理就是这种努力的一种表现。

王佐良感慨，严复硬是把一本又一本讲西方资本主义政治经济学的理论大书介绍到了中国知识分子中间，使得其中对西方文化无兴趣甚至有反感的人也认真阅读和思考起来，产生了一系列重大影响，有的且为严复本人始料所未及。他的翻译实践是全力争取这样的读者的实践。拿实践来检验他的理论，我们就容易看出：他之所谓"信"是指为这样的读者准确传达原作的内容，"达"是指尽量运用他们所习见的表达方式，"雅"是指通过艺术地再现和加强原作的风格特色来

---

[10] 王佐良：《翻译：思考与试笔》，外语教学与研究出版社，1989年，第39页。
[11] 同上。
[12] 同上书，第41页。

吸引他们，吸引心目中预定的读者——这是任何译者所不能忽视的大事[13]。王佐良的分析可谓精辟而深刻！

德国功能翻译学派的代表人物汉斯·弗米尔（Hans J. Vermeer）认为，翻译是一种语言转换，也是一种人类行为，而任何行为都有一个目标或一个目的。而且，一种行为会导致一种结果，一种新的情景或事件，也可能是一个新的事物[14]。所有翻译遵循的首要法则就是"目的法则"：翻译行为所要达到的目的决定整个翻译行为的过程，即目的决定方法。这个目的有三个层面的意义：译者的目的；译文的交际目的；使用某种特殊翻译手段所要达到的目的。

用此方法来解读严复的翻译，作者发现，其原理与王佐良的解读思路极为吻合。依据王佐良的解读：严复译文的译者目的是要唤醒士大夫阶层，严复译文的交际目的是要启迪民众，严复使用"汉以前字法句法"是特定时期的语言手段，旨在让他的目标预期对象读得进，读得好，从而最大化地实现翻译的目的。

三、王佐良对林纾翻译文化意义的解读

林纾作为与严复同时代的另一位翻译大家，其文学翻译的影响和启蒙功效是巨大而久远的，所起到的文化教化和启智作用也是显而易见的。王佐良对林纾先生翻译用心的解读，尽管不完全像他对严复那样周详，但同样从一个角度反映了他对林纾翻译的文化意义的理解和把握，对后人也有启迪。

林纾也是在19世纪末这样一个特殊的历史转型期开始其文学翻译生涯的。其时创作和翻译小说之风日盛，林纾在友人的怂恿下，偶

---

[13] 王佐良：《翻译：思考与试笔》，外语教学与研究出版社，1989年，第42页。
[14] 转引自克里斯蒂·诺德：《目的性行为：析功能翻译理论》，上海外语教育出版社，2001年，第12页。

然走上了文学翻译的道路。他的翻译活动，恰好是在梁启超等人大力提倡翻译政治小说、鼓吹小说的宣传教化功用的热潮中演绎进行的。在这个时期，中国读者对外国小说有着强烈的内在需求。林纾因为不懂外文，不了解外国文学界情况，自己对译本无从选择，只能是口译者提供什么就译什么，所以也译了一些价值不高的作品。但他"终究是怀着一颗救世之心"来从事翻译的，中国读书界是通过他的译本而初次接触到塞万提斯、莎士比亚（尽管是改写成故事的莎士比亚）、笛福、斯威夫特、司各特、欧文、斯托夫人、狄更斯、雨果、托尔斯泰、易卜生（尽管他的剧本被改编成了小说）等欧美名家的[15]。

林纾翻译的小说为什么会受到当时的读者的欢迎呢？王佐良分析，原因之一是林纾所居住和工作的上海，其时"已由一个小县城变成一个受西方帝国主义列强控制的商埠即国际都市，官僚、买办、商人、小市民们逐渐对资本主义社会发生兴趣"，因此，像《巴黎茶花女遗事》这样的译本是以欧洲繁华都市巴黎为背景的言情小说，它向大众，尤其是"向中国的读书界透露了两样新事物：西洋男女的情感生活（包括西洋式的门第观念）和西洋作家的小说技巧"[16]，故而能成为一时新潮，为人们所津津乐道，争相阅读。

对于林纾翻译的要旨，王佐良分析认为，林纾引介外国小说实非"崇洋媚外"之举，而是其个人心境和爱国情怀的双重反映。林纾对于能联系中国社会现实和自己身世的作品总是倾注了强烈的感情。林纾是在丧偶不久开始他的第一部小说《巴黎茶花女遗事》的翻译的。此书的哀婉情调与他其时的心境正相契合。这或许正是这部译著取得成功的原因之一。而他在翻译《黑奴吁天录》时恰逢美国政府迫害旅

---

[15] 王佐良：《翻译：思考与试笔》，外语教学与研究出版社，1989年，第20页。
[16] 同上书，第20—21页。

美华工之时，黑奴、华工的形象在他眼前交替出现，他不胜唏嘘，极为感慨地说：

> 黄人受虐或更甚于黑人。……就其原书所著录者，触黄种之将亡，因而愈生其悲怀耳。……而倾信彼族者又误信西人宽待其藩属，跃跃然欲趋而附之。则吾书之足以儆醒之者，宁可少哉。[17]

在写给友人的信札中，林纾更是表露自己翻译的真实心结："纤江湖三载，襟上但有泪痕，望阙心酸，效忠无地。惟振刷精神，力翻可以警觉世事之书，以振吾国果毅之气。"[18]对于批判英国政治、社会的现实主义小说，如狄更斯、斯威夫特的一些名著，林纾不但在译序中对蕴含其中的思想意义倍加赞赏，并且还有意比拟中国社会现实，深情叹惋，表露出他对我国传统专制政体的不满和对西方近代民主政制的向往。由此，王佐良评论说："林纾的伟大之处在于，他不以翻译为小道，而在翻译之中他随时都在比较，比较中国之力弱与英国之强，比较文学在英国所起的社会作用与中国之缺少此类文学。正是通过翻译，林纾本人的视野开阔了，思想也提高了。"[19]

王佐良对严复和林纾作品的解读方法，在20世纪80年代是一种全新的文化翻译解读方法，给人以耳目一新之感。对此，有学者这样评论说："在先前中国的翻译研究中，以语言分析和文本对照为主要任务，很少涉及翻译活动如何在主体文化里面运作的问题。在这样的研究范畴之内，从事研究的人很难脱离'原文'观念的限制，也因此

---

[17] 王佐良：《翻译：思考与试笔》，外语教学与研究出版社，1989年，第21页。
[18] 转引自熊月之：《西学东渐与晚清社会》，上海人民出版社，1994年，第708页。
[19] 王佐良：《翻译：思考与试笔》，外语教学与研究出版社，1989年，第22页。

绝少触及翻译活动所能产生的庞大文化力量,以及翻译活动和主体文化之间的互动作用。"[20]王佐良则摆脱了传统的微观的语言学的作品分析解读模式,代之以文化分析解读方法,集中审视和剖析严复和林纾的作品在主体文化中的目的需求、诠释方式和接受途径,给后来的文化翻译研究者以新的启示。

四、王佐良对鲁迅翻译的文化意义的分析

鲁迅作为中国现代文学的巨匠,同时也是中国现代文学翻译的先锋和大师,翻译在其整个创作生涯中占据了重要地位。有学者这么评述鲁迅翻译的影响:鲁迅的翻译与他的生命相始相终,同时又与一个特殊的时代相伴相随。他的翻译宛若一条河,蜿蜒曲折流过了一个时代,流过了这个时代的不同阶段。他的翻译流程,映照着中国现代化的进程。他的翻译节拍,交叠着中国现代化的节拍[21]。王佐良对鲁迅文学翻译的意义不是就事论事地从翻译的语言策略和"归化""异化"手段和方法上简单地加以类比和评论,而是更多地从翻译的文化策略和文化用心上加以剖析和领悟,同样给理论研究者以启发。

其一,王佐良对鲁迅翻译的文化立场的理解和诠释。

王佐良认为,明确的文化目的是始终主宰鲁迅文学创作的主因,同样的文化用心也明确地引领着他对翻译作品主题的选择。鲁迅自己的表白也很清晰,他说,他的文学译介的目的不过要传播被虐待者的苦痛的呼声和激发国人对于强权者的憎恶愤怒而已,并不是从什么"艺术之宫"里伸出手来,拔了海外的奇花异草,来移植在华国的艺

---

[20] 孔慧怡:《翻译·文学·文化》,北京大学出版社,1999年,第30页。
[21] 刘少琴:《盗火者的足迹与心迹——论鲁迅与翻译》,上海师范大学博士论文,2003年,第14页。

苑。王佐良曾引介鲁迅的话,说明后者翻译俄罗斯文学作品的原因:"俄国文学是我们的导师和朋友。因为从那里面,看见了被压迫者的善良的灵魂,的酸辛,的挣扎;还和四十年代的作品一同烧起希望,和六十年代的作品一同感到悲哀。我们岂不知道那时的大俄罗斯帝国也正在侵略中国,然而从文学里明白了一件大事,是世界有两种人:压迫者和被压迫者!"[22]

对于鲁迅选择翻译俄罗斯和其他一些文学作品的意义,王佐良评论说:"联想到后来在中国红军中流行着法捷耶夫的《毁灭》等描写苏联革命战争的小说,指战员不仅从中汲取精神营养,而且研究游击战术,更不必说从20世纪初就开始的中国革命知识分子对翻译过来的马克思、恩格斯、列宁、斯大林的著作如饥似渴的学习,翻译的伟大意义和实际作用是无须再加证明的了。"[23]他进一步评述道:"也是鲁迅,用了一个从西方神话借来的典故,把当时在漫漫长夜中翻译革命理论和进步文学的中国译者如他自己说成是'从别国里窃得火来',宛如传说中的普罗米修斯从天帝那里把火偷给人类一样。"[24]可见,王佐良对鲁迅翻译选择的文化用心和意义是有深刻领悟的。

其二,王佐良对鲁迅"宁信而不顺"翻译策略的文化解读。

对于鲁迅的"宁信而不顺"翻译策略,历来有不同的认知和解读。王佐良从文化的角度评述了这一翻译策略的选择动因,肯定了鲁迅"在别人讥讽他不懂新学说的笑声里,他又埋头翻译马克思主义的文艺理论,为了怕有歪曲而采取了直译法,并同形形色色的但求表面光滑的顺译派进行了论战"。王佐良这样评述和肯定鲁迅的翻译策略选择是有原因的。

---

[22] 王佐良:《翻译:思考与试笔》,外语教学与研究出版社,1989年,第23页。
[23] 同上。
[24] 同上书,第24页。

王佐良深知，对鲁迅来说，无论文学创作还是文学翻译，他都是怀着一颗文化救国之心在做的。而文化救国的一个重要部分就是吸收、借鉴外国先进文化。在"拿来"外国文化的时候，鲁迅坚持的原则是"沉着、勇猛、有辨别、不自私"。而拿来之后，"或使用，或存放，或毁火"。在这里，王佐良敏锐洞悉了鲁迅对待外国文化理性而辨证的一面。翻译作为跨文化交流的桥梁，被鲁迅赋予了重任。那就是，通过翻译外国的作品来对国人进行文化结构和文化心理的调整，从而达到创造中国文化的现代性的目的。鲁迅之所以强调翻译和创作应该一同提倡，并且其本人"是向来感谢着翻译的"，也正是因为他认识到了翻译在国民文化教育中的重大作用。既然鲁迅对外国文化寄予如此厚望，那么在翻译中对"信"的苛求也就不言而喻了。这就如同病人吃药一样，病人要想治好病，当然希望自己吃的药是真的。只有心中有"信"，国人才能接受原汁原味的外国文化。只有接受了原汁原味的外国文化，国人才能将其与自己的传统文化进行对比，进而知道自己的文化劣势所在，从而达到疗治中国文化痼疾的作用。同样，鲁迅主张在翻译中容忍"不顺"，并非是因为语言能力不足而采取的一种消极办法，而是一种积极的主张。鲁迅指出，不顺的翻译"其实也还是一种进攻"。"进攻"的意思是，通过"不顺"的翻译，积极主动地接受原汁原味的外国文化，从而达到改造国民性，促进民族文化发展的目的。如此说来，"宁信而不顺"是有着丰富文化内涵的。它是鲁迅通过翻译借鉴外国文化的一种理性的策略，而绝非"意气用事"和"矫枉过正"。王佐良对此深信不疑。

　　王佐良在20世纪80年代对鲁迅翻译的评述和文化解读与我们今天所熟知的文化翻译解读方法已经是相当一致的了。当代文化翻译学认为，翻译绝非仅仅是两种语言之间的转换，更是两种文化之间的交流。各民族文化所具有的特点源自其特殊的历史地理环境。文化的多样性是不可否认的客观存在。翻译作为跨文化交流的桥梁，理应再现而不是抹杀这种文化的多样性。

美国解构主义翻译思想的积极倡导者劳伦斯·韦努蒂（Lawrence Venuti）认为："译者可以选择归化和异化的方法，前者是以民族主义为中心，把外国的价值观归化到目的语文化中，把原文作者请回家来；后者则离经叛道地把外国文本中的语言和文化差异表现出来，把读者送到国外去。"[25] 韦努蒂反对英、美传统归化的翻译，主张异化的翻译，其目的就是要发展一种抵御目的语文化价值观占主导地位的翻译理论和实践，在翻译中表现外国文本在语言和文化上的差异。韦努蒂把这种翻译策略称之为"抵抗式翻译"。而"宁信而不顺"的目的也就是要在翻译中再现源语的语言和文化差异。鲁迅称"宁信而不顺"为一种"进攻"。在这里，"进攻"和"抵抗"反映了在不同的时代，翻译手法被当作一种文化策略来体现知识分子的文化诉求。国内学者王东风也认为，将"归化"与"异化"之争引入国际论坛的当代美国翻译学者韦努蒂的观点与鲁迅其时的见解就有很多相似乃至相同之处[26]。

王佐良对鲁迅等人翻译的文化解读方法，清楚地说明，其时他的研究方法亦已摆脱单一的语言分析的藩篱和束缚，已经上升到历史和文化的高度，追寻近代史上这些翻译的文化动因和社会导向。应该说，这是20世纪80年代中、后期中国翻译研究和理论发展的一次质的跃进和突破，具有明显的超前性和极大的启示意义。对翻译的文化解读，许钧教授曾做过这样的精辟评述："翻译作为一项人类跨文化的交流活动，它绝不仅仅是一种纯粹意义上的语言转换，也不仅仅是

---

[25] Lawrence Venuti. *Rethinking Translation: Discourse, Subjectivity, Ideology*, Routledge, 1992, P. 24-25.
[26] 王东风:《韦努蒂与鲁迅异化翻译观比较》,《中国翻译》2008年第2期，第9页。

译者的个人活动，它还是一种受社会、文化、历史意识形态等多方面因素制约与操控的行为。译者的翻译选择与译者所处的社会语言文化环境以及译者的语言、文化、政治立场紧密相连。"[27]王佐良对严复、林纾和鲁迅翻译的文化理解与诠释正好从一个方面为这一观点提供了一个很好的注解。

五、结　语

作为新时期国内翻译研究的开拓性学者，王佐良触及了翻译研究的前沿性课题，提出并实践了翻译研究的文化分析方法，开启了国内文化翻译研究之先河，为我们重新审视翻译的性质和作用提供了重要的认识向导：1）翻译不仅是语言间的文本转换，同时也是一个不同文本、文化之间相互协商的过程，一个以译者为中介而进行交流的过程；2）突破传统的原作者和原文本为中心的研究方法，开启以译者主体性和目的语文化为视角的翻译研究新途径；3）翻译研究的途径和方法应当是多维的、相互补充的，而不是单一的、互为攻讦的。

王佐良翻译的文化分析方法和思想产生于20世纪80年代初这样一个特殊的时期，传统思想观念和现代价值理念大规模登台亮相，相互碰撞，形成了一道独特的亮丽风景。传统翻译理论和当代西方翻译理论经历了一个由彼此陌生、排斥，到逐步借鉴、融合，相得益彰的过程。王佐良的文化翻译观的形成既得益于这样一种特定的历史变迁过程，同时也受制于这一特定的历史环境。他的文化翻译思想既有新颖和前瞻的一面，当然也有系统性和深刻性不足的一面。尽管如此，笔者认为，这不妨碍我们探寻和认识王佐良在当代中国文学翻译史上所做的创造性的理论贡献以及他的翻译思想所带给我们的启发。

---

[27] 许钧：《论翻译之选择》，《外国语》2002年第1期，第62页。

王佐良的诗歌翻译观

吴文安

（北京外国语大学英语学院）

一、引　言

王佐良先生故去已经 18 年有余，时过境迁王老的身影似乎已经在历史的烟尘中越走越远，逐渐模糊了。即使是在北外校园里，提及和了解他的老师和学生也已不多。很多年轻教师根本就没有见过王先生，只有耳闻罢了。唯有学校档案室里，依然保留着有关王先生的资料。对于从事翻译研究的人来说，王先生却是中国 20 世纪翻译史上绕不过去的人物，他的理论和译作仍然值得我们好好研读和学习。

二、王佐良与诗歌翻译

王佐良 1916 年出生于浙江上虞，1935 年考入北平清华大学外语系，1937 年随校前往云南昆明，在西南联大继续学习，1939 年毕业后留校工作。1943 年 3—8 月曾在昆明干海子美军炮兵训练大队担任秘书以及翻译。1946 年 6 月，清华大学迁回北京，王佐良随之回京，在外文系任教至 1947 年 7 月。同年考取庚款公费留学，前往牛津大学，就读于墨顿学院，师从威尔逊教授，1949 年获得 B. Litt 学位，当年秋天回国。回国之后，他首先在北京华北大学政治研究所学习，1950 年 3 月，由于国内院系调整，王佐良被分配到当时的北京外国语学院任教,直至去世。作为英语系的教授,他也曾担任过一些行政职务,如英语系主任和北京外国语学院副院长(1981—1984年)以及《外语教学与研究》和《外国文学》的主编。"文革"结束后,王佐良先生重新焕发了学术热情。据统计,在1984—1994年的十年间,王先生就先后出版著作16部,效率惊人。最后一部著作是《中楼集》,由辽宁教育出版社于1995年出版。那时的北外盛极一时,王先生和许国璋、吴景荣一起被称为中国的三大英语权威。

具体到文学翻译,早在20世纪80年代末,我国设立首批外国语言文学博士点之时,王先生就成为我国第一位文学翻译博导。他在文学翻译方面既有实践又有理论,是一位身体力行的翻译实践家和理论家。他为人熟知的译作当属培根的《谈读书》,译文模拟培根的原文,用浅近的文言译出,在保留原文特色的基础上凸显了中文雅致、整齐的特色,脍炙人口,在翻译界被视为典范。他与外国友人合译的《雷雨》英译本也广受赞誉。1950—1951年间,他还参加了《毛泽东选集》1—4卷的英译工作。作为英语文学教授,他用功最勤的还是英国诗歌方面。这与他本人早年的兴趣也密切相关。他从学生时代就写诗,诗作曾经被闻一多收入其主编的《现代诗钞》,也曾经发表过英文诗。他在北外英语系开设相关的文学课程,很多理论著作也都是围绕英国诗歌展开的,如《英国浪漫主义诗歌史》(1991年)、《英诗的境界》(1991年)、《英国诗史》(1993年)等。涉及翻译和比较文学的著作有《风格和风格的背后》(1987年)、《翻译:思考与试笔》(1989年)、《论新开端:文学与翻译研究集》(1991年)、《论诗的翻译》(1992年)、《语言之间的恩怨》(1998年)、《文学间的契合——王佐良比较文学论集》(2005年)等。亲自翻译的诗歌选集有《英国诗文选译集》(1980年)、《彭斯诗选》(1985年)、《苏格兰诗选》

(1986年)等[1]。孙致礼曾经把王佐良的诗歌翻译特点归纳为：以诗译诗，尽量求似，不拘细节，着眼全局。而陈亚明则把他的诗歌翻译观分类为：(1)选题；(2)从社会文化背景理解诗歌；(3)追求本质的翻译；(4)文化意识；(5)诗人译诗；(6)坚信诗歌可译[2]。这些都是对王佐良诗歌翻译很好的概括。也有个别学者，如王秉钦就曾经批评王佐良的翻译观点都是分散在一些散文、杂论中，总是零零散散，没有系统性。要更进一步了解王佐良的诗歌翻译观，从零散的评论中总结出一些要点，我们需要结合他的翻译实践重新审视一番。

三、王佐良的诗歌翻译观

1. 崇尚直译

王佐良非常强调翻译的忠实性。他在《新时期的翻译观》一文中指出："一切照原作，雅俗如之，深浅如之，口气如之，文体如之。"翻译时要按照不同的文体确定不同的译法。传播信息的文字主要翻译意思，文学作品的翻译要注重形式，常需直译。诗歌的翻译又不同于其他文学作品的翻译，要"尽可能地顺译，必要时直译"[3]。王佐良的直译观，在他的诗歌翻译实践中显露无遗。他不主张把外语中的意象简单地用中文熟语代替，认为译文应该保持新鲜，有一定的洋味。

> And I will luve thee still, my dear,
> Till a'the seas gang dry.
> 我将永远爱你，亲爱的，
> 直到大海干枯水流尽。

---

[1] 孙致礼：《我国英美文学翻译概论：1949—1966》，译林出版社，1996年，第106页。
[2] 陈亚明：《试论王佐良的诗歌译作与译论》，《淮阴师范学院学报》2004年第4期，第458页。
[3] 王佐良：《翻译：思考与试笔》，外语教学与研究出版社，1989年。

> Till a'the seas gang dry, my dear,
> And the rocks melt wi'the sun!
> 直到大海干枯水流尽，
> 太阳把岩石烧作灰尘。

他没有用中文里的"海枯石烂"，而是按照字面翻译，避免了中文读者一扫而过，而是让读者接近原文，在短暂的停顿思考中体会原作意旨。

2. 以诗译诗

王佐良关于诗歌翻译的另一条准则是用诗歌的形式翻译诗歌，这也是从尽量直译的原则延伸而来。在王佐良看来，诗歌翻译应该再现原诗的精神，译者要以诗译诗。传译原文语言文字的形式非常困难，但不等于不能翻译，也不宜置形式于不顾[4]。在《英国诗文选译集》序言里王佐良特别强调："此中的体会，主要一点是译诗须像诗。这就是说，要忠实传达原诗的内容、意境和情调；格律要大致如原诗（押韵的也押韵，自由诗也作自由诗），但又不必追求每行字数的一律；语言要设法接近原作，要保持其原有的新鲜或锐利，特别是形象要直译。"[5]

谈到彭斯诗歌的翻译，王佐良解释了自己是如何翻译原诗格律的，即形式力求接近，诗行一样，韵脚一样，节奏一样。但他强调如果节奏都相同就会显得单调，不妨在合适的地方改变一下节奏，寻求变化。

3. 译者角色

王佐良一贯主张诗人译诗，一个自己不会写诗的人很难把诗歌翻译好。在评论《戴望舒译诗集》时，王佐良声称"只有诗人才能把诗

---

[4] 熊辉：《试论形式之维的诗歌误译》，《天津外国语学院学报》2009年第2期，第45页。
[5] 王佐良：《英国诗文选译集》，外语教学与研究出版社，1980年，第2页。

译好"[6]。只有写诗的人才能把握原诗的要素，才能深切体会译入语的诗风，才能根据译入语语言的变化调整译文语言，起到两种文化和文学相互交流的作用。诗人译诗能够在译诗的过程中对于诗的题材和艺术有新的体会，促进自己的诗歌创作，而译者也可以把自己写诗的经验用于译诗。这样两者相互启发，能提高译文质量和促进文学之间的取长补短。

在中译外和外译中的问题上，王佐良先生独到的见解也和一些国内学者截然不同。他认为，文学翻译的要求很高："就译者个人说，他必须对于语言有足够的敏感，必须认识它的特点、层次、精华所在，弱点所在，它的过去与现在，有哪些事是它乐于做也善于做的，又有哪些是它不愿意做也做不好的，特别是它处于比较活跃、变动较多的时候更需要有清楚的认识。"[7]

鉴于此，王佐良认为，中国人从事中译外工作，尤其是文学翻译方面，除了少数久居国外的华裔之外，很难达到高要求。"这样的认识一般只有本族语者才有——这就是为什么对于中国译者来说，他主要的工作只能是外译中。特别是在诗歌翻译方面，外文特好的人虽然也不妨偶尔一试将中国诗歌译成外文，但他的真正成就必然是在外译中。这是因为正是在诗歌中，一种语言处于最本质、最纯粹又最敏锐的状态，就连本族语者也须有修养、锻炼和敏感，才能运用得好，更不必说只是在课堂上根据书本学外语的外国人了。"[8]

他特别指出，即使是外译中，译者也应该选择那些语言风格上适合自己所长的作品来翻译，因为译者个人有风格和局限性，不可能什么都可以翻译。本族语也是博大精深的，并非一个人所能够完全掌

---

[6] 王佐良：《论诗的翻译》，江西教育出版社，1992年，第19页。
[7] 同上书，第105页。
[8] 同上。

握。王佐良对于翻译的作用、译者的所长所短都有清醒的认识。在当前中国有关部门大力提倡中译外的形势下,这种翻译思想尤其显得重要。提倡中译外未尝不可,但译文效果究竟如何,能不能被外国读者欣然接受,能不能起到传播文化的作用等,都是亟待解决的问题。在这些问题没有很好地解决之前,还有很多调查研究工作要做。

4. 重视文化

20世纪90年代初,奥地利学者斯奈尔·霍恩比提出了文化转向的问题,重点是进行翻译研究时不应对文本进行脱离语境的研究,而应该把文本看作整个世界的一部分。她在评论弗米尔时说,翻译从根本上而言是跨文化传译,译者如果不能做到了解多种文化,至少也应做到了解两种文化,语言本质上是文化的一部分,研究翻译应该把文本和其相关的社会文化背景联系起来[9]。王佐良先生虽然没有明确提出文化转向,但他早在1984年就写过《翻译中的文化比较》和《翻译与文化繁荣》两篇文章强调文化在翻译和翻译研究中的作用。

在王先生看来,把翻译和文化联系起来是翻译中的难题:"翻译里最大的困难是什么呢?就是两种文化的不同。在一种文化里头有一些不言而喻的东西,在另外一种文化里头却要费很大力气加以解释。对本族语者不必解释的事,对外国读者得加以解释。每个翻译者都有这类经验。"[10]虽然译者"处理的是个别的词,他面对的则是两大片文化"[11]。要做一个合格的译者,必须精通或者说熟谙两种文化,本族文化不用说,外国文化需要下功夫去了解,那是必不可少的。因为翻译的起点是语言,但语言的背后是文化,不同文化存在着巨大差异。在

---

[9] Snell-Hornby. M. *Linguisitic Transcoding or Cultural Transfer? A Critique of Translation Theory in Germany* [A], S. Bassnett & A. Lefevere (eds.) Translation, *History and Culture*, Pinter Publishers, 1990, P. 82.
[10] 王佐良:《翻译:思考与试笔》,外语教学与研究出版社,1989年,第34页。
[11] 同上书,第19页。

译者对两种文化的了解程度方面,王佐良也提出了很高的要求:"不是说一个大概的了解,而是要了解使用这一语言的人民的过去与现在,这就包括了历史、动态、风俗习惯、经济基础、情感生活、哲学思想、科技成就、政治和社会组织等等,而且了解得越细致、越深入越好。"[12]

在《翻译中的文化比较》一文中,王佐良举了翻译史上大家耳熟能详的例证,即严复、林纾和鲁迅。严复的翻译动机、翻译策略都和当时的文化背景息息相关。出于富国强兵的目的,严复着力引介西方社会科学,就是为了拯救中国文化于水火。而他使用文言文翻译主要是投当时的士大夫之所好。"严复是一位苦心孤诣的译者,他了解西方资本主义文化,也了解中国士大夫阶层的心智气候即文化情态,两相比照,才定出了他那一套独特译法。"[13]说到林纾,他虽然不懂外文,却在文学翻译上取得了巨大成功,这也是当时的历史文化背景使然。王佐良以林纾的译本之一《巴黎茶花女遗事》为例:"1896年,上海已由一个小县城变成一个受西方帝国主义列强控制的商埠即国际都市,官僚、买办、商人、小市民们逐渐对资本主义社会发生兴趣,因此这本以欧洲繁华都市巴黎为背景的言情小说一问世,就成了那时候的畅销书。"[14]王佐良还提到了鲁迅的翻译。鲁迅是作家,同时也是翻译家,他的翻译和创作与他当时对中国文化和世界文化进行比较之后的思考密切相关。对于当时近乎蒙昧无知的国人,鲁迅哀其不幸,怒其不争,他的翻译和创作都是为了唤醒大众,着眼于国人的精神生活和中国的将来。

王先生凭借其翻译理论家的敏锐洞察力看到了译本传播效果背后

---

[12] 王佐良:《翻译:思考与试笔》,外语教学与研究出版社,1989年,第18页。
[13] 同上书,第20页。
[14] 同上书,第20页。

的文化取舍。他指出，外国真正优秀的作品移植不过来，而二三流的作品却受到远超出本身价值所应得的欢迎，或是在本国不应该受到冷遇的作品译成另外一种文字却能产生独特的光辉，而同一著作或作品在不同国家所引起的反响也常常不一样。在分析这两种现象时，王佐良明确提出，虽然造成此类现象的原因很复杂，但这不仅仅是译者的眼光和能力造成的，真正的原因除了历史的、社会的、文化的因素，其他都是次要的。就拿拜伦和华兹华斯来说，拜伦之所以在中国受欢迎，这和当时中国的社会背景，即寻求革命和新生紧密相关。而华兹华斯的作品虽然在英国本土备受推崇，其表面淡泊、宁静而实则强烈的风格在中国却一时找不到合适的土壤，而且他的自然观在中国田园诗里也是屡见不鲜，不算奇特。

王佐良认为，翻译研究不能局限于译文和译者，应该和历史文化背景联系在一起。这一想法的确和西方学者不谋而合，甚至可以说比西方学者提出的更早。巴斯奈特于1980年出版了《翻译研究》，然而直到2002年，在为该书第三版所写的前言中才明确提出："翻译不仅仅是文本从一种语言转换到另一种语言，而是文本之间以及文化之间的对话过程，这一过程当中所有活动都由译者这个人物来完成。"[15]

以上简要介绍了王佐良的诗歌翻译观，他的翻译思想远不只这些，还有很多重要的观点，比如译者要尊重读者，要了解文体学，要了解语境，要具有创造性，文学名著应该经常重译等，这些都需要更进一步的梳理和挖掘。

四、研究王佐良翻译思想的意义

正如某些学者论述的那样，王佐良有关翻译的论文较为零散，没

---

[15] 苏珊·巴斯奈特：《翻译研究》，上海外语教育出版社，2004年，第6页。

有大部头的系统论述，甚至个别地方还有漏洞。虽然如此，我们也不能全盘否定王佐良翻译思想的意义。他的翻译思想承继了中国学术史散文随笔的传统，把精妙的思想撒播在篇篇美文中，仿佛零散的珍珠，虽不成系统，却也熠熠生辉。后人要做的就是把这些珍珠穿起来，梳理概括，使之成为前后贯通、一脉相承的体系。

初步研究证明，王佐良在相对较为闭塞的年代竟然也遵循着实践启迪理论、实践和理论相互生发的路径，不谋而合当中提出了和外国学者较为相近的理论观点，甚至在外国学者之前就提出了类似看法。上面提到的他对文化与翻译相互关系的重视就与外国学者斯奈尔·霍恩比的观点十分接近。他关于严复、林纾和鲁迅等的论述涉及从译入语文化角度分析译作成功与否，谈到译入语文化以及社会、政治等因素对译文接受的决定性影响，这些也与以色列当代翻译理论家埃文·佐哈尔的多元系统理论以及图里的译入语规范影响翻译策略的理论相互印证，如出一辙。他的核心翻译思想，即崇尚直译以及诗歌翻译须以诗译诗等，充分体现了尊重原作和源语文化的理念，这与美国当代翻译理论家韦努蒂的异化翻译观非常相似，有异曲同工之妙。王佐良关于译文应该反映原作特色，传播源语文化，避开主流话语，使用生动活泼的新鲜词语等看法与当代翻译理论的主流十分契合。这表现出他非同一般的理论视野和预见性，也说明中国学者在翻译理论方面的敏锐性丝毫不比外国学者差。

研究王佐良以诗歌翻译观为代表的翻译思想可以帮助我们回顾中国翻译界的前辈大家，汲取精华，增强信心，从而实现在学术层面与世界学人对话的目的。中国不是没有翻译思想，只是欠缺整理和挖掘。立足本土文化，放眼全球，为世界翻译理论贡献中国元素，就是研究王佐良翻译思想的意义所在。

从王佐良英译《雷雨》管窥译者主体性

刘 鹏 黄梦冉

（三峡大学外国语学院）

一、引 言

《雷雨》作为中国现实主义悲剧的杰作，享有崇高的历史地位，同时具有极高的艺术价值。它是半封建半殖民地中国的残酷社会现实的写照，故事情节曲折，剧中人物栩栩如生；1958 年经王佐良和巴恩斯（Barnes）译成英文后，由外文社出版发行，受到各界好评，也成为学者们研究的对象。该译作对原作理解透彻，译笔传神，体现出译者高超的翻译技巧和深厚的语言功底。本文拟从译者主体性的角度探讨王佐良如何在《雷雨》翻译过程中发挥自己的主体性问题。

二、理论阐释

戏剧翻译在文学翻译研究中具有特殊性。许多学者从宏观或微观的视角对此类翻译进行了研究。理论上，潘智丹、张雪探讨了戏剧翻译理论的研究视角和翻译模式及其相互关系[1]，孟伟根提出戏剧翻译的标准[2]，孟伟根研究了戏剧翻译作品的性质、戏剧翻译的目的、戏剧翻译文本的特点、戏剧文化的转换和戏剧翻译者的地位等[3]，张香

---

[1] 潘智丹、张雪：《论戏剧翻译理论的研究视角》，《外语与外语教学》2009 年第 4 期。
[2] 孟伟根：《戏剧翻译研究述评》，《外国语》2008 年第 6 期。
[3] 孟伟根：《论戏剧翻译研究中的主要问题》，《外语教学》2009 年第 3 期。

筠论戏剧翻译的特色[4]，吕世生讨论了中国戏剧外译的双重制约[5]；微观方面，席珍彦研究了戏剧对白翻译的舞台性和文学性以再现人物的神韵[6]；等等。这些研究成果为后续研究奠定了坚实的基础，也为后来者指明了研究方向。戏剧翻译的特性可以总结如下：戏剧具有以动作和语言为基本要素用于舞台表演的特点，要兼顾戏剧翻译的"舞台性""观众性"，达到目标语译文对译文观众的效果与原著对原文观众的等值，即原文与译文的语用等效[7]。而戏剧语言之精华是人物对白。戏剧对白既具文学性，也蕴含文化问题，更体现戏剧人物的神韵。从某种意义上说，戏剧主要是对白的艺术；看戏剧翻译中的译者主体性，主要是看译者对戏剧对白的翻译处理。

自从20世纪70年代翻译学出现"文化转向"后，译者的中心地位凸显出来，译者主体性受到广泛的关注。国外翻译理论诸如操作理论、女性主义翻译理论、接受美学和阐释学理论等，都就译者主体性提出了不同主张。国内这方面的研究成果也颇丰。朱献珑、屠国元[8]、胡庚申[9]、陈大亮[10]和查明建、田雨[11]等都从不同的角度对译者主体性进行了卓有成效的研究。其中，刘军平的观点具有代表性。他认为，译者主体性是指译者在翻译活动中创造性地发挥自己的主体意识，在翻译策略和方法上凸显译者的独特性的过程，其具有4个特点：（1）译者的主体意识和潜意识；（2）译者的主体创造性；（3）译

---

[4] 张香筠：《试论戏剧翻译的特色》，《中国翻译》2012年第3期。
[5] 吕世生：《中国戏剧外译的双重制约》，《中国翻译》2015年第5期。
[6] 席珍彦：《再现人物的神韵——戏剧对白翻译的舞台性和文学性刍议》，《当代文坛》2012年第5期。
[7] 林海霞：《框架语义学对〈雷雨〉英译的指导性语用研究》，《南通大学学报》（社会科学版）2015年第5期。
[8] 朱献珑、屠国元：《论译者主体性——张谷若翻译活动个案研究》，《中国翻译》2009年第2期。
[9] 胡庚申：《从"译者主体"到"译者中心"》，《中国翻译》2004年第3期。
[10] 陈大亮：《谁是翻译主体》，《中国翻译》2004年第2期。
[11] 查明建、田雨：《论译者主体性》，《中国翻译》2003年第1期。

者意向性与选择性;(4)译者的操纵或抵抗[12]。

可以说,译者主体性在很大程度上就是指译者创造性;译作常被认为是原作的重生。翻译过程中译者既依从于原作,同时也是独立的创作者。谢天振就提出过文学翻译是"一种跨文化的创造性叛逆"思想[13]。王佐良也认为,正是由于翻译包含实验,所以它才是一种令人神往的"再创造"。[14]

三、王佐良译《雷雨》所展现的译者主体性

王佐良之所以能在英语文学及其翻译领域做出巨大贡献并蜚声国内外,与他所受教育密不可分。他早年在教会学校念书,比较早地接触到英国文学作品,1935年进入清华大学外文系学习,并从朱自清和钱锺书等大家的译作中汲取经验。1947年秋考取庚款公费留学,入英国牛津大学,成为墨顿学院研究生,师从英国文艺复兴学者威尔逊教授。王佐良的双语背景和中西文化的熏陶以及翻译方面的素养,为他从事《雷雨》的翻译做好了语言、文化等多方面的准备。

四幕剧《雷雨》是一部经典之作,深入地揭露了旧中国根深蒂固的封建残余思想与资本家剥削对普通民众的压迫,剧情围绕鲁家和周家复杂而交织的命运展开。该剧本于1934年出版后,成为中国戏剧走向成熟的标志,随后译成日文、朝鲜文和越南文,产生了较大的国际影响。王佐良选择这样一部优秀作品进行英译,这项工作本身的价值不言而喻。

不同文化有不同的言语行为规范和道德准则。译者在翻译时基于不同语言文化之间的差异所进行的调整处理,就体现出译者的

---

[12] 刘军平:《从跨学科角度看译者主体性的四个维度及其特点》,《外语与外语教学》2008年第8期。
[13] 谢天振:《翻译研究新视野》,福建教育出版社,2015年。
[14] 王佐良:《王佐良全集》(第8卷),外语教学与研究出版社,2015年。

主体性。语言是文化的载体，而语言间的差异通常体现在词汇和句法之上。依据对《雷雨》原文文本词句的统计，我们拟通过分析"把"字句、"愿意"和"糊涂"这三个出现频率最高的语词的翻译来具体探究王佐良在《雷雨》翻译过程中所表现出的译者主体性。

1. "把"字句的翻译

以"把＋O＋V"为基本形式的"把"字句是汉语的特有基本句法结构，一般带有"处置义"。英语中没有对应的类似结构，因此翻译时译者需要发挥主动性和创造性。我们发现在《雷雨》中有116个"把"字句。这些"把"字句又可具体分成4个主要形式："把＋Object（宾语）＋Verb（动词）"、"把＋Object＋Verb＋Complement（补语）"、"把＋Object＋Adverb（状语）＋Verb"和"把＋Object＋Adverb＋Verb＋Complement"。下面将讨论译者如何根据不同的上下文采用不同的译法。

1.1 "把＋Object＋Verb"式

译例：

（1）周朴园：厂方已经把他开除了。

ZHOU: Anyway, he's already been sacked.

（2）大海：我看你把周家的活儿辞了，好好回家。

HAI: I think you'd best pack up this job here and go back home.

工人被厂方开除，应是不幸，这样"把＋Object＋Verb"式中的宾语"他"就是"遭受"方，因此例（1）中将"把＋Object＋Verb"式译成被动句是适合的，语义上也更连贯，因为"他"即鲁大海，是谈论的焦点。第二例中的"把周家的活儿辞了"是让对方主动采取措施，因此该式带有"处置义"，采用英语更常见的"主谓宾"句式译成 pack up this job 比较适宜。

1.2 "把＋Object＋连谓"式

译例：

（3）鲁贵：……，别忘了<u>把新衣服都拿出来给她瞧瞧</u>。

LU: …, don't forget to <u>get all you new clothes out and show them to her</u>.

"连谓"式是汉语典型的谓词结构，这里译者采用顺译法，以双谓语形式并用 and 连接来进行对译，是一种比较简洁明了的做法。

1.3 "把＋Object＋Adverb＋Verb"式

译例：

（4）四凤：爸，您看您那一脸的油！——<u>您把那皮鞋再擦擦</u>吧。

FENG: Look at your face, Dad. You might at least wipe it!... And <u>you'd better have another go at those shoes</u>, too.

（5）鲁四凤<u>把屋子略微整理一下</u>，不用的东西放在左边小屋里，等候着客进来。

Sifeng <u>hurriedly straightens up the room as best as she can</u>. She tidies some of the things away into the curtained recess, then stands waiting for the visitor.

例（4）中四凤说"您看您那一脸的油"，言下之意是让她父亲把脸上的油擦干净，接着又发出第二个指令——再把皮鞋也擦一下。因为英语表达中常常避免重复使用同一个动词，这里是戏剧对白，因此译者将第二个动作译作口语化的说法 have another go at those shoes, too，这样就顺应了英语的表达习惯，在语体上也是适切的。四凤自尊心强，周家二少爷周冲突然来访，她不想让对方看到自己家里凌乱不堪。如果将例（5）中的"把屋子略微整理一下"直译 tidy up the room a little，则不足以反映当时时间短促而四凤急急火火收拾家具的真实情景，所以译者用 hurriedly 一词和 as best as she can 从句更加准确地把四凤的一系列行为及其动机明白地表达出来了。亦即将"把屋子略微整理一下"译成 Sifeng hurriedly straightens up the room as best as she can 既适合语境，更能凸显四凤不想让自己的家境给对方留下个不好印象的急切心情，在某种程度上说译文超越了原文，这就是译者的一种"创造性叛逆"。

1.4 "把＋Object＋Adverb＋Verb＋Complement"式

译例：

（6）蘩：你父亲……十几年来像刚才一样的凶横，<u>把我渐渐地磨成了石头样的死人</u>。

FAN: Your father…, All these years he's been the hateful tyrant that you saw this morning. <u>He gradually ground me down until I became as cold and dead as a stone</u>.

译文首先是采用了直译法，将"把我渐渐地磨成了"直译作既表动作又表示结果的动词短语 ground me down，后半部分"石头样的死人"则采用了顺译法，使用一个结果状语从句 until I became as cold and dead as a stone 以完整再现原句的意蕴。此外，因为原句较长，如果译文也用一个句子来对译，就不适合舞台表演，所以译者将原句拆分译成了两个句子。这样处理，正如王佐良自己在翻译原则上所主张的：尽可能地顺译，必要时直译；任何好的译文总是顺译与直译的结合。

从以上分析可知，对汉语的同一"把"字结构，王佐良根据其不同的语境，能动地采取多种不同形式来对译：一方面为使译文适合目的语的表达习惯；另一方面，也是为了让译语便于舞台表演。

2. 动词"愿意"的翻译

《雷雨》剧本里"愿意"一词出现 48 次，该词一般直译为 be

willing（to do），但是译者根据不同的剧情采用了灵活的译法以将其不同的内在意蕴充分表达出来。例如：

（7）冲：您不愿意吗？您以为我做错了吗？

CHONG: Why, don't you approve? You don't think I've done wrong, do you?

（8）冲：我将来并不一定跟她结婚。如果她不愿意我，我仍然是尊重她，帮助她的。

CHONG: Of course, it's not absolutely certain that I'll ever marry her, but even if she doesn't want me for a husband, I'll still have great respect for her and try to help her.

（9）鲁妈：是的，我一直也是不愿意这孩子帮人。

MA: I realize that, I've been against her going into service all along.

王佐良主张译文要做到"一切照原作，雅俗如之，深浅如之，口气如之，文体如之"。在《雷雨》的翻译中，他也做到了这几点。具体点说，例（7）中，周冲向繁漪坦白他爱上了四凤，希望得到母亲的准许，因此，"您不愿意吗"一句中的"愿意"就是"许可""准许"之义，其英语对应词是 approve，这样，将"您不愿意吗"译成 don't you approve 是贴切的。当谈到四凤是否会嫁给他时，周冲用了"如果她不愿意我"，说得较隐晦，实际意味"如果四凤不愿意嫁给我"，用 if she doesn't want me for a husband 来对译，则显得直白，也符合英语口语表达习惯。例（9）中，尽管鲁贵瞒着他的妻子鲁侍萍让四凤进了周家去服侍主人，但是鲁侍萍源于自己早年在周家的悲惨遭遇一直是不想或者应该说坚决反对让四凤出来给别人（尤其是周家）做用人的，短语"不愿意"语气比较坚定，用 against 一词能同样表明她的明确立场和态度。

3. "糊涂"一词的翻译

上下文不只是语言问题；说话是一种社会行为，上下文实际上是提供了一个社会场合或情境，正是它决定了词义。尽管在《雷雨》中"糊涂"一词出现17次，但在不同场景中意谓有别。例如：

（10）鲁妈：（见周萍惊立不动）<u>糊涂东西</u>，你还不跑？

MA: (realizing that Chou Ping is still standing there rooted to the spot) Run, <u>you fool</u>! Don't just stand there!

（11）大海：（顿脚）妈！<u>你好糊涂</u>！

HAI: (stamping his feet) Mother, mother! <u>What an idiotic thing to do</u>!

（12）鲁妈：哦，我的孩子，外面的河涨了水！<u>你别糊涂啊</u>！孩子！

MA: Oh, my child! The river's flood out there! <u>You mustn't do it</u>! Sifeng!

以上三个例子中的"糊涂"一词因所在各句语言形式不同、口气不同、对话双方社会关系不同而词义上有所差异。译者要将这些差异准确用目的语表征出来，就必须发挥主体作用。例（10）中，当鲁大海得知周萍与四凤的私情后，怒不可遏，拿刀奔向周萍，鲁侍萍怕出事，急忙挡住鲁大海好让周萍逃走，见周萍惊立不动，便骂他"糊涂东西"。鲁侍萍此时的心情是复杂的，她知道周萍是自己亲生的儿子，与四凤是同母异父的兄妹，可闹出了这种私情，真是胡闹，让她撕心裂肺，"糊涂东西"一语即表达她对周萍的斥责，同时也骂周萍面对危险而不知躲避。情急之下，简短评价语"糊涂东西"用得恰如其分；英语对译说法 you fool 同样也是名词性评价短语，一语双关，言简意赅。

例（11）中的"糊涂"是鲁大海用来责备他母亲的，怨她不该拦住自己，让周萍逃跑了。此时，他并不知道周萍是他的哥哥，因此，就不能理解母亲阻拦他的原因。英语里，儿子出于礼貌，不大可能说自己的母亲 you fool，使用 an idiotic thing 这个说法就不针对人，只针对这事，同时又借感叹形式表达出了自己内心的强烈愤慨，这样一吐为快，也比较得体。

例（12）中的"糊涂"使用的场景这样的：四凤因自己与周萍的恋情被母亲得知后，出于羞愤而离家出走，她母亲担心她想不开而寻短见，因而极力阻止她做傻事。You mustn't 表示禁令，长辈对晚辈采用这种命令的语气是合适的，此情此景之下这种强烈的意味也是必要的，可谓用得恰如其分。

也就是说，同一个汉语词"糊涂"在翻译成英文时，王佐良为了再现原作的风貌和精神，依照剧情的不同需要采用了不同的译法，忠实而比较完美地传达了说话人的意图以及各自表达意图时在口气和态度等方面的细微差异。

四、结 论

主体性作为译者的内在特质，在译本中无处不在。在翻译过程中，译者有意或无意显露这一特质，从而给译文打下自己的烙印。也就是说，译者不可能完全忠实于原文，而是以不同的方式来显示自己的存在。通过《雷雨》中三个语词的分析可知，理想的译文是译者基于自己对原作的判断和理解而主观能动地进行目的语词汇和句式选择，并做出得当的翻译处理结果。

诗人王佐良

张中载

（北京外国语大学英语学院）

学界称王先生教育家、作家、评论家、翻译家、比较文学家、诗人。他不在乎这些"家"的头衔，称他诗人，他是最喜欢的。他一生中著述等身，写的诗却并不多，但是的确写得好。

与其他诗人不同的是，他同时用中英文写诗，不只是写诗，还评诗、译诗、编诗集、写诗史。读《王佐良全集》，可看到他毕生用心于诗。综览他的全部著作，有七部与诗有关。

他从中学时代就开始在《中学生》等著名刊物上发表文章和诗作。上大学时继续写诗，有两首被闻一多先生收入他主编的《现代诗钞》。1936年，他20岁，诗作《暮》就展示了他写诗的才华。

《暮》
浓的青，浓的紫，夏天海中的蓝；
凝住的山色几乎要滴下来了。
夕阳乃以彩笔渲染着。
云锦如胭脂渗进了清溪的水——
应分是好的岁月重复回来了。
它于是梦见了繁华。

不是繁华！

夜逐渐偷近，如一曲低沉的歌。
小溪乃不胜粗黑树影的重压了。

树空空地张着巨人的手
徒然等待风暴的来到——
风已同小鸟作着亲密的私语了。

静点吧，静点吧；
芦管中有声音在哭泣。
看！谁家的屋顶上还升腾着好时候的炊烟？

  先生在大学讲授英国文学课，讲得最精彩的是英诗，莎士比亚的诗句和十四行诗。诗人讲诗，与众不同，能把写诗的激情放进去，极富感染力。他使我们爱上了英诗。

  他讲课有诗人的风度。走进教室，往往是空手而来，不带讲稿。在讲台站定后，从西装口袋取出几张卡片，放在讲台上，却往往是对它们不屑一顾，脱稿讲课，如数家珍。像他的英国老师燕卜荪，王先生有超强的记忆力，能成首地背诵英诗，成段地背诵莎剧。燕卜荪在中国抗日战争时期在西南联大给学生讲莎士比亚戏剧和英诗，苦于缺失教材，就用他随身带的打字机，全凭记忆，把莎剧和英诗打出来，油印后发给学生，用作教材。

  学生印象深刻的是他讲授苏格兰诗人彭斯的爱情诗《一朵红红的玫瑰》(*A Red, Red Rose*)和《友谊地久天长》(*Auld Lang Syne*)。这两首诗几乎传遍了英语国家，后者成为歌词后，更是唱遍全球，使彭斯名扬天下。

  讲《一朵红红的玫瑰》，先生先是背诵原诗：

O, my luve's like a red, red rose,
That's newly sprung in June.
O, my luve's like the melodie,
That's sweetly played in tune.

As fair art thou, my bonnie lass,
So deep in luve am I;
And I will luve thee still, my dear,
Till a' the seas gang dry.

Till a' the seas gang dry, my dear,
And the rocks melt wi' the sun;
And I will luve thee still, my dear,
While the sands o' life shall run.
……

然后先生背诵他的译文：

呵，我的爱人像朵红红的玫瑰，
六月里迎风初开；
呵，我的爱人像支甜甜的曲子，
奏得合拍又和谐。

我的好姑娘，多么美丽的人儿！
请看我，多么深挚的爱情！
亲爱的，我永远爱你，

纵使大海干涸水流尽。

……

先生评论道：这首诗清新，咏美人而无一丝脂粉气；它明白如话，但又有足够的分量和深度。同样以花咏美人，却无赫里克（Robert Herrick，1591—1674）所写的《致妙龄女郎》（*To the Virgins, to Make Much of Time*）中的诗句"采摘玫瑰花蕾吧，趁你还年轻……"以及我国唐诗《金缕衣》的诗句"有花堪折直须折，莫待无花空折枝"所蕴含的人生几何、及时行乐的消极情调。他还说，好诗的内容、语言、意象、比喻等都要以新鲜取胜，英美的现代诗就给人带来耳目一新的愉悦。译诗也一样，要尽量避免陈词滥调，四字成语。他说他译"Till a' the seas gang dry"和"And the rocks melt wi' the sun"，没有用大家所熟悉的"海枯石烂"，而是用"亲爱的，我永远爱你，纵使大海干涸水流尽"。

先生喜爱彭斯的诗，固然是因为他的诗像民谣一样有浓郁的乡土芬芳，有一种毫无雕琢的自然美。另一方面，不同于出身富家的诗人，他用一个田间劳动者的眼光述说世界，情感真挚、朴实，语言生动。诗人年轻时遭受的贫困和不公正深得先生的同情。王公这种站在受压迫受苦难人民一边的高尚情怀，也表现在他用英语写的《论契合——比较文学研究集》。他在书中写道："After all, it is the people's sufferings that have made literature poignant, as their aspirations have made it noble."（"毕竟，是人民的痛苦成就了文学的深度，是人的渴望成就了文学的崇高。"）

他为人民呐喊的情怀，也可见于1942年写的诗句：

……

那点愚笨却有影子，有你我

> 脆弱的天秤所经不住的重量。
> 那愚笨是土地,
> 和永远受城里人欺侮的
> 无声的村子。那点愚笨
> 是粗糙的儿女和灾难。

1947年,他在赴英留学的轮船上写了《去国行》,共五首,在《上海》这首诗中,他吐露同样的爱憎分明:

> 有几个上海同时存在:
> 亭子间的上海,花园洋房的上海,
> 属于样子窗和夜总会的上海;
> 对于普通人,上海只是拥挤和欺诈。

20世纪二三十年代,英美现代诗兴起,传到中国,激发了中国诗人写现代诗。五四新文化运动以及白话诗的流行为现代诗的创作创造了良好的文化环境。对王先生、穆旦等诗人产生影响的有三代诗人:第一代是在英美诗坛和理论界有巨大影响的艾略特和瑞恰慈(1893—1979);第二代是瑞恰慈的剑桥大学学生利维斯(F. R. Leavis,1895—1978)和燕卜荪,以及中国诗人叶公超、徐志摩和邵洵美。燕卜荪和叶公超在中国大学讲授英美现代诗,直接影响了作为他们的学生的青年诗人王佐良、穆旦、卞之琳。先生在《英国诗史》中称艾略特"是一个'新'人,而且新得不同于其他初露头角的诗人"(第430页)。他的那句"我是用咖啡匙子量走了我的生命"(《普鲁弗洛克的情歌》)的新鲜、奇特比喻让当代许多爱好诗歌的青年人着迷和模仿。

对这代中国青年诗人有重大影响的还有以奥登为首的"奥登一代"。

当英国在经济大萧条中苦苦挣扎时,这代诗人正在牛津大学学习,时局使他们成为左派。他们继承了艾略特的技巧,但在诗的内容上却迥异于艾氏的诗。诗的题材紧扣现实:英国国内的政治经济困境、工人失业和反法西斯战争。奥登是个很有正义感的左派诗人,本人曾赴西班牙,参加反法西斯的"国际纵队",后来去中国抗日战争前线采访、写作。先生称奥登的诗"抒发的是现代敏感。就在他吟咏几百年前的名画时,他的诗传达的也仍是现代敏感"(《英国诗史》第451页)。

20世纪80年代,是先生学术成果的丰收期。自1980年至1995年的15年,他有近30部著述出版,令人惊叹他的厚积薄发和勤奋。在谈起写《英国诗史》的心得时,他说"衰年而能灯下开卷静读,也是近来一件快事","尤其对我们来说,耽误了几十年的时间,就特别想把损失的时间尽量补回来"。

那几年,我和先生是近邻,同住北外西院4号楼2层,他常常工作到子夜。一天中唯一能运动运动的时间是在食堂吃过晚饭后,同我们一起散步。当时北外西院周边还都是农田,田间有小路可通往昆玉河、长河。有时他会驻足看西山日落,大有"夕阳无限好"的喜悦,却无半点"只是近黄昏"的感叹。有时,我跟他一起沿着河边小道骑车去颐和园南宫门。他骑的还是1949年从英国乘船回国时带回来的Raleigh名牌自行车。用了30多年的车子已显老旧,他却对它钟爱有加。它能使先生回忆在牛津的岁月。

今年是不堪回首的"文化大革命"结束40周年。1979年,先生写了一首题为《城里有花了》的诗,控诉那灾难深重的十年浩劫,欢庆好日子又回来了,城里又有花了。

《城里有花了》
草呀草,

绿又绿,
水边有树了,
城里有花了。

一个多事的秋天,
人们等待着过节,
忽然所有的花都不见了,
吹起了凄厉的西北风,
从此沙漠爬上人的心胸。
……

早已有了哥白尼,
早已有了加利略,
早已有了爱因斯坦,
早已有了几百年的星移斗转,
难道就是为了这样的终点?
不,人们说不,
人们说不是为这个,
人们开始只对自己说,
人们终于向大地吐露,
而人们是时间的宠儿。

草呀草,
绿又绿,
水边有树了,
城里有花了。

"英语诗歌与中国读者"
——王佐良先生的英美诗歌研究

张　剑

(北京外国语大学英语学院)

一

王佐良先生毕业于清华大学和西南联大，他的学术生涯的起步是在清华大学，应该说他学术上真正的成熟是在英国的牛津大学墨顿学院，在那里，他撰写了英文论文《约翰·韦伯斯特的文学声誉》(*The Literary Reputation of John Webster to 1830*)。对于王公来说，清华大学是他的学术生涯中非常重要的一个阶段，他后来也一直居住在清华大学，对清华怀有深厚的感情。但是他的一生大部分时间都在北京外国语大学工作，从1949年9月回国，到1995年先生去世，他在北外整整工作了40多年。可以说，他学术研究的黄金时代是在北外度过的，特别是改革开放后的15年中，他一共出版了16本著作，差不多是一年一本。

王佐良先生的著作全集2016年由外研社出版，一共12卷26本，加上他主编的著作12本，一共38本，可以说是著作等身。他的研究领域涵盖了英国文学研究、美国文学研究、比较文学研究、文学史研究、翻译研究、文体学研究等。但是如果我们仔细查看他的著作全集，我们会发现他的研究重点是英美诗歌，而不是其他。在他的26本著作中，只有两本关于戏剧，即《约翰·韦伯斯特的文学声誉》和《莎士比亚绪论——兼及中国莎学》，另有两本关于散文，即《英国散文的流变》和《并非舞文弄墨》,但是我们几乎看不到小说的专论,只有一些小说简论,散布在《照澜集》和其他集子中,并且这些简论确实很简,常常一个小说家大概有600—800字的介绍。

李赋宁先生在谈到王公时说:"我们在昆明上大学四年级时,燕卜荪先生讲授当代英美诗歌。佐良对英诗的浓厚兴趣,他后来对英诗的研究和翻译,以及他自己的诗歌创作,可能都与燕师的启发和教导有关。"[1] 燕卜荪是现代英国批评家,著有著名的《七类晦涩》,曾经在西南联大教授英国现代诗歌,影响了王公那一代中国学者和诗人。王公自己在《我为什么要译诗》一文中也说,他译诗"主要是因为我爱诗。原来自己也写诗,后来写不成了,于是译诗,好像在译诗中还能追寻失去的欢乐"。[2]

应该说,王公的大部分研究精力都用在了诗歌上。他撰写了《英国诗史》《英国浪漫主义诗歌史》《英诗的境界》,编辑了《英国诗选》,翻译了《彭斯诗选》和《苏格兰诗选》。即使他在讨论翻译、文体学和比较文学时,他举的例子都是诗歌。比如在《论契合——比较文学研究集》《翻译:思考与试笔》《论诗的翻译》《风格和风格的背后》中,都是如此。在他主编的五卷本《英国文学史》中,他也主要负责诗歌部分的撰写。除此以外,他本人也是一位诗人,一生创作了至少52首诗歌。这些都可以说明王公的一生与诗歌结下了不解之缘。

二

王公的英文论文《英语诗歌与中国读者》("English Poetry and the

---

[1] 王佐良:《〈王佐良文集〉序》,《王佐良文集》,外语教学与研究出版社,1997年。
[2] 王佐良:《王佐良文集》,外语教学与研究出版社,1997年,第491页。

Chinese Reader"）应该说是他写的最优秀的论文之一，既有分析的力量，也有总括的高度，令人印象深刻。在这篇文章中，王公对比了中国与日本学术界对英国玄学派诗歌的认知差异：日本对玄学派不以为然，而中国却对之兴趣盎然。为什么呢？王公说，这是因为玄学派诗歌的特点早在中国唐代诗歌中就有所体现，它所使用的奇喻、感性与理性有机结合等手法，都在中国读者心中能够激起一种回响。玄学诗歌不能激起日本读者的回响，是因为日本传统文学中没有这样的特点。因此，王公得出结论说："一个国家对外国文学做出的反应，告诉我们更多的是这个国家本身，而不是外国的文学。"[3]

王公的这个观点与"读者反应论"很相似：他认为，我们选择读什么外国文学？我们对什么作品感兴趣？都不是简单的选择，反映了我们自身的兴趣和爱好。如果想得更深入一点，我们会发现，它可能还反映了我们自身的评判标准、审美标准，甚至反映我们自身的意识形态与现实需求。王公举了几个例子，来证实这个观点，值得我们仔细玩味。第一，拜伦的《哀希腊》在中国很流行，翻译版本有七种之多，胡适、闻一多、卞之琳、马君武、苏曼殊、查良铮、杨德豫，都是大家的译文，各有特色。另外，在我们各种各样的英国文学和英国诗歌教科书中，都收录这首诗。但是如果我们看一看西方的教材，如《诺顿英国文学选读》，我们就找不到这首诗。在研究拜伦的《唐璜》的文章和专著中，评论这首诗的文字也非常稀少。可能不是因为这首诗写得不好，而是因为它对于西方的意义不如对于我们中国的意义那么重大。中国和希腊都是文明古国，创造了辉煌的文化，但是在近代都衰落了。20世纪初的中国和19世纪的希腊一样，是一个半殖民地国家。这就是为什么《哀希腊》对于我们中国是如此重要，因为我们

---

[3] 顾钧编：《文学间的契合——王佐良比较文学论集》，外语教学与研究出版社，2005年，第81页。

也有希腊那样的希望摆脱殖民和奴役、振兴国家的梦想。王公认为，这首诗的流行反映了汉族知识分子反抗清王朝压迫的情绪，"正是这种情绪的蔓延导致了满清王朝的灭亡"。[4]

王公举的第二个例子是雪莱的《西风颂》。这也是一首在中国非常流行的诗歌，王公本人就翻译了这首诗，在他之前郭沫若也有一个非常流行的译本。王公说这首诗"启发了整整一代中国的知识分子"。[5]如果我们看一看中国和西方对这首诗的理解，我们会发现双方的观点存在很大的差异。西方的评论的确充分理解到这首诗的革命性，充分理解它对破旧立新的渴望，但是西方更倾向于把这场革命视为内心的革命，或者想象力的革命，而不是真正的社会变革。在中国，这首诗正好契合了我们对社会变革的渴望，"冬天已经来了，春天还会远吗？"这是人们对革命胜利后即将到来的美好明天的期待。王公认为，雪莱本人可能都不会意识到这首诗在中国能够达到如此完满的效果。这两个例子都说明了王公在文章开始时所提出的那个观点，即一个国家对外国文学做出的反应，告诉我们更多的是这个国家本身，而不是外国的文学。我们中国很重视这两首诗歌，是因为它们表达了我们想表达的思想和愿望，它们反映更多的是我们的现实需求。

在另一篇英文论文中，王公再次提到了这个观点。这篇论文题目是《中国的莎士比亚时刻》("The Shakespearean Moment in China")，它主要向外国读者介绍 1986 年在北京和上海同时举行的莎士比亚戏剧节。文章一开始，他回顾了莎士比亚在中国的翻译史，提到了林纾、田汉、卞之琳、朱生豪等。但是他主要想要说的是，北京和上海的莎士比亚戏剧节真正把莎士比亚带到了中国，甚至把莎士比亚进

---

[4] 顾钧编：《文学间的契合——王佐良比较文学论集》，外语教学与研究出版社，2005 年，第 82 页。
[5] 同上。

行了中国化,因为戏剧节上演了京剧版本的《奥赛罗》、昆曲版本的《麦克白》、黄梅戏版本的《无事生非》、绍兴戏版本的《第十二夜》和《冬天的故事》。也许有人会认为,这些改编剧目是对莎士比亚的创新,但是王公认为,改编这些剧目的最大动力其实不是创新莎士比亚,而是为了复兴中国的传统戏剧。王公说,戏剧节为我们展示了这样一个事实,即"莎士比亚能够帮助中国戏剧走出困境,为中国戏剧提供新的、同时又是熟悉的剧情和人物"。[6]这说明了什么呢?还是那个观点,即一个国家对外国文学做出的反应,告诉我们更多的是这个国家本身,而不是外国的文学。

三

中国读者对英语诗歌是如此,那么,英语读者对中国诗歌是否也如此呢?在著名的《论文学间的契合》一文中,王公在开篇就举了美国诗人赖特的例子,来说明中美诗歌之间存在着一种契合。赖特的诗歌《冬末,越过泥潭,想起了古中国的一个地方官》写的是唐代诗人白居易贬谪江西九江,然后又贬谪四川忠州的极不得志的故事。在赖特的诗歌中,白居易从九江逆流而上,经过长江三峡,抵达忠州,其抑郁和压抑的情感尽显无遗。王公评论道,"20世纪60年代,一位美国诗人在密西西比河畔写下己身的寂寥;9世纪,一位中国诗人惴惴不安地乘一叶小舟,被纤夫拉着船在长江上逆流而上——你无疑可以感觉到这两位诗人之间的契合。"[7]

赖特对白居易的讴歌与他自己的孤独和沮丧有很大的关系。赖特出生于明尼苏达州的马丁费里市,这个工业化小城镇见证了美国30

---

[6] 顾钧编:《文学间的契合——王佐良比较文学论集》,外语教学与研究出版社,2005年,第77页。
[7] 王佐良:《论契合——比较文学研究集》(中英对照本),梁颖译,外语教学与研究出版社,2015年,第3页。

年代的大萧条，工人的生活标准急剧下降、贫穷状况在美国社会迅速扩大。40年代的他入伍参加了占领日本的军事行动，回国后他进入了大学，师从诗人兰瑟姆（John Crowe Ransom）和雷特克（Theodore Roethke）。受到了他们的影响，他在诗歌生涯的初期出版了两本诗集，获得了弗罗斯特诗歌奖，进入了耶鲁青年诗人系列。然而，他感到极度的抑郁和沮丧，不仅仅因为他的婚姻的解体，可能也因为有一种对自己诗艺的不满。

这种不满和抑郁在《冬末，越过泥潭，想起了古中国的一个地方官》中充分表现出来，他发现白居易在贬谪途中的心境与他自己是何其相似："你在群山之外是否找到了与世隔绝的人们的城市？你是否紧握那根磨损的纤绳的末端，一千年没有放手？"赖特的抑郁来自他心中的一种对目前诗歌的不满。从某种意义上讲，白居易是他寻求改造自己的诗歌的努力的一个部分。他不仅阅读和翻译了白居易，而且阅读和翻译了奥地利诗人特拉克尔（Georg Trakl）、拉美诗人巴列霍（Cesar Vallejo）、聂鲁达（Pablo Neruda）的作品。他对这些诗人的兴趣也是出于重塑自己诗歌的需要。他说，翻译将"迫使你在自己的语言中寻找对应的语言，不仅是对应的语言，还有对应的想象。这样你将被迫用另一种语言去理解诗中的想象，这肯定对你会产生影响"（Miller 1643）。

其实，在赖特的时代有许多美国诗人都有一种改造和振兴美国诗歌的冲动。在《诗人勃莱一夕谈》一文中，王公记录了他20世纪80年代在澳大利亚举办的"作家周"期间与美国诗人勃莱的交往，介绍了勃莱对美国诗坛的看法。勃莱认为美国诗歌还没有真正成熟，在技巧上和内容上都仍然依附于英国诗歌。然而，美国人要写出真正的美国诗，就必须摆脱英国的影响，摆脱"英国的韵律和英国的文人气"。美国诗必须扎根于美国的土壤，用美国的内容和美国的节奏来表现诗人的感情。勃莱本人在寻求"新的诗歌的可能性"中，积极地向外国诗歌汲取了营养。他说："美国诗要摆脱英国诗的传统，就要面对世界，向外国诗开门。"[8]

《想到〈隐居〉》一诗就是他阅读中国唐代诗人白居易之后产生的诗艺结果。勃莱在"作家周"上朗诵了这首诗，"这一情景——高大的诗人、古朴的长琴和那说话式的朗诵——都在［王公的］心上留下了难忘的印象"。[9] 与赖特一样，勃莱也向西班牙诗人、拉美诗人敞开了心胸，他翻译了洛尔迦、聂鲁达、巴列霍、特拉克尔等。他对中国诗歌的青睐也不仅仅限于白居易，他对李贺、陶渊明等人都非常热衷，认为陶渊明是"19世纪英国华兹华斯的精神上的祖先"。勃莱说："我认为美国诗歌的出路在于，向拉丁美洲的诗学习，同时又向中国古典诗学习。"[10]

说到这里，我们可以说赖特和勃莱对中国诗歌的兴趣都反映了他们自身的需求，他们自己在诗歌翻译和阅读上的取舍更多地反映了他们自己在诗歌创作上的理念。从某种意义上讲，他们从中国诗歌中读出来的东西，也正是他们在诗歌创作上所寻觅的东西。从而这再次证明了王公在《英语诗歌与中国读者》一文中所推出的观点：一个国家对外国文学做出的反应，告诉我们更多的是这个国家本身，而不是外国的文学。

四

最后，我想把王公多次说明的这个观点运用到他自己身上，来看看他的学术生涯和研究选择。我们前边说了，王公一生中绝大部分时

---

[8] 王佐良：《王佐良文集》，外语教学与研究出版社，2005年，第646页。
[9] 同上书，第69页。
[10] 同上书，第648页。

间都在研究诗歌，研究英国浪漫派诗歌、美国现当代诗歌、中国现代派诗歌。用他自己的观点来理解，我们能不能说：他选择研究诗歌更多地反映了他自己的审美标准、审美判断和现实需求？王公不仅仅是诗歌研究的大家，他本人也是一个诗人。他一生谈得最多的诗人是英国的拜伦、雪莱、彭斯、麦克迪尔米德；美国的惠特曼、迪金森、勃莱、赖特；中国的戴望舒、查良铮、卞之琳。他在阅读那些诗歌和诗人的过程中，是否也有一种寻求榜样的意图？他自己的诗歌是否受到了他所欣赏的那些诗人的影响呢？这些问题都值得我们研究。

从技巧上讲，王公写得最好的诗可能是《异体十四行诗八首》（1941—1944），在诗中他描写了他与夫人徐序的爱情故事：不是婚后居家过日子，而是恋爱中的激情奔放。"今夜这野地惊吓了我。唯有／爱情像它一样地奇美，一样地／野蛮和原始。我要找着你，／让你的身子温暖了我的。"[11]恋爱中的青年顾不得规矩、得体，"教养"在这里已经不适用了，他们之间只有爱的疯狂。他们不是修剪得整整齐齐的"私家草地"，围着安全的围墙，而是泛滥的河水，"在长林茂草，在乱石里回旋"。诗歌有一点莎士比亚十四行诗的味道，说明王公对莎士比亚的研究已经渗透到他的诗歌里。

在《账单》（1983）一诗中，王公描写了80年代一次旅行的经历，他在诗歌中罗列了他在途中所看到的许多人和事，包括不道德、不文明、不雅观、不礼貌、不环保的现象。在诗歌中，王公对这些现象表现出了一种深恶痛绝，甚至把这些现象比喻为"地狱"。诗歌的题目来自他所熟悉的美国诗人沃尔特·惠特曼，他说，"惠特曼善于开账单，／我以他为师"。[12]王公在此运用了惠特曼的列举手法，

---

[11] 王佐良:《王佐良全集》(第11卷)，外语教学与研究出版社，2015年，第576页。
[12] 同上书，第614页。

把他所看到的丑恶现象列举了出来,达到了很好的艺术效果。这再次说明王公在研究英美诗歌时,无形中是在寻找他的榜样,寻找他的艺术源泉。

在《论文学间的契合》中,王公列举了中国学术界翻译的诸多外国文学作品,说"中国特别受到了西方文化中的某些因素的吸引,就是那些在特定时期能够回应中国的需求和期待的因素"。[13]王公说,中国读者在阅读西方文学作品时,在内心深处可能都是在寻找一种精神的慰藉,一种艺术创新的榜样。

王公一生研究西方诗歌,同时也写了50多首原创诗歌。他的原创诗歌主要创作于20世纪的30—40年代和80—90年代。在这些诗歌中我们可以看到一个诗人的天赋,但是应该说,由于某种原因,这些天赋没有被充分地挖掘出来。可以说王公有成为一个大诗人的潜质,只是这些潜质没有被充分培育和发展。最终我们有了一个大学者,少了一个大诗人。在《网与屏》(1990)一诗中,王公对自己一生的成就没有表现出应有的骄傲,而是有一种莫名的懊悔,仿佛他虚度了一生似的。他说,渔夫用他的网"网过远海的银鱼,/宽阔的梦,偶尔还有长虹,/手臂无力了,但没有虚度"。而他自己呢?他说,"我只有这些旧本子,/写的是别人的才智,/也曾谱过一点音乐,/歌声却早已停歇"。[14]

---

[13] 王佐良:《论契合——比较文学研究集》(中英对照本),梁颖译,外语教学与研究出版社,2015年,第8页。
[14] 王佐良:《王佐良全集》(第11卷),外语教学与研究出版社,2015年,第660页。

大浪淘沙见真金　历尽风雨展文华
——《今日中国文学之趋向》与抗战英文宣传册[1]

王　立

中国人民在伟大的抗日战争中,经历了艰苦卓绝的浴血奋战和前赴后继的英勇牺牲,在国际反法西斯力量的支援下,终于赢得了来之不易的胜利。在那同仇敌忾的岁月里,舆论宣传发挥了十分重要的作用,它是战地鼓动激励我方士气不可缺少的利器,是宣传自由中国争取国际同情和援助的有效方策。但在卷帙浩繁的抗战时期档案资料中,有一类珍稀文献似尚未被注意到,这就是专门为来华盟军和友人编印的关于中国资讯的英文宣传册。笔者最近有幸发现了这批宣传册,深感其中具有重要的文献价值、文物价值和学术价值。现撰文试对这批文献进行简要的历史考察和内容梳理,特别对先父王佐良教授所著 Trends in Chinese Literature Today (《今日中国文学之趋向》,以下简称《趋向》)[2]这本专册进行研究探讨,并以最新发现的另外40多篇他的早期著作为补充参考,概述文献的内容提要及其历史意义,阐释其思想发展脉络、文学方法源流以及风格特点。

近年来学术界在王佐良研究方面取得了很多成果,大都侧重于他在1949年以后的英国文学研究和翻译理论与实践等方面的成就。现本文根据新材料、新方法、新视角,对王佐良早年作为进步文学青年的

---

[1] 本文曾刊登在《中华读书报》(2015年5月20日和6月10日)上,后又做了一些内容补充和文字修订。
[2] 王佐良:《今日中国文学之趋向》,北平:军委会战地服务团,1946年。(Wang, Tso-Liang. *Trends in Chinese Literature Today*, Peiping: War Area Service Corps, National Military Council, 1946.)

文学创作实践，他在民族危亡时刻所体现出的爱国热血青年的精神与情操，和他早在20世纪40年代就对中国现代文学评论和比较文学研究、跨文化研究等方面做出的重要贡献提出一些见解和思考，试图弥补这些方面研究的空白。更旨在抛砖引玉，为学界提供最新的资讯和线索，以便进一步深入研究。拙文"文献钩沉——王佐良《今日中国文学之趋向》与抗战英文宣传册"、宣传册的英文辑校文本和中译全文即将发表。[3] 本文根据"文献钩沉"节选了一些相关的资讯和论述，欣与读者分享。限于水平和时间，疏漏不当之处，敬希识家指正。

一

去年9月，一个非常偶然的机会，笔者在互联网上搜索浏览时，惊喜地发现了父亲王佐良的一篇珍贵英文旧作。这是一部题为 *Trends in Chinese Literature Today* 的英文专册，文章署名"Wang Tso-Liang（王佐良）"（见图1右）。手捧着这本外表粗糙而内容精卓的简朴文册，我心情十分激动。那些发黄的旧纸上似乎依然能闻到当年弥漫的战火硝烟。在历史的浪潮淘涌过后，这份几乎被掩埋的抗战文献竟然神奇地飘到了我的手边，不能不说是一种天赐的机缘。

这是当时国民政府军事委员会（War Area Service Corps, National Military Council）战地服务团（War Area Service Corps）的英文宣传册 *Pamphlets on China and Things Chinese*（《中国与中国的事物》）系列之一种，该册共28页。封面上方有战地服务团英文名缩写 WASC 和中文"服"字组合而成的圆形标识，出版地（北平）、出版时间（1946年4月）等（见图1左）。在正文第26页原编者注释中特别说明：本册的

---

[3] 王立：《文献钩沉——王佐良〈今日中国文学之趋向〉与抗战英文宣传册》，《国际汉学》第3期，2016年，第18—37页；王立译，杨国斌校：《今日中国文学之趋向》中译文，同刊第38—48页。

 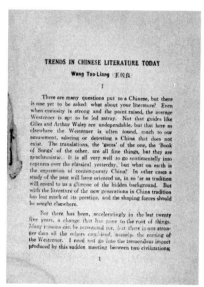

《今日中国文学之趋向》抗战英文宣传册封面（左）和正文第一页（右）

稿件写于抗战结束之前，大约 1943 年。

在封二有对这个系列出版的缘起和变更的简要说明；在封三有文字说明该系列是由军委会战地服务团为那些对"中国和中国的事物"感兴趣的人士所提供的"无倾向性的、可靠的资讯"。该系列按内容的性质分为三类：PA 是关于学术兴趣方面的；PB 是关于文化教育方面的；PC 是关于普通兴趣方面的。由于这些小册子是战时通俗宣传品，不免成文仓促，编辑时有疏漏、舛误之处，且纸质粗糙、印制工艺欠佳，但它反映了战时的实际状况。由于这类读物的性质和发行的特点，尽管当时的印数可能不少，但保存流传下来的却寥寥无几，愈显见其珍稀。特别是 PA 学术系列，涉及历史、哲学、新闻、经济（税务）、文学等方面，作者大都是这些领域的知名学者。如 Gladys M. Yang（戴乃迭）著《马戛尔尼爵士使华》（"Lord Macartney's Embassy to China"）

及同册 V. S. Phen 著《图理琛访欧之使命 1712—1715》("Too Li Shin's Mission to Europe, 1712—1715"),金岳霖、冯友兰、萧公权合著《中国哲学与哲学家》("China's Philosophy and Philosophers"),孙瑞芹著《中国现代新闻》("The Modern Chinese Press")等文章都被纳入其中。父亲王佐良撰写这篇《趋向》时只有二十七八岁,是西南联大(清华)外文系的青年教师。能独当一面地担纲概论现代中国文学的专题,可见他当时不仅英文出类拔萃,而且在中国文学研究方面也有相当的造诣。虽然对于他后来撰写的近 40 部著作来说,这只是一个宣传册,父亲生前也从未提到过它,但岁月沧桑时代风雨难掩其精品佳篇的光彩。

二

先父王佐良 1916 年 2 月 12 日生于浙江省上虞百官镇(今属绍兴市),自幼随父母在武汉生活。先在汉口上宁波小学,1929 年起就读于英美圣公会等办的武昌文华中学,打下了良好的英文基础。[4] 他从小就喜欢文学,早年读过鲁迅、郭沫若的著作,还热爱古典诗词和随笔小品。他担任过《文华校刊》文学编辑,还经常写散文和诗歌,并从那时开始接触英美文学作品,成了一个"文学少年"。最近笔者有幸查阅到了他在叶圣陶先生主编的进步文学刊物《中学生》杂志用笔名"竹衍"发表的短篇小说、地方印象记、散文等共八篇,时间在 1934—1937 年之间。这些作品不仅体现了他对社会人生的积极探索,而且倾注着他对国家河山沦陷、民族危亡的忧患意识和爱国热情。当他看到停产的汉阳铁厂和长江中游弋着船坚炮利的外国海军时,愤懑于国家贫弱、无国防的耻辱,对现代化强国的殷殷期盼也跃然纸上。

---

[4] 王佐良:《在文华中学学英语》,《王佐良文集》,外语教学与研究出版社,1997 年,第 701—707 页;关于王佐良先生生平,参见王意、苏怡之、王星:《王佐良的生平和他的事业》,《王佐良文集》,第 6—20 页(某些资料有待更新)。

在北上古都求学的列车上,更添怀古之情、兴亡之叹。他写下了面对强寇即将南侵的时局的慷慨悲歌:

> 邯郸、望都……一个个古老的城镇过去了。我不能不想到古昔的历史。蒙恬、卫青的大军,他们都曾把足迹印在这平原吗?我想见往古如火如荼的军容,勇士们廓清漠北万里的雄心,以及那高大的白马,那些在北风里疾卷的大旗!如今呢,长城也挡不住胡沙了,光荣的远古的历史反令我们惭愧起来。[5]

当这位"南方的少年"到达"三朝畿辅"的文化古城后,他的心灵进一步为历史与现实的悬殊落差、传统与现代的剧烈冲突所震撼。在《北平散记》里,他尖锐地批评那些"沉醉在过去的迷恋里,守住积满尘灰的古董"的文化守旧派:

> 古老并不是荣耀,印度埃及的故事早就是教训了,唯有自强不息永远的青春才是最可贵的。
> 有一天北平的人不再看着夕阳的宫殿而怀古,不再幽灵似的喊着"文化、文化",而人人看向前面,朝初升的阳光挺起胸,跨着大步走去的时候,古城还有一点希望。[6]

这种爱国热情尤其在父亲以笔名竹衍发表的《一二·九运动记》中爆发了。几乎没有人会想到这篇记实地报道那场抗日救亡运动的文章,当年出自父亲这样一位温文尔雅的学人之手。他和一大批爱国热

---

[5] 竹衍:《旅途》,《中学生》第59期,1935年,第170页。
[6] 竹衍:《地方印象记:北平散记》,《中学生文艺季刊》第2卷第2期,1936年,第9页。

血青年学子一道，投入到游行示威的洪流中。文章首先概述了游行的过程，有不少细节再现了当时的情景。面对军警的野蛮镇压，学生游行队伍"千余颗心结成了一块铁"，"四人一排，整齐得像军队。他们挺着胸，步伐大大地，迈步前进"。[7]文中还详细列举了运动的口号，并引用清华大学救国会《告全国民众书》，包括那句有名的"华北之大，已经安放不得一张平静的书桌了！"紧接着又批驳了对学生爱国运动的种种非议，揭露了为政府当局辩护的大学校方高层名流一类人的虚伪面目。最后，文章满怀激情地宣示了运动的发展和影响：

> 山山海海的呼声响应起来了，北平的学生是不会寂寞的。在上海，在天津，在武汉，广州、保定、太原、邕宁、宣化、杭州，在中国的每一角落，千千万万的学生都起来了，浪潮似的怒吼充满了整个中国。[8]

1937年7月7日发生卢沟桥事变，抗战全面爆发。父亲也开始了流亡生活。他随校南迁，先到湖南长沙、南岳，辗转至云南蒙自、昆明。清华、北大、南开三校组成西南联大，一时间硕学鸿儒、精英才俊云集，汇聚起当时中国最优秀的一群师生。据父亲的同窗挚友、著名英语教育家李赋宁教授回忆，当年他们考进清华外文系时，王佐良无论中、英文都是班上之冠。他读书非常勤奋，对文史哲各科都尽力涉猎，出色的英文写作几乎每次考试都是全班最好，曾受到贺麟、王文显、陈福田、叶公超、吴宓、刘崇鋐、钱锺书等各学科名师的交口称赞。[9]在大学二年级举行的全校英语演说比赛中，他以"十年后之

---

[7] 竹衍：《一二·九运动记》，《中学生》第62期，1936年，第138页。
[8] 同上书，第142页。
[9] 李赋宁：《〈王佐良文集〉序》，《王佐良文集》，外语教学与研究出版社，1997年，第1—2页。

清华"("Tsinghua Ten Years After")为题目获得了第一名。[10]清华校刊上以《英语演说比赛王佐良独占鳌头》为题做了详细报道。[11]他在讲演中预言"中国收复失地,北平繁荣,清华扩大,设备更充实,研究风气大盛",对未来的抗战胜利充满了信心。十年后,父亲的前瞻性豪言真的应验了。1946年夏,他带着家人随校复员从昆明返回了久别的光复后的北平清华园。在西南联大教授"当代英诗"课的燕卜荪是一位英国现代派诗人、著名的文学批评家,在他的影响下,父亲对英国诗歌和诗剧产生了浓厚的兴趣。1939年他毕业后留校任教,在学问上更是精益求精,非常勤奋地投入研究,"怀有强烈的学术和文化救国的思想"。[12]他和青年历史学家丁则良先生发起在联大成立了"人文科学研究会",定期举行文史哲学术讲座和讨论会,受到师生们的欢迎和好评。

在西南联大留校任教这段时间,王佐良的文学兴趣主要是研究、翻译英文诗,有时也写诗创作。闻一多先生曾把他的两首诗选入《现代诗钞》。《西南联大现代诗钞》收录联大24位诗人创作于1937—1948年的诗作300余首,其中有王佐良的19首,今人多有传诵。笔者还发现他译成英文的自己写的3首诗歌,1946年发表在英国《生活与文学》(*Life and Letters*)杂志上,但中文原诗还有待查考。该杂志同一期还有后来的《一个中国新诗人》的英文版:"A Chinese Poet"。[13]母亲徐序亲自誊抄的父亲诗集遗稿共64首,可能有32首未发表过,绝大多数为1979年至1990年间的新作。西南联大现代诗

---

[10] 李赋宁先生也谈到此事,只是演讲题目记为"Literature Sweetens Life"(文学能使生活更美好),似不确,或误记为另一次演讲。
[11] 《清华副刊》第45卷10期,1936年,第42—44页。
[12] 李赋宁:《〈王佐良文集〉序》,《王佐良文集》,外语教学与研究出版社,1997年,第4页。
[13] Wang, Tso-liang. "A Chinese Poet", *Life and Letters and the London Mercury*, Vol.49, No.106, 1946, P.200-206.

派的代表人物之一杜运燮先生在《怀念诗人王佐良》一文中说："我总觉得,他气质上是个诗人。""他一生爱诗,写诗,研究诗,写诗论,译诗,编诗选。"[14] 多年勤奋耕耘积淀的深厚文化底蕴和大量的诗歌翻译实践极好地体现了他本人提出的"以诗译诗,诗人译诗"的主张。不仅是诗作,他写作的散文、游记、书评乃至学术论文都具有清新隽永的风格和富于神韵的文采。实乃文如其人,诗如其人。因此王佐良先生被誉为当代中国"一位不可多得的'文艺复兴式'人物"。不久前,他的散文《浙江的感兴》被选为"2013年全国高考语文(北京市卷)"散文阅读题目。最近笔者还发现这一时期发表的署名王佐良的14篇作品、笔名"佐良"的22篇、笔名"行朗"的1篇,加上前述用笔名"竹衍"的8篇,合计至少45篇,还有几篇待考证。如果我们把新发现的王佐良的诗歌和早期的文学创作一并重新审视,也许会对他的文学成就和贡献有新的认识和更全面、更深入的评价。

还有几篇是中外文学评论。《波特莱的诗》对法国19世纪最著名的现代派诗人波德莱尔及其代表作《恶之花》(*Les fleurs du mal*)做了精辟的分析评论。《论法国作家圣·狄瑞披里》(*Antoine de Saint-Exupery*)介绍了法国作家、飞行员,安东尼·德·圣-埃克苏佩里的小说。文中分析论述了这位"现代法国最惊人的作家"作品中人文主义的深刻内涵和影响。年轻学者王佐良不仅对英美文学有相当的造诣,而且对法国文学研究也有浓厚的兴趣。1947年秋,父亲以优异成绩考取了庚款公费留英,1949年在牛津大学墨顿学院获B. Litt. 学位。[1985年他收到牛津大学重新颁发的文学研究硕士(Master of Letters)的学位证书。] 1975年他的学位论文《约翰·韦伯斯特的文学声誉》由奥地利

---

[14] 杜运燮:《怀念诗人王佐良》,《王佐良先生纪念文集》,外语教学与研究出版社,2001年,第38页。

萨尔斯堡大学出版社出版。在结束了牛津研修以后，父亲毅然放弃了去法国继续研究的机会，于1949年9月回到北平参加新中国的建设。近40后，他应邀重访英法参加学术会议和考察研究，记述于《学府、园林与社会之间——英法两月见闻》一文中，[15] 可以说重温了他当年对研究法兰西文学的向往。

三

西南联大后方虽然能有相对平静的读书环境，但战时物资匮乏，通货膨胀，生活拮据。为了养家，父亲四处奔波。他在一首送给母亲的长诗中回忆，在繁忙的教学之余，最多时兼职打六份工。我们听他讲过的兼职，还包括在昆明的电影院给外国新片做同声口译等，到处跑场，疲于奔命，顾不上好好吃饭，落下了胃病。记得母亲也说过当时一家人喝白开水躺在床上，等父亲拿回钱来买米下锅的情景。在《大学教育变质》一文中，他叙述了战时迁校的巨大变故。在艰苦的物质条件下、在日寇飞机的轰炸下，各大学的师生坚韧不拔，发愤图强，全力办好中国教育的精神风貌。最后他深情地说：

> 因为辗转流亡，一般的水准是降低了，然而在教学的认真和读书空气的浓厚上，却较以前任何时期而无愧色。在菜油灯下苦读，忍受着一切的不便而无怨言。甚至于借课余挑水去换得一点零钱：这是中国青年新的面貌，温暖了多少心，又催下了几多感动的眼泪！读书已不是享受：这就是中国教育的变质。[16]

---

[15] 王佐良：《学府、园林与社会之间——英法两月见闻》，《中楼集》，辽宁教育出版社，1995年，第145—164页；又载《王佐良选集》，外语教学与研究出版社，2011年，第605—626页。
[16] 佐良：《大学教育变质》，《天文台》第442期，1941年，第4页。

父亲在这个时期还写了几篇散文游记，描述了西南地区的路途印象，如《重庆初旅》《云南·贵州·四川》《一个典型的小县》等。在《受难的昆明》中，他描绘了这座在"自由中国"之内最美丽的城市，和它那富饶的物产、闲适的居家生活和幽雅的读书环境。

> 它面对着一个大湖，围绕在如带的长林之中，又与四郊的古刹大寺息息相通。高原气候使这里的树木长青，五谷丰盛，又给云南的居民以长年的阳光和脱了底似的蓝天。说风景宛如江南是不够的，因为江南没有这样明丽的色彩。一切都是那样清楚，人走在迷人的彩画之中，饮下了清晨的鲜明，回头来又化入了变幻的黄昏。晚饭后翠湖的小步是多么恬静的经验，也只有昆明才能给人这样与街市不分无门无窗的公园。[17]

然而这一切美丽的和平生活被罪恶的战争所毁灭了。

> 但在那样的时候，警报响了。和平的人民逃出家屋，走入山谷和树林，平静失去了，生活成了一根张得太急的弦。日本飞机投下的炸弹摧毁了昆明的风度，这是一个民族的罪恶，将在战争中得到清算的!

在这种艰苦条件下，西南联大等大专师生中有很多人参加了为抗战服务的各种活动，包括为援华盟军提供翻译、技术服务，乃至直接从军。父亲也用其精湛的外语知识积极参加了抗战军援工作。他在1941年发表了一系列政论时评，包括《德义的宣传技术：说

---

[17] 佐良:《受难的昆明》,《天文台》第454期，1941年，第2页。

宣传之一》《日本的谣言攻势：说宣传之二》《民主国家的反扫荡：说宣传之三》《论德军之渡海攻英》《租借法案通过后的新局势》《一九四一年颂》等。这些评论观点鲜明，论证有力，准确地评估了当时复杂的国际时局，及时分析了各大战场形势，揭露了德意日法西斯卑劣的宣传伎俩，显示了对世界人民反法西斯战争必胜的信心。在《论东西新闻体裁：为中国新闻学会成立写给报界》一文中，他以西方新闻的成功经验为借鉴，指出了写作战时报道的一些弊端，陈腐的套话、刻板公式化的倾向，提出了如何把新闻写得既短小精悍、具有风格特色，又生动形象的建议。这些对东西方文化的比较观察可以说又为他后来的英语文体学和风格研究打下了基础。和当时大批知识分子一样，父亲努力为抗战做出自己的贡献，他的爱国热忱令人难忘。

然而，一个爱国热血青年在山河破碎、民族危难时的这些所作所为，却成了父亲及我们家人后来灾祸的滥觞。"文革"时他不仅被打成"反动学术权威"，还被诬称为"洋三家村"而遭到抄家批斗，更因为抗战时期的"历史问题"而长期饱受磨难，被下放到湖北沙洋农场劳动了两年。最近，家中发现了一本封面上印有"老三篇"图案的"工作笔记"，上题"王佐良《菜园记事》1971"。小本记录了他从1971年5月至9月在农场菜园劳动时每日的活动、工作内容、瓜菜品种数量、收支分配记录等，清清楚楚，一丝不苟。还抄录了《中国蔬菜栽培学》上的各种瓜菜的英文词汇，以及"瓜类注意事项"等笔记。仅从这个小小记事本就可以看出父亲坚忍和达观的精神品格。不管在什么样的困苦逆境中，他都保持着一个知识分子的正直和良知，勤奋忘我，自强不息，因为他心中一直有希望的阳光。

"文革"的十年噩梦过后，在改革开放新时期的春天里，诗人王佐良重新拿起笔，写下了一首《城里有花了》来吐露心声。诗以言志，文以载道。在描述了"吹起了凄厉的西北风，从此沙漠爬上人的心胸"那岁月里的惶恐和沉默之后，诗的后半部分是这样写的：

> 早已有了哥白尼，
> 早已有了加利略，
> 早已有了爱因斯坦，
> 早已有了几百年的星移斗转，
> 难道就是为了这样的终点？
> 不，人们说不，
> 人们说不是为这个，
> 人们开始只对自己说，
> 人们终于向大地吐露，
> 而人们是时间的宠儿。
>
> 草呀草，
> 绿又绿，
> 水边有树了，
> 城里有花了。

由此可见，王佐良在这个英文宣传册中涌动的丰沛文思，来自西南联大（清华）高才学子的心声、文学青年的创作灵感、学贯中西的文艺知识、熟练精湛的英文功底、才华出众的诗人悟性、内心的爱国情怀，以及对中西跨文化交流的敏感和对人生命运的关注和悲悯……也许正是这种种不凡的资质，使得父亲成为向世界人民宣说现代中国文学的一位特使。我们将看到，他如何文思汹涌，行诸笔端，游刃有余地写就了这一几乎被埋没的卓然奇篇。它不仅出色地完成了战时向盟军和国际友人宣传中国的任务，还留下独具特色、动人心弦的文采华章。

<h2 style="text-align:center">四</h2>

《今日中国文学之趋向》全篇近 8000 英文字（中译文 13000 多字），概述了从五四时期新文化运动开始的 25 年里（大约从 1917 年至 1943 年）中国现代文学的发展历程。全篇分为四部分。第一部分是引言，用精练的语言概括了中国新文学的起因、社会背景和时代特征，激发读者的兴趣。第二部分是全文的主体，约占整个篇幅的近五分之四，简要叙述了从新文学的发端到 1937 年 7 月抗战全面爆发前的各种文学流派的发展演变、重要人物及其代表作品。接着第三部分概述了抗战时期的文学创作的内容、特点和风格。第四部分是小结，概括了过去的四分之一世纪中国新文学两大特征和重要历史意义，并对未来的发展做出了精辟的前瞻。

《趋向》第一部分一开篇就澄清了由于西方汉学家翻译中国古典而可能造成的对中国现代文学的误解，并在传统与现代的冲突、东西方文明的碰撞中引出话题，进而明确了在中国动荡社会历史环境下新文学产生的最重要的原因：西方文明通过以翻译为媒介的广泛介绍传播。这两种文化的相遇产生了巨大影响，其中一个成果就是中国新文学。它"承载着变化中的中国的真实脉动"，尽管"常常是粗糙的，在其成就方面非常参差不齐"，但"它仍然是新的时代精神的体现"。

第二部分开始叙述作为体现从 1919 年五四运动到抗战全面爆发前的"中国文艺复兴"运动成果的新文学的成长历程。大体上分为三个阶段：（1）1920 年前后五四新文化运动兴起时期；（2）20 世纪 20 年代大革命时期；（3）1927 年至 1937 年左翼文学及流派纷呈的时期。以时间顺序为主线，对小说、诗歌、散文、戏剧几种类型结合人物和作品分别加以论述，并随时征引外国作家和作品作为比较参照，指出其中的关联契合之处。在第一个阶段，新文学首先是起源于以严复、林纾为代表的对西方文化的大规模翻译模仿借鉴，并在胡适、陈独秀等人的"文学革命"的旗帜下，五四时期新文学阵营同封建复古派文人之间发生的文言白话文之争。《新青年》杂志带来科学民主新文化运动的曙光，随着各种西方新思潮席卷中国知识界，觉醒的青年们掀起新文学的第一次高潮。最重要的代表是鲁迅、周作人的作品以及胡适创作的新诗。在第二阶段，着重介绍了"新月派"诗歌的领军人物徐志摩和闻一多。同期更持久的文学派别是从日本归国的学人发起的"创造社"，提出了"革命文学"的口号。文中特别对"第一个真正伟大的新诗人"郭沫若做了重点介绍。

"文学研究会"及《小说月报》倡导的现实主义文学主张也发展起来了。接下来第三阶段，北伐战争胜利后的社会变动和意识形态冲突使"文学走向了左翼"，文学流派纷呈，各放异彩。文中对几位小说作家茅盾、沈从文、巴金做了重点介绍。文章同时指出，南方的《现代》《文学》杂志，北方的《大公报》文汇副刊和《水星》杂志，都有一批优秀的作家和诗人活跃其中；冰心和丁玲的女性文学出类拔萃；"风格家"们（即新感觉主义作家）的小说和戴望舒的现代派诗歌风靡一时；"汉园三诗人"（卞之琳、李广田和何其芳）才华出众，萧乾、萧军等人的作品都很有影响。在戏剧创作中，曹禺和李健吾的作品出手不凡，文章尤其对曹禺的《雷雨》《日出》等剧作给予了精辟的点评。作者最后还论述了在民族解放文学日益高涨的同时，林语堂的幽默闲适文学的出现是一股既清新又滑稽的支流。

第三部分简述了抗战全面爆发后的文学创作内容，从早期流行的战地报告文学、抗日独幕剧到其后在大后方创作的小说、戏剧和诗歌等。对于抗战后期的文学创作的繁荣以及外国文学的翻译也做了简介。在抗战时期的文学方面,则着重强调其两大特征:一是现实主义表现生活的乡土性文学的重要性。文中饱含深情地说:"还有什么比回归乡土更自然的呢?它包含了永恒的家乡情结所编织的话语,其中充盈着俭朴生活的火热和活力。"二是抗战文学创作要服务于人民,要和民众的感情需求相结合。年轻新锐的诗人王佐良对诗歌自然情有独钟,给予了较多的笔墨。同时他也坦率地指出,在生死存亡的战争中,那些充满微妙、隐晦的诗句的现代派朦胧诗是不合时宜的。他认为,"战争迫使人们释放共享诗歌的天性",在战时特别需要借鉴民歌,用朗朗上口的演说等形式增强感染力,动员民众,"诗人更是经常被他的听众脸上燃烧的热情激发出更丰富的想象力。在大量人群面前、在燃烧的篝火旁边朗读,加上大量的叠句和共鸣,抗战诗作在本质上是人民的诗歌"。王佐良在这部分的最后谈道:"在小说创作领域,特别是最好的(文学)果实,尚待采摘。"在他同时期发表的《论短篇小说》中对这方面做了精彩的补充论述:

> ……我们对(于)中国短篇小说的敬意仍是无穷的。我们有无数的年轻作家在将他们的声音注入中国的近代文学,使它显得富于生命和活力,严肃而又温柔。短篇小说是我们文学里比较健全的一个部门,这里面写下了中国的城市,也更多地表现了农民,以及藏在他心里的古老中国在变革中的一些感情。我们的诗歌纤巧,然而我们的小说——几乎全部是短篇小说——坚实,因为更与土壤接近,更喷发着田野的气息。小小的技巧上的法宝我们大概还得学习,然而在内容的深厚上,在对人生态度的积极上,我们并不需要抱歉似的向任何人红脸。我们的小说是一种独特的成就。[18]

---

[18] 王佐良:《论短篇小说》,《文学评论》第1卷第1期,1943年,第36页。

《趋向》的第四部分是对全篇的概括总结，简明扼要，寓意深刻，文采斐然。以下是这部分的译文全文：

概括地说，从25年来的发展中，我们发现新文学首先是彷徨和实验性的，然后获得了一定的政治色彩，与此同时证明了自身的优势与不足。虽然许多新文学作品是粗放的、无定形的，但是我们在这四分之一世纪中的进步是巨大的。我们经历了浪漫主义、现实主义、印象主义、表现主义、自然主义、象征主义和当前的现实主义。在诗歌方面，我们进行了最大量的实验，尽管取得的只是最不理想的成果。在散文方面，我们有伟大的鲁迅——其伟大甚至连他的敌人都承认——还有十几位优秀的小说家。在戏剧方面，我们有曹禺和李健吾的令人钦佩的作品。总之，我们可以毫不惭愧或迟疑地用所创作的众多作品向世界展示我们的进步，我们现在位居何处，以及我们将来可能成就些什么。

无论喜爱与否，中国现代文学至少有一点可取之处：它的纯洁。即或涉及政治，它依然保持忠实于生活。在其众多的缺点和失败中，缺乏高度严肃性不能算其一。中国的年轻作家们，无论如何谦卑，无论被什么所引领，激励其灵感的都是理想和阳光——是一种极富想象力的文学。

这就使我们得出一点结论性的思考。我们的文学会变成什么样的？我们已经看到，它始于模仿。现在人们都说回归，但归往何方？没有比这更难回答的问题了。然而，鲁迅的成就可能会有助于我们理解这一点。我们这一代人都是怀着对这位伟人的深深的敬意成长起来的。我们在他身上发现了旧文学赋予他的那种中国式倔强的性格特点。借此，鲁迅修炼成一种具有如此奇特魅力的风格。那么，在这里有没有些许启示呢？虽然现时正在发生变化，将来又尚未可知，但我想（文学）会有机会寻根回到过去的——或许不是为寻找建议，而是宣示一种亲缘关系。发展的意义亦即在此。

五

以上对《趋向》的作者王佐良先生早年的文学创作和学术背景，本册的结构、中心思想和内容提要做了简要的介绍。该文总结、分析了中国新文学的最突出的特征和历史意义，提出了一些独到的见解和精辟的前瞻。在资料匮乏、信息闭塞和生活拮据艰苦的战争年代，能写出这样的深度和广度乃至文笔俱佳的综述文字，不仅体现了王佐良忧国忧民、现实主义的进步文化观念，而且显露出他在驾驭与归纳纷繁多样的素材方面的过人才华。为了更好地解读和探讨《趋向》的重要意义、文学理念和风格特点，现根据有关的资讯对几个问题阐述如下。

1. 在对新文学运动评论中所反映的王佐良早期文学观。

经过对四分之一世纪新文学历程的考察，王佐良在《略论我们这个新文学》一文中指出新文学运动的两大突出的优点："无论我们怎样笨拙、怎样贫乏，我们至少有两个优点：一是严肃，二是纯洁。"这似乎比在《趋向》中的表述更加明确。这两大优点把握了现代中国文学的本质特征。他认为，承载着变化中的中国真实脉动和新时代精神之体现的新文学，首先是严肃的，因为在这个多灾多难的国家，"我们大半的作家之所以写作，并不是为了赚钱，而是因为整个民族的哀愁压在他们的肩上，使他们非写不可"，"没有什么人能比他们庄严"。这些优秀作品"写下了一个民族在面临变革时的一些动荡，以及在变革到来时的那些希望和痛苦，那些血泪所淹没不了的对土壤的爱好"。"我们正面临上一个历史的时会，因此我们所写出来的，无论梦幻或现实,全是那样灵、那样烫手的东西。"接下来他论述道:"在这严肃之下就产生了我们的纯洁。这二者,是一个现象的两面,分割不开的。因为严肃,我们视文学如珍宝,不容外来事物的玷污,而要保持它的纯洁,我们自己又先必正心。此外,因为我们是一个多难的国家,我们无心让文学作品仅仅成为一种消遣。"他特别对可能的责难进行了有力的论辩:

> 对于这种看法要抗议的人一定会有,然而,我想最大的反对必然是针对纯洁一点的。中国的新文学是最不纯洁的,他们说,因为它几乎自始就同政治结了缘。中国的作家最喜欢用"时代"这二字,他们说,而"时代"二字葬送了无数有为的作家。但是,先生,你不是眼前有一片灿烂的"远景",正要写这个"人生"吗?在"人生"处在地狱里,而且时时刻刻在让思想拷打着的时候,我的篇章里就应该只有"星子挂在天上"以及"爱情像河水一般长久"吗?思想的激流正是中国新文学忠于人生的表现,而因其触及人生的方面是那样的深远而广大。
>
> 狭窄的教条和武断给过去的许多事实证明是如何有害的东西,然而感伤主义的悲观论调也必须加以扫除,因为我们这个新文学是用不着什么人为之惭愧的。[19]

30多年后,父亲于1980年作为中美建交后最早的访问教授之一,在美国明尼苏达大学开授了两门课。一门是"现代中国散文之风格",介绍了十年动乱过后的新时期中国散文之风格的丰富多彩和各种类型的文章,以及它们所反映的中国改革开放的时代风貌。另一门是"英

---

[19] 佐良:《略论我们这个新文学》,《文学评论》第1卷第1期,1943年,第4—5页。

美文学在中国",论述了五四以来的中国新文学所受到的外国文学的影响,以及与之进行的互动和创新,给听众留下深刻印象。后又多次应邀赴美讲学论及这方面的专题。可见这些和他早年的文学观是一脉相承的。由此我们也许可以概括出王佐良早期的文学观,这就是:来源于生活,植根于乡土,取法于借鉴,致力于风格,寓情于理想,寄心于阳光。而作家王佐良自己的思想激流,体现出一种文学理念闪光的品质,也就是严肃和纯洁——严肃而又富于文采,纯洁而又不失于犀利;富于生命和活力,充满理性和光明。

2. 王佐良早期翻译方法论对中国比较文学研究发展的建树。

这里仅试探讨王佐良作为比较文学研究家在《趋向》等早期著作中对于翻译等领域所做的贡献。

无论如何界定比较文学及其研究,翻译都是其中的一个中心环节。正如李赋宁先生指出的,翻译活动是比较文学研究的组成部分,早期的中国翻译家也是比较文学的研究者。[20] 因此,比较文学离不开对翻译的考察与探索。比较文学的研究方法,在清华外语教学中是有传统的,如吴宓先生在20世纪20年代就开设了"中西诗比较"的课程,钱锺书先生也是运用比较文学方法的大家。在这些师长学术传承的影响下,父亲王佐良自然很熟悉这些方法。然而要运用到现代文学的整体上,无疑需要非常广博的知识和对国内外各种作品深入的理解,绝非一日之功。在《趋向》中我们看到,作者创造性地运用了这种形式,为中国的比较文学又添了"新"的篇章。20世纪初的中国,特别是在新文学运动刚开始的阶段,比较翻译、模仿借鉴和文学创作往往是三位一体的。一部中国新文学的发展史,就是不断翻译、借鉴、创新的历史。翻译是进行创作的一个必要条件,对外国各种新文

---

[20] 李赋宁:《什么是比较文学?》,《蜜与蜡:西方文学阅读心得》,北京大学出版社,1995年,第21—27页。

学流派的翻译介绍促进了中国各类新作品的出现。他在《论翻译》一文中肯定了"在这短短的四分之一世纪内,新文学涉遍了西洋三四个世纪里所有的流派与主义,翻译是尽了开路之功的"。[21]他并以华兹华斯的"自然"等用语为例,说明了翻译时不仅要比较两种文化之间的异中之同,更要注意其同中之异,辨别不同文化的细微差异。并指出翻译的复杂性和重要性,对人类跨文化交流理解的可能性抱有乐观态度:

> 困难堆在前面像座山,但是人心毕竟在大体上是沿着几条同样的线路想的:有其特殊也就有其共通,是这点共通使人类还得互相了解,而翻译的一线可能,一点将来,亦即在此。[22]

1985年春夏之季,父亲作为美中学术交流委员会邀请的杰出学者(Distinguished Scholar),赴美70天,访问了普林斯顿、哈佛、麻省、加州伯克利、加州理工、明尼苏达、密苏里等9所著名大学和3家特藏图书馆进行研究和讲学。其间应邀发表了9次学术演讲,主题包括"文学史的方法论""莎士比亚在中国""中国新诗中的现代主义""英美文学在中国""文学教学问题研究"等,都是和比较文学研究有关的。1986年,他又率代表团访美参加了中美比较文学研讨会,同时期发表了后来多次获奖的比较文学的英文力作《论契合——比较文学研究集》。[23]明尼苏达大学英语系主任J.劳伦斯·米切尔教授称赞《论契合》是一部"出色的文集","资料丰富、启迪人心","仅从这些顺

---

[21] 王佐良:《论翻译》,《生活导报》1943年11月,第23页。
[22] 同上文,第34页。
[23] 王佐良:《论契合——比较文学研究集》,外语教学与研究出版社,1985年。

便提到的作家当中,也能窥见作者兴趣与学识的广博"[24]。这个评价也完全适用于《趋向》——因为《论契合》和《趋向》的思想是一脉相承的。

3.《趋向》对中国新文学成就的历史定位、诠释和前瞻。

首先,《趋向》表明了五四以来的新文学虽然受到西方文学的启发与影响,但其主要品质却是中国的,其主流思想是进步的。《趋向》不仅是较早应用比较研究方法的一个范例,而且是从民族文化在世界的地位高度来诠释中国新文学的历史贡献的,字里行间洋溢着一种民族自信心。作者以犀利的眼光、独到的见解、精辟的论证,速写了这一时期的中国文学史,并在同外国作品的比较、鉴赏中发现成功的经验和失败的教训。这本宣传册中包括了新文学几乎所有最重要的作家和主要流派。当然见仁见智,这样的短篇只能有所舍取,不可能面面俱到。而且这种写作方法本身其实就是一种比较文学的方法,是从中国文学接受外国文学流派的契合和影响的视角进行创作的。最后的落脚点还是中国新文学本身,并由此而总结出中国文学的两大规律性的优点:严肃和纯洁。因此,它无疑是一部具有很高学术价值的著作,尽显比较文学高屋建瓴的世界性意义。

其次,《趋向》的语言风格也丰富多彩,表现出一种独特的诗人的灵秀和智者的哲思。这篇文论不仅涵盖了四分之一世纪的中国文学史,而且其呈现形式如一篇优美隽永的诗化散文,读后给人以文采的滋润,思想的启迪和美感的享受。正如美国汉学家韦闻笛(Wendi Adamek)教授所评论的:"这是给人以如此深刻印象的作品,多么引人入胜的写作风格!这篇文章把20世纪早期的中国文学放在政治和

---

[24] [美] J. 劳伦斯・米切尔:《评〈论契合——比较文学研究集〉》,王军译,《外国文学》第 7 期,1987 年,第 87—90 页。

审美的视角下来考察，确实可以概括出这个复杂的文学领域的努力的成果。真是太令人陶醉了……"

父亲王佐良在论述中广征博引，从生气勃勃的西方文学中汲取灵感，使文章跌宕生姿，别具风采，熔中西文化于一炉。从荷马史诗到莎士比亚，从蒙田、歌德到托尔斯泰，从大仲马到海明威；40多位世界文坛的大师名家逐一道来，如数家珍，并与中国新文学作家作品聚首为伴，更是栩栩如生，交相辉映。可以说《趋向》本身更像一幕引人入胜的史诗剧。各路风云人物逐次登上舞台，把中国新文学流变脉络和精神风貌娓娓道来，一一展现，淋漓尽致地演绎出20世纪上半叶中国人文精神的时代风采。

最后，《趋向》在着重论述了翻译等比较文学方法以及外国文学影响的同时，并没有忽视中国新文学发展的另一重要来源——古典传统的影响力。传统与现代、中国与西方，始终是互相交流作用的两大方面。在新文学成长过程中，以这两对矛盾为主线，中国民族本土意识与外来各种文学流派的互动影响穿插交织、高潮迭起，构成了一部国际文化之旅的交响乐章。《趋向》结尾时指出，新文学要"寻根回到"传统遗产中去汲取营养，因而具有发展的意义，当代中国文学之趋向，亦即在此。70年后中国文学的辉煌，是不是也印证了这一展望呢？

总之，作为当时新锐有为的年轻学者，王佐良一方面娴熟地驾驭中外文化的学问，为中国新文学研究奉献了筚路蓝缕之功；另一方面，基于早期文学创作和评论的实践经验，他对中国新文学的成就提出了独特的思考、诠释和前瞻，并从中体现出自己的文学理念和风格。尤其是他从中外文学史相互"契合"的视角，运用比较研究的方法概括总结了当代中国文学的发展趋向，在今天看来仍然使人受到启发和激励。因此，我们通过对新发现的有关文献的考察和研讨，不仅可以再现王佐良先生早期的文学理论与实践的心路历程，还有助于更全面深入地认识他对中国现代文学和比较文学研究的重要贡献和意义。

在抗战胜利 70 年后的今天，思念先贤，泪洒笔端；掩卷静思，心潮难平。我很惭愧没有能够早点发现这些珍贵文献资料，但也为父亲写出了这样让中国文学走向世界的篇章而感到骄傲。这篇文献将和其他多篇早期作品一起，编入北外正在筹办出版的《王佐良全集》之中。[25] 作为文学家、翻译家、教育家、作家和诗人，父亲一生勤奋、睿智、卓越、务实、奉献，不愧是老一辈中国知识分子中的杰出代表。大浪淘沙见真金，历尽风雨展文华。五四以来的中国文艺复兴思想的火花在新的世纪依然闪光，照亮人生，启迪心智，感动世界，也祝福着和平。这也许就是《今日中国文学之趋向》的文学魅力之所在，父亲的瑰丽人生之阳光。

---

[25]《佚文集》，《王佐良全集》（第 11 卷），外语教学与研究出版社，2016 年，第 179—565 页；《趋向》英文原文载于该卷第 489—519 页。

"迷人的抒情"与"泥土的根"
——西南联大时期王佐良的诗歌实践

陈 彦

（上海师范大学人文学院）

作为杰出的英国文学研究者，王佐良不以诗名。对于中国现代诗，王佐良更多是以诗评家身份被人所熟知——他是最早认识穆旦诗学价值的人。[1]他也向中国文学界推介西方现代诗，以《诗人与批评家艾里奥特》一文"开创了国内研究英国著名诗人艾略特（今译名）之先河"[2]。与此同时，他还是著名的翻译家，推重"诗人谈诗""诗人译诗"，认为他们"常能道人所不能道"[3]。他认为诗人"有能力找到一种纯净的、透明的，然而又是活的本质语言"[4]。无论是译诗还是论诗，王佐良均表现出一种奇妙的现代敏感与语言才能，他并非一个纯粹的追究义理、考究辞章的学者。事实上，王佐良对语言的自觉正来自其诗人特性，"我爱诗，原来自己也写诗"[5]。王佐良的诗歌写作在联大校园诗人中别具特色，丰富了联大的校园诗写作，但是我们对

---

[1] 关于王佐良对于穆旦诗歌价值的发现，可参见易彬《王佐良论穆旦——兼及其他穆旦研究》，《长沙电力学院学报》（哲社版）2003年第8期。该文认为在迄今为止的穆旦研究者中，王佐良可能是最丰富的一位，对于穆旦诗歌提出了很多极具内涵的诗学命题，其中包括涉及穆旦诗歌写作外在社会文化语境的"昆明现代派"问题，以及涉及穆旦诗歌内在特质的"感性化"与"肉体化"、"非中国化"与"中国品质"、宗教取向等问题。

[2] 王意、苏怡之、王星：《王佐良的生平和他的事业》，《王佐良文集》，外语教学与研究出版社，1997年。本文所引有关王佐良生平与创作概况皆见于该文，不再另行加注。

[3] 王佐良：《另一种文论：诗人谈诗》，《中楼集》，辽宁教育出版社，1995年，第38页。

[4] 王佐良：《王佐良文集》，外语教学与研究出版社，1997年，第490页。

[5] 王佐良：《我为什么要译诗》，《中楼集》辽宁教育出版社，1995年，第139页。

于他的诗歌创作却多有忽略,仅在综论西南联大校园诗歌的时候偶有提及。

据后辈追记,王佐良在中学时代即已开始文学写作,其时主要以散文习作为主。大学时代,王佐良还有过小说习作,在昆明《文聚》月刊上发表。但是,他主要是写诗,并逐渐为人认同,先后得以在《清华周刊》《时与潮文艺》等刊物发表,亦由闻一多选入其主编的《现代诗钞》。我们目前可见的王佐良诗歌基本上见于联大时期及其后去国留学之际,皆由杜运燮、张同道主编的《西南联大现代诗钞》收录,其中包括《异体十四行诗八首》、《诗两首》、《他》、《去国行,1947》(4首)、《伦敦夜景》、《巴黎码头边》、《长夜行》、《1948年圣诞节》,计18首诗作。[6] 从诗歌数量与写作跨度来看,王佐良似乎难以与号称"联大三星"的穆旦、郑敏、杜运燮相比。但是,如果我们通观西南联大校园诗歌实践,检视现代诗在20世纪40年代所面临的转型,就不能不注意到在联大校园诗歌对于新的抒情道路的探寻中,王佐良的写作具有一种不同于他人的诗思方式,他以"迷人的抒情"与"泥土的根"的交融,展现了独具个人性的现代诗的抒情形态。

一

20世纪40年代,由于战时生活的复杂艰巨,拓展新诗视阈、展现现代生活充满歧义的多变形象成为诗歌的内在要求。在西南联大校园诗实践中,郑敏是以形而上的疏离着力于对个体内部世界的凝思,杜运燮对现实则表达一种机敏的智性反讽。而其中,最具诗学自觉的

---

[6] 这里谈论的王佐良诗歌主要见于《西南联大现代诗钞》,杜运燮、张同道编选,中国文学出版社,1997年。本文所引诗句除注明出处外皆出于此书,不再另行标注。

穆旦通过对"新的抒情道路"的探寻，以诗的"叙事性"呈现诗的"非叙事"特质，把广泛的经验领域纳入到诗的抒情情境中突破抒情的限制，从而展现自我与广阔现实的搏斗。[7]有论者认为："王佐良诗风与穆旦比较贴近，诗语锋利，感觉敏锐，爱用大跨度比喻，陌生化意识浓厚。不过，他的诗比穆旦温和，语言疏朗，内部矛盾也相对弱化，染有鲜明的浪漫主义风采。"[8]这是非常贴近的风格描述。但是，作为一种"有意味的形式"，风格差异如何呈现诗的内部意蕴的差异，事实上是一个值得继续追索的问题。

可以看到，王佐良"迷人的抒情"与"泥土的根"的交融，具有一种存在主义式的生存体认，既感受存在的烦腻本质，又不乏绝望中的超越与快乐。这样"一种典型的知识分子诗学主题，自剖、反思，寻找人格与行为的疾病"，在王佐良身上与穆旦的表现颇为不同。"迷人的抒情"与"泥土的根"这一对立意象在诗人的诗作中又呈现为交融状态——"在迷人的抒情过后，/ 就是那泥土的根"（《异体十四行诗八首》之八）。"迷人的抒情"与"泥土的根"的交融不仅传达了诗人对于日常经验与存在本质的体认，同时也透露了诗人的诗学观。正是因为强调日常经验之于抒情的重要性，他颇能够理解穆旦的"用身体思想"，欣赏诗人把广泛的经验领域引入到抒情诗的写作之中，从而使人得以从伦理的桎梏、意识形态的压抑与理性的束缚中解放出来。

但是，和穆旦有所不同的是，虽然他们都拒绝虚假意识形态的招

---

[7] 关于联大校园诗歌对于新的抒情道路的探寻，可参见陈彦《穆旦"新的抒情"实践及其诗学意义》，《上海师范大学学报》（哲社版）2005年第4期。穆旦对于诗的"新的抒情"道路的探寻主要是通过对于"叙事性"的追求实现的。"叙事性"的引入拓展了诗的抒情情境，把广泛的经验领域纳入现代诗写作中，从而与抒情主体构成反讽、交流等等错综的话语关系，以叙事性话语与叙事性修辞手段呈现诗的"非叙事"特质。

[8] 张同道：《警报、茶馆与校园诗歌——〈西南联大现代诗钞〉编后》，《西南联大现代诗钞》，中国文学出版社，1997年，第593、594页。

引,王佐良却依然看重"抒情"或者说"诗"的超越性。在实存世界的压力下,王佐良当然也感受到"诗"与"现实"的悖论,但他并不同于穆旦,以"希望"这一价值维度对抗"绝望",却又不断遭受"希望"破灭的打击,只有"茫然""绝望"与"虚空",却"还要在无名的黑暗里开辟新点",以至于"我们只希望有一个希望当作报复"(穆旦《时感四首》之四)。对于王佐良而言,"诗"始终是意义之所在,诗人虽然自我斥责却又不断渴求并呼吁,"然而你做着山山水水的梦!/让我们坐上马车,走出东郭的门,/看无穷无尽的绿草,而流下眼泪。"(《异体十四行诗八首》之八)

在目前所见的王佐良诗作中,《异体十四行诗八首》是一组富于内在连接性的诗作,创作于1941—1944年。此前,即1939年,王佐良已于西南联大毕业留校任教,且于次年与贵阳医学院女生徐序女士成婚,在战时后方日渐困苦的生活中,他们育有二子一女。诗人的生活形态发生了很大变化,由对未来生活的憧憬步入现实生活的展开。1941年诗人只有25岁,生命正葱茏,自由与欢欣本该是青春的主题,然而战争、流亡、结婚、生子,承受生活所能给予的一切重压与磨难,生活渐渐显露它琐碎无聊的灰颓面目。诗人不能不"感觉着皮肉和精神有着这样一种饥饿,以至喊叫着要求一点人身以外的东西来支持和安慰"。[9] 组诗作于1941年到1944年之间,组诗写作的过程也即诗人生命与生活的展开过程,同时也是诗人审视自我存在的精神追索过程。

从《异体十四行诗八首》中我们可以看到,在生命展开的过程中,时间在诗人这里扬弃了它的物理状态,成为内在于主体存在本质的时间,被生命主体深刻体验。它不仅改变生命主体的外观形象、生

---

[9] 王佐良:《一个中国新诗人》,《文学杂志》第2卷第2期,1947年。

活状态，也影响主体的内在体验，这是组诗中以强烈反差出现的一系列矛盾意象：

  过去时代："我"的秀挺的瘦削、"你"的俏丽的双辫、"在树旁等候"、"不寐的街角的分别"、"在长林茂草，在乱石里回旋"、"走过这些拘束的羊群与人群"……
  当前现实："粗脖子的母亲""争吵在菜市""高兴于多偷的洋芋""抱了孩子""无言的退回""逡巡在陈腐的比喻里""你的身体要粗要胖""而我也要戴上眼镜""你的唇红""我的粗俗的领带和谎"……

  组诗的开篇，抒情主体就从"你／我"、"冰冷的颊"和"让我们扯乱头发"的呼告里申诉："我的瘦削，你的梳双辫的日子／远了。"这是一个"过去时代"的远离。从组诗中抒情主体对于指向"过去时代"的记忆来看，"过去时代"包含着一个真正自由而自然的自我。"过去时代"的"你""我"形象都丰沛而美好，"我们是河水，／在长林茂草，在乱石里回旋。"这是一个不受任何成规约束的自我，是充盈"过去时代"的本质内容，也是抒情主体隐匿的内心意向。"过去时代"凸显在现时生活中，成为抒情主体审视当下生活的立足点。然而，需要指出的是，"时代与年代不同，它不是事实。它是我们追溯过去的事件时所形成的概念"。[10] 身处婚姻生活与日常现实之中，却以虚拟的"过去时代"的爱情与生命体验作为审视当下的立足点，这种"采用前思索的审美态度的期待，则被导向不用于日常世界而指

---

[10]【英】马尔科姆·布雷德伯里、詹姆斯·麦克法兰：《现代主义的名称和性质》，《现代主义》，上海外语教育出版社，1992年，第3页。

向超常经验的某种事物"。[11]

可以看到,对于"过去时代"的呈现,是对应着"现在"这一时间维度的。"我"伤感地发现,现实是一个丧失意义的世界,"存在只是一个假日,来得还远,去得却触目惊心地近"。面对这样的现实存在,只有通过对意义的追寻,才能获得超越实存世界的可能性。抒情主体并非要沉溺于"过去时代"的空幻想象中,而是要借此领悟一种存在的可能的方式,为饥饿的"皮肉和精神"提供一种"支持和安慰"。这就是抒情主体所体认的生命与存在的本质:"我们的爱情并不纯洁。天和地,/草木和雨露,在迷人的抒情过后,/就是那泥土的根。"抒情主体坦率承认现实生活的物质规定性,理解并容纳理想与现实之间的悖论。

但是,上述现实精神并不意味着和现实生活的简单和解。相反,对现实生活的承担,使诗人具备了这样的精神力量,即能够通过不断的审视与回望来寻求更符合意义的生活。在《诗两首》(1942)与《他》(1946)中,虽则是对战争时代社会责任诉求的呼应,但是诗人自我反思、自我质疑的意义方式是与《异体十四行诗八首》相通的。像穆旦在《赞美》中抒发对于农民兵无言的行动的赞美与悲悯一样,王佐良在《诗两首》中也写道:"那愚笨是土地,/和永远受城里人欺侮的/无声的村子。那点愚笨/是粗糙的儿女和灾难。"但是,年轻的诗人同时又都看到,无言的行动中包蕴巨大力量,对知识分子的生存构成质疑,"那点愚笨却有影子,有你我/脆弱的天秤所经不住的/重量"。与中国土地上这坚忍沉默的一群相比,"我们是长身的瘦子,/我们永远立在水边,/用敏感的文字凝思/不朽的绿树,不朽的蝴蝶,/我们容易伤风和妒忌,我们/烦腻,心薄得像嘴唇"。"我们"是一群

---

[11]【德】汉斯·罗伯特·姚斯:《审美经验论》,作家出版社,1992年,第26页。

丧失行动能力人,却以诡辩的语言与机巧扮演真理的化身。

在《诗两首》之一中,诗人以无言而坚忍的"他"与虚妄、脆弱的"我们"相对照,用行动的实绩反讽"我们"的虚幻,"愚笨是顽强/而不倒的","我们"却是"记载了愚笨的历史,/又被愚笨开了玩笑"。在《诗两首》之二中,诗人则以复数性人称引领诗行,进一步揭示"我们"虚幻的生存本质。然而与"之一"中反思"我们"的存在状态不同,"之二"是抒情主体与以第二人称"你"的自我对象化的方式进行自我驳难,诗人并未把自己打扮成道德化身置身于"我们"之外,相反是一直在主体经验的层面展开自我反思与批判。这里,生命与时间的悖论再次复现,"一点愚笨的欲望"和"反叛的企图"煽动新的希望和期待,"河水又一下流动,春天又一下/闪动,我们的眼睛又一下转动","你,我,都一下转动"。"但我们变老,我们变老,/大地苏醒一百次,也死去一百次。"在时间的延展过程中,希望成为自身的反面,这让诗人对"时间"与"希望"的悖论非常敏感。

在《他》中,诗人继续这样的知识分子的自我反省。但是,和《诗两首》有所不同,《诗两首》中"我们"的游移来自对"生/死"观念的沉溺,在思想的游移中我们失去了行动的能力。而在《他》中,"他"的游移不仅是对行动的畏惧,更来自对行动本身的疑惑。《他》写于1946年,"他"显然不同于1942年的《诗两首》中的"我们"——抗日战争激发"我"对行动的渴望,而此际的内战则让"他"对行动充满疑惑。抗战胜利后,王佐良举家随清华大学复员回北平,抗日战争的结束,带来对未来和平生活的期待。但是,1946年6月26日,内战还是全面爆发。"他"面对由"跑马厅与地缘政治的社论"所构成的烦嚣复杂却又空洞的生活和突如其来的"撕裂的声音"、"剥光、刺透、燃烧的声音,/震垮、压平、倒毁的声音,放弃和死亡的/

声音，/ 所有时代和所有恐惧的声音"，"他"听见所有人和自己的呼吸。这是前有未有的道德困境，面对本民族间近乎自杀般的相互杀戮，"他"应该以怎样的行动回应自己的时代？

二

1947年秋，王佐良考取了庚子赔款公费留学，赴英伦入牛津大学墨顿学院主修17世纪英国文学课程，攻读硕士学位。在1947年去国途中，王佐良写就《去国行，1947》四首，借诗行抒发"对战火中一整个大陆的乡愁"。当行将远离的诗人途经"上海"时，诗人受到"从来没有看过这样灰色的一群"的触发，表达自己的战时观感——"我没有想到都市能像蜂房，/ 有人在角落和角落缝里坦然生活"。个体生存的无意义，对一己生存微利的算盘和固守，沉溺于空洞而浮泛的都市生活，这和战后那个大世界中不同党派之间对秩序和胜利果实的争夺具有相同品质。在取道"香港"时，诗人不由慨叹，"海有不惧威胁的自由，/ 然而没有浪漫气味"，"北平的学者们将要哭泣，看见这么多 / 光亮的白报纸，而哪里有像样的杂志？"诗人斥责由报纸的娱乐广告和美国土话所体现的商业实利主义的价值观，在这样的"新加坡"和"哥伦坡"，甚至"连大海也暂时驯服而无波涛"。

上述所引的《去国行，1947》四首诗，以途经的城市所见，呈现了人们在战争中苦苦坚持之后迎来的新世界，理想和现实的背离使诗人此时的远渡重洋具有了出走意味，就像穆旦在1947年10月《我想要走》中所表达的，"我想要走，走出这曲折的地方"，"我想要离开这普遍而无望的模仿"。当然，出走不仅是逃离，更是寻找，但是诗人是否能够找到"它"——那个已然丢失的"唯有 / 爱情像它一样地奇美，一样地 / 野蛮和原始"的"原初的完整"呢？

海外留学生活中，王佐良留下了《伦敦夜景》《巴黎码头边》《长夜行》《1948年圣诞节》四首诗，都是写于1948年。在这几首诗中，有一共同意象"夜"——它成为诗人审视自我与他人生存的"境"与"镜"："在心的地图上，/ 树立着多少城市，/ 每个长方的楼窗 / 都在黑夜里亮起。"因为夜的到来制止了身体的活动，目力所及皆为夜色所摄，于是视角内敛回收，夜长人静，静观内省的状态牵引诗人的思考，回望或幻想，组构了诗歌中的人生。于是，《伦敦夜景》一诗，诗人悄悄揭开想象的帷幕，让我们看到"丰富的色彩溢出窗子，/ 平凡的街道变成迷宫"。可是，"等到读书人抬头相看，/ 一声笑，灯光已灭"，而"彩玻璃的灿烂和甜蜜，/ 却涌起了都市的烦腻"。

在出走之后寻求新的可能性的行动中，诗人对现代都市生活及其精神本质的认识，却是此种所谓"都市的烦腻"。"烦腻"既是"拖曳着诱惑的灰色"，又是以黏滞、沉重的脚步限制了人的行动可能性，"沉重的是半夜里雾的脚步，/ 走不到天明，垂着头，/ 坐下在潮湿的石阶，/ 想起曾经有过的春天"。诗人的幻念与现实交织，审视平凡人生，"是这种桥头的凝神"，"是这种永恒的姿势"，使诗人与萨特的"快乐和绝望"相沟通，接近了一个由凝神与思考所构成的存在主义者的人生。(《巴黎码头边》) 在《1948年圣诞节》中，诗人质疑烦腻的都市智慧，"智慧和思辨，才情和诗意，/ 却寻不回闪耀而痛苦的昨天"。这种质疑和思考使诗人有了"被围者"的孤独与寂寞，"今夜处处窗子都亮着，/ 却有寂寞从四面袭来，/ 像是那灰色城楼外的军队，/ 悄悄地逼近又逼近，/ 包围了一个无救的敌人"。对于"被围困"状态的审视使诗人一直具有超越实存世界的内在冲动。

所以，在结束了牛津学业，王佐良虽然有到法国继续深造的打算，但是，他还是在"出走"之后选择回来。民主政权为诗人带来新的期望，在经过华北人民革命大学政治研究院的短期学习后，诗人带着超越的努力融入新的生活，开始一个新的"用行动进行抒情"的时代。

三

通观王佐良的诗歌创作，我们可以看到，他呈现了20世纪40年代西南联大校园诗歌的共同主题，这当然是来自他们所分享的共同的诗学训练与历史经验。他和联大的青年诗人们一样，"并没有白读了他们的爱里奥脱与奥登"。这种对于"心智上事物的"热爱，使得王佐良对于时间与意义的交结错综非常敏感。时间既内在于人类生命存在，生命成长、理想预期与现实铺展均在时间中进行，那么它也就带来背离与失落的痛苦，正如穆旦在《被围者》中对时间的质问："这是什么地方？时间／每一秒白热而不能等待，／堕下来成了你不要的形状。"王佐良也敏感于时间的悖论，在诗中申告并怨诉，"让我们扯乱头发，用冰冷的颊／证明我的瘦削，你的梳双辫的日子／远了"。然而，和穆旦的"被围者"的极端体验有所不同的是，当穆旦以否定式的决绝态度宣告，"因为我们已是被围的一群，／我们消失，乃有一片'无人地带'"，王佐良的"今夜处处窗子都亮着"，其被围困的体验则是瞬间的，或者说是暂时的。

相较于穆旦激烈的自我驳难、郑敏的形而上式疏离、杜运燮的机敏反讽，王佐良对于现实更多表现为一种不乏烦腻的包容与承担。诗人体悟道："我们的爱情并不纯洁。天和地，／草木和雨露，在迷人的抒情过后，／就是那泥土的根。""诗"的维度始终指向超越性的存在，虽然审视是一直存在的，伴随着对于生活的"局外人"式旁观，诗人理解了存在主义式的"快乐和绝望"，对生存具有了一种"烦腻"的现代体验。所以，和穆旦之深具"绝望感"的自我驳难不同，王佐良的诗歌还呈现出较为明易的抒情性，以"迷人的抒情"与"泥土的根"的交融丰富了联大校园诗的写作。

在 1949 年之后,当昔日的联大校园诗人纷纷从"我想要走"而去国怀乡又再回来的时候,新中国的"理想主义"诗情与诗人一向的超越性期待相契合。所以,当穆旦感受着"洪水淹没了孤寂的岛屿"(《葬歌》),对时代洪流与主体经验作形象化呈现时,比之于穆旦的艰难与曲折,王佐良更平滑地融入新的生活,不仅参加《毛泽东选集》的英译工作,也入了党。对于"诗"的超越性期待被现实政治生活中的"理想主义"诗情所取代,但是,这同时也损害了诗人的诗才。此后,在不能写诗的时候,译诗成了诗人的寄托。

第一本中国学者撰写的英国诗通史
——简介王佐良著《英国诗史》

卞之琳

（中国社会科学院外文所）

一般公认，外国诗译成本国语才会在本国发生显著的影响、显著的积习作用或消极作用。英国诗开始译入汉文（还是在通行以文言写诗的时代），差不多已有一个世纪。不少中国人从原文大致了解英国诗各时期各流派演变梗概，也由来已久，但能在中文里条理分明一瞥英国诗具体的发展轨迹，还是现在王佐良教授给我们提供了机会。

尽可能正确、全面地了解英国诗演变真相，是今日中国诗创作、学习与诗评论、教学的借鉴所需，对外发言的条件所必备。而中国学人对英国诗的通盘反应自当显得另具只眼，亦即不是"随人说短长"，限于泛泛的因袭、搬弄。这本书著者在序言中自谦所说的"一家之言"，正是表现了中国特色，实事求是，深有中国社会现代化修养的特色。

"具有中国特色"，能用到这个场合，恰恰就因为首先并非拿"中国特色"强加诸英国诗史实。书中从古英语、中古英语、近代英语分期讲英国诗的演变，自然不是杜撰，而是遵循了不可能随心所欲加以改造的现实骨架，这样放在历史、社会、语言、文化的背景里来展示，更显得脉络分明。把英国诗如实安排在三个时期，受四种语言、文化的相互激荡与融会，全面的轮廓就一目了然而耐人寻味。

全书表述，厚今不薄古，分寸合宜，源与流，呼应得当，分析内容，结合形式，点出继承与发展，传统与创新之间并不脱节，也有我国清代诗人赵翼论诗所记的"万古传"与"不新鲜"的辩证关系，而处处以诗例充实，更加重了分量。

论从史出，本书的叙述基本上也就是立论，再具体一点，可举这段话为例：

> 在文学潮流的消长起伏里，常有一种现象，即后起者急于清除的，往往不是真正的敌人，而是表现出哪怕有微细不同的前驱者。（第212页）

具体到流派，到人，著者以19世纪浪漫派诗人华兹华斯（现在大家较多用这个约定俗成的汉语写法，在汉语拼音里变成了Huazihuasi，而不用本也是约定俗成的另一个汉语写法"渥兹渥斯"，较合汉语拼音规范Woziwosi）与18世纪古典派（只是形式上）格雷的关系为例证。

著者提及浪漫派诗人拜伦写讽刺诗行的"倒顶点"修辞手法、例如：

> 骑马，击剑，射击，他已样样熟练，
> 还会爬越碉堡——或者尼庵。（第280页）

其实著者没有明说，这个"倒顶点"手法还是18世纪新古典派代表诗人最擅长的一手，例如：

> 伟大的安娜！三邦臣服的陛下
> 你有时在这里听政——有时喝茶。
>
> （蒲伯：《海姆普敦宫》）

就全书而论，瑕疵总是难免的，虽然基本上厚今不薄古，可是接近收尾的第十七章"二战中的英国诗人"和第十八章"世纪半的诗坛"比较起来写得似乎仓促一点。这也难怪，这一时期的英国诗产品，除了在前两章里已经论述到的艾略特、奥顿等的一些以外，重要的不多，而且受时间考验还短，较难选作评骘，但是这样显然已远比西方当代一些中国学家肆言中国新诗现状的文章较少实际的隔膜，大概因为同样在世界各大语种中，恰似最易实为最难的英语和汉语之间，比较起来，我们的更具悠久的历史文化背景的文学语言，一般更难为英美人掌握到一定高度的缘故吧。

最后，本书既以诗例丰富见长，也就在这方面较易暴露不足处，就是，译诗的质量，总的说来，已比一般书刊上常见的，高出不少，略嫌水平不齐，当然译例不足尽可能相应在声韵与神味上传达了原作的真面目，尚可改进，日后也不难改进。

论王佐良的外国文学史观

何辉斌　殷企平

（浙江大学外国文学研究所、杭州师范大学外国语学院）

　　王佐良教授是我国 20 世纪著名的外语教育家、翻译家和英语文学专家。作为顶尖的外国文学研究者，他的主要成就体现在英国文学史的研究之中。他撰写了影响巨大的《英国诗史》、《英国文学史》（单卷本）、《英国浪漫主义诗歌史》、《英国散文的流变》，主持了五卷本《英国文学史》的编写（是《英国文艺复兴时期文学史》和《英国二十世纪文学史》的主要撰稿人）。王先生在英国文学史方面取得巨大成就绝对不是偶然的，这是他的良好文学功底的结晶，是长期刻苦钻研的结果，更是自觉的文学史观的体现。本文将从以下三个方面探讨王佐良先生的外国文学史观研究成果。

一

　　王佐良对我国的外国文学史研究成果有一个很好的宏观研究，提出了独特的文学史观。在深入研究 20 世纪国内的英国文学史研究的情况之后，王教授发现，中国的外国文学史研究基本上可以分为英美模式和苏联模式。"英美模式着重学术考证和作品欣赏，近年来也对思想和社会背景给以更大注意。"[1]"这个模式有学术性、可读

---

[1]　王佐良:《〈英国二十世纪文学史〉序》，王佐良、周珏良主编:《英国二十世纪文学史》，外语教学与研究出版社，1994 年。

性，但系统性不强。"[2]英美模式主要体现于新中国成立前的文学教学中，新中国成立后一度几乎中断，但在改革开放之后又开始兴盛起来。

苏联模式是新中国成立后的主要研究模式。"苏联模式系统性强，如以人民性或现实主义为线索贯穿全书，叙述有一套程式，往往是时代背景加作家论，作家论又有其程式，即生平→创作历程→小结，所叙偏于思想内容，仅在小结中有一二语涉及艺术。"[3]苏联学者"也是在'重写文学史'，然而史的根据不足，对于20年代以来英美文学研究的新成果知之甚少。叙述的文字也比较空泛、刻板，不似在谈文学而似在谈政治"。[4]可见苏联模式对文学本身不如英美模式重视。这一流派的极端分子几乎忽略了文学本身的特点。但王佐良也公允地指出了这一模式的优点："它使我们写得有点系统，注意政治经济背景，注意分析作品的思想内容。"[5]这种模式当然不仅仅体现于英国文学史中，也体现于各种外国文学史和中国文学史中。

在中肯地评价了英美模式和苏联模式的优点和缺点之后，王佐良先生又对依赖学术输入的现状表示了不满，并且提出："中国人写外国文学史，总得有点中国特色。"[6]这是一个成熟的中国学者自信地给他本人和中国学者树立的很有意义的学术目标。

二

为了摆脱对外国学术的过度依赖，王佐良先生主张回到本国的文

---

[2] 王佐良、周珏良主编：《英国二十世纪文学史》，外语教学与研究出版社，1994年，第8页。
[3] 同上。
[4] 同上。
[5] 同上书，第9页。
[6] 王佐良：《一种尝试的开始》，《王佐良文集》，外语教学与研究出版社，1999年，第782页。

学研究中来，从中寻找在世界学术舞台的立身之本。为此他写了一篇名为《文学史在古中国的先驱》的论文。他认为，虽然第一部以《中国文学史》为名的书直到1904年才出版，但中国历史上不乏带有文学史意义的著作，《汉书》中的《艺文志》、《后汉书》中的《文苑传》、钟嵘的《诗品》、昭明太子的《昭明文选》、徐陵的《玉台新咏》等，都有着文学史的成分。在众多的著作当中，王先生最推崇的是刘勰的《文心雕龙》。他认为《时序》一篇"实是从古代到5世纪的微型中国文学史"。[7]《才智》一篇"纵览了8个朝代的94位作家，目的在于探索传统和个人才能的关系——而这也是一个现代文学理论家关心的题目"；"《文心雕龙》的大部篇幅——共计20篇——是用来讨论诗文的各种体裁的。"[8] 此外，这部著作还有4个特点："刘勰所用术语不多，但每个都精选，往往只用一两个字就点明了一个重要的理论主张，例如'风骨'"；[9] 刘勰写法简约，"从不辞费，总是三言两语，就能突出一个论点"；[10] "他善于比较……这类比较是他一贯运用的，整部《文心雕龙》书里随处可见。这部分是由于他写的是当时流行的骈文，而骈文着重对偶，易于进行比较"；[11]《文心雕龙》的文学性强，"一书全部是用典雅的骈文写的，然而没有因此而模糊论点或挫钝词锋，读者也不因看这样的排偶文章而感到疲倦，这便是刘勰的非凡的成功"。[12] 刘勰的这些成果为中国文学史的研究定下了基调，为后人的文学批评打下了良好的基础。刘勰之后的重要人物为杜甫，王先生对诗圣的诗句"清新庾开府，俊逸鲍参军"非常推崇，因为"他比刘勰更精练，只用一个形容词就说

---

[7]　王佐良：《文学史在古中国的先驱》，《语言之间的恩怨》，天津人民出版社，1998年，第251页。
[8]　同上。
[9]　同上书，第252页。
[10]　同上书，第253页。
[11]　同上。
[12]　同上书，第254页。

出了一个诗人的特点"。[13] 最后他这样总结道:"刘勰指明了一条道路。杜甫开创了写诗来回顾和评价历代诗歌的传统。正式史书里早有图书目录和作家小传。选本迭出,'选学'构成一门学问。阐明文学作品的注释、笔记、文章也是每代不绝,其中有许多卓见。"[14]

以上是王先生对中国文学史研究的历时探索,是他通过外国文学史的视野反思中国文学史的结果。此外,他还把国内20世纪的新成果和古代的成就放在一起进行研究,从宏观上考察中国文学史的研究,并找到了以下5个方面的总体特点。

"1. 通过全盘的文化研究来勾画文学史的大脉络,如闻一多之所为。"[15] 这一特点可能与古人喜欢综合性、总体性的思维有关,刘勰的《时序》等都有这一特征。

"2. 通过对文学体裁的精湛研究来确定文学演化的特殊形式和一代文学递接另一代文学的明显轨迹,如王国维、鲁迅之所为。这是中国文学史家做得最有成绩的事情,以至到了今天,几乎所有中国学生都对本国文学有一个唐诗→宋词→元曲→明清小说的演化图。"[16] 这一特点在《文心雕龙》等古代著作中就已经形成,体现了中国人研究文学的独特之处。

"3. 所有中国文学史家,从刘勰到钱锺书,都在写法上为我们做了示范。他们写法各有特点,但有两点相同:一、简练;二、有文采。他们所写的文学史本身都是绝好的文学作品。"[17] 在这一方面,中国人的确与西方人不同,几乎所有的文学史研究者都是文豪,而西方

---

[13] 王佐良:《文学史在古中国的先驱》,《语言之间的恩怨》,天津人民出版社,1998年,第255页。
[14] 同上书,第260页。
[15] 王佐良:《〈英国二十世纪文学史〉序》,王佐良、周珏良主编:《英国二十世纪文学史》,外语教学与研究出版社,1994年。
[16] 王佐良、周珏良主编:《英国二十世纪文学史》,外语教学与研究出版社,1994年,第11—12页。
[17] 同上书,第12页。

的很多研究者只是枯燥的专家。

"4. 他们还告诉我们如何吸收外来的新思想的精华和做学问的新方法。"[18] 在历史上，不少研究者都是这样做的，如刘勰接受了佛教思想，王国维、钱锺书等20世纪文学史专家都学贯东西。但我们好像还难以就此判断这是中国学者与外国学者（特别是西方学者）相区别的本质特点，因为外国的重要学者也往往不是闭关自守的。但就当代的情况而言，西方文化是强势文化，西方学者比较容易受到西方中心主义的蒙蔽。从这个角度来说，王教授的话有一定的道理，也许国内的文学史研究者有着更加开放的心胸。

虽说王佐良先生不是真正意义上的中国文学史专家，但他对中国文学史研究成果的概括很有见地，因为他在中西比较之中看到了那些专业的中国文学史专家难以发现的特性，是他充分利用"他山之石"进行"攻玉"的结果。

三

王教授对国内20世纪外国文学史的研究现状和模式的探讨可谓高屋建瓴，对中国文学史的研究历程之概括也独具慧眼，但他并没有就此止步，而是把学问继续往前推进，富有创见地提出了有中国特色的外国文学史观。他认为，如果中国学者能够在以下五个方面下功夫，就能够写出与苏联模式和英美模式不一样的"既能符合外国原来事实又有鲜明的中国特色"[19]的文学史，使中国人的外国文学史以其独特的贡献立足于世界学术舞台。

1. "叙述性——首先要把重要事实交代清楚。为此大量引用原作，

---

[18] 王佐良、周珏良主编：《英国二十世纪文学史》，外语教学与研究出版社，1994年，第12页。
[19] 同上书，第2页。

加以翻译，让读者通过它们多少知道一点原作的面貌。"[20]为什么要如此注重叙述性呢？因为中国人撰写的外国文学史和外国人自己编写的文学史是不一样的："他们面对本国读者，许多史实和作品几乎人人皆知，无须多事叙述，倒是更需要从新的观点进行分析评论。面对中国读者，则首先要把重要史实和作品向他们交代清楚。"[21]从这个角度来说，叙述性并不一定代表着中国特色，因为其他国家的学者在编写外国文学史的时候也得遵守这一原则。王佐良先生如此重视叙述性还有更为深刻的原因，他曾说："叙述者要会讲故事。把文学史当作故事来讲，把其中的重要情节当作故事的高潮来介绍，把其中的主要人物写活、写深，宛如演戏一样；但是还有一点，这戏得有说有唱，说的是情节，唱的是作品引文。没有大量的作品引文，文学史是不可能吸引读者的。其实有的作品不过几行诗、一段对话、一节小文，与其空口在旁议论半天，何不把它全文抄下译出，也让读者见见它的本来面目？……中国过去出的某些旧式中国文学史，实际上就是名作选段用评讲串联而成。"[22]中国古代文学史研究的成就主要体现在点评和注释之中，论著都以原文为主体再加上画龙点睛式的点评，而不是像西方理论家一样，脱离原文大做文章。这样的研究虽然有着自身的缺点，但很有特色，是与西方论著截然不同的研究，值得当代学者挖掘。我们没有必要指望我们的研究在所有的方面都超过西方人，可是我们能够在我们擅长的方面展示我们的能力。再说，西方学者的论著虽说理论性强，却有着脱离原著而走向为理论而理论的嫌疑，不见得就比中国式的研究好。可见王先生如此重视叙述有着深刻的文化原因。

2. "阐释性——对于重要诗人的主要作品，几乎逐篇阐释，阐释

---

[20] 王佐良：《〈英国浪漫主义诗歌史〉序》，《英国浪漫主义诗歌史》，人民文学出版社，1991年。
[21] 王佐良：《英国浪漫主义诗歌史》，人民文学出版社，1991年，第3页。
[22] 王佐良：《文学史写法再思考》，《王佐良文集》，外语教学与研究出版社，1999年，第433—434页。

不限于主题,也谈到诗艺和诗歌语言,而且力求把题材和技巧结合起来谈。"[23] 王佐良先生认为,如果要很好地阐释外国文学,应当解决以下两个问题:"一个是如何对过去的经典作家重新评价;一个是如何把过去不重视或被抹杀的妇女、少数民族等方面的作家包括进来,纠正过去以男性、白种人、欧洲人为中心的历史观的不公正。"[24] 但他又指出,后一个问题很难解决,因为"历史上的不公正也确实需要纠正,但在大量增加被埋没的人才和佳作方面,我们有一个实际的困难,即资料不足"。[25] 所以我们应当在经典作家的重评方面下功夫。经典作品已经被许许多多的人评论过,我们如何阐释才能有新意呢?关键在于写出中国特色。王先生还进一步说道:"……首先要弄懂作品本身,为此他需要搞清一切与作品有关的事实,包括英美本国人对作品的阐释。但是他会有所取舍,会注意到本国人认为当然,因而不大注意的东西,特别是在艺术评价方面,他会受到历史悠久的中国文化、文学传统的隐秘的、持久的影响,会用它的高标准和平衡感去做出他独特的判断。应该说,正是这种来自各方的评论大大丰厚了对一个作品的认识。作品虽产生于一国,阐释却来自全球,文学的世界性正在这里。"[26] 可见充分利用本国的文化资源不但有利于我们研究出真正有创造性的成果,还有利于丰富和发展外国文学作品的意义。当然,王先生所主张的阐释,是紧密结合原文的,而不是离开原文大做理论文章。他在研究《文心雕龙》的时候曾说:"事实上,他(刘勰)把评论纳进了几乎每句话的肌理之中,叙中有评,评中有叙,二者是结合的。例如他把嵇康和阮籍两位诗人放

---

[23] 王佐良:《〈英国浪漫主义诗歌史〉序》,《英国浪漫主义诗歌史》,人民文学出版社,1991年,第3页。
[24] 王佐良:《〈英国二十世纪文学史〉序》,王佐良、周珏良主编:《英国二十世纪文学史》,外语教学与研究出版社,1994年,第5页。
[25] 同上。
[26] 王佐良:《〈英国浪漫主义诗歌史〉序》,《英国浪漫主义诗歌史》,人民文学出版社,1991年,第4页。

在一起讨论,说了这样一句话:'嵇康师心以遣论,阮籍使气以命诗。'(《才略》)这里他何止仅仅提供事实,在这些词句后面有他对两人的景仰,所用的强烈措辞和庄重韵律产生了一种力量,把这个论断一下子推到我们的面前,不容我们不加注意。"[27] 可见他所推崇的是叙述和阐释很好地结合起来,而不是阐释得玄之又玄。

3. "全局观——要在无数细节中寻出一条总的脉络。诗史不是若干诗人的专题研究的简单串联,它对所讨论的诗歌整体应有一个概观,找出它发展的轨迹。"[28] 关于全局观问题,英美模式解决得并不好,而苏联模式常常"以'人民性'或'现实主义'来贯穿一切,往往是大而无当,公式化,几乎根本否定了文学的文学性"。[29] 新中国成立后,以苏联模式为主导的国内文学史研究虽然显得有全局感,但问题也很严重,正如王先生指出的那样:"过去的主要问题似乎是对文学的特殊性和复杂性认识不足,外国人写的别国文学史往往连史实也了解不够,评价更是脱离本国人的生活实际。"[30] 可见光有苏联模式还不够,还得引进英美模式的考据和作品赏析。但在这一点上,王先生并不感到悲观,他认为,作为外国人,特别是中国人,我们有着一定的优势:"……在这一点上外国人由于比较超脱也许更能看得清楚些。中国过去虽然没有完整的文学史,但是历来对于文学品种的演进,有一种共同的概观,例如汉赋、六朝乐府、唐诗、宋词、元曲、明清小说等,在每个品种内部又理得出兴衰变化,虽然限于文体,不失为一种脉络,有利于写诗史、散文史、小说史的。"[31] 所以王教授相信中国人能够从全局出发,把握好外国

---

[27] 王佐良:《文学史在古中国的先驱》,《语言之间的恩怨》,天津人民出版社,1998年,第253页。
[28] 王佐良:《〈英国浪漫主义诗歌史〉序》,《英国浪漫主义诗歌史》,人民文学出版社,1991年,第3页。
[29] 同上书,第4页。
[30] 同上书,第5页。
[31] 同上。

文学史。

4. "历史唯物主义观点……一是把诗歌放在社会环境中来看……二是根据当时当地情况,实事求是地阐释与评价作品。"[32]将文学放在社会环境中考察,根据具体的情况来理解文学作品,的确是历史唯物主义的重要特点。但我们应当有分寸地使用这种方法,否则就会像苏联的学者一样,只见经济和政治,而忽视了文学和艺术。从学术渊源来看,马克思主义的历史唯物观应当是西方学术的一个分支。而且马克思主义思想在西方国家仍然非常活跃,像霍克海默、阿多诺、马尔库塞、哈贝马斯等都是非常有影响的西方马克思主义学者。可见广义的马克思主义和中国特色并没有明显的联系。当然,王佐良先生心中的历史唯物主义肯定是已经中国化的马克思主义思想,所以能够体现中国的学术特色。但关于马克思主义的中国化问题,我们走过很多弯路,应谨慎地对待这个问题。

5. "文学性——谈的是文学作品,就要着重文学品质。讨论诗歌不能只谈内容,还要谈论诗艺。上面说到过的整体发展脉络就包括了诗艺本身的发展变化。其次,讨论文学问题的文章本身也应是文学作品。"[33]虽说外国也有一些批评家在这方面做得不错,但相比较而言,中国古代的批评家在这个方面最为突出,因为他们都有着敏锐的艺术眼光,都能写出优美的文体,"只是到了后来,才出现了那种冗长、刻板的论文,谈文学而本身无文学性可言"。[34]所以当务之急是把古人的这一好传统发扬光大,而不是盲目地模仿西方人。只有这样,才能在世界文学批评的舞台上发出更响亮的声音。

最后王先生肯定地说道:"以上五点,未必把重要方面都已包括

---

[32] 王佐良:《〈英国浪漫主义诗歌史〉序》,《英国浪漫主义诗歌史》,人民文学出版社,1991年,第3页。
[33] 同上。
[34] 同上书,第6页。

在内，但如果能够贯彻，中国人写的外国文学史不仅会增加中国特色，而且会对世界上文学史的写法做出独特贡献。"[35] 王佐良教授的观点很有创见，值得我们研究和推广。

从共时的角度看，王佐良教授深入地研究了英美文学史研究模式、苏联文学史研究模式以及国内的文学史研究现状，富有洞见地提出了具有中国特色的外国文学史这一概念，体现了他的学术敏锐性和发展中国学术的使命感。这一文学史观的提出，不仅需要横向的比较，也需要纵向的对中国文学研究史的追溯，以良好的国学功底为基础。可见他的文学史观既有横向的对比和自觉的选择，也有着历史的厚重，必然在中国学界乃至世界学界占有一席之地。当然，我们也应当看到，具有中国特色的外国文学史是一个开放的概念，随着时代的发展，学者们还得不断地加以补充。

---

[35] 王佐良：《〈英国浪漫主义诗歌史〉序》，《英国浪漫主义诗歌史》，人民文学出版社，1991年，第6页。

王佐良先生的学术创新思想与实践

姜 红

（北京外国语大学外文所）

王佐良先生非常看重学术创新。与他最初的近距离接触，就让我深切感受到这一点。还记得那是 27 年前的一天，我即将从北京外国语大学英语系硕士生毕业，因联系留校到外国文学研究所工作，刚刚见过王公不久之后。那天在校园偶遇王公，交谈中一听说我的硕士毕业论文以弗吉尼亚·伍尔夫的《达洛威夫人》和《到灯塔去》为题，王公马上就问："有什么新发现吗？"我一时语塞，支支吾吾地把论文要点说了一遍。我不知该如何作答，因为这样一句看似简单的提问携带着太多的潜台词，它似乎在说，一篇研究论文，即便只是一篇硕士学位论文，也应该以新发现为目的。同时，只有了解前人的发现，才谈得上做出新发现。回头想来，我当时只是在避免抄袭、避免重复前人的浅层次上理解论文新意问题，而不太明白研究中的历史意识；我那时天真地以为，作品的意义，它的主题和艺术，它的美，客观存在于作品之中，只待我（读者、批评者）越过阅读理解的障碍走近它们，而不明白一部文学作品可以被不断地发现和阐释，可以在不同的历史和文化语境中产生不同的意义。因此我那时主要关注的是如何正确地理解作品，而很少去思考新发现问题，甚至没有意识到这会是个问题。我当时不太明白这些，只是近乎本能地感到，王公提问中所包含的对新发现的期待超出了我的视野。

"独创精神""探索""创新""新见"等词汇常常在王公的著述中出现。在《〈英国文学论文集〉序》中,他说:"对我有特别吸引力的是那些在内容上有重大意义而艺术上又多所创新的作家。莎士比亚是最能体现这一点的伟大作家。此外,彭斯、布莱克、华兹华斯、拜伦、雪莱、狄更斯、萧伯纳、奥凯西、麦克迪尔米德都在不同程度上结合了这两个方面。"[1] 又说:"如果在论述英国浪漫主义兴起的过程里,我多少使读者对彭斯、布莱克、华兹华斯和柯勒律治的诗有点印象,感到这些诗人是在做着开创性的工作,他们的作品是颇值一读的,那么我也就得到安慰了。"[2] 可见,创新与否是王公衡量文学作品的价值、选择研究课题的重要考量之一。

在王公看来,相对于文学批评,文学创作更具开创性,所以尽管他的诗歌创作数量远不及他的研究著述,他却更喜欢被称作诗人,喜欢同作家交朋友。在文学研究中,王公"着重原作的仔细阅读,在论述时也尽量让作品本身说话,因而文章里引文较多",他甚至说,让读者看到一点原著的面目"远比我的议论重要"。[3] "论述文学的文章……应照亮作品,而不是布下更多的蜘蛛网"。[4] 显然,在王公心目中,好的文学研究是连接读者与文学作品之间的桥梁,应当尽可能保持通畅,帮助读者和文学作品向彼此靠近。换句话说,文学研究的创新不能脱离文学创作被孤立地看待,不应自我膨胀以至在读者与文学作品之间设置障碍。

王公喜欢读作家写的文学评论,认为作家想象力更丰富,更有文采。他曾著《另一种文论:诗人谈诗》一文,盛赞:"诗人谈诗,常

---

[1] 王佐良:《王佐良全集》(第6卷),外语教学与研究出版社,2015年,第3页。该书在本文中简称《全集》。
[2] 王佐良:《英国文学论文集》,《全集》(第6卷),外语教学与研究出版社,2015年,第4页。
[3] 同上。
[4] 王佐良:《〈照澜集〉序》,《全集》(第10卷),外语教学与研究出版社,2015年,第4页。

能道人所不能道,许多精妙之点,令人神往。"[5]他号召文学研究者向作家学习,写出有文采的研究论文。何为文采?按照一般的理解,文采指文字质量高,涉及语言风格。而在王公看来,文采包括"风格和风格的背后"两个方面:"所谓'背后',是指风格背后的意境和想象世界。没有这个背后,风格只剩下词句一堆,有什么魅力?语言之有魅力,风格之值得研究,主要是因为后面有一个大的精神世界,但这两者又必须艺术地融合在一起,因此语言表达力同思想洞察力又是互相促进的。"[6]"文采当然并不等于堆砌美丽的辞藻,而是能有新见解,能从新角度看旧事物。"[7]"真正的文采不是舞文弄墨,而是文字后面有新鲜的见解和丰富的想象力,放出的实是思想的光彩。……应该提倡一种清新、朴素,闪耀着才智,但又能透彻地说清事情和辨明道理的文字。"[8]这样看来,王公所推崇的文采便有了创新的意蕴。

王公《中楼集》所收《关于繁荣人文科学的几点想法》一文,尽管不是专门以创新为题,却是在繁荣人文科学这个更大的格局里探讨学术创新的相关问题,从中可以清楚地辨析出王公的学术创新思想。文章开篇即点明,"人文科学的繁荣当然要靠多出有创见的成果",接着便分学者个人层面和学术界、国家与社会的层面谈如何追求创新。他对个人提出三条建议:一是扎扎实实读作品原著;二是勤于也乐于去做抄书、写摘要、编目录索引这样的小事;三是围绕问题多看相关资料,弄清楚它的要点和来龙去脉,不必急于投入。在这里,王公强调的不是突破成规的勇气,而是按照学术发展规律、朝着创新方向努力的审慎态度。显然,王公反对冒进,主张在对传统的充分了解和深

---

[5]　王佐良:《中楼集》,《全集》(第10卷),外语教学与研究出版社,2015年,第459页。
[6]　王佐良:《〈风格和风格的背后〉序》,《全集》(第10卷),外语教学与研究出版社,2015年,第271—272页。
[7]　王佐良:《与友人论文采书》,《中楼集》,《全集》(第10卷),外语教学与研究出版社,2015年,第484页。
[8]　王佐良:《〈英国浪漫主义诗歌史〉序》,《全集》(第3卷),外语教学与研究出版社,2015年,第9页。

入分析的基础上追求创新。

学术创新是一个系统工程,需要整个学术界、整个社会的共同努力。王公在此谈到了四点:一、出版新的选本,认为这是"学术上的一种基本建设"。二、出版更多的专著,"专著应有创见,但不必一上来就端出一个庞大的系统,能够就一个重要问题进行深入研究,有所发现就不错了,但学术上一定要有根据,对国内外同行学者在本题范围内已做的研究要熟悉"。同时,也需要"高级的普及性读物"。三、加强书评。"学术界需要通过书评来认真而又平心静气地讨论问题。"四、国家与社会应当重视人文科学,提供"一个有利于学术发展的环境,包括精神上的支持和鼓励",同时也要提供经费支持,保证学术著作出版、课程设置和学术交流的需要。以上四点,除了第四点主要与国家政策有关外,前三点主要与学术界和学者个人的认知和选择相关,从中可以看出,王公以发展的和全局的眼光看待创新,重视创新的可持续性,主张做好创新的知识储备、培养创新人才,加强学者之间的交流合作,使得创新的局面水到而渠成。[9]

王公在学术研究实践中又是如何创新的呢?

王公一直重视作为"基本建设"的文学选本,早年就编选、翻译了《彭斯诗选》(1959年初版,1985年修订)、《英国文学名篇选注》(合编,在1962—1965年出版的《英美文学活页文选》的基础上扩充,1982年完成,1983年出版)、《苏格兰诗选》(1984年完成,1986年出版)、《英国诗选》(1986年完成,1988年出版)等选本,之后他才把主要精力转向诗评集《英诗的境界》(1987年完成,1991年出版)和文学史写作;文学史《英国散文的流变》(1990年完成,1994年出版)完成不久,又编选《并非舞文弄墨——英国散文名篇新选》

---

[9] 王佐良:《王佐良全集》(第10卷),外语教学与研究出版社,2015年,第659—661页。

（1991年完成，1994年出版）。

文学史研究写作是王公的学术高峰。早在1979年以前他就开始关注文学史问题。"文学史该怎样写？怎样使它既有别于时代背景加作家生平与著作的罗列，又有别于若干作家的创作历程的综合？怎样既是历史，又是文学的，而不是其他东西的历史？这后者又以什么为纲？……怎样写出具有中国观点和中国风格的外国文学史？"[10]为了寻找答案，他进行了"从中到西的学习"：他考察了文学史写作的英美模式和苏联模式，"学德桑蒂斯的民族文学观念，学勃兰兑斯的纵横欧陆的气魄，学朗松的谨严，学W. P. 卡尔的敏锐和精辟，学格里厄逊的雄迈，学圣茨贝利的好书如好陈酒，学……刘易斯、布什、勒古易、卡撒米安、谢尔朋，学众多的苏联文学史家，学埃德蒙·威尔逊，学《美国文艺复兴》的作者麦息生，学未竟《牛津文学史·莎士比亚卷》全功的F. P. 威尔逊"[11]；他研究了从刘勰的《文心雕龙》、杜甫的《戏为六绝句》、元好问的《论诗三十首》到王国维、刘师培、鲁迅、闻一多、钱锺书的中国文学史传统。[12]与此同时，王公开始了自己不懈的探索。在写于1979年11月底的《〈英国文学论文集〉序》中，他这样描述："在论述一个作家的时候，我有意要连带探索一个属于文学史上的问题——如《唐璜》篇里的英国诗里的口语传统，考拜特篇里的英语游记文学，萧伯纳篇里的欧洲现实主义戏剧，奥凯西篇里的现代英国诗剧——但都是浅尝即止，更谈不上系统。等我写到莎士比亚与英国诗剧，特别是最近写到英国浪漫主义诗歌的兴起，我才算对于一种文学类型做了一点带有文学史性质的论述。"正是在这样循序渐进的摸索中，王公找到了自己的文学史写作纲领："以文学

---

[10] 王佐良：《〈英国文学论文集〉序》，《全集》（第6卷），外语教学与研究出版社，2015年，第5页。
[11] 王佐良：《〈英国二十世纪文学史〉序》，《全集》（第5卷），外语教学与研究出版社，2015年，第240—243页。
[12] 王佐良：《文学史在古中国的先驱》，《全集》（第10卷），外语教学与研究出版社，2015年，第487—499页。

品种（诗歌、戏剧、小说、散文等）的演化为经，以大的文学潮流（文艺复兴、浪漫主义、现代主义等）为纬，重要作家则用'特写镜头'突出起来，这样文学本身的发展可以说得比较具体，也有大的线索可循。同时，又要把文学同整个文化（社会、政治、经济等）的变化联系起来谈，避免把文学孤立起来，成为幽室之兰。"[13]沿着从局部到总体的路径，王公相继完成并出版了文学潮流史《英国浪漫主义诗歌史》（1987年完成，1991年出版）、文学品种史《英国散文的流变》（1990年完成，1994年出版）、文学断代史《英国二十世纪文学史》（合著，5卷本《英国文学史》之一，1991年完成，1994年出版）、文学品种史《英国诗史》（1992年完成，1993年出版），进而撰写了一部"高级的普及性著作"单卷本《英国文学史》（1992年完成，1996年出版）。此后还完成了与他人合著的《英国文艺复兴文学史》（5卷本《英国文学史》的另一卷，1994年完成，1996年出版）。

  王佐良先生知行合一，他的学术创新思想对于我们全面、深入地理解创新富于启发，他的学术创新实践为我们树立起生动鲜活的榜样。

---

[13] 王佐良：《〈英国文学史〉序》，《全集》（第1卷），外语教学与研究出版社，2015年，第3页。

那代学人的"弦歌"与"绝响"
——读《王佐良全集》

叶 隽

(同济大学文学院)

当抗战烽火燃遍九州之际,昆明、重庆等地却是弦歌不歇,知识人在漫天风雨和炮火中依然坚守着自己的本分,该读书读书,该治学治学!这是一幅怎样的图景?难怪费正清(Fairbank, John King, 1907—1991)在访问李庄之后会对中国知识精英在国难当头所表现出的"英雄气概"而感佩不已:"我为我的朋友们继续从事学术研究工作所表现出来的坚韧不拔的精神而深受感动。依我设想,如果美国人处在此种境遇,也许早就抛弃书本,另谋门道,改善生活去了。但是这个曾经接受过高度训练的中国知识界,一面接受了原始纯朴的农民生活,一面继续致力于他们的学术研究事业。学者所承担的社会职责,已根深蒂固地渗透在社会结构和对个人前途的期望中间。如果我的朋友们打破这种观念,为了改善生活而用业余时间去做木工、泥水匠或铅管工,他们就会搞乱社会秩序,很快会丧失社会地位,即使不被人辱骂,也会成为人们非议的对象。"[1]李庄如此,昆明亦然。西南联大的外文系,其实是囊括了北大、清华、南开的三校精英,可以说是北方大学的代表,北人南迁;另一个现象,其实是西北联大,它是由北平大学、国立北平师范大学、国立北洋工学院(原北洋大学,即现在的天津大学)三校组成,1937年、

---

[1] 【美】费正清:《费正清对华回忆录》,陆慧勤等译,知识出版社,1991年,第269页。

三校先迁西安组建西安临时大学，太原失陷后再迁陕南，更名"国立西北联合大学"。不过相比较西南联大的"名声煊赫"，西北联大因存在时间甚短且名人不多，所以名声不彰。当然，东南大学（中央大学）这个系统没有被包括进来，还有像同济大学、浙江大学等，也都是非常有实力有传统的名校，而且是保持着自己的独立系统的。就外文学科群的结构而言，其时的冯至（1905—1993）－范存忠（1903—1987）的结构虽然还没有那么明显，但已基本开始成形了，或许我们可以称之为"北冯南范"的框架，这是要到20世纪50年代以后的政策变化才更彰显出来的，随着院系调整和学科重置，冯至以北大西语系主任（1964年后出任中国科学院外国文学研究所所长）的身份，长期执本学科之牛耳；范存忠则以南大副校长（主管文科）的位置，成为南方外文学科的领军人物。当然在抗战时代，冯至基本上还是在西南联大做一个公外教师，不过这个"公外"并非一般的外语老师，他们本来就有自己的出色当行，仍在外文系教专业课程。而范存忠则不同，他留美归来后地位迅速上升，在大学的学术共同体中是有话语权的，早就当上了文学院院长，他主张发展德文学科，所以有商承祖、张威廉等人对德语专业的开拓和建立，相比之下，其地位更有延续性。

就外文学科群来说，外语学院的制度性设立当然是很重要的，但那也是20世纪50年代以后的事情了。虽然其中也有延安抗大等转来的师资队伍，但主要的学术传统还是民国时代的那些弟子辈所带来的。在整体学术史谱系中，王佐良先生应算第2.5代人，与杨周翰、许国璋、周珏良、李赋宁等同为西南联大时的弟子辈。外国文学作为一个学科群，确实有其内在的渊源脉络和彼此关联，不仅仅是在建制上的"相对密切"——因为往往都属于一个外国文学系，而且也还有学理上的互通互联，譬如像西南联大时代就是一个有趣机缘，李赋宁还回忆说："1939年我和杨周翰同志毕业于西南联大外文系，周翰留校任助教，我考上研究生。就在这个时候，冯至先生和夫人姚可崑先生一同来到昆明。冯先生被西南联大外文系聘为德文教授，教大一德文、大二德文、《浮士德》研究等课程。周翰同志和我于1940年曾旁听冯先生在联大讲授的'德国抒情诗选'一门选修课，这门课要求学过两年德文的学生才能选修。冯先生直接用德语讲授，对周翰同志和我来说听讲是有一些困难的。但我们坚持听下来，感到颇有收获。德国浪漫主义抒情诗和英国及法国浪漫主义诗歌真是各有千秋！"[2]我们遥想西南联大时代的外文系，该是何等的星光灿烂、闪烁辉耀呢？所以，王佐良个体的经验其实也是代表了那代人的，透过这样一个具象我们可以摸索着勾画出一个时代的群星图。而用侨易的眼光审视之，有这么三点，让人感慨颇深：

其一，是那代人的少年与青年时代的知识养成和求知向学的"管道畅通"。按照王氏自述："我是浙江人，但有一阵子我的父亲在湖北工作，所以我进了武昌文华中学，在那里度过了五年。"[3]这段话虽然简短，却道出了那代人的通过各种机缘的侨动移位而完成的求知向学过程，在王佐良身上则表现为"浙鄂侨易"，正是由于父亲的工作缘故，少年王佐良得以求学于武汉的文华中学，这是英美圣公会所办教会学校，是华中名校，其教学氛围和知识环境，是相当出色的。正是在这里打下的基础，使得日后王佐良考入清华、西南联大，日后留校任教，并留学牛津读硕士学位，可以说而立前后的积累和结晶，在王佐良身上表现的是比较明显的。

---

[2] 李赋宁：《纪念冯至先生》，《北京大学学报》（哲学社会科学版），1994年第4期，第30—31页。此处出自多人：《秋风怀故人——冯至百年诞辰纪念集》，人民文学出版社，2005年，第141—142页。

[3] 王佐良：《在文华中学学英语》，《王佐良全集》（第11卷），外语教学与研究出版社，2016年，第423页。

其二是 20 世纪 50—70 年代的人生壮年。按理说，1949 年留英归来，王佐良本可如前辈那样在现代学术场域里崭露头角甚至大放异彩，但可惜的是时过境迁，他和同时代人一样，不得不在政治大背景下随时应变，虽然早期做《毛泽东选集》英译，当过北外英语系主任，但主要的经验应仍是被冲击、被批斗、被下放干校等等。[4] 历史赋予这代人的责任，或许就是在"别样艰难"的背景下熬过艰难、持守学问！20 世纪 50—70 年代的 30 年岁月，是考验学者的时代，未必每个人都能如钱锺书那样能大静气，大积累，但做相应的知识人选择还是可以的，譬如冯至翻译海涅的《德国，一个冬天的童话》，张威廉的翻译工作，王佐良的沉潜工作（譬如参与《汉英词典》的编纂）等都是。没有这样的积淀，他在 20 世纪 80 年代之初不可能翻译出培根的《谈读书》，那么典雅的现代汉语，这是一个翻译史上的奇迹，确实可当"天才之译文"之美誉："读书足以怡情，足以傅彩，足以长才。其怡情也，最见于独处幽居之时；其傅彩也，最见于高谈阔论之中；其长才也，最见于处世判事之际。练达之士虽能分别处理细事或一一判别枝节，然纵观统筹，全局策划，则非好学深思者莫属。读书费时过多易惰，文采藻饰太盛则矫，全凭条文断事乃学究故态。读书补天然之不足，经验又补读书之不足，盖天生才干犹如自然花草，读书然后知如何修剪移接；而书中所示，如不以经验范之，则又大而无当。"[5] 这不仅显出其英语理解的深度和到位，更能见出汉语之美，是文化交融后的经典再造范式。要知道，现代汉语的构建工作远未完成，诗人型翻译家的角色怎么高估也不过分，王佐良于此可谓有典范之意义。

---

[4] 参见本书第四部分"王佐良传略和著作简表"。
[5] 王佐良:《翻译：思考和试笔》，外语教学与研究出版社，1991 年，第 97 页。

其三是 20 世纪 80 年代以后的工作，细检王氏的生平年表，他的主要著述其实是在 20 世纪 80 年代以后陆续出版的，尤其是在 90 年代以后[6]。直到 1995 年，他的标志性的工作，即与周珏良合作主编的 5 卷本《英国文学史》的出版还在继续。而在这段时间里，也就是在花甲岁月接近耄耋的时段中，他不仅在学术上奋发图强、另辟蹊径，形成了自己独立的英国文学史观，完成与引导了英国文学史撰作的系列著述，而且在普及工作上也做出了相当出色的成绩，譬如在《读书》上发表了大量关于英诗的文章，所以像《英诗的境界》这种书确实当得上"大家小书"之称的。

也就是说，这 12 卷全集的主要工作量，居然都是在 20 世纪 80 年代以后完成的，那时的老人早已在花甲之年以后，若再加上家事的艰辛，高位的应酬，即便是用纸笔写出这样的数量也是不容易的。前 6 卷可以视为英国文学史研究，即《英国文学史》《英国诗史》《英国浪漫主义诗歌史》《英国散文的流变》《英国文学史论集》《英国文学论文集、莎士比亚绪论——兼及中国莎学》；1 卷英文著述，即《约翰·韦伯斯特的文学声誉、论契合——比较文学研究集、论新开端——文学与翻译研究集》；1 卷文体学与翻译学论著，即《英语文体学论文集、翻译：思考与试笔、论诗的翻译》；2 卷诗文集《照澜集、风格和风格的背后、中楼集》《心智的风景线、逸文集、诗集》；2 卷译文集（或选注）《英诗的境界、并非舞文弄墨——英国散文名篇新选、英国文学名篇选注》《彭斯诗选、苏格兰诗选、英国诗选、雷雨（英译本）》。

我曾感慨"新时期冯至的自我超越尝试，其思路可嘉，其成就有限"，认为其甚至都未能如暮年变法的王瑶先生那样提出"学术史"

---

[6] 参见本书第四部分"王佐良传略和著作简表"。

的命题[7]。而王佐良先生居然在1995年之前的岁月里完成了这样的宏富著述,这自然不由我们不想起那个关于"弦歌不辍"的说法:"孔子绝粮三日,而弦歌不辍。"[8]抗战时代,武汉大学校长王星拱在宣布可能需要撤退的信息时曾言:"我们已经艰难地撑了八年,绝没有放弃的一天,大家都要尽各人的力,教育部命令各校:不到最后一日,弦歌不辍。"[9]彼时烽火硝烟中的书声琅琅之弦歌不辍其实也未尝不可进一步引申之,即在人生和历史的隐形硝烟中我们也可以坚守自己精神世界的"弦歌不辍"!当年的武大学生齐邦媛(1924—)这样说:"人生没有绝路,任何情况之下,'弦歌不辍'是我活着的最大依靠。"[10]其实,这句话是能代表那代人的某种信念和理想之高标的,更重要的是,他们不但认识到了,而且能以顽强的毅力在各种困境中持守之。如谓不信,王佐良先生的学术坚守之弦歌不辍,就是一个很好的例子。

王佐良的一生学术业绩,当以英国文学史观的形成为标志。他的见地,认为撰史必须有总骨架,且以纲带史的"经纬结合"原则。文学史写作必须有个核心架构,这一点王佐良先生是认识到的,所以提出"要有一个总的骨架"[11]。具体言之,或许可以表现为以纲带史的"经纬结合"原则:"没有纲即文学史不过是若干作家论的串联,有了纲才足以言史。"所以,"比较切实可行的办法是以几个主要文学品种(诗歌、戏剧、小说、散文等)的演化为经,以大的文学潮流(文艺复兴、浪漫主义、现代主义等)为纬,重要作家则用'特写镜头'

---

[7] 叶隽:《德语文学研究与现代中国》,北京大学出版社,2008年,第348页。参见叶隽《作为文学史家的冯至与王瑶》,《书城》2005年第11期。
[8] (明)冯梦龙:《东周列国志》,岳麓书社,2014年,第597页。
[9] 齐邦媛:《巨流河》,生活·读书·新知三联书店,2012年,第120页。
[10] 同上。
[11] 王佐良:《〈英国诗史〉序》,《英国诗史》,译林出版社,1997年第2版,第1页。

突出起来，这样文学本身的发展可以说得比较具体，也有大的线索可循"[12]。另一个可圈可点的思路则是将文学与社会文化层面进行互动，在他看来："要把文学同整个文化（社会、政治、经济等）的变化联系起来谈，避免把文学孤立起来，成为幽室之兰。"[13] 所谓要"以历史唯物主义为指导"，大致也不出这一基本思路。譬如他在讨论英国诗的时候，很重视背后的文化背景因素，强调四大文化在此遇合的语境："最初的日耳曼文化，中世纪的拉丁文化，近代的不列颠文化和跨大西洋文化，再加原在英格兰岛上后被逼得上山过海，只在威尔士、苏格兰、爱尔兰还有遗留的凯尔特文化在19世纪以后的复兴，所以有四种文化给了英诗以滋养，在它们相互冲突和融化之中，起伏消长之间，英诗取得了新的活力，而它们在不同程度上所受的基督教影响又是贯穿整个英语诗歌三个时期四种文化的一个精神因素，到了现代才有所减弱。"[14] 应该说，是颇有见地的。作为一代大家，王佐良是能立定在学科史上的，他的学术观是有其特色的，再比如他在多学科伸展领域上都是有见识和论述的，譬如对比较文学、翻译学、文体学等，他甚至进一步提升了自己的学术思想，提出"契合观"，强调围绕一个中心"作家之间、文学之间的契合"，具体阐述之："当外国文学的输入解决了本土文学的迫切需求时，本土文学就会应时而动，发生巨变，并同时与外国文学产生契合；而这时的契合就不仅是文学之间，也涉及社会、文化、经济和其他方面。倘若一种古老的文学与一种新兴的文学相遇一处，前者有着悠久而弹性十足的古典传统，后者又拥有富有创意或激进的意识形态，契合与碰撞就会更加精彩。"[15]

---

[12] 王佐良:《〈英国文学史〉序》,《英国文学史》, 商务印书馆, 1996 年, 第 1 页。
[13] 同上。
[14] 王佐良:《〈英国诗史〉引言》,《英国诗史》, 译林出版社, 1997 年第 2 版, 第 1—2 页。
[15] 王佐良:《论契合——比较文学研究集》（英汉对照）序, 外语教学与研究出版社, 2015 年, 第 iii 页。

是可以引申出更为精彩的论述，甚至理论的某种突破也是可能的，但可惜可能限于种种原因，基本上处于"点到为止"的状态。

中国外文学科的学人，大多在学术场域中以翻译或创作显声扬名，就学术本身之建功立业并声动各科者，并不多见，这或许与这个学科的外语特点有关。近年来，有些学人的全集、文集等问世，从著述内容中或也可看出，在《罗念生全集》10卷（上海人民出版社，2007年）、《冯至全集》12卷（河北教育出版社，1999年）之后，《王佐良全集》12卷的推出，确实很有特色。此外，虽然也有如《罗大冈文集》4卷（中国文联出版社，2004年）、《卞之琳文集》3卷（安徽教育出版社，2002年）等问世，但真正意义上的全集可能确实并不多见。相比较主流学科的动辄煌煌大观的20卷、30卷的全集工程，外文学科在中国学界的相对边缘状态也不难感觉。对外文学科人物的学术史研究，也是十分有待加强的，不是说要为逝者树碑立传，重要的或更在于如何总结前史，致敬前贤！就这个意义上，"辨章学术，考镜源流"其实十分必要，因为学者们恰当地在学术凌烟阁或知识谱系图中各就其位，有助于我们准确把握学术流变与学术史脉络，确立后来者前行的坐标。从这个意义上来看，这宏大的12卷《王佐良全集》只是开端序幕之一，好戏应当在后头。作为学术史研究者，我会更关注如何将研究对象历史化，而非仅是将其作为"宗师大匠"来膜拜。就此而言，我认为在宏观学术史的框架里，王佐良的地位评价不必太高，事实上恐也还不足以达到与钱锺书等相提并论的程度；其学术史价值恰恰在于，他是很具有标本意义的，可以展现出那代外文学科的杰出人物是如何通过自身的坚守、负重与前行的努力，能够走出的距离，以及望见的远方的景色。那代学者在历经坎坷之后，是自省，是醒悟，是"奋起直追"，是"路在脚下"，而不是自暴自弃、随波逐流，甚至近墨者黑。这才是他们最可贵的地方。如谓不信，《王佐良全集》就是留给我们最珍贵的遗产，想想作者是在怎样艰苦遭逢之后，在何种困难的条件下，在怎样的年岁里完成的实绩，后来者无论如何都不应该放弃基本的信念和信心。毕竟，一个学者是有待后来者的"盖棺论定"的，而学术史又是最公正的！

　　当然就编辑工作来说，似也不无仓促和匆忙，且不说就整体设计似乎还缺少学者的整体参与，其学术贡献的归类性和学术性似还有待加强（可比较一下《冯至全集》，至少似可加一个学术年表）；譬如日记、书信、笔记等基本缺失（还不谈其他档案材料等），索引也未及编制（只有一个相当简略的"全集著作篇目索引"），这些对于进一步的研究工作都属必不可少。资料的收集、整理和编纂，与研究的展开、深入和提升，乃是一体两面的事情，都不可偏废，也不可分离。近些年来，学界对外国文学的学术史意识有所增强，也出现了几套丛书，但真正能立足于纯学术并以高标准要求之的，还是并不多见。从这个意义上来说，从基础的人物全集的编纂做起，进而展开深度的学科史重要个案的深度研究，进而勾连出其与大学史、制度史、思想史等的密切关联，或许是一条值得尝试的路径。而主流学界在学术史领域开拓和示范性的成果和思路，也自然更值得借鉴和比较。

春天，想到了王佐良先生和莎士比亚
——论王佐良先生的莎学研究

李伟民
（四川外国语大学莎士比亚研究中心）

一、引　言

2016年4月，这个飞花飘雨、姹紫嫣红的日子，是世界上最伟大的作家、戏剧家莎士比亚和汤显祖逝世400周年的纪念日。纪念他们，研读他们的作品，演出他们的戏剧都是为了文化、文学经典的传承与发展。为此，在世界范围内很多国家都要隆重举行各种纪念、演出、研讨活动。我相信，在这样的日子里，在纪念汤显祖、莎士比亚逝世400年之际，纪念王佐良教授百年诞辰也是格外具有重要意义的，也是外国文学界、莎学界的一件大事。因为，佐良先生是杰出的莎学研究专家和中国莎士比亚研究会副会长。2001年，我怀着崇敬的心情为《王佐良先生纪念文集》撰写了《人生似莹莎如海　词藻密处窥真情——论王佐良先生的莎学研究》，其后又经过修订，以《域外掇沈珠：王佐良的莎学思想》为题，收入《中国莎士比亚研究：莎学知音思想探析与理论建设》一书中，对王佐良先生的莎学研究成就和思想做了进一步阐发。白驹过隙，往事如烟，不知不觉15个年轮已经悄然划过。春花秋月，夏雨冬雪，在隆重纪念王佐良先生百年诞辰的日子里，有感于王佐良先生对莎学研究的重大贡献，我又再三捧读佐良先生的论著认真学习，感受着佐良先生精辟的论述，创新而严谨的思想，深入的叙述和发人深省的深刻阐释，经过对原有认知大幅度的再梳理，力求进一步深化对佐良先生莎学思想、莎学研究的认识，以使一如我当年一样青涩的今天的青衿学子，在启牖后学、抉发阃奥中能够感受与了解到英国文学研究大师和莎学研究大家——王佐良先生的学术风范、莎学研究的特点和一个中国莎学研究者对莎士比亚的认知，希望沐浴在前人的智慧与精神光芒中，后来者通过不懈的努力，以翔实、厚重而富有才华的研究，为中国的莎学研究做出新的贡献。

二、中国莎学的重要学者与莎学基本文献

在近 200 年的中国莎学的发展过程中，中国莎学研究尽管经过了许多曲折，遭遇到不少困难，但往往也能在柳暗花明中一步一步走向不断的辉煌。回顾中国莎学发展的不平凡历史，我们就会清晰地看到，在 20 世纪为中国莎学做出过重大贡献的众多学者中，王佐良先生是一位重要的莎学家，同时也是文学翻译家、作家和英国文学研究专家。王佐良先生是中国英国语言与文学研究的重要学者，1957 年 6 月，他担任了北京外国语学院主办的学术刊物《西方语文》的主编[1]，其时，水天同为副主编，李赋宁、周珏良、宋国枢等人为编委会常委[2]。1959 年《西方语文》更名为《外语教学与研究》。1980 年 7 月《外国文学》创刊，王佐良担任刊物主编多年，在他主编《外国文学》期间，发表了有影响的重要莎学论文，并推动了中国莎士比亚研究的深入发展，其中尤以 1981 年第 7 期的"莎士比亚专号"引起了外国语言文学界的关注。作为刊物的主编，他以开放的胸襟和

---

[1] 北京外国语大学校志编审委员会：《北京外国语大学志》，外语教学与研究出版社，2001 年，第 250—251 页。
[2] 北京外国语学院校史编辑委员会：《北京外国语学院简史（1941—1985）》，外语教学与研究出版社，1985 年，第 59 页。

开阔的视野强调,"我们对于文学的看法,是取其广义"[3],"广义"的认知体现并定下了《外国文学》这一刊物的基调,显然不仅包括了所谓的纯文学,也是文章之学,甚至包含了文史哲等诸多门类。佐良先生在学术研究中,对英国文学中的经典作家情有独钟,他曾经说过:"对我特别有吸引力的是那些在内容上有重大意义而艺术上又多所创新的作家。莎士比亚是最能体现这一点的伟大作家。"[4]我们从他坚持不懈的莎学研究与莎士比亚的不解之缘来看,在莎学研究中,他覃心著述,抒华于春,观实于秋,自纪念莎士比亚400周年诞辰的1964年起就在《文学评论》《世界文学》《外国文学》《人民日报》《莎士比亚研究》和《外语教学与研究》等重要学术期刊上发表了为数众多的莎学文章。在他大量的英国文学论著中,他的《莎士比亚绪论——兼及中国莎学》一书占有相当重要的位置,也是全面体现他的莎学研究思想的一部重要论著,亦已成为中国莎士比亚研究的基本文献。从该书中我们不难领略到,王佐良先生的莎学研究范围主要涉及莎士比亚戏剧研究、莎作批评、莎作语言修辞研究,特别是在白体诗研究上,发人所未发之论,对莎剧语言特点结合人物的身份和性格进行了高屋建瓴的总结与评点。可以说,他在莎学研究中读书穷理,缀集异文,汇粹旧说,考方国之语,在广搜诸家学说中,采谣俗之志,错综群言,积之而为厚焉,可算是极尽了发微烛隐、阐幽探玄之能事,他的阐发能够把莎学研究不断推向新的境界。在莎学研究中,王佐良着重于原作的仔细阅读,让作品自身说话,而论述则多有新的发现,并且能结合作品内容和艺术手法进行深入分析,强调研究莎士比亚既不能撇开形式来谈内容,也不能撇开艺术性来谈思

---

[3] 北京外国语学院校史编辑委员会:《北京外国语学院简史(1941—1985)》,外语教学与研究出版社,1985年,第44页。
[4] 王佐良:《英国文学论文集》,外国文学出版社,1980年,第1页。

想性[5]。显然，敢于明确而直接表明这一研究思想，在20世纪60年代一个接一个的政治运动所形成的政治化语境中是极为难能可贵的，也是要冒政治风险的。我们看到，由于王佐良在莎学研究上所取得的令人瞩目的成果和在中国莎学界所享有的崇高学术地位，他在1984年12月举行的中国莎士比亚研究会成立大会上被推举为中莎会副会长[6]，并为推动规模盛大的1986年首届中国莎士比亚戏剧节的顺利举行和宣传中国莎学做出了贡献。毫无疑问，王佐良先生的莎研活动、莎学论著、莎学研究思想构成了有中国特色的莎学研究，成为中国莎学学派的一个重要组成部分。今天，我们总结、学习和研究王先生的莎学思想，根本目的是要厘清前辈学者给我们留下的宝贵精神财富，以便为21世纪的中国莎学发展提供某种借鉴，通过不断深化莎学研究，建设中国莎学研究学术平台，取得不同于域外莎学研究的新成果，沿着前辈学者拓展的有中国特色的莎学道路，不断做出新的贡献，拓展中国莎学研究的新境界，最终在世界范围内成为新世纪的莎学强国，在世界莎学研究领域获得中国莎学研究的话语权。

三、"博雅之士"与莎学研究

环顾晚清海通以来，夷语东渐，象寄之才，随地多有，自兹域外文学东渐以降，西学大张，吾国文士眼界洞开，泰西思想、文化与文学如潮水般涌入我炎黄子孙世代栖居之家园，悉焉忧之。然，瀛海初通，新旧更替，民国肇造，中西互融，文化价值观念之嬗变催生新思想、新文化的产生，域外文学名著的译介引发了吾泱泱中

---

[5] 王佐良：《英国文学论文集》，外国文学出版社，1980年，第2页。
[6] 北京外国语大学外国文学研究所：《沉痛悼念王佐良教授》，《外语教学与研究》1995年第2期，第73页。

华文艺在内容与形式上沧海桑田之变迁，欧美典籍和莎作之译介打开，改变了人们禁锢已久的思想，开创了崭新的中国现代文化和文学。新生之大学，"荟中西之鸿儒，集四方之俊秀""论究学术，阐求真理、昌明国粹、融化新知"，佐良先生堪称清华大学外国语言文学系培养的"博雅之士"。清华大学老校歌以中西文化的传承，作为自己报效国家使命意识的建立，云曰："西山苍苍，东海茫茫，吾校庄严，巍然中央，东西文化荟萃一堂，大同爰跻祖国以光。"[7]而诞生于伟大的抗日战争烽火中的西南联大的校歌，则融坚定的意志于诗人飞扬的情感于未殄之文风中，云曰："绝徼移栽桢干志……尽笳吹弦诵在春城，情弥切。"[8]为此，中西文化相交融的诗人气质始终萦绕于佐良先生的文论中而不曾中断。王佐良先生论莎写诗，在骨子里他是个诗人。青年佐良劬学烝业，弦诵如恒，"认真地、几乎是放肆地品评作家作品"，读诗、背诗也写诗。他惊奇于燕卜荪的记忆力、诗人气质和职业精神，燕卜荪"拿了一些复写纸，坐在他那小小的手提打字机旁，把莎士比亚的《奥赛罗》一剧是凭记忆，全文打了出来"[9]。清华"从不缺乏诗歌的素材与审美抒情的主体"[10]，燕卜荪在南岳"诗随讲而长成整体／用诗来表达，不管写得多么悲壮／想起了家园，我所属的地方？"[11]，燕卜荪"不断地追求心智上的新事物，又有一般学者所无的特殊的敏感和想象力"[12]。在西南联大读书期间，王佐良和穆旦都受到现代主义诗人深秀馨逸、清超醇美、

---

[7]　方惠坚，张思敬:《清华大学志》(上册)，清华大学出版社，2001年，第16页。
[8]　西南联大校友会:《笳吹弦诵在春城——回忆西南联大》，云南人民出版社／北京大学出版社，1986年，第1页。
[9]　王佐良:《怀燕卜荪先生》，《外国文学》，1980年第1期，第2—5页。
[10]　张玲霞:《清华校园文学论稿(1911—1949)》，清华大学出版社，2002年，第153页。
[11]　威廉·燕卜荪:《南岳之秋(同北平来的流亡大学在一起)》，王佐良编:《英国诗选》，上海译文出版社，1988年，第686—697页。
[12]　王佐良:《威廉·燕卜荪》，王佐良编:《英国诗选》，上海译文出版社1988年，第675页。

灵隽幽婉诗风的深刻影响,"喜欢艾略特,但是我们更喜欢奥登。原因是他的诗更好懂,他的大学才气、现代主义表现手法和当代敏感的警句更容易欣赏"。[13] 王佐良先生曾回忆,"30 年代后期,在昆明西南联大,一群文学青年醉心于西方现代主义……觉得非写艾略特和奥顿那路的诗不可,只有他们才有现代敏感和与之相应的现代手法,"[14] 感受到奥登关注诗歌与现实社会的关系,并以"摆脱抑扬格和扬抑格的传统模式,但同时又不丧失模式感"[15] 的现代手法写诗是出于一种纯爱,他的每一首诗即使再短也有机地构成了一个完整的整体。对于现代诗歌而言,"诗歌的生命正在于这种固定性与流动性之间的反差,这种未经察觉的对单调的规避"[16] 使现代诗歌显得更为自由和灵活。奥登在十四行诗中"表现了一个英国青年诗人对中国普通士兵的真挚感情"[17] 尤契佐良之心,"他在中国变为尘土,以便在他日/我们的女儿得以热爱这人间,不再为狗所凌辱;也为了使有山、有水、有房屋的地方,也能有人烟"。[18] 正是在奥登、艾略特等人作品取资于精美之事物,以文新而有质,色糅而有本,造成要眇之意境的灵性,吸引佐良倾心于现代主义诗歌,他感受到"新观念、新结构、新词汇使得语言重新灵活起来、敏锐起来,使得这个语言所贯穿的文化也获得了新的生机"[19]。年轻的佐良

---

[13] 王佐良:《穆旦:由来和归宿》,杜运燮、袁可嘉、周与良编:《一个民族已经起来》,江苏人民出版社,1987 年,第 32 页。
[14] 王佐良:《英国浪漫主义诗歌史》,人民文学出版社,1991 年,第 1 页。
[15] W.H.Auden. *The Complete Works of W.H.Auden: Prose, Volume III: 1949-1955*, ed.Edward Mendelson, Princeton University Press, 2008, P.649.
[16] T.S.Eliot. *To Criticize the Critic*, Farrar, Strauss & Giroux, 1965, P.185.
[17] 王佐良:《温斯坦·休·奥登》,王佐良编:《英国诗选》,上海译文出版社,1988 年,第 701 页。
[18] 温斯坦·休·奥登:《他被使用在远离文化中心的地方》《十四行诗》,王佐良编:《英国诗选》,上海译文出版社,1988 年,第 707—708 页。
[19] 王佐良:《谈诗人译诗》,许钧主编:《翻译思考录》,湖北教育出版社,1998 年,第 412 页。

感受到时代的嬗变,通过燕卜荪的课堂讲授与日常生活中现代主义诗歌的浸染,王佐良多方涉猎西方现代派的批评理论与诗歌创作实践,由西方现代主义诗歌出发,形成了他对中国现代主义诗歌创作和评论的浓厚兴趣,并将这一份诗人的才情挥洒在对莎氏诗剧的研读中。"王佐良的写作具有一种不同于他人的诗思方式,他以'迷人的抒情'与'泥土的根'的交融,展现了独具个人性的现代诗的抒情形态"。[20]"雨过林霏清石气,秋将山翠入诗心",佐良在青年时代就才华横溢,言谈清雅,在研读中倾向于根据原作的内容与意蕴将外国诗歌翻译为"近似于散文诗的自由诗"[21]。这种对于"博雅"的追求,使他在莎学研究中也显示出一种诗的品格和诗人的敏感。王佐良先生的莎学研究,毫无疑问体现了20世纪30—40年代清华学派的特点,而他也是清华大学外文系培养目标"博雅之士"的成功代表之一,佐良先生身上所体现出来的学术精神是"了解西洋文明之精神,创造今日之中国文学、汇通东西之精神思想而互为介绍传布"[22]生动而鲜明的例子,他也是清华大学外国语文学系以王文显、燕卜荪、温德、吴宓、白英、陈嘉、柳无忌、赵诏熊、钱锺书为代表的教授最早、长期、多角度开设"莎士比亚研究""文艺复兴""西洋戏剧概论""欧洲文学史""文艺批评"等课程的直接受益者。由于学习成绩优异,1939年佐良先生在西南联大担任助教[23]。清华大学外文系的文学课程"分为文学史和文学体裁两类,按纵横

---

[20] 陈彦:《"迷人的抒情"与"泥土的根"——西南联大时期王佐良的诗歌实践》,《江汉大学学报》(人文科学版)2008年第1期,第40—44页。
[21] 熊辉:《现代译诗对中国新诗形式的影响研究》,台湾秀威资讯科技股份有限公司,2013年,第207页。
[22] 齐家莹:《清华周刊·文学院外国语文学系学程一览(民国二十五年至二十六年度)》《清华人文学科年谱》,清华大学出版社,1999年,第315页。
[23] 《百年清华百年外文(1926—2011)》编委会:《百年清华百年外文:清华大学百年华诞暨外国语言文学系建系85周年纪念文集》,清华大学出版社,2012年,第369页。

两方面同时讲授，……从编剧的角度来讲解莎士比亚的作品，为学生提供了一些戏剧知识"[24]。而到了西南联大时期，外国语文学系的"文学史课程减少，文学家研究的课程则大为加强"，[25]继续开出了包括"莎士比亚"在内的一系列文学名家、名作的课程，多角度讲授"莎士比亚研究"课程，无论是在清华还是在西南联大时期都是清华外文系始终贯彻的方针之一。"清华大学外国语文学系课程一览（1937年）"规定"莎士比亚（专集研究 5）"的教学目的为："（一）为学生讲解莎士比亚之文学价值；（二）使学生自知如何欣赏莎士比亚文学，莎士比亚之生平及其著作之精妙所在，统于两学期内教授之，读莎氏重要著作十余篇。每周二小时，两学期共四学分。"[26]莎士比亚课程的制度性安排，为清华学子研读莎士比亚作品打下了坚实的基础，并培养了他们阅读莎作的兴趣。清华大学外国语文学系要求自己的学子在治学和研究上必须"博古通今，学贯中西，舍此无途"的博采中西文化的会通式的研究，恪守了学术独立与思想自由的办学理念，孕育自己的新的文化。清华大学外国语文学系在课程开设方面"对学生选修他系之学科，特重中国文学系。盖中国文学与西洋文学关系至密……以西洋之文明精神及其文艺思想介绍传布于中国；又或以西文著述，而传布中国之文明精神及文艺于西洋，则中国文学史学之知识修养均不可不丰厚。故本系注重与中国文学系联络共济。惟其联络不在形式，即谓本系全体课程皆为与中国文学系相辅以行者可也"[27]。这种培养方式造就了王佐良先生在文化观上具有的开放胸襟与心态。"'博'要求'熟读西方文学之名著'，

---

[24] 清华大学校史编写组：《清华大学校史稿》，中华书局，1981年，第164页。
[25] 同上书，第331页。
[26] 吴宓：《世界文学史大纲》，商务印书馆，2020年，第461页。
[27] 同上书，第444页。

'谙悉西方思想之潮流'，'了解西洋文明之精神'，达到文字、文学、文化的会通。'雅'指在'会通东西、互为传布'的开放环境中创造出一种'雅'的文化和精神。"[28]陈寅恪为王国维纪念碑所写的碑文中云："士之读书治学盖将脱心志于俗谛之桎梏，真理因得以发扬。"佐良在清华读书期间从贺麟先生学习西洋哲学史，曾写下长达百页的英文读书报告，而受到贺麟先生的表扬。在佐良"心里始终保持着一种清华做学问的标准……做学问必须要有最高标准，而取得学问确实为了报效国家。简单说，就是卓越与为公"。[29]清华大学外国语文学系开设"莎士比亚"课程的目的主要是"为学生讲解莎士比亚之文学价值；使学生自知如何欣赏莎士比亚文学，莎士比亚之生平及其著作之精妙所在，统于两学期内教授之。读莎氏重要著作十余篇"。[30]笔者以为，王佐良先生的莎学研究，对经典的敬畏、尊重和钻研是对当年学习莎氏作品的最佳回应，也是对"清华学派"重视莎士比亚研究一贯教学方针的传承、丰富与发展。

四、体现学术价值和研究水平的两难处境

1949年9月，王佐良从英国牛津大学回国，在华北革命大学政治研究院学习政治半年之后，应聘来北京外国语学校任教[31]，期冀在学术研究上有一番作为。1957年7月，在王佐良任首任主编《西方语文》的《创刊词》中就明确了包括莎士比亚在内的"西方文学的研

---

[28] 吕敏宏、刘世生：《会通中西之学　培育博雅之士——吴宓的人文主义外语教育思想研究》，《百年清华百年外文（1926—2011）》编委会编：《百年清华百年外文：清华大学百年华诞暨外国语言文学系建系85周年纪念文集》，清华大学出版社，2012年，第72页。

[29] 王佐良：《想起了清华种种》，庄丽君主编：《世纪清华》，光明日报出版社，1998年，第248—250页。

[30] 黄延复：《二三十年代清华校园文化》，广西师范大学出版社，2000年，第347页。

[31] 北京外国语学院校史编辑委员会：《北京外国语学院简史（1941—1985）》，外语教学与研究出版社，1985年，第59页。

究除了适用教学上的需要以外,又可以帮助解决一些有关文学理论和文学翻译的问题,还有吸取外国人民的优秀文学传统来丰富我们自己的文化生活的重大作用"[32]。理想是那样美好,然而现实却异常严峻,随着整风、双反、反右运动的深入,编辑方针已经从"不适当偏重文学"不得不改为"着重结合实际",因为"西语教学中的两条路线和两种方法的斗争也还是长期的,要反复进行的"[33];编者体现学术性的办刊宗旨和刊登具有厚重学术水准的论文的办刊思想受到了激烈批判,被指责为"《西方语文》刊登的文章缺乏思想性……只要看一看每期的目录,就会发觉和资本主义国家的学术期刊没有什么两样,因而谈不上反映新中国西语科学研究的新面貌……从过去几期《西方语文》所刊载的某些文章看来,西语研究中存在着严重的资产阶级学院式的研究倾向……一味追求所谓'学术水平'……为了'学术水平',就往牛角尖里钻,往故纸堆里钻,其实,所有这些,也并不奇怪,资产阶级学者的治学方法说穿了,本来就是如此"[34],人们要求《西方语文》的"科学研究一定要政治挂帅"[35]。当我们打开这些尘封的刊物时就会看到,1958年第4期《西方语文》这本学术刊物编排风格变化剧烈,涉及政治与外语,外语教学实践的文章占据了所有版面,并在目录中以黑体字强调"拔白旗,插红旗,解放思想,破除迷信",外语教学和学术研究湮没在一片"大跃进"的声浪中,作为主编的王佐良虽然困心衡虑,裕以学问,以忧患动心忍性,而不以忧患丧气堕志,但也不得不身体力行撰写了《有关口语教学的几个问题》的长篇论文,强调口语课的改进"必须首先在思想上拔去白旗,树立

---

[32]《西方语文》编辑部:《创刊词》,《西方语文》第1卷第1期,1957年,第1—2页。
[33]《西方语文》编辑部:《关于这一期》,《西方语文》第2卷第4期,1958年,第353页。
[34] 程竞:《西语的科学研究必须密切结合教学》,《西方语文》第2卷第3期,1958年,第249页。
[35] 王鸿斐:《科学研究一定要政治挂帅》,《西方语文》第2卷第4期,1958年,第422—423页。

红旗"。[36]在英语教学上尤其要突出"厚今薄古",突出政治,因为"我们的英语教学的巨大成绩,首先在于它是在越来越深入地贯彻政治思想性"[37]。有关"西方语文"的科学研究,处于巨大的政治旋涡之中,王佐良不得不对包括自己在内的外国文学研究、莎士比亚研究做出诘问式的猛烈批判,"问题就不只是一般的厚古薄今,而是自欺欺人地搬运外国资产阶级学者的陈腐的货色"。西方莎学研究的"新目录学""严重地、无可救药地脱离实际,而这正是英美的统治阶层的意图"。他甚至不得不在这篇文章中批判自己的《读蒲伯》[38]是"多少表现了对于西方版本与考据之学的肯定……双反以前,许多资产阶级知识分子自命不凡,在西语科研领域里也多方表现自己,但是他们真的有什么'学问'呢。……中国的西方语文工作者而跟在外国资产阶级学者后面有意无意地捧它,那就只能说是靠洋人的来头吓唬年轻人,借以表示自己拥有'资料',不但提高自己的'身价',还可引导他们也走上搞所谓'非政治性'的'纯粹'的学问的路子。但是双反运动告诉了我们:这条路是绝对走不通的;它是典型的资产阶级道路,与社会主义的利益根本相反……"[39]在反右斗争的政治化语境中,研究包括莎士比亚在内的经典作家和作品在《西方语文》中受到猛烈而集中的批判,批判者强调"学术性"显然是与"把社会主义的红旗插在西语教学和研究的阵地上"的大方向背道而驰的,学习、研究莎士比亚遭到质问与批判:批判者认为,"教给学生的英诗,几乎全是

---

[36] 王佐良:《有关口语教学的几个问题》,《西方语文》第2卷第4期,1958年,第371页。
[37] 王佐良:《外语教学的巨大成就——一个英语教师的体会》,《外语教学与研究》第3卷第5期,1959年,第257—266页。
[38] 王佐良:《读书札记·读蒲伯》,《西方语文》第1卷第1期,1957年,第83—87页。
[39] 王佐良:《这是什么样的学问》,《西方语文》第2卷第3期,1958年,第271—272页。(多年以后,王佐良在谈到蒲伯诗歌时认为:蒲伯的诗歌"不仅形式同内容是一致的,而且新古典主义的诗艺同启蒙时期的思想结合起来了",王佐良:《英诗的境界》,生活·读书·新知三联书店,1991年,第21页。)

颓废，伤感，歌颂女人及资产阶级爱情的。每讲到爱情诗，就眉飞色舞，赞赏不绝。这一类的诗毫无批判地教给学生，就在学生的思想上起了很坏的影响。……甚至在反右斗争中还有人念这些诗以'自慰'的。……他们对我们的新文艺是那么冷漠无情。他们很少看或者根本不看新作品，就是《保卫延安》恐怕也有不少人没有看过。想想看，这是多么令人不能忍受的'厚古薄今'……谈到文艺复兴时代，则认为是人类文化的顶点，读一读莎士比亚的十四行诗，就胜过生活二十年（这句话和马克思讲的'一天等于二十年'对照一下，会令人发生怎样的感想呢？）"；有些人在课堂上教学"……宣传资产阶级男女关系"；"他们对根据古典作品拍成的片子，如《罗密欧与朱丽叶》可以看了又看，百看不厌，但是对我们自己的优秀影片《董存瑞》和《平原游击队》则就是不看。这又是一种什么感情？如果真是从热爱社会主义教育事业，热爱学生，怎么能不和自己的学生在一起看社会主义的电影？"从政治方向的角度，批判者进一步发挥："有人说'世界上只有两本书可读，一是红楼梦，一是莎氏比亚'……这种种肮脏的丑恶的资产阶级思想难道是个别的吗？……《西方语文》面临的问题是两条道路的问题。"[40] 在猛烈和上纲上线的意识形态化的批判浪潮中，"罗密欧与朱丽叶之间的纯洁、不朽爱情被视为肮脏、丑恶的资产阶级思想的典型代表，具有腐蚀劳动人民和青年学生的危险，研究他们就是宣扬资产阶级的男女关系和腐朽的资产阶级思想"[41]。

多难兴邦，殷忧启圣，天佑中华，历史与生命中沉重的一页终于翻过去了，随着思想解放和改革开放年代的到来，晚年的王佐良在回忆《西方语文》创刊宗旨时以"深辨甘苦，惬心贵当"之意，仍然强

---

[40] 编者：《一定要把社会主义的红旗插在西语教学和研究的阵地上！》，《西方语文》第2卷第3期，1958年，第250—260页。
[41] 李伟民：《中国莎士比亚批评史》，中国戏剧出版社，2006年，第171—172页。

调"着重学术性、综合性"[42]乃是这本刊物的生命之所在。而且《西方语文》创办之初所规定的约稿原则,"对外国文学作品、作家、思潮的分析与评论"在历经六十年后仍然成为以语言学、翻译为主要研究方向的《外语教学与研究》难以忘却的办刊指导思想。

在我国外语教育史特别是英语教育史研究中,对于1949—1976年外语与英语教育、教学与研究中受到政治运动左右和思想意识形态领域斗争影响的情况往往语焉不详。例如,在付克先生所著的《中国外语教育史》仅笼统地提到外语教育在"'左'的影响下也有些破得不对或过了头的。例如:在外语教育界批判了外语教学脱离政治、脱离实际的倾向,强调教学要为政治服务,为人民服务"[43]。在学术研究领域,我们研究这一阶段政治运动和意识形态领域在外语教育领域的政治思想斗争,可以深切地感到外语教学与研究受到政治环境的深刻影响。所以,研究必须本着实事求是的态度,以辩证和客观的观点,站在历史的高度,面向未来,以翔实的材料作为研究的基础,讲真话,总结研究这一阶段外语教育、学术研究状况,以便将外语与英语教育史研究进一步推向深入。1957年,北京外国语学院创办了《西方语文》。1959年,上海外国语学院在《外语教学》和《上海外国语学院季刊》的基础上创办了现在《外国语》前身的《外语教学与翻译》,该刊创刊虽然强调"外语教学、翻译与生产劳动相结合,更好地为大跃进服务",但从创刊的第3期开始,就连载了曹未风先生的《翻译莎士比亚札记》。[44]在莎学研究中产生了重要影响。20世纪50年代后期,北京外国语学院创办的《西方语文》与上海外国语学院创

---

[42] 王佐良:《〈外语教学与研究〉百期感言》,《外语教学与研究》1994年第4期,第6页。
[43] 付克:《中国外语教育史》,上海外语教育出版社,1986年,第74页。
[44] 李伟民:《被湮没的莎士比亚戏剧译者与研究者——曹未风的译莎论莎》,《外国语》2015年第5期,第100—109页。

办的《外语教学与翻译》形成了外语界一北一南两大外语研究学术刊物相互呼应的态势，两本学术期刊的创办为提高中国的外语研究与科研水平做出了重要贡献。

五、莎学研究中的创新

威廉·莎士比亚的名字在 19 世纪 30 年代进入中国，那时，吾泱泱神州大地正处于危机存亡之际，华夏大地发生了有史以来影响最为广泛、最为深远的中西文化的大交融和剧烈碰撞。传统的中华文化面临着一个陌生的时代浪潮和西方文化思想的猛烈撞击，东方中国被这种撞击后所产生的巨响警醒。学生时代的佐良正是在这种中西文化、文学的碰撞与交融中感受到莎士比亚的无穷魅力的。梳理他的莎学研究，我们认为，王佐良先生在他 30 多年的莎学研究中主要涉及四个方面的内容：第一，对莎士比亚的总体研究。在莎学研究中，他的研究虽然"也涉及了英国文艺复兴时期的英国，但是，他感兴趣的并不是王朝的更换，政治风云的变化，他着意探讨的则是英国文艺复兴时期文学艺术——特别是诗歌和戏剧——的发展史"。[45]他认为，莎士比亚与同时代剧作家一道，将诗与剧、创新与传统、天下与世俗艺术、浪漫主义与现实主义、悲剧与喜剧、文雅与通俗有机结合起来，才创造出文艺复兴时期英国诗剧的辉煌。第二，对莎士比亚白体诗的精深研究。他深入分析了莎剧白体诗上格"庄严体"、下格"市井小人语"和中格所涵盖的广大社会层面中人物的语言特点，这种区分使众多莎剧中的人物形象绝不雷同，性格鲜明，有助于人们从语言特点、语言习惯看清莎士比亚对于"人生、社会、世界、自然的观

---

[45] 何其莘：《中国莎学者的新探索》，《外国文学》1992 年第 6 期，第 89—91 页。

察、反应、态度"[46]，他以殚精覃思中窥其寂隙，涵泳功深觇其文心的会通式阐发，厘清了莎剧中各色人物的性格特征以及作为经典的莎作在人类文学史上的不朽价值，使读者既能从宏观上看到莎士比亚的白体诗形成的时代原因，又能从微观上深入感受到莎士比亚白体诗的特点和变化，可以说，佐良先生的品评鉴赏衔华而佩实，以情思之所寄、理趣之所蕴、美善之所存，深契莎氏创作诗剧之心。[47]第三，他的所有莎学论述，表明了一个中国学者的莎士比亚研究观。中国莎学的基础主要是由一批 1949 年前留学英美的学者打下的。[48]但是，由于政治环境使然，在 20 世纪五六十年代乃至以后很长的一段时间内，中国的莎学研究受到了苏联开创的马克思主义莎学的深刻影响，[49]吸收、借鉴英美莎学研究成果较少。这一阶段众多的中国莎学研究论著多从阶级与阶级斗争的理论出发，对莎士比亚及其作品只进行社会学意义的分析研究。[50]而王佐良先生的莎学研究在这样的大形势下没有或很少受到这一苏联莎学研究模式的影响，这不能不说是他独立思考的结果，不能不说是 20 世纪五六十年代中国莎学的一大奇迹，也是他的莎学思想的鲜明体现。当然，我们也不是说那一时代的政治和意识形态领域的斗争，没有在他的莎学论著中留下任何痕迹，但他对莎士比亚及其戏剧有自己的研究思想却是事实。王佐良先生的莎学研究善于从英国戏剧发展的角度出发，对独步于世界文学之林而无愧色的莎士比亚戏剧，既阐释其丰富的内容、恢宏的气势，让人徜徉其间而不疲，又探讨其通俗与典雅的语言所带给人们的不尽的欢笑与对世间

---

[46] 王佐良：《莎士比亚绪论——兼及中国莎学》，重庆出版社，1991 年，第 119 页。
[47] 李伟民：《莎学在春潮中涌动——评〈莎士比亚绪论〉》，《外国文学》1992 年第 6 期，第 92—93 页。
[48] 王佐良：《莎士比亚绪论——兼及中国莎学》，重庆出版社，1991 年，第 174 页。
[49] 李伟民：《俄苏莎学理论在中国的传播》，《四川戏剧》1997 年第 6 期，第 19—24 页。
[50] 李伟民：《苏联马克思主义莎学与阿尼克斯特的马克思主义莎学理论述评》，《四川戏剧》1998 年第 5 期，第 11—17 页。

人情的冷峻思考。第四，王佐良先生认为莎学研究要"从戏剧文学的传统出发来探讨莎士比亚戏剧的艺术感染力，把莎士比亚放在孕育他成长的英国文学——特别是戏剧文学——这一较大的范畴来研究莎士比亚对英国戏剧的贡献"。[51]作为英国文学研究者，佐良不囿于学科的偏见，对中国舞台上演出的莎剧进行了充分肯定，热情宣传莎士比亚演出、研究、翻译在中国所取得的巨大成就，要求从他学习的博士研究生不但要深入研究莎剧文本，而且要深入了解莎剧的舞台演出情况。上述四个方面，既是他的莎学研究思想的充分体现，又是他对中国莎学研究做出的最重要贡献。

1. 莎剧代表了文艺复兴时期诗剧精神及西方莎学研究中的偏颇

王佐良对莎士比亚的总体观点，是把莎剧的产生放在整个英国诗剧产生的背景中进行研究的，以英国诗剧取得的辉煌成就对莎氏进行定位，他认为是莎士比亚、马洛、马斯登、查普曼、顿纳、韦伯斯特、鲍茫、弗莱契、基特、琼生，这样一批杰出的文学家"协力建立起来了一种辉煌的新戏剧。它敏锐地、生动地、强烈地表达了英国文艺复兴时代的精神……在技巧上自创一套，打破过去的惯例，即使着意拟古也是'以我为主'；将浪漫情思和现实描述糅在一起"。[52]但是与同时代剧作家相比，莎氏诗剧的表现内容和艺术形式都远比他们深刻和宽广，"素体无韵诗在他的手里不只是更灵便，而是更善于捕捉喜剧性和发扬音乐性……民间色彩更浓，……形象更集中，旋律更丰富。不再为浮面的美而采用锦词和甜蜜的音乐了，一切服从主题。……这样的诗剧集中、强烈，包含人生沧桑之感，显然不是当时英国还处于一定混乱状态的散文所能代替的"。[53]由此，王佐良先生

---

[51] 何其莘：《中国莎学学者的新探索》，《外国文学》1992年第6期，第89—91页。
[52] 王佐良：《英国文学论文集》，外国文学出版社，1980年，第26—29页。
[53] 同上书，第39页。

在莎学研究中援引所及，必明据依，形成了他对于莎士比亚前后这一时期英国历史的总体看法。他认为这是一个处于"以利莎白朝盛世的普通英国民众的看法，即厌乱思治，拥护一个能平定诸侯的强有力的中央政权，以昔日之乱为镜子对照今天之治而庆幸自豪"。[54]所以，在莎剧中洋溢着思想活跃的文艺复兴时期的变革与浪漫主义精神。同时，莎剧也比其他文学形式更接近民间，更接地气，更能反映社会现实状况，佐良提倡"文虽新而有质，色虽糅而有本"，学者必先识乎此，才能领会莎剧在内容上不断更新，以及借助形式给观众带来的全新感受。艺术真实是对生活真实的正确认识和反映，它有着不以任何人的主观意志为转移的客观内容。诚如佐良的老师吴宓所言，莎士比亚所著剧本"纵贯天人，穷极物态，至理名言，层见叠见，阴阳消长之理，推考尤真……胸罗宇宙，包涵万象之力……凡古今男女贤愚贵贱所有之行事及心理，靡不吐露叙述于其间"。[55]佐良先生强调，艺术的真实构成了莎士比亚戏剧的生命之源，对现实生命意识的认识构成了莎士比亚深刻的历史观。佐良先生论莎善于从语言与文化、社会、文学的关系入手，但他并不停留在对于时代环境的分析上，而是点到为止，将重点放在莎士比亚诗剧的特点上，长于从当时文化、文学风习、观念的演变研究莎剧和莎剧中的人物。因为他始终注意到诗剧普遍性和特殊性之间的关系："莎士比亚戏剧是在文艺复兴时期社会生活和文化的土壤上发展起来的。"[56]莎士比亚"随着英国诗剧一起成长，壮大"，[57]但又有自己的鲜明的创作特色。佐良先生认为莎

---

[54] 王佐良:《读莎士比亚随想录》,《世界文学》1964年第5期,第125—135页。
[55] 吴宓:《吴宓诗话》,吴学昭整理,商务印书馆,2007年,第27页。
[56] 中国社会科学院外国文学研究所外国文学研究资料丛刊编辑委员会编:《莎士比亚评论汇编》(下册),中国社会科学出版社,1981年,第495页。
[57] 王佐良:《英国文学论文集》,外国文学出版社,1980年,第39页。

氏是站在英国文学发展起点的代表，莎剧的奇险峻极之势，清蔚自然之秀为英国的文艺复兴开创了一个真正伟大的文学时代。这种气魄就是所谓文艺复兴时期的巨人的气魄，而莎剧在人物塑造上的穷形尽相，逼真如绘，正是英国文艺复兴时期成熟诗剧的体现。文之所以化人者，乃感于人为至娱，至娱之感，至美矣，莎士比亚创作戏剧和文人剧有着根本的区别，他写戏遵循的是群众性、娱乐性的路子，追求票房和赢利，故写戏也以事务之暇、心机灵变、世法通疏、搜奇索怪为要务，首要的目标是满足大众娱乐的剧团生存需要。犹如今天的电影和电视一样。[58] 同时，莎士比亚又是"深知人性与人的哲学的伟大诗人"。[59] 佐良先生发现，莎氏不屑于沿着号称"血与雷"剧派的路子以浓墨重彩渲染谋杀罪行，而是另辟蹊径，将具有现代意识的缜密的心理描写提高到前所未有的高度，细致入微地描写剧中人物犯罪前后的心理活动，真实、传神，纤毫毕现地勾画出剧中人物的心理活动曲线。总体来说，王佐良莎学研究抓住了莎氏诗剧的关键，推勘精密，而其所具有的理论资源和他的唯物主义历史观是"已经中国化的马克思主义思想"，[60] 所以在莎学研究中能够体现出中国学术的特色与理路。而且王佐良先生在莎学研究不盲目苟同西方莎学，而是通过自己别具机杼的独立思考，钩玄探幽，独出心裁，广集书证，对西方莎评的讹误、失之订正之处，探赜索隐，博考参酌，弥补缺漏，提出新见。他认为，伊丽莎白朝后期，王道虽微，然文风未殄，《哈姆雷特》一剧超越复仇与淫乱而成为全面体现文艺复兴时期精神的深层次悲剧，这正说明了莎士比亚超越同时代剧作家的伟大之处。佐良通过白体诗这种韵文形式认识到，莎士比亚把当时人文主义者理想中的英

---

[58]　王佐良:《莎士比亚绪论——兼及中国莎学》，重庆出版社，1991年，第174页。
[59]　曹禺:《莎士比亚属于我们——首届中国莎士比亚戏剧节闭幕词》，《戏剧报》1986年第6期，第5—6页。
[60]　何辉斌、殷企平:《论王佐良的外国文学史观》，《外语与外语教学》2008年第3期，第47—49页。

雄人物的优秀品质集中到了哈姆雷特身上。这种知识分子身份的厘定,"善与恶之间、潜在力量与实际力量之间的冲突,才是真正的冲突"。[61] 莎士比亚已经意识到哈姆雷特扭转乾坤的艰巨性,表现在哈姆雷特身上的对语言异常敏感性正是历来知识分子在两难选择中的一个特征,正是复杂多变、文采华美的语言烘托了哈姆雷特的知识分子气度。王佐良先生指出,最擅长运用语言的哈姆雷特,既把语言解决实际问题的能力发挥到了登峰造极的程度,又把语言的游戏作用发挥到了极致。全面、深刻地反映知识分子的命运,而又超乎文人剧之上,莎士比亚对诗剧的发展做出了实实在在的贡献,从而以饱满而有个性的人物形象、鲜明的性格特征达到了"在白体诗和戏剧语言的运用上更有想象力和创造精神"[62] 的哲学与美学高度。

2. 中国学者的莎学观与超越政治语境的解读

20 世纪 60 年代,佐良先生发表的两篇莎学论文与当时的其他论文不同,没有过多地纠缠于莎士比亚戏剧所产生的时代特征及论述作品的阶级与阶级斗争。他在研究中强调,莎士比亚在戏剧创作中始终遵循这样一个原则和基本思想:歌颂英国民族国家的形成,拥护强有力的开明君主,谴责封建集团之间的斗争,揭露阴险恶毒的政治人物的危害。作为著名莎学家,王佐良先生不但看到了莎士比亚戏剧的积极方面,而且也指出了莎氏思想的局限性。无论是在外国文学研究,还是在莎学研究上,王佐良都认为:"面对中国读者,要把重要的史实和作品向他们交代清楚,还要搞清西方人对作品的立场,立足于中国历史悠久的文化、文学传统来评论作品,要有学贯中西的气魄,不能仅仅满足于以'人民性''现实主义'来贯穿一切,而要深入到文

---

[61] 中国社会科学院外国文学研究所外国文学研究资料丛刊编辑委员会编:《莎士比亚评论汇编》(下册),中国社会科学出版社,1981 年,第 495 页。
[62] 王佐良:《集大成的莎士比亚——英国文学漫笔之三》,《青年外国文学》1988 年第 4 期,第 86—89 页。

化内层。"[63]显然，佐良先生的这番话是对长期以来包括莎学研究在内的外国文学研究中的偏颇做出的批评。故此，佐良能够在莎学研究中注意到莎作的美学品格，并能联系文本引而申之，获得共理相贯、异论相析、知化穷冥、删芜撷秀、掇取要旨、以究万原的认知。他范示绳墨，指出莎士比亚是从资产阶级的眼光看问题，他虽然认识到当时社会黑暗和人文主义的危机，却因害怕人民群众而宁可抬出封建阶级曾经鼓吹的等级论，这是莎士比亚晚年遭遇的思想危机的征象。虽然莎士比亚对人民群众的力量是有所认识的，但他关心的仍是如何维护等级制。而随着1607年中部诸郡农民起义的爆发，他对人民的态度又从畏惧变成敌对。他原来是反对封建的健将，但随着时间的推移却失去了正视现实的勇气。面对王朝的危机、秩序的失落，佐良指出，在莎士比亚戏剧里隐含了一种美好的东西失去之后无法复得的哀伤和追忆，极盛之后的寂寞与悲哀，对盛衰无法预料的幻灭之感，沉重而无奈的沧桑之叹。于是，莎士比亚索性含含糊糊地谈人与人之间的宽恕和谅解，但是他却只宽恕篡位的公爵之类，却绝不宽恕起义的"人民""愚民"和"土著"。王佐良先生明确指出，莎士比亚资产阶级人道主义的局限也就在这些方面显露出来。对于西方莎学理论、观点，佐良先生悟其非，援据征文，有疑则阙，不妄臆断，辩证讹误，正本清源，批驳了某些西方莎学家的观点。王佐良认为："中国人写外国文学史，总得有点中国特色。"[64]对于莎士比亚研究，他也在深入研究的基础上洞达真契，推勘物情，于析事剖理之中提出了自己独到的见解。在西方莎学研究中也不乏政治性的解读，如有些英国莎学家认为，《暴风雨》中少女米兰达高呼："人类是多么美丽！呵，灿烂的

---

[63] 杨恒达：《王佐良与比较文学》，《中国比较文学》2005年第3期，第42页。
[64] 王佐良：《一种尝试的开始》，《王佐良文集》，外语教学与研究出版社，1999年，第782页。

新世界!"是一种对于"乌托邦式的共产主义的憧憬"。王佐良先生则认为这不过是牵强附会的臆测,米兰达的呼喊没有多少深意,只是表达了一种欢欣。中国莎学研究应避免这类牵强附会随意性很强的解读。

作为一个中国莎学研究者,在研究中必然要以比较和契合的眼光来看莎作,佐良认为,"中外主流文学之间有很多相似之处,毕竟两者都遭遇了现代生活的压力,且都满怀对更美好世界的向往"[65],而这一点正是我们今天翻译、演出、研究莎士比亚的动力。王佐良先生在莎学界影响最大的是他从文体学的角度对莎作语言的研究。他认为莎剧的"语言本身已经成为剧情内容的一个重要部分"[66],语言给观众带来愉悦,莎剧的内容、艺术形式和语言带给观众的是美学上的享受,所以,佐良先生的一系列莎论都从文体学的角度紧扣语言分析。他从莎剧中的白体诗入手,将语言与环境、语言与思想、语言与情节、语言与艺术表现手法结合起来,分析其韵律,观察其发展,探索诗剧的兴衰与莎氏本人世界观之间的关系。[67]"莎士比亚的伟大在于在那种限制下他还能不断发掘这种新诗剧的潜力,使之终于成为世界伟大的剧种之一。"[68]他强调,16、17世纪是英国诗剧作家辈出的时代,只有把莎士比亚放在整个英国诗剧的背景之中,我们才能看清他与其他剧作家相同和不同之处,莎氏独特的贡献和弱点在什么地方。王佐良先生通过多方面的比较,令人信服地说明了,有了莎士比亚,英国诗剧才放射出更加

---

[65] 王佐良:《论契合——比较文学研究论集》(英汉对照),梁颖译,外语教学与研究出版社,2015年,第9页。
[66] 王佐良、何其莘:《英国文艺复兴时期文学史》,外语教学与研究出版社,1996年,第223页。
[67] 李伟民:《开国内莎翁语言研究先河——简评〈莎士比亚绪论——兼及中国莎学〉》,《书刊报》1992年8月30日版。
[68] 王佐良、何其莘:《英国文艺复兴时期文学史》,外语教学与研究出版社,1996年,第239页。

辉煌夺目的光彩。莎士比亚及其同时代人的重要成就之一,就是他们合力驯服了诗剧中的白体诗这种韵文,而且在驯服的过程中又发掘出它的潜力,使它成为一种高效率的戏剧语言,起了当时散文所不能起的作用。在创新中点石成金,才使"莎士比亚成为世界上最伟大的诗人和戏剧家,而除了时代对这种文体有迫切需要这个客观因素之外,其主观原因就在于莎氏本人确实是掌握了最大量词汇,他在同时代诗剧创作者中间是表达得最为确切和优美动人、最富有诗意,也最善于发挥其舞台效果的一位超群绝伦的语言大师"[69]。所以,在今天的经典阅读和戏剧舞台上,莎剧仍然是常备的阅读文本和常演不衰的剧目。

3. "白体诗"中的多调复音

有学者在研究王佐良翻译风格中注意到王佐良对莎学研究的贡献。[70]但佐良先生对莎学研究最大的贡献就在于将白体诗放在英国诗剧的大背景下进行深入分析,同时指出莎氏在娴熟运用白体诗这种文体时能够根据语境、性格、心理、心态、情绪而因人而异塑造性格,达到"处心于境,视境于心"的"相兼""相惬"。"莎士比亚最会写得实在具体,但他也总要从具体情节里面点出普遍性的意义。"[71]王佐良的这一看法可以说是抓住了莎作的关键,为提升人们对莎作的认识提供了一把钥匙。他认为,白体诗这种文体作为一种戏剧工具虽然在莎士比亚时代已经是一种历史上的陈迹了,但在它完成其使命之前,是莎士比亚用他那天才而完美的语言,犹如艺林璨珠,使其达到了登峰造极的地步。莎士比亚"总是在戏剧的一个紧张点上,让主要人物作长篇独白,剖析其内心,宣告其图谋,表达其哀乐,预示其行

---

[69] 顾绶昌:《关于莎士比亚的语言问题》,《外国文学研究》1982年第3期,第16—28页。
[70] 黎昌抱:《王佐良翻译风格研究》,光明日报出版社,2012年,第3页。
[71] 王佐良:《语言之间的恩怨》,天津人民出版社,1998年,第132页。

动，通过某一特定处境的特定人物的眼睛来观察整个世界和宇宙，表面上看来似乎与剧情不完全符合的某些言词，实际上却是使剧情更为丰富，内容更有意义了"。[72] 王佐良先生分析莎士比亚白体诗的作用往往条分缕析，入骨见髓，他注意到，语言的发展、衰落乃至变革，在文学的发展过程中具有重要作用和特殊意义，莎士比亚对于语言的运用要比同时代作家成熟得多。佐良先生对前人未言者补其遗缺，言而不详者补其疏略，提出：虽然白体诗这种语言形式在莎士比亚之后就逐渐黯淡了，但是，它在莎士比亚手中释放出了耀眼光芒，语言的继承与发展对于文艺复兴时代的莎氏诗剧有重要的文化与文学价值，充分体现出"以能文为本"，"事出于沉思，义归乎藻翰"的特殊气质，诗剧的语言中别有一番深意，要从语言中体悟到"冷眼看藏刀变脸才知人间戏还多"的戏剧性和作者对人生的认知、对人性的描绘，今天的我们仍然能够感受到它的思想深度与审美魅力。与同时代剧作家相比，在白体诗和戏剧语言的运用上，莎士比亚的语言往往存神过化，"更有想象力和创造精神"，他利用白体诗"表现了人生各种处境各种感情，塑造了几百个人物，探索了人生和社会的根本问题"。[73] 莎士比亚给读者留下的印象是，他无论写什么总是才思如泉涌一般敏捷，妙语连珠。他毫不吝惜语言，把语言的张力发挥到极致，在白体诗运用上达到了炉火纯青的境界，所以我们在注意莎剧朴实、自然的前提下，也需要更具匠心地体会莎剧语言的艺术韵味和别具审美情趣的台词。佐良以为在戏剧创作的初期，莎氏也喜欢各种锦词警句，也同别人一样醉心于修辞术，尽管有浓得化不开的时候。但是，莎士比亚的语言才能是随着不断创作出的戏剧向前发展的，而且比当时其他

---

[72] 王佐良：《英国文学论文集》，外国文学出版社，1980年，第47页。
[73] 王佐良：《莎士比亚绪论——兼及中国莎学》，重庆出版社，1991年，第10页。

剧作家都运用得更为纯熟。"语言风格的发展在莎士比亚是同他戏剧艺术的成熟和对世界的认识的深化一起进行的"[74],由此莎氏也成就了这种文体的想象力和表现力,因为"莎士比亚谓疯人、情人、诗人,乃一而三,三而一者也,皆富想象力",[75]佐良先生恳挚地指出,莎氏接过了马洛的激情和历史想象力而驰神逞想,但他又增加了许多新的思想与语言表达形式,甚至不避尤多淫丽的时俗辞藻,实为文艺复兴之独绝,白体诗中蕴含了更多的民间生活体验,更宽广的诗路,更多变的韵律,更接近口语的民间词汇,更有意义的戏剧讽刺,更挑逗人们思想的形象,还有——用我们的话说——更多的辩证法和现实主义。莎士比亚"贪婪地嗜好富于表达力的文字",[76]与马洛等人相比,莎士比亚笔下的韵文在节奏上拓体卓荦,随意变化,人物描写、环境气氛渲染往往竞一韵之奇,争一字之巧,达到了文义允惬、词理圆备的程度,调子上的口语特点相当明显,符合舞台演出的特点和规律。他利用白体诗语言的上中下"三格"描绘人物及其心理变化,可谓匪独体格之高,亦则性情之厚,人物语言意以曲而善托,调以杳而弥深,从而达到了情胜、气胜,乃至格胜,而入于化境之戏剧境界。王佐良先生注意到莎士比亚常常把上格限定于某些特殊场合,如戏中戏、仪式典礼性的场面;莎氏也总是使下格的语言更加口语化;莎剧中下格的俗语往往非常生动、传神,而且应用得异常巧妙,与五光十色的生活联系紧密,具有浓烈的生活气息,掌握这种语言的特点有相当难度,因为学它"教它得同时教生活";[77]莎氏不仅扩大了中格的

---

[74] 王佐良:《莎士比亚绪论——兼及中国莎学》,重庆出版社,1991年,第61页。
[75] 吴宓:《吴宓诗话》,吴学昭整理,商务印书馆,2007年,第24页。
[76] 王佐良:《刘译安东尼·伯吉斯〈莎士比亚传〉序》,安东尼·伯吉斯:《莎士比亚传》,刘国云译,北京出版社,1987年,第2页。
[77] 王佐良:《语言之间的恩怨》,《读书》1993年第11期,第40—45页。

范围,而且加强了它的表达能力,使它担任了戏剧语言过去从未担任的任务。所以,莎剧所呈现给读者和观众的是"多调复音的艺术……不同层次,不同世界各有相应的不同的戏剧语言"[78]。根据人物的身份、性格、语境、脾气、心态和喜怒哀乐,多种文体并存,有时是华丽文体的白体诗,有时"富于想象力的散文达到了俗套诗体所达不到的抒情境界"[79]。同时,莎氏也更多地发挥了散文在剧本中的作用,包括散文诗的作用,他比任何别的作家都更意识到传达工具即戏剧语言本身能构成剧本内容的一个特殊方面。因为"莎士比亚的戏剧是生活的镜子;谁要是被其他作家们捏造出来的荒唐故事弄得头昏眼花,读一下莎士比亚用凡人的语言所表达的凡人的思想感情就会医治好他的颠三倒四的狂想"[80],就会领略到其戏剧语言的奥秘。佐良发现,到了后期,莎士比亚的白体诗通过"遁词以隐意,谲譬以指事","更多地趋向于下格、口语化、俗语化",语言的含义更为丰赡、细腻,以"内典语中无佛性,金丹法外有仙舟"出于内、显于外之涵盖,使"落难中的帝王不作帝王语,更切合剧情了"。白体诗在格律上"跨行更频繁",追求更大的流动性、伸缩性;它更有意识地"起到更大的戏剧作用"。在《哈姆雷特》里,白体诗甚至发挥了政治作用。"活下去还是不活:这是问题"这一段台词时而高亢,时而低沉,强烈、细致、弹性大、爆发力强,是对政治和生活进行思辨的语言。佐良先生以擘肌分理的研究指出:"白体诗在莎士比亚手里是得到了很大发展的,从仅仅能吟咏、抒情进到了充分发挥戏剧作用,在格律上增加了

---

[78] 王佐良:《悲剧艺术的顶峰——英国文学漫笔之四》,《青年外国文学》1988年第5期,第86—90页。
[79] 同上。
[80] 王佐良:《作为诗人的莎士比亚》,孙家琇主编:《莎士比亚辞典》,河北人民出版社,1992年,第166—170页。

伸缩性，在表达上适应了新的敏感。"[81]莎士比亚白体诗的核心，以各体互兴、分镳并驱的"多调复音"是他对于自然、人生、社会的观察、反映和态度。在初期，莎氏充满了自信和乐观精神，他的诗也整齐、流利、优美；到了后期，他沉思、焦虑，拿一些问题使自己苦恼，在难以排遣的时候下笔，天机物趣，毕集毫端，把白体诗拆开，揉弄它，摆布它，压榨出它的最后一点表达力，这些都是为了写出那些曲折、复杂、隐秘的思想、心理、感情和性格。作为一个熟谙舞台艺术的剧作家，莎剧的戏剧语言尽管有时在格律上颠覆了他所依傍的白体诗，但是这却是为了"剧情需要"，[82]总之，莎士比亚发展、丰富了白体诗的这种表现形式，但也为白体诗抹上了最后一道异常耀眼的光彩。

六、讲好莎士比亚的中国故事：既需要深入的文本研究，也需要精彩的舞台演出

1978年，被"文化大革命"耽搁了15年之久的《莎士比亚全集》由人民文学出版社出版，这是中国出版的第一套外国作家全集。2013—2015年，有四套《莎士比亚全集》出版，它们是朱生豪、陈才宇翻译的全集，方平的诗体全集，朱生豪、苏福忠翻译的全集，辜正坤等译的《莎士比亚全集》（英汉双语本）。很多高校英文系和中文系开设"莎士比亚研究"课程已呈常态化。自前任国际莎协主席菲利普·布罗克班克（Philip Brockbank）感慨"莎士比亚的春天在中国"以来，两任国际莎协主席吉尔·莱文森（Gill Levinson）、彼得·霍尔布鲁克（Peter Holbrooke）及大卫·贝文顿（David Bevington）、大卫·卡

---

[81] 王佐良：《英国诗史》，译林出版社，1997年，第89—90页。
[82] 同上书，第89页。

斯顿（David Kastan）等莎学家相继来华参与莎学研讨和讲学，他们惊奇于中国戏曲能以丰富的表现手段诠释莎剧。除高校的英文莎剧演出外，有话剧、京剧、昆曲、川剧、越剧、黄梅戏、粤剧、沪剧、婺剧、豫剧、庐剧、湘剧、丝弦戏、花灯戏、东江戏、潮剧、汉剧、徽剧、二人转、吉剧、客家大戏、歌仔戏、歌剧、芭蕾舞剧24个剧种排演过莎剧。在中西文化、戏剧的交融中，中国戏曲与莎剧的相通与娱人结合，回归了戏剧最古老也最根本的性质。实践与理论研究都证明，莎剧能够经受各种戏剧形式的改编和演绎，中国戏曲也具有完美表现莎剧的审美张力，莎剧在中国舞台上的演出已经给中国莎学带来新的机会。我们要在"一带一路"的国家宏伟规划与伟大实践中，讲好莎士比亚的中国故事，乃是我们这一代学人的历史使命。实现莎士比亚及其莎学理论与西方及其国际主流莎学学者的交流与对话，以及从单向莎剧阐释、莎学理论的中国旅行过渡到中西方双向莎剧阐释、莎学理论与改编及演出的跨文化对话。而这其中最重要的成果，也许就是借助于中国戏剧、中国戏曲丰富的理论成果与特有的演出实践，实现对莎剧内蕴的无穷改编和探索，并通过莎剧改编、演出实现主要以"写实"为主的西方戏剧与主要以"写意"为主的中国戏剧的东西方文化特点的探讨，以及早已有成功范例的中国戏曲理论与演出实践的西方旅行。莎学研究必须要文本与舞台结合才能相得益彰，王佐良先生的意见已经被证明是正确的和极为重要的。

青年时代的佐良钟情于戏剧，早在西南联大的学生时代就演过约翰·高尔斯华绥的《小人物》。[83] 王佐良先生认为："莎士比亚不应该只是读的，欣赏莎士比亚的最好地方是在戏院里……阅读剧本显然

---

[83] 吴宓：《吴宓日记》（1936—1938），吴学昭整理注释，生活·读书·新知三联书店，1998年，第132页。

不能代替观看演出。"[84] 莎士比亚会"让感情在舞台上燃成烈火"[85]，所以，莎学研究应该同演出结合起来，自19世纪末叶以来，莎剧演出已经成为导演主导的天下，"阐释的自由代替了对莎翁原意的追索"，[86] 天才的导演和演员受到时代思潮和社会风习的极大影响，佐良认为文本研究与舞台演出应该相辅相成，文本与舞台的辩证关系犹如梨柚异味，而同悦于口；施嫱殊色，而同美于魂，"用研究的成果来帮助导演和演员更深刻了解原作，而通过演出，研究者又必然会体会到书斋默读所不易发现的某些方面"[87]。因为莎士比亚首先是一个伟大的戏剧家，他"最懂戏，他的剧本总是情节生动，比别人的更能利用当时舞台的特点，发挥当时演员的潜力，他善于创造人物：他的人物总是比别的剧作家笔下的人物更全面、更深刻"[88]。作为一位文学理论家、评论家，应该说，佐良先生对于舞台导表演来说是相对陌生的。但是，对于莎士比亚这样的文学家、戏剧家来说，研究如果只注重于文本阐释，而忽略了舞台演出的实践，甚至对导演、表演异常隔膜，顽固拒绝从舞台的角度了解、研究莎剧，其研究也是难以触及莎剧思想、艺术和审美真谛的。所以，王佐良先生一贯强调，莎剧是戏剧，又是诗。观看莎剧的多数观众是站在露天剧场，任凭风吹雨打，仍能被强烈的剧情所吸引，因为"他们觉得舞台上的人物深刻地表达了他们的思想感情"[89]，因为16、17世纪的英国诗剧根本就不是文人剧，它摆脱了文人剧的特点，一系列的社会条件造成它的独特性，"戏剧

---

[84] 王佐良：《英国文学论文集》，外国文学出版社，1980年，第40页。
[85] 王佐良：《莎士比亚绪论——兼及中国莎学》，重庆出版社，1991年，第198页。
[86] 王佐良：《莎士比亚与两种气氛》，《人民日报》（大地副刊）1988年3月16日版。
[87] 王佐良：《保持中国莎学研究的势头》，中央戏剧学院莎士比亚研究中心编：《莎士比亚戏剧节专刊——纪念莎士比亚诞辰422周年》，中央戏剧学院戏剧杂志社，1986年，第2页。
[88] 王佐良：《英国文学论文集》，外国文学出版社，1980年，第22页。
[89] 同上书，第4页。

诗是英国诗的特长。莎士比亚和他的一大群同辈不仅是戏剧天才，而且是诗歌天才，而他们所写的戏剧诗是雅俗共赏的，即既是高雅艺术，又是群众娱乐媒介，无论是叙述行动、描写环境、抒唱感情、发表议论或只是引人发笑都做得极为出色"。[90]这一时期最重要的文学事件是诗剧的出现与成熟，莎剧的出现可谓正逢其时，"诗剧是用诗写的，但更是戏剧"，正可谓"舞台小世界无非是生末净旦丑悲欢离合假假真真，世界大舞台只见得公侯伯子男穷达升沉真真假假"，这是对人、社会、人生与人性在看穿之后的深刻反思与探讨，在莎学研究中，我们应该时刻牢记佐良先生的真知灼见。自1926年清华大学西洋文学系建系以来至西南联大和新中国成立初期，清华外文系一直坚持"莎士比亚"等文学名著课程，当年的清华外文系被誉为"戏剧家的摇篮"，而这一"摇篮就发轫于清华外文系，而且与外文系首任系主任王文显不无关系"[91]。佐良先生热爱戏剧，热爱莎士比亚当然也与清华外文系的这一学术传统之间有深刻关系。

莎氏是英国诗剧艺术张力的实验者，是语言的魔术师，莎剧的戏剧语言能够推进剧情，刻画性格，能够应付各种场面和各色人物，是能粗能细、能雅能俗的语言。几百年来，对于莎士比亚人们总是以各自的智慧与阅历从不同的文化层面出发演绎、研究、评论和解说，其中尤为关爱莎士比亚戏剧的演出。莎士比亚创作诗剧的目的表明，他不是一个通常意义的"作家"。他写剧不是为了建立文名，而是为自己的戏班能有新剧上演，着眼于舞台效果，希望能够引起观众强烈的兴趣。佐良认为："开创英国诗剧的作家当中只有老演员、流浪汉、穷书生、泥水匠、皮匠的儿子等等来历不明、身世不清的人。"[92]20

---

[90] 王佐良:《译本序》，王佐良编:《英国诗选》，上海译文出版社，1988年，第3页。
[91] 王鸿斐:《科学研究一定要政治挂帅》,《西方语文》第2卷第4期，1958年，第422—423页。
[92] 王佐良:《英国文学论文集》，外国文学出版社，1980年，第3页。

世纪 60 年代,上海青年话剧团曾经两次公演了由祝希娟、焦晃主演的莎剧《无事生非》,当年,王佐良先生曾亲赴上海观看,该剧以准确而富于想象的形体动作、声音造型和台词处理上的功力,把莎剧人物的精神力量传达给观众,给王佐良留下了深刻印象。祝希娟将贝特丽丝活泼而不放荡,尖利而不刻薄、不失少女纯真的角色演得活灵活现,将人物的个性刻画得入木三分。以一柄鹅毛衬托人物的风度和情绪变化,突出人物的泼辣、豪放性格特征。[93] 佐良先生强调这种形式的演出有助于对莎剧的理解,因为通过舞台表演,能让"最发人深省的契合见于最让人意想不到的文学之间,语言与传统都大相径庭的文学之间"。中国戏剧和莎剧纵使隔着语言和文化的巨大差别,但是通过准确传神的翻译和导演、表演的天才诠释,莎剧的生动情节、有血有肉的人物、俏皮风趣、揶揄嘲讽的对话仍然能够成功传达给中国观众,甚至"连他的警句妙语也照样在中国观众之间引起了一阵又一阵的赞叹和笑声"。[94] 遥想当年,往事并不如烟,30 年前的 1986 年,首届中国莎士比亚戏剧节在上海、北京两地同时举行。在这次盛况空前的莎剧节上出现了大量用中国戏曲、地方戏改编的莎剧演出。用中国戏曲、地方戏改编莎剧引起了很大的争议,绝大多数莎学家、戏曲表演艺术家、编导对这一形式表示了肯定,但是也有少部分学者认为这种改编将使中国人失去对真正的莎士比亚的认识。佐良先生对争论进行了深入分析,对戏曲改编莎剧表示了肯定和支持,他认为尤其应该关注莎士比亚在中国舞台的演出,从全本莎剧的改编到京剧和众多地方戏的莎剧改编,达到了空前未有的盛况,这"显然有助于把中国的莎学推向一个新的阶段"。[95] 莎剧改编也应该遵循隐括有至理,剖

---

[93] 孟宪强:《中国莎学简史》,东北师范大学出版社,1994 年,第 181 页。
[94] 王佐良:《英国文学论文集》,外国文学出版社,1980 年,第 50 页。
[95] 王佐良:《保持中国莎学研究的势头》,中央戏剧学院莎士比亚研究中心编:《莎士比亚戏剧节专刊——纪念莎士比亚诞辰 422 周年》,中央戏剧学院戏剧杂志社,1986 年,第 1 页。

析穷根源，在辨章风谣的基础上区分中西文化的不同情况，充分利用中国戏曲精妙的舞台艺术表现力，使改编达到摄取精华，择善而从，韵味无穷的美学效果。王佐良先生认为用中国戏曲改编莎剧是首届中国莎剧节的一大特色，也是展示中国莎剧演出特色值得期待的文化创新，故此在昭示中国文化艺术的传统中，在中西文学、戏剧的交锋与契合中，"横向范围的拓展也意味着纵向理解的加深"，也只有像中国这样一个有着300多种地方戏，而且具有悠久文化传统的国家才能提供这些剧种来做莎剧改编的试验。佐良认为，莎剧的改编，应该根据中国戏剧的丰富表演手段来演绎莎剧，挖掘莎剧这类英国诗剧剧本的长处，以此来"建立我们的莎剧舞台传统，从而丰富与推进世界的莎剧舞台传统"。[96]佐良先生相信，莎士比亚戏剧与中国戏曲的交融"必使耳中耸听，纸上可观为上"，将使古老艺术、文化在新的诠释中放射出更加夺目的光辉。莎剧在中国舞台上的演出"用它那股蓬勃新颖的活泼劲儿扫开了中国莎剧演出中的课堂气学院气"[97]，进入了莎剧艺术的新境界。中国的莎剧演出同当代西方的莎剧演出显示出不同的调子，同中国的色彩缤纷、乐音回荡的演出相比，西方的当代莎剧演出显得过分低调、灰色，有的囿于旧寨而无多创新。[98]作为一个翻译家、文学评论家，佐良先生寄希望于有更多适宜于上演的译本涌现出来，他认为："过去的译本也有不少适合舞台演出，但也有过分书本气的。我们的语言，包括舞台语言，有了不少变化，译本也应该更符合当前语言的状况。如何在中国话剧舞台上演出诗剧，其中诗的部分虽然不唱不咏，都要有高于一般对白的节奏、韵律，也需要通过

---

[96] 王佐良：《保持中国莎学研究的势头》，中央戏剧学院莎士比亚研究中心编：《莎士比亚戏剧节专刊——纪念莎士比亚诞辰422周年》，中央戏剧学院戏剧杂志社，1986年，第2页。
[97] 王佐良：《莎士比亚绪论——兼及中国莎学》，重庆出版社，1991年，第170页。
[98] 同上书，第179页。

实践去解决。"[99]

随着中国莎学的不断发展，建立有中国特色的莎学学派的呼声日益高涨。对于建立中国莎学学派，佐良先生充满信心，"建立一个莎学的中国传统，应是我们努力的目的之一。在研究方面应该有一个中国传统，即在充分掌握材料的基础上体现中国观点、中国学风文风的传统，发掘人所不发掘，道人所不道，只有这样，才能使中国莎学成为世界莎学中的一个方面军"[100]。但是，王佐良先生也在这种呼声中保持了一分清醒。他强调在建立中国自己的莎学学派过程中，首先应该继续搞莎学的基本建设，译出更多的风格各异的莎剧剧本，更多地了解英美以外的莎学研究，在阐释中注意对莎剧人物性格、莎剧意义、艺术特点、语言层次、修辞手法、象征、载体剧种、戏曲程式、演员修养、观众以及戏曲剧文化的比较研究，还应该对戏剧传统、舞台情况、演员训练、心理、社会文化环境进行多角度的研究。近年来，中国莎学进一步发展，在国际上的影响日益扩大，国内外莎剧展演、交流频繁，证明了佐良先生的看法是中肯的，也是极有远见的，[101]今天的中国莎学研究、莎剧演出正朝着这一方向努力着。

佐良先生认为，"写文以思想胜……总要透过语言去看背后的情调，意境，思想，特别是思想上各种微细的分别"[102]，才能在此基础上形成自己的观点。在佐良先生的《英国文学史》的学术建构中，他一贯强调中国人编写的英国文学史要体现中国学派的鲜明特点。[103]

---

[99] 王佐良：《保持中国莎学研究的势头》，中央戏剧学院莎士比亚研究中心编：《莎士比亚戏剧节专刊——纪念莎士比亚诞辰422周年》，中央戏剧学院戏剧杂志社，1986年，第2页。
[100] 同上。
[101] 李伟民：《人生似莹莎如海　词藻密处窥真情——论王佐良先生的莎学研究》，北京外国语大学外国文学研究所编：《王佐良先生纪念文集》，外语教学与研究出版社，2001年，第206—217页。
[102] 王佐良：《怀燕卜荪先生》，《外国文学》1980年第1期，第2—5页。
[103] 段汉武：《百年流变——中国视野下的英国文学史书写》，海洋出版社，2009年，第37页。

他的这一思想也贯穿于莎学研究中,在文笔清新的叙述与凌厉峻峭的解释方面,他力求以中国人的视野观察英国文学的历史、作家和作品,在个性化的叙述中对作家、作品、文学现象、文学流派和文学传统做出阐释,以鲜明的主体意识摆脱了转述和翻译的英国文学史的生硬窠臼,贯彻的是以中国学者的眼光和文化立场来审视英国文学的历史。在《英国文学史》一书中,他提出"由于我是中国研究者,冥冥之中,总有一条以唐诗、宋词、元曲、明清小说为线索的中国文学演化图显现于我的脑海,我更信以品种演化为经之不误。……要有中国观点,要以历史唯物主义为指导,要以叙述为主,要有可读性"[104]的治英国文学史原则,点面结合,以扫描式的一般论述与重点研究的"特写镜头"达到相辅相成之研究格局,突出经典作家地位和作品的审美艺术特点,做到叙述与评论既各有侧重又相得益彰,佐良认为"好的叙述总是包含评论的,要有新的观点——在我们说来就是经过中国古今文学熏陶又经过马克思主义锻炼的中国观点",[105]中国人研究莎氏就是要在讲好其人其作的基础上,一针见血、画龙点睛、高屋建瓴地概括出作家、作品主要特色。在研究中,佐良先生往往站在比较文学的角度论述问题,他认为,在20世纪,英国文学还在发展,还富有创造力,表现与戏剧的持续活跃……莎剧的存在给予英国文学以特殊光彩的地位,舞台与影视中的莎剧不断创造着新的辉煌。在涉然而精、俨然而类的《中国大百科全书·外国文学》卷中,王佐良先生除了担任"外国文学编辑委员会"委员、"英语、爱尔兰文学"分支副主编以外,还承担了重要条目"英国文学""爱尔兰文学""彭斯""蒲柏""拜伦""科贝特,W."的撰写,用该书总主编姜椿芳的

---

[104] 王佐良:《英国文学史》,商务印书馆,1996年,第1—2页。
[105] 王佐良:《一种尝试的开始——谈外国文学史编写的中国化》,《读书》1992年第3期,第90—99页。

话说，编委可谓集中国"外国文学领域的一时之选"。[106]佐良先生以精髓之思，治深美之籍，结合英国文学的特点，指出英国诗歌的成就体现为无韵体诗在剧本里的成功运用，诗同剧的结合产生了文艺复兴时期文学最骄傲的成果："诗剧",[107]阐发所论作家、作品之微义，以散漫者条理之，幽隐者阐扬之而条据疑难，随事发撼，从而宣昭士林矣。佐良认为，莎剧"是充分入世的、芜杂的，甚至粗糙的"，但是却"洋溢着这个活动频繁、思想活跃的文艺复兴时代的精神"，莎士比亚比马洛和琼森都更懂戏，"把哲学思辨带进了喜剧，增加了剧本的厚度。……《奥赛罗》从所表现的爱情来说，是一曲长恨歌"。[108]同时，佐良先生也告诫研究者，中国的莎剧演出也没有必要去追随西方流行的低调，而是应该发出独特的声音，展现自己文化的独特魅力。受到东方戏剧传统哺育的中国导演、演员和观众是成熟和开放的，对于莎士比亚这位西方世界最大的剧作家的到来既不傲慢，也不应拜倒。[109]1989年，佐良先生在给中国莎士比亚学会的来信中称赞举办"'上海国际莎剧节'极好"[110]，1993年，在他给中莎会的来信中表示，尽管参加上海国际莎剧节因"腿疾越来越厉害"[111]但仍然表示要撰写一篇《〈特洛伊罗斯与克瑞西达〉：一种读法》的莎学论文，以对莎剧节的举行表示支持。中国莎学研究的特殊性要求我们，既着眼于历史，又看到未来，从莎士比亚的原作中，从当今中国莎学现实境况与学科体系中，从经典的文化价值中，从莎士比亚的影响和固有的

---

[106] 姜椿芳：《姜椿芳文集》（第十卷），中央编译出版社，2014年，第41页。
[107] 中国大百科全书外国文学编辑委员会：《英国文学》，《中国大百科全书·外国文学》(Ⅱ)，中国大百科全书出版社，1982年，第1211页。
[108] 王佐良：《英国文学史》，商务印书馆，1996年，第31—53页。
[109] 李伟民：《朱生豪、陈才宇译〈莎士比亚全集〉总序》，《中国莎士比亚研究通讯》2013年第1期，第31—50页。
[110] 王佐良：《举行上海莎剧节极好》，《中华莎学》（创刊号）1989年第1期，第11页。
[111] 王佐良：《会员飞鸿》，《中华莎学》(5/6合刊)1994年第5—6期，第26页。

精神内涵中,去把握新的时代要求与研究动力;以文化大国和中华民族应有的文化自信,从历史的瞬间中寻找永恒的精神价值,从历时性中发现共时性,从我们的民族文化、民族艺术中去重新发现莎士比亚作品中所蕴含的真、善、美[112]。正如习近平所说:"理论的生命力在于创新。""我们说要坚定中国特色社会主义道路自信、理论自信、制度自信,说到底是要坚定文化自信。文化自信是更基本、更深沉、更持久的力量。"[113]中国莎学翻译、演出和研究所体现出来的独特审美视角,中国戏剧、戏曲所独有的审美与认识价值正是我们吸收、借鉴人类优秀文明成果和国外优秀文化成果的生动体现,也是一个文化大国应有的文化自信。

七、结　语

"落红不是无情物,化作春泥更护花",佐良先生的莎学研究在中国莎学史上留下了浓墨重彩的华章。他在莎学研究、英国文学研究中筚路蓝缕,晨夕披览,重点究研,以心自适,魂自安之灵感睿思[114]的杰出研究为这一学科今后的发展奠定了坚实基础。他"论莎写诗,点化后学"[115],风流儒雅亦吾师,佐良先生的莎学研究以思积而满乃有异观溢出,其方法创新、理论阐释以及资料运用等辩证方法,显示了详雅有度之阐发,他以笔扫屈曲尽意而言无不达之论多所发明,给人以丰富之启示与借鉴;正所谓"文者,言乎志者也",君子使物,不为物使,仁者乐山,智者乐水,曰:歌乐春飞歌吟雪,灯红观翠灯

---

[112] 李伟民:《借鉴与创新:中国莎士比亚研究和演出的独特气韵——纪念莎士比亚逝世 400 周年》,《河南大学学报》(社会科学版) 2016 第 3 期,第 28—37 页。
[113] 习近平:《在哲学社会科学工作座谈会上的讲话》(全文),新华社北京 2016 年 5 月 18 日电。
[114] 李伟民:《中国莎士比亚研究:莎学知音思想探析与理论建设》,重庆出版社,2012 年,第 290 页。
[115] 李伟民:《论莎写诗　点化后学——写在〈王佐良全集〉出版之际》,《光明日报》2016 年 12 月 13 日第 11 版。

如霞,秋雨琴音,轻烟碧山,雁渡寒潭,人生何有于物,去物才可曲幽江渚曲萦心,追今抚旧,春华秋实,仁智之乐,岂徒语哉。清华大学开设的"'莎士比亚'与其他相关课程形成了一种纵横交错的网状关系,既可以使学习者从面上获得莎剧知识,也为造就未来莎学研究者、外国文学研究家奠定了坚实基础。这甚至成为民国高校外国语言文学系的办学指导思想和课程建设特点之一"[116]。佐良先生及其一批学人在莎学研究上取得的成就,他们的莎学研究,为中国莎学在深层次意义上开创、传承了一种"博雅"之学风与学统,同时在个人精神与学术风格上追求卓越[117]。我们相信,在隆重纪念王佐良先生百年诞辰的时刻,怀念他对中国莎学研究所做出的卓越贡献,研究他的莎学思想,对于中国莎学来说尤其具有重要意义。

---

[116] 李伟民:《20世纪上半叶大学"莎士比亚"课程的教学与研究》,《英美文学研究论丛》2018年第2期,第13—28页。
[117] 李伟民:《莎士比亚与清华大学——兼论中国莎学研究中的"清华学派"》,《中国人民大学复印报刊资料·舞台艺术》2001年第1期。

一辞有两面，两面各一辞：两篇诗评的文本互参

江弱水

（浙江大学传媒与国际文化学院）

孟子教育我们要"知言"，还说"尽信书不如无书"。钱锺书也要求我们世故一点对待古今的文学批评。话语的意义之不确定，真如人心一样复杂。有人表面上说的与想的不一样，用中文说的与用外文说的不一样，几十年前说的与几十年后说的不一样。我们得通盘考虑并细加分辨，才不会误判作者的意思。

一

王佐良关于穆旦的评论文章，1946年4月写成，其英文本先以"A Chinese Poet"为题刊登在英国伦敦出版的文学杂志 *Life and Letters Today* 这一年的6月号上（即原 *Life and Letters* 杂志，1935年改名）。次年，中文本以《一个中国新诗人》为题，刊载于北平《文学杂志》7月1日出版第2卷第2期上。

王佐良的英文写作之好，钱锺书说胜过一些前辈人物。他西南联大的同学王勉（笔名鲲西）在《清华园感旧录》中说，"然而王君惟其善属文，故文多流畅可读，因而有时亦不免 journalistic 的味道，此其小疵而已。"说王佐良英文有点新闻报章体的味道，这眼光十足犀利。王佐良评穆旦一文便很能反映这一点。比如下面这一段，即从中文也看得出来：

联大的屋顶是低的，学者们的外表褴褛，有些人形同流民，然而却一直有着那点对于心智上事物的兴奋。在战争的初期，图书馆比后来的更小，然而仅有的几本书，尤其是从国外刚运来的珍宝似的新书，是用着一种无礼貌的饥饿吞下了的。最后，纸边都卷起如狗耳，到处都皱折了，而且往往失去了封面。但是这些联大的年青诗人们并没有白读了他们的艾里奥脱与奥登。也许西方会出惊地感到它对于文化东方的无知，以及这无知的可耻，当我们告诉它，如何地，带着怎样的狂热，以怎样梦寐的眼睛，有人在遥远的中国读着这二个诗人。

"无礼貌的"在英文本里有更具体形象的写法：lack of table manners of a Dr. Johnson，典出鲍斯威尔名著《约翰逊传》。约翰逊博士的吃相是怎样难看呢？

> 他一坐在餐桌上，立即全神贯注；看起来就好像要死命盯牢他的餐碟，除非有他最谈得来的同伴，他进餐时不讲一句话，也很少注意别人谈什么，直到他吃饱为止；他是那么认真，紧张不懈，因此在他咀嚼时，前额青筋爆现，呼吸沉浊，嘘嘘可闻，对那些风度文雅的人来说，真是令人厌恶；对于一个应该自律自制的哲学家而言，更是大不相宜。[1]

英语读者一读到这个典故，当然会心一笑。这一笑，相当于《红楼梦》第五十二回写"外国的美人"会做中国诗，"汉南春历历，焉得不关心？"博得大观园里众儿女降尊纡贵地颁奖："难为他！竟比我

---

[1] 鲍斯威尔：《约翰逊传》，罗珞珈、莫洛夫译，上海社会科学出版社，2004年，第107—108页。

们中国人还强。"

但如此表述中国年轻一代知识分子对西方文化的孺慕情怀,却多少令人难堪。尤其是,"从国外刚运来的珍宝似的新书",就马上被啃成狗耳一样。这让我想起赫尔岑笔下19世纪俄国年轻的才智之士对西方思想饥不择食的情景,虽然他是用了讽刺的笔调:"柏林及其他德国乡镇流传出来的德国哲学小册子,再无价值,只要里面提到黑格尔,就有人为文研讨、读个稀烂——翻得满纸黄渍,不数日而页页松散零落。"

我认为,这属于以敬礼的形式反映出来的东西方文化生产的"悬垂式分工格局"。我们这儿有那么多人在狂热地带着梦寐的眼睛读着你们的 Eliot 和 Auden,你们却不知道!在这样的上下文里,"文化的东方"(cultural East)之所以有文化,就好像只因为有从外国刚运来的珍宝似的 Eliot 和 Auden 与 Eliot 和 Auden 的崇拜者了。

"也许西方会出惊地感到它对于文化东方的无知,以及这无知的可耻",值得注意的是,"以及这无知的可耻"这个意思在英文本里是根本没有的,仅仅是在中文里表示的愤慨。后面一句话,却又单是在英文本里才有的:"For the strange thing is that China, though lamentably out of touch with political trends, is almost up to the minute in intellectual matters."(因为奇怪的事情是,尽管可悲地自外于现实政治的趋势,中国在心智事务方面却几乎是最新式的。)这就意味着在心智上的"新"(up to the minute)与"西方"之间画上了等号,反映出百年来中国文化的一个深隐迷思。

中文本里有一句话一再被引用,已然成为王佐良给穆旦所下的最著名的论断:"穆旦的胜利却在他对于古代经典的彻底的无知。甚至于他的奇幻都是新式的。"但对照英文本,有两处非常关键的不同:"Mu Dan triumphs by a willful ignorance of the old classics. Even his conceits are Western."译回来就是:"穆旦的胜利却在他对于古代经典的故意的无知。甚至于他的妙喻也是西方的。"你看,不是"彻底的",而是"故意的"(willful);不是"新式的",而干脆是"西方的"(Western)。

"彻底的无知"仅仅是无知而已,"故意的无知"就隐含了一种态度,或者蔑视,或者害怕。我们知道是出于害怕——因为穆旦早就"认为受旧诗词的影响大了对创作新诗不利",怕"旧的文体是废弃了,但是它的辞藻却逃了过来压在新的作品之上"——但英国读者难道不会认为是出于蔑视吗?王氏此文给他们的印象,难道不正是"先进诗歌降临落后地区"吗?不知不觉地,作者已经在"自我东方主义化"(self-Orientalismize)了。

中文本与英文本面对的读者不同,使王佐良经常要虑及各自的反应,这导致其中英文措辞每有差异。比如,中文本里说:

> 死是中国街道上常见的景象,而中国的智识分子虚空地断断续续地想着。但是穆旦并不依附任何政治意识。一开头,自然,人家把他看作左派,正同每一个有为的中国作家多少总是一个左派。但是他已经超越过这个阶段,而看出了所有口头式政治的庸俗……

你根本弄不懂什么叫"虚空地断断续续地想着",你也会认为穆旦不是一个左派。然而英文本译出来却是这样子:

> 死是中国街道上常见的景象,而许多中国的知识分子选择了无视它们。可是穆旦不然。穆旦是一个炽热的左派(a fiery Leftist),一个游行示威和群众集会的老手。然而,他怀疑口头的政治……

中英文两个文本的差别，有时竟到了完全相反的程度。

王佐良的中文不事雕琢，明快得像速写，但总有几分率意，偶显毛糙，反不及他的英文写作之绵密和优雅。比如此文，中文本里有一句："穆旦之得着一个文字，正由于他摒绝了一个文字。"很别扭，也不好懂，还是英文本表述得严密而有力："穆旦借放弃一种语言而获得一种语言。"（Mu Dan has renounced a language to get a language.）面对这类"得着""虚空地断断续续地想着""出惊地感到"之类随便的措辞，我感到王佐良花在英文本上的工夫要远多于中文。但凡同样的一篇文章，他的中文本总感觉像是其英文本的一个潦草的副本。

二

1930年，法国诗人瓦雷里（Paul Valéry）给梁宗岱翻译的《陶潜诗选》写了一篇序言。1936年，梁宗岱由商务印书馆出版《诗与真二集》时，收入了经过他本人校改的北京大学法文系学生王瀛生的译文。2003年，中央编译出版社与香港天汉图书公司合作出版了《梁宗岱文集》，其第一卷收入了此序的法文原文，并有梁宗岱在中山大学外语系的学生卢岚的新译文。以两种译文与原文对照，有一些意思有了微妙然而重大的不同。

在序言里，瓦雷里首先称道了梁宗岱的诗："这些小诗很明显是受了四十年前的法国诗人的影响的。"这的确是恭维，因为40年前的马拉美、魏尔伦都是瓦雷里最崇拜的诗人，受他们的影响恰恰是品质的保证。下面的一番话听起来也像是恭维：

> 虽然是中国人，并且学了我们的文字还不久，梁宗岱先生，在他的诗与谈话中，仿佛不仅深谙，并且饕餮这些颇特殊的精微。他运用和谈论起来都怪得当的。

虽然是中国人……不呀！……正因为他是中国人，梁君必然地比一个欧洲人，一个普通的法国人，甚至比一个法国的文学士更善于推测，摘发，企图去袭取和变为己有这些优美的方法。

乍听起来蛮不错的，可是且慢：作为中国人，梁君比"一个欧洲人"高明，这是夸奖。比"一个普通的法国人"高明，这就打了折扣，因为 moyen 这个字虽然是"普通"，更有"中等"的意思，取的是平均值。比一个"法国的文学士"高明，也还中听，可是，天晓得原文用的 bachelier，却只是法国中学会考的合格者，而不是英文用来指大学毕业获得学士的 bachelor。卢岚的译文就准确地译成了"中学会考及格者"，但梁宗岱不会不清楚两者的不同，他使用王瀛生的译文却马虎于没有校改出这一点。说梁宗岱先生"甚至"（voire）比一个法国中学会考的合格者还要高明，这样的恭维怎么听怎么不是滋味。难道了不起的艺术禀赋的体现者会是一个法国中学会考的及格者？瓦雷里意思是说，梁君你已经很不错了，比我们法国中学毕业生还要好些呢！

这是瓦雷里行文的惯技，即蒲伯所谓"以小夸来大骂"（damn with faint praise）。埃德蒙·威尔逊在《阿克瑟尔的城堡》（*Axel's Castle*）里，特意谈到过瓦雷里在法兰西学院院士就职典礼上的演讲词。依照惯例，他必须为前任院士法朗士（Anatole France）撰写一篇颂词，然而，"瓦雷里采取了一种屈尊就卑的语调，好像有意为法朗士说几句好话，但结果听起来却都是贬抑之词"。[2] 由于法朗士攻击过象征主义的宿怨犹在，瓦雷里居然通篇一次不提法朗士的名字，却三番五次讥讽这位前任作为书商的卑贱出身，并提醒听众说：某人曾经所是要比

---

[2]　《阿克瑟尔的城堡》，黄念欣译，江苏教育出版社，2006年，第64页。

人们想象的要渺小。在一番拈酸吃醋、皮里阳秋的拨弄之后，法朗士的辛勤与博学简直就成了傻。

见识过瓦雷里这篇顶不厚道的文章以后，我们再也不能天真地对待他的文字了，特别是当他说起了好话。这不，瓦雷里为中国人说好话了：

> 中国人被认为是各种精品的创造者。据说他们把爱情分得很细，就像刑罚的种类一样。他们又以西方人在对观念进行演绎和分析时所花费的同样的果断、同样的毅力、同样的好奇心处理生死问题。

把爱情分得像肉刑一样细（On dit qu'ils amenuisaient l'amour comme les supplices），以那样的耐心和好奇去处理"无生命或有生命的材料"（la matière morte ou vivante），难道这样的折腾值得赞美吗？诚所谓谬赏有胜于侮。瓦雷里其实是在说，我们西方人对观念进行演绎和分析的结果是什么？是几何学！他接下来果然就说到自己最得意的话题了：

> 我深知中国人对数学研究做得不够，这是使他们现在蒙受损失的不幸的疏忽，也是难以理解的疏忽，我们无法想象，他们的异常灵敏的头脑，怎么没有迷进数字方面，没有被吸引到象征方面。……在中国人当中，没有出现过几何学家，他们的直观停留在艺术家的直观阶段，这些并没有对抽象思维的伦理的发展起到托词和最初的支柱的作用。

假若不了解几何学在瓦雷里心目中代表着什么，就根本不会明白这段话的明褒实贬。在关于什么是欧洲人的言说中（参见《瓦莱里散文选》中《精神的危机》《欧洲人》《究竟谁是欧洲人》等篇，唐祖伦、钱春绮译，百花文艺出版社，2006年），瓦雷里把希腊的几何学奉为"不朽的模式"，是"欧洲智慧最典型才干的无可比拟的楷模"。瓦雷里挑明了说，埃及人、中国人、印度人都实现不了这样的幻想的创造——"我们依靠希腊所取得的东西，也许是最深刻地从其他人类中区别我们的东西。"

东方主义的臭味，不失时机地从瓦雷里的笔下飘散出来了。不错，瓦雷里是一个标准的东方主义者。读他的文章，我很纳闷萨义德的《东方学》里为什么只有一页提到瓦雷里。依我看，瓦雷里文中充斥着典型的东方主义腔调，而且表现得特别煞有介事：

> 人们见到人类在同一时期出现了分裂，分成了两个日渐不同的团体，一个占有世界的最大部分。它似乎固定地待在他们的习俗、知识和实力中，不再进步，或者只是悄悄地不易察觉地进步。另一个则备受不安和永远搜寻的痛苦折磨。在欧洲交流增多了，在他胸中活跃着各种各样的问题。生活、求知、能力的手段逐个世纪地、非常迅速地在增长……
>
> 一方面，美洲、大洋洲和非洲新大陆、远东那些古老的帝国给欧洲运来了原料，以便把原料置于唯独欧洲能完成的加工改造中。另一方面，古老亚洲的知识、哲学、宗教前来哺养欧洲代代产生的始终在提防的人民，而这种强大的机器更改着东方多少有点奇异的观念……

在瓦雷里的描述中，这两个部分构成了一个和谐的世界：美洲、非洲、亚洲是主动地、殷勤地"给欧洲运来了原料"，好让它加工，好让欧洲的诗哲瓦雷里先生发出由衷的赞叹：

> 一切都来到欧洲，一切都来自欧洲。

用了他一贯谦逊而有节制的口气，瓦雷里要给欧洲和欧洲人加一点"稍微比地理和历史多一点类似于功能作用的意思"，因为欧洲人"大体上属于某个多少统治过世界的民族"。多么含蓄，多么轻描淡写，分寸感多么强，可骨子里多么倨傲！难怪陆兴华在《理论车间》里说："你看这个瓦雷里，德里达认为他就像黑格尔、胡塞尔和海德格尔一样，嘴上讲的是欧洲和人类普遍性，用的也都是那些transcategorial（超范畴）式词汇，半神学地精神着、思想着，但骨子里就是那种精神－语言－思想的种族主义和民族主义。"

三

把瓦雷里的法译《〈陶潜诗选〉序》与王佐良的评穆旦文合在一起谈，我只是想说明一点：基于西方他者视角的权威话语，是如何弥漫性的扩散在西方文人学者的话语里，又如何刻骨地被复制到我们自己的意识中。

可是话说回来，人是非常复杂的生物。要做到"知言"，实在还得"顾及全人"。比如瓦雷里，我要是说他对中国人与中国文化总是不怀好意，那就太不公正了。瓦雷里生平给两位中国人写过序。为梁宗岱《陶潜诗选》写序的是作为或自命为智者的瓦雷里，为盛成《我的母亲》作序的则是有情人的瓦雷里。这位诗哲，罕有后面这样一个真情流露的时刻，故其言辞，虽始于东方主义的典型表达：

> 由于我们对中国人的认识困惑不解，所以不知道应将他们列在我们的文明体系的什么位置上，虽则我们可以明确界定埃及的、犹太的、希腊的和罗马的文化在文化体系中的地位。我们既

> 不能像他们看待我们一样将他们视为野蛮人，又不能把他们抬到与我们同样骄傲的地位，于是只好把他们列入另一领域，编入另一个历史顺序之中，即将他们划归到实际存在但不可理解却又与我们永远共同生存的一个类别中了。[3]

但是他全文重心正在质疑这个东方主义的论述框架。他诚恳地期望欧洲人与远东人在思想上同时在心灵深处的直接沟通；他认为各民族的交往建基于"发现对方心灵的一致性"；他承认，"在我们遇到一个生命力强、可用我心度他心的民族时，要想欺骗、损害或消灭他们是痛苦的，甚至是不可能的"。他说：

> 但如果我们仍然无视一个外民族的情感和内心世界，而仅仅欣赏他们所制作的花瓶、漆器、牙雕、青铜器和玉器，那是无法真正评价和发掘一个外民族的聪明才智的，因为远比这些只供摆饰、消遣和当珍贵纪念品的艺术品更为宝贵的是：一个民族的生命力。

应该说，是盛成小说中母性的柔和光辉感动了这位诗哲的心。据盛成自述，他与瓦氏1927年冬相遇于蒙白里车站，当时瓦雷里刚为母亲举行罢葬礼，正在月台上等候转车去巴黎。这位勤工俭学的中国青年，见这位陌生的长者忧思满面，情苦难言，不禁上前关切地询问，并于别后致信唁慰。"我今日了解他、安慰他、怜惜他、击动他，并不是中国人的脑子，正是中国人的心地。""亲丧是万国的亲丧，心

---

[3] 瓦雷里：《盛成〈我的母亲〉序》，周恒译文，何兆武、柳卸林主编：《中国印象——世界名人论中国文化》，广西师范大学出版社，2001年，第85页。

苦是人类的心苦。"（盛成《海外工读十年纪实》第十二章）瓦雷里大约第一次遇见一位中国人，虽一身寒微，但"生命力强、可用我心度他心"，所以才惠允为盛成写了平生最长的序言，何况这小说写的正是《我的母亲》。

这篇序言之于瓦雷里简直称得上是救赎。《我的母亲》一纸风行后，巴黎《世界报》（Le Monde）刊登了埃利安·芬伯特（Elian J. Finbert）所撰的书评（1928年8月11日），即明确指出：

> 他替瓦雷里开了谦卑赦佑之门。从前，瓦雷里以为世事除"文章关系而外"毫不足道，他以"罗马和希腊"的文化来骄人，因"欧洲人的本质"而自傲。瓦雷里的著作对社会醉心之批评与赞美的注解，现在都要来重新检阅一番。他替盛成所写的一篇序言，非常重要，是标明他到另一方向去下功夫。在他那冰寒的建筑物里，有几件东西破坏了，一口气钻进这太古的石头里去了。从前说"一切都来到欧洲，一切都来自欧洲"，现在说这话的人，有点怀疑了。

这一案例，颠覆了萨义德的《东方学》里所描述的惯例：东方主义的定型化的标签具有一种压制力，它阻断并且驱除同情心。一旦遇到东方主义的概括性的知识，突如其来的感伤便会消失无踪，情感的词汇便会荡然无存。这回却不，在瓦雷里给盛成的序言里，同情心战胜了偏见。

知解力也会战胜偏见的。随着阅历渐长，王佐良看待西方现代主义大师的眼光也已成熟。1983年8月，在北京举行的首届中美比较文学双边研讨会上，王佐良做了关于中国现代主义诗歌的一个长篇回顾，语气从容，品评精到。其中仍然谈到穆旦，也说他同其师辈卞之琳与冯至相比，对中国旧诗传统取之最少，可是也再没有把这炫耀为一场胜利。尤其值得注意的是全文的结尾，他回到了中国的古典诗歌传统，并对其给予现代诗人的影响做出高度的评价。

此文也有中英两个文本。英文本曾在中美比较文学学者双边研讨会上宣读，两年后收入王佐良编印的英文论文集《论契合——比较文学研究集》，由外研社出版；中文本以《中国新诗中的现代主义——一个回顾》发表于《文艺研究》1983年第4期，曾收入1987年人民日报出版社印行的小书《风格和风格的背后》。相形之下，英文本也仍然比中文本略显丰满，也因此我选译出这个结尾，以供大家对照阅读：

> 再说，养育他们的是世界文学里一个最辉煌、最悠久的古典诗歌传统。因此这里从未出现一种更先进、更具有启发性的诗歌从西欧降临去救助过时的当地诗歌的局面，思想上如此，艺术上也如此。甚至纯从技术的观点来看，欧洲现代主义能给中国诗人的教益也令人吃惊地少。除了大城市节奏、工业性比喻和心理学上的新奇理论之外，一位有修养的中国诗人发现大部分西方现代诗人的写作似曾相识，他认为自己的古代大师们早就以更简约的方式取得了相似的效果。这足以说明为什么中国诗人能够那样容易地接受现代主义的风格。这也说明了为什么他们能够有所取舍，取其精华，弃其糟粕，而最终则是他们的中国品质占了上风。戴望舒、艾青、卞之琳、冯至、穆旦——当他们的现代主义的敏感与中国的现实起了隐秘的感应，都经历了这样的变化，并写下了他们最能持久的诗。

（原载《读书》2010年第5期）

第三部分

难忘王公

《王佐良文集》序

李赋宁

（北京大学英语系）

佐良同志离开我们已将近一周年。英语界和外国文学界的同人，无论男女老少，莫不为他遽然仙逝感到哀悼和震惊。作为他的大学同班同学和几十年的老友，我更觉悲伤和惆怅。

佐良夫人徐序大姐根据佐良生前的喜爱，从佐良硕果累累的著作和作品中精选出数十篇，亲手抄写和誊清，交付外语教学与研究出版社准备出版。我想这该是我们对佐良同志的最好纪念。

我和佐良同志相识已是60年前的事了。当时故都北平已处在国防最前线，冀东成立了伪政权，日本军国主义分子不断向国民党政府施加压力，平津随时都有被日本侵略者占领的危险。我们于1935年秋季考入清华大学外文系。那年冬天爆发了轰轰烈烈的"一二·九"爱国学生运动。我们受了这场爱国运动的洗礼，开始认识到青年人要为救国救民发奋读书。佐良毕业于武昌文华中学，他的中文和英文程度已是我们全班之冠。当时清华大一国文和大一英文课程都是按入学考试成绩分班的。佐良分在大一国文A组，由俞平伯先生授课；还分在大一英文A组，由英国人吴可读（Pollard-Urquhart）先生授课。佐良不仅勤奋，还善于学习，他利用课内和课外的每一个机会来充实自己，提高自己的见解和表达能力。例如，在完成大一西洋通史课外阅读时，他从刘崇鋐先生所指定的耶鲁大学国际著名古代史教授罗斯托夫采夫（Rostovtzeff）所著《罗马帝国社会经济史》一书里既学到分析历史发展的各种原因（包括心理因素），又开始注意到学术著作的英文文体。又例如，在完成大二西洋哲学史课程贺麟先生所指定的西洋哲学名著选读和读书报告写作时，他选了柏拉图的《对话录》，用的是著名的周伊特（Jowett）英译本，并且主动用英文写读书报告，受到贺先生的高度称赞。佐良在大二上学期曾参加全校英语演说比赛，他参赛的题目是"Literature Sweetens Life"（文学能使生活更美好）。他获得第一名，受到外文系主任王文显先生称赞，说他能唤起听众的各种感情，很有说服力。佐良对文学的热爱是由来已久的。在大一下学期，有一次他和我打网球后谈到他的家长要他转学经济，他很犹豫。我极力劝他不要转系，幸亏他后来打消了转系的念头。他爱好文学阅读的一个突出例子是：在大二时，美国历史小说《乱世佳人》（*Gone with the Wind*）刚刚出版。佐良向陈福田先生借到此书，如获至宝，废寝忘食地把书从头到尾看完，此事给我留下很深的印象。

佐良的英文写作才能在陈福田先生讲授的大二英文班上已充分显示出来。陈先生要求我们每周写两篇英语作文，堂上一篇，堂下一篇。他认真批阅，及时发还，真正调动了学生用英文创作的积极性。几乎每次作文都是佐良写得最好。陈先生说佐良能用日常英语词汇写得生动活泼，既叙事，又抒情，给人以新鲜感觉。七七事变后，日本侵略者占领了北平和天津。北京大学、清华大学和南开大学三校合作，先迁长沙，后去昆明，成立了西南联合大学。在长沙临时大学期间，文学院各系在南岳衡山山麓上课。我们当时是大三学生，有幸遇上英国诗人兼批评家威廉·燕卜荪先生教我们莎士比亚课和大三、大四英语课。燕先生当时只有31岁，未婚，一心扑在教学上。他每周要求我们写英文作文一篇，批改得很详细，并且加上他的精辟评语。他还要求学生用英文写评论剧中人物和情节的小作文。燕先生的严格要求——他要求言之有物，观点鲜明，砍掉空洞、华丽的辞藻——我猜想燕先生的诗人气质和学人的洞察力都曾对佐良的智力成长和发展起到了有益的促进作用。当我们三年级下学期在云南蒙自上叶公超先生讲授的 18 世纪英国文学课程时,叶先生居然对佐良的英文写作点头赞赏,而叶先生向来对学生的英文写作是极为挑剔的。我们在昆明上大学四年级时,燕卜荪先生讲授当代英美诗歌。佐良对英诗的浓厚兴趣、他后来对英诗的研究和翻译,以及他自己的诗歌创作,可能都与燕师的启发和教导有关。这里附带提一下受燕师影响的人还有我们同班同学查良铮。我们上大四时,吴宓和叶公超两位先生合开翻译课,吴先生指导英译中,叶先生教中译英。佐良和国璋(许国璋同志也和我们同班)是班上最优秀的学生。历史系刘崇鋐先生曾说他喜欢佐良和我们班其他同学的英文程度好,他主动提出要为我们班开英国史课程。刘先生还介绍了若干部历史名著,指定我们课外阅读。这门课有助于学生获得有关英国历史的全面系统的知识,因此也有可能为佐良后来从事英国文学史的教学、研究与著作打下了坚实、牢靠的基础。另外,我们上大四时,钱锺书先生刚从欧洲回国,教我们班两门课:文艺复兴时期欧洲文学和当代欧洲文学小说。钱先生讲课旁征博引,贯通古今,气势磅礴,振聋发聩。他特别重视思想史。这可能对佐良以后的研究也指明了方向。但钱先生同时也重视艺术性。他让学生模仿拉布雷(Rabelais)的语言特点——这是他给学生出的考题之一。佐良的答卷赢得了全班第一,他对拉布雷语言的模仿真是惟妙惟肖!

1939 年夏,佐良毕业留校,任西南联大外文系助教。佐良虽然热衷于文学研究、教学和创作,但是他毫无学究气,并不厚古薄今。他了解国际事务,他对实用英语的掌握也是第一流的,受到老师和同学的一致称赞。在这期间,他把曹禺的《雷雨》翻译为英文。这是他文学翻译的最初尝试,但已显示出他这方面的才华。佐良还和丁则良联合发起人文科学学会,定期举行文学、历史、哲学等学科的学术报告会和讨论会。参加的人除了青年教师和研究生外,还特别邀请了一些知名教授和学者前来指导,例如,闻一多、潘光旦、雷海宗、曾昭抡、吴宓等先生。潘光旦先生为此学会取名为"十一学会",并解释曰:"推十合一谓之士。"意思是说这是一个知识分子(士)的学会。吴宓先生开玩笑说:"可以叫作'二良学会',因为发起人是王佐良和丁则良。"可见佐良早在担任青年教师时期就已积极投身于开展人文科学研究事业,他怀有强烈的学术和文化救国的思想。佐良对于文艺创作素来很向往,对有成就的作家颇为景仰。抗日战争时期有不少位进步作家住在重庆。大约是1943年暑期,佐良、穆旦和我曾在重庆拜访过巴金先生(巴金的夫人上过西南联大,是穆旦的学生)。巴金请我们在新新咖啡馆喝咖啡、谈天。

抗日战争胜利后,佐良考取英庚款公费留学,入牛津大学墨顿学院,师从W. P. 威尔逊教授,研究文艺复兴时期英国文学。在名师指导下,佐良完成了硕士论文《约翰·韦伯斯特的文学声誉》[1]。这是一本既严谨又生动的学术著作,后来由詹姆斯·豪格(James Hogg)收集在《詹姆斯一世时期戏剧研究丛书》(*Jacobean Drama Studies*)中,萨尔茨堡大学英国语言文学研究所出版。佐良的导师威尔逊教授是公认的版本学家,佐良在他的影响下对西方目录、版本之学也颇有研究。1961年,周扬同志主持文科教材编写工作,外文组长冯至先生委托佐良制订大学英语专业培养方案中所附中、英文必读和参考书目,佐良所订的书目至今仍然有用。佐良一向重视推荐新书,不断向北京外国语学院提供西文图书信息,和其他同志

---

[1] Wang, Zuoliang: "*The Literary Reputation of John Webster*", Institut für Englische Sprache und Literatur, Universität Salzburg, 1975.

一起使北外的西文图书馆藏丰富，学术水平甚高，版本也十分讲究。

佐良同志对文学研究的执着和热情是罕见的。他的著作既令人高山仰止，又亲切动人，读者十分爱读。早在50年代中叶，佐良就曾发起创办《西方语文》学术刊物（《外语教学与研究》的前身），刊登学术水平较高的西方文学和语言研究的成果。60年代初，他约周珏良同志（也是我们的同班同学）和我共同为商务印书馆选编《英美文学活页文选》（后收罗成集为《英国文学名篇选注》[2]，主编为我们三人和刘承沛教授）。我们企图努力做到通过对英文原文的准确理解和对原作语言结构和文体特色的分析来达到文学欣赏和文学研究的目的。这条原则是佐良同志始终坚持的。我认为这条原则对我国的外国文学研究与外国语言和文学的教学，对端正学风，提倡踏实读书、细密思考，都起了良好的影响。

佐良同志在外国文学研究方面最重要的学术贡献在于对英国文学史（包括诗史、散文史、小说史、戏剧史等）的研究和撰著。《中国大百科全书》外国文学分卷中"英国文学"这个长条目就出自佐良同志的手笔。他的几部力作是：《英国诗史》《英国浪漫主义诗歌史》《英国散文的流变》《莎士比亚绪论——兼及中国莎学》等。他主持的国家重点社科研究项目——五卷本的《英国文学史》凝聚了他最后的心血。他为已出版的《英国二十世纪文学史》[3]所写的"序"提出了建立具有中国特色的外国文学史模式这个重要问题。他主张要用历史唯物主义观点来写文学史，要用叙述体来写，要写得生动、具体，要有文采，但要准确无误，符合历史事实和真相，同时还要简练。佐良同志提出的这些原则对今后我国编写外国文学史

---

[2] 王佐良、周珏良、李斌宁、刘承沛主编：《英国文学名篇选注》，商务印书馆，1983年。
[3] 王佐良：《英国二十世纪文学史》，外语教学与研究出版社，1994年。

也会产生良好的影响。

　　这个文集精选了佐良同志各方面的代表作，包括文学史论、诗论、文学评论、书评、翻译理论和评论、比较文学评论、随笔和序文，以及诗歌创作等，真是琳琅满目，美不胜收。佐良同志是一位多面手，他颇似柯尔律治称莎士比亚为"万脑人"（myriad-minded）那样博学和多才多艺。佐良同志永远活在我们心里！

忆佐良师
——《王佐良全集》序

陈 琳

（北京外国语大学）

《王佐良全集》正在编辑、准备出版。佐良师的家人要我写一篇序。我因力不胜任，感到惶恐。但能有机会用文字记录下近20年来对老师的思念，我愿试写此文。

甫一提笔，浮现眼前的，是18年前深冬的一件往事。

1995年1月19日，那是在佐良师因心脏病住院的第三天，听说佐良师被移送至特护室（ICU），有些担心。虽已是晚上8点多钟，我还是赶到了医院。得到护士的特许，我穿上消毒衣，走进病房。佐良师精神还好，见到我很高兴，向同房的两位病友说：你们认识他吧？他就是电视上教英语的陈琳老师，我们是老朋友、老同事了。我连忙说，王先生是我的老师。

在护士的提醒下，我不敢多留。走出病房，我隔着玻璃回望，佐良师向我频频招手，脸上还留着笑容。

出了病房，我马上借用了护士办公室的电话与徐序师母通了话。我高兴地告诉她佐良师精神很好，叫她放心。

但万万没有想到，第二天（20日）一早，校长办公室来电话，告诉我佐良师已经在半夜时因突发心衰而去世了！

我竟然成了与佐良师生前见面的最后一个亲友！

此后近20年来，每当我拿起一本佐良师的书时，这一场景必然首先涌上心头！

现在，在我提笔写这篇忆恩师的文章时，从这一场景接下去应当写什么呢？佐良师是怎样的一个人？他的一生是怎样走过来的？他给爱他的人们留下了什么？

诗人的王佐良

写下这六个字，另一场景又浮现眼前。

记得是20世纪90年代初，当时我做大学成教学院院长。一次，我请佐良师给学生作一场关于文学与语言学习的报告。在向听众介绍佐良师时，我说：王佐良教授是我们大家都熟悉的，他是诗人、文学家、作家、翻译家，当然又是教育家。

接着佐良师开始讲话。他说，刚才陈老师介绍我时，说我是诗人。是的，我喜欢诗，我爱诗，我爱中国诗，我爱外国诗，我也翻译了许多诗；但我自己诗写得不多。然而把我称作诗人，而且首先介绍说我是诗人，我是高兴的，我是感谢的。

这里，佐良师说"我自己诗写得不多"，应当说，他正式发表的诗的确不是很多。但是，人们或许不知道：他在1936年还是一个年轻大学生的时候，就已经有了这样的诗：

《暮》
  浓的青，浓的紫，夏天海中的蓝；
  凝住的山色几乎要滴下来了。
  夕阳乃以彩笔渲染着。
  云锦如胭脂渗进了清溪的水——
  应分是好的岁月重复回来了。
  它于是梦见了繁华。

不是繁华!
夜逐渐偷近,如一曲低沉的歌。
小溪乃不胜粗黑树影的重压了。

树空空地张着巨人的手
徒然等待风暴的来到——
风已同小鸟作着亲密的私语了。

静点吧,静点吧;
芦管中有声音在哭泣。
看!谁家的屋顶上还升腾着好时候的炊烟?

假如说,在1936年还是一个年轻人在徒然等待着风暴的到来,那么,到1942年就是更加成熟的呐喊了:

看他那直立的身子,对着布告,命令,或者将军们长长的演讲,对着歌声和行列,对着于我们是那样可怕而又愿别人跌进的死。看他那直立。

那点愚笨却有影子,有你我
脆弱的天秤所经不住的重量。
那愚笨是土地,
和永远受城里人欺侮的
无声的村子。那点愚笨
是粗糙的儿女和灾难。

这是一个年轻诗人在当时充斥大地人间的压迫、腐朽、黑暗和反抗下发出的呐喊。它和另一首诗,被闻一多先生收入了他编选的《现代诗钞》(见《闻一多全集》,1948年)。

这是70多年前的诗。在那以后的日子里,佐良师写了许多应当是自己一吐心声的诗,许多没有发表过的诗。

1947年他在赴英国的途中写了《去国行》,共5首:《上海》《香港》《海上寄吟》《新加坡》和《哥伦坡水边》。

且让我们看看他怎样写那十里洋场的上海:

有几个上海同时存在:
亭子间的上海,花园洋房的上海,
属于样子窗和夜总会的上海;
对于普通人,上海只是拥挤和欺诈。

关于香港,他写道:

饿瘦了的更加贪婪,为了重新
长胖,他们维持下午的茶,
维持电车上贴的奇怪中文
和中文报纸里的色情连载。
北平的学者们将要哭泣,
看见这么多光亮的白报纸,
而哪里有像样的杂志?

在欧洲时,他写了《巴黎码头边》《伦敦夜景》《长夜行》《1948年圣诞节》等篇。

1949年年初从欧洲回到祖国，开始从事教学工作，他没有时间写诗了。1966—1976的十年间，就更谈不到写诗了。

然而，在我们多难的祖国于1976年结束了十年浩劫，又在1978年迎来了改革开放的春天之后，佐良师写下了他的心声：

《城里有花了》
草呀草，
绿又绿，
水边有树了，
城里有花了。

一个多事的秋天，
人们等待着过节，
忽然所有的花都不见了，
吹起了凄厉的西北风，
从此沙漠爬上人的心胸。
……

早已有了哥白尼，
早已有了加利略，
早已有了爱因斯坦，
早已有了几百年的星移斗转，
难道就是为了这样的终点？
不，人们说不，
人们说不是为这个，
人们开始只对自己说，

> 人们终于向大地吐露，
> 而人们是时间的宠儿。
>
> 草呀草，
> 绿又绿，
> 水边有树了，
> 城里有花了。

佐良师不太写什么政论诗文。但是，在这短短的几行写于1979年的诗里，我们清晰地读出了对"文化大革命"的控诉与抗争，对"时间"（历史）终将证实真理在谁一边的信念，以及对1978年年末起始的又"有花了"的欢欣鼓舞。而这欢欣是以一首清新的、从心底流出的而却又无限深沉的小诗道出的。

在那以后的10多年里，佐良师每年都有新诗。特别值得一提的是佐良师以诗的形式写出自己对文学以及语言探究的心得。最令人心仪的是以《春天，想到了莎士比亚》为总名的组诗7首（1981年）：

一、心胸

二、马洛和莎士比亚

三、十四行

四、仲夏夜之梦

五、哈姆雷特

六、特洛伊罗斯与克瑞西达

七、莎士比亚和琼生

且让我们从这组诗中引出几段，看看一个诗人是怎样以诗来论一位异国的诗人的：

一、《心胸》
莎士比亚,你的心胸坦荡荡
吸收这个的俊逸,模仿那个的开阔,
只要能写出更动人的诗剧,
让感情在舞台上燃成烈火。
但又比火永恒。
多少人物的命运留下了长远思索的命题:
一个青年知识分子的困惑,
一个老年父亲在荒野的悲啼,
一个武士丈夫的钟情和多疑,
另一个武士在生命边缘的醒悟,
都曾使过往岁月的无数旅人停步,
重新寻找人生的道路。
……
因此你坦荡荡。
四百年云烟过眼,
科学登了月,猜出了生命的密码,
却不能把你销蚀。
有什么能代替你笔下的人的哀乐,生的光华?

而诗人又不止于用诗写诗人,他在 20 世纪 80 年代就曾以诗来记下自己对他所钟爱的一门外国语言,尤其是对自己祖国语言的深情:

《语言》
中心的问题还是语言。
没有语言,没有文学,没有历史,没有文化。

有了语言，也带来不尽的争论：
是语言限制了思想，
还是语言使思想更精确，
使不可捉摸的可以捉摸，
使隐秘的成为鲜明，
使无声的愤怒变成响亮的抗议，
……
我学另一种语言，
我要钻进去探明它的究竟，它的活力和神秘，
它的历史和将来的命运，
……
但我更爱自己的语言，
无数方言提供了各种音乐，永远不会单调！
各个阶段的历史，各处的乡情和风俗，
永远不会缺乏深厚而又深厚的根子，
而协调它们、联系它们、融合它们的
则是那美丽无比、奇妙无比的汉字！
……
但愿它能刷新，
去掉臃肿，去掉累赘，
去掉那些打瞌睡的成语，那些不精确的形容词，
那些装腔作势的空话套话，
精悍一点，麻利一点，也温柔一点，出落得更加矫健灵活。
……

只有对自己祖国语言的爱、对它的更加完善美好的期盼，才能令

诗人用它写出好诗。这就是诗人的王佐良。

翻译家的王佐良

说起作为翻译家的佐良师,不能不提到一件对佐良师个人及对我国文学事业来说都是无可挽回的遗憾的事:早在20世纪40年代初,佐良师还是西南联大的年轻助教时,就翻译出了爱尔兰大文豪乔伊斯的短篇小说合集《都柏林人》,但此译本未来得及出版,就毁于日本飞机轰炸引起的桂林市大火之中了。

之后,在英国留学期间,佐良师主要致力于英国文学的研究,回国后的20世纪50年代,他因专注于教学,没有能从事翻译工作。但自1958年起,佐良师以很大的精力和时间开始翻译他一向钟爱的苏格兰农民诗人彭斯的诗,并于次年出版了《彭斯诗选》(后于1985年出了增补版)。

多年来,除翻译了诸多英文散文、随笔之外,佐良师的译作主要是英诗。说佐良师是翻译家,首先必须说他是诗译家。除了上述《彭斯诗选》和1986年出版的《苏格兰诗选》中的诗全部为佐良师所译外,在他所著的《英国诗史》《英国浪漫主义诗歌史》《英诗的境界》《英国诗文选译集》《英国诗选》等书中所选的英诗,除部分用了当代我国诗译家已有的译文外(均在书中注明),都是佐良师自己译出的。

在与佐良师多年的师生交往中,我深深地感受到他对诗和诗人的一往情深。

首先,是他对老师威廉·燕卜荪和他的诗的崇敬和喜爱。虽在师从燕卜荪之前,他就早已初试诗笔,但是燕卜荪的诗作以及他对诗(尤其是莎诗)的钟爱为佐良师开启了一扇新的大门,并引导他走上一条以译文的形式向国人介绍英诗的道路。

在《穆旦的由来与归宿》一文中,佐良师写道:

> 燕卜荪是奇才：有数学头脑的现代诗人，锐利的批评家，英国大学的最好产物，然而没有学院气。讲课不是他的长处……但是他的那门"当代英诗"课内容充实，选材新颖，从霍普金斯一直讲到奥登，前者是以"跳跃节奏"出名的宗教诗人，后者刚刚写了充满斗争激情的《西班牙》。所选的诗人中，有不少是燕卜荪的同辈诗友，因此他的讲解也非一般学院派的一套，而是书上找不到的内情、实况，加上他对于语言的精细分析。……

在1993年出版的《英国诗史》的序言中，佐良师写道：

> 在本书进行中，我时时想到在南岳和昆明教我读诗写文的燕卜荪先生。先生已作古，然而他的循循善诱的音容笑貌是永远难忘的。谨以此书作为对先生的纪念。

在《我为什么要译诗》一文中，佐良师写道：

> 我为什么要译诗？主要是因为我爱诗。原来自己也写诗，后来写不成了（区区六字，但含深意——笔者注），于是译诗，好像在译诗中还能追寻失去的欢乐，而同时又碰上一个难应付的新对手，专门出难题，这倒也吸引了我。
> 另外，我也关心我国的新诗坛，希望自己所译对于我国的诗歌创作有点帮助。中外诗歌各有优缺点，应该互相交流、学习。

从这短短的一段话里，我们可以看出，佐良师之所以致力于译诗，在一个深层的意义上说，是希望这样做能够对自己国家文学事业的发展有所裨益；但首先，是他爱诗，因而他也爱翻译自己所爱的诗。

那么接下来的一个问题是：诗究竟能不能翻译？

对于这个历来众说纷纭的问题，佐良师在他 1980 年出版的《英国诗文选译集》的序言中写道：

> 谁都说诗不能翻译，然而历来又总有人在译。诚如歌德所言，这里的矛盾在于译诗一方面几乎不可能，而另一方面又有绝对的必要。……在我们中国，诗的翻译不但行之已久，而且对于新诗的兴起和发展起了重大的促进作用。因此我是希望看到更多的同志来译诗的，自己也做了一点尝试（请看此中的谦虚——笔者注）。此中的体会，主要一点是译诗须像诗。这就是说，要忠实传达原诗的内容、意境和情调；格律要大致如原诗（押韵的也押韵，自由诗也作自由诗），但又不必追求每行字数的一律；语言要设法接近原作，要保持其原有的新鲜或锐利，特别是形象要直译。更要紧的，是这一切须结合诗的整体来考虑，亦即首先要揣摩出整首诗的精神、情调、风格，然后才确定细节的处理；……译者要掌握一切可能掌握的材料，深入了解原诗……又要在自己的译文上有创新和探索的勇气……文学翻译常被称为"再创作"；其实出色的译文还会回过来影响创作……当然，这些事说来容易做来难，我对自己的译文常是感到不如意的，明眼的读者还会发现我自己未曾觉察的错误、毛病，但是虽然困难不少，我却仍然喜欢译诗，也许是因为它毕竟是一种创造性的艺术活动，它的要求是严格的，而它的慰藉却又是甜蜜的。

读者可以看出，在上段引文中，有些句子省去了。这完全是因为篇幅之故，实际上我是很舍不得的。但从这经删节的引言中，已可看出一个极为精练的、重点突出的、一语中的的关于"诗词翻译艺术"的定义或总结。其中的重点，如诗是能译而且必须译的、译诗像诗、结合整体、注意原诗的精神等等，是十分明确的。而更重要的一点，是可以从中看出佐良师对诗的钟情，在诗和译诗中感到的甜蜜和慰藉。说到"甜蜜"，我清楚地记得，佐良师曾说过一句话：我确实感到翻译诗歌，其乐无穷！

记得是在20世纪90年代初，为了祝贺佐良师一家人搬入"中楼"新居的乔迁之喜，我带了一包花生米（佐良师最喜欢的"零嘴"，但他曾说过："在困难时期，这种'奢侈'也不是时常能有的。"）到他们新家小聚时，谈到翻译。他说，翻译也是一种创作，尤其是诗的翻译。他说，译诗是写诗的一种延长和再证实。

我是完全相信这一点的：一个真正能译出好诗的人，自己不可能不是诗人。

为了能看一看佐良师如何将自己的诗风融入译诗里，让我们来读一首他所译的苏格兰农民诗人彭斯的脍炙人口的爱情诗 *A Red, Red Rose* 的译文：

《一朵红红的玫瑰》
呵，我的爱人像朵红红的玫瑰，
六月里迎风初开；
呵，我的爱人像支甜甜的曲子，
奏得合拍又和谐。

我的好姑娘，多么美丽的人儿！
请看我，多么深挚的爱情！
亲爱的，我永远爱你，
纵使大海干涸水流尽。

看一看，这样美的译文，不是一种再创作吗？不是写诗的一种延长和再证实吗？但是，别看这么一首白话小诗的翻译，佐良师也没有随随便便一挥而就。正如他所说：

> 反正这首看起来很简单的小诗给了我不少麻烦……有一行诗表达主人公对一位姑娘的爱，说是即使所有的海洋干枯了，岩石都被太阳熔化了，他仍然忠于爱情。我想在原诗里，这关于海和岩石的比喻一定是很新鲜很有力的。我们汉语里恰好有一个成语——"海枯石烂不变心"——可以说是完全的"对等词"。但是它在中国已经用得太久太广了，变成了陈词滥调。所以我在译文里避免用它，另外用了一个说法，文字不那么流利，但保存了原来的比喻。
>
> （《答客问：关于文学翻译》）

从这里加上我在前文中所引的佐良师自己写的若干首诗，我们可以管中窥豹，约略看得出一点佐良师的诗风：清新、简约、顺达、优雅，以及他严谨的治学态度。

讨论佐良师的诗作和译诗，还必须认真探视一下他对英国文学史中第一巨匠莎士比亚的剧作和诗作的研究（其实莎剧都是诗）。

佐良师的"莎学"研究，起始于他在昆明西南联大师从威廉·燕卜荪时期。而后，他又在牛津大学墨顿学院奠定了基础。而见诸文字的莎学研究论述，主要起自他从 20 世纪 60 年代开始在报刊上发表的大量论文，如《莎士比亚绪论——兼及中国莎学》。除专著之外，还有《英国诗剧与莎士比亚》《莎士比亚在中国的时辰》《莎士比亚的一首哲理诗》，以及在他所主持编写的巨著 5 卷本《英国文学史》中有关莎剧的篇章。

应当说，对莎翁作品的钟爱，以及对莎学的深入研究，是佐良师之所以能成为诗人的一个重要因素。

关于写诗和译诗的关系，或者说诗人和诗歌译者之间的关系，佐良师在多处写得很清楚。在《译诗与写诗之间》一文中，他说："只有诗人才能把诗译好。""诗人译诗，也有益于他自己的创作。"在《穆旦的由来与归宿》一文中，他又说："诗歌翻译需要译者的诗才，但通过翻译诗才不是受到侵蚀，而是受到滋润。"

而佐良师自己正是这样一个以自己的诗才译诗，而又从中得到无限滋润的诗人。

在对待译诗这一艺术的认识上，还有一点是必须指出的：对佐良师来说，"译诗"不仅是译外文诗为汉语诗，它还包括"译"我国古诗为今诗，以及译古代佛经为现代汉语等。

且看佐良师在《翻译：思考与试笔》一书中就这个问题是怎样说的：

> 余冠英先生译《诗经》为白话，体会到五点：
> 一、以诗译诗；
> 二、以歌谣译歌谣，风格一致；
> 三、不硬译；
> 四、上口、顺耳；
> 五、词汇、句法依口语。
> 何等切实，何等新鲜！

这里，出于与佐良师的感情，忍不住要提一件事：古典文学大家余冠英先生是佐良师在西南联大读书时的作文老师，师生关系极亲。而余冠英先生又恰恰是我的姑父。我一直为能与佐良师除师友之情外还有这点渊源而感到幸福。

关于他自己作为其中一个重要成员的我国翻译家队伍，佐良师提出过一个重要的理念：

中国翻译家是否有一个独特的传统？

有的。根据古代译佛经和近代译社科和文艺书的情况来看，这个传统至少有三个特点：

一是有高度使命感，为了国家民族的需要不辞辛苦地去找重要的书来译。

二是不畏难，不怕译难书、大书、成套书。

三是做过各种试验：直译，意译，音译，听人口译而下笔直书，等等。

因此成绩斐然，丰富了中国文化，推进了社会改革，引进了新的文学样式。

（《新时期的翻译观——一次专题翻译讨论会上的发言》）

请注意，他这里说，翻译家所做的工作，"推进了社会改革"，这绝对不是夸张。想一想，严复、瞿秋白、鲁迅、郭沫若、茅盾、田汉、林语堂、林纾等先哲，他们的翻译成就难道不曾在很大程度上推动了我国1919年起始的新文化运动吗？而对于这些人对人类文明所做的贡献，佐良师说：

诗译家最大的贡献，就在于他从另一种文化中给我们引来了某些振奋人心的作品，而在此同时，也写出了自己最好的作品，进而丰富了本民族的文化。在这一转换和交流中，一个更加丰富的、更加多彩的世界涌现出来了。……诗可能在翻译中失去些什么，但是一种新诗诞生了——伴随而来的，是一个更加灿烂的世界。

［见英文论文 "Some Observations on Verse Translation"（《论诗歌翻译》），译文为笔者试译。］

做出了如此重大贡献的"诗译家",佐良师就是其中的佼佼者。

文学史家的王佐良

佐良师在1949年回到祖国后,一段时间内主要精力放在教学工作上。但自20世纪50年代后期起,他开始利用课余和工余时间,从事英国文学的论述、推介和翻译工作。尤其是,他将很大精力放在英国文学史的研究和论述上。他在1996年出版的686页的巨著《英国文学史》,从英国中古文学一直论述到20世纪后期的当代文学,并以很大篇幅对英国文学与世界文学的关联做了论述。但佐良师这一对英国文学史"盖棺论定"的论著,绝不是轻而易举的一日之功,而是他多年潜心研究、锐意进取、认识不断深化的结晶。在这一巨著的序中,他写道:

> 这些话说来容易(指写一本英国文学史——笔者注),做来却有不少困难。为了取得经验,我先写了一部文学潮流史(即《英国浪漫主义诗歌史》),接着又写了两部品种史(即《英国散文的流变》和《英国诗史》),并与同志们合力写了一部断代史(即《英国二十世纪文学史》)。在这样的基础上,我才进而写这部通史即单卷本《英国文学史》。

从这短短的几句话中,我们可以看出佐良师对一个国家的文学史的研究所持的严肃、认真、一丝不苟的治学态度。

实际上,作为《英国文学史》这一巨著的奠基研究,他不仅先撰写了上面提到的三本书,其后,又分别在《英国二十世纪文学史》(1994)和《英国文艺复兴时期文学史》(1996)中就有关文学史研究的基本出发点问题做了逐步深入的论述。直至《英国文学史》的出版,可说是一个历时五年的系统工程。

为了能清晰地了解佐良师关于文学史观的理解是如何逐步深化和充实的，我们且以编年的方式看一看佐良师在这五年中的几部文学史著作中都写了些什么。

在这一系列专著的最早一本——1991年出版的《英国浪漫主义诗歌史》的序言中，佐良师写道：

> 对于文学史的写法，近来讨论颇多，我也想说明一下自己是根据什么原则来写此书的。
>
> 这部断代英国诗史是由中国人写给中国读者看的，因此不同于英美同类著作。它要努力做到的是下列几点：
>
> 1. 叙述性——首先要把重要事实交代清楚……
>
> 2. 阐释性——对于重要诗人的主要作品，几乎逐篇阐释……
>
> 3. 全局观——要在无数细节中寻出一条总的脉络……对所讨论的诗歌整体应有一个概观，找出它发展的轨迹。
>
> 4. 历史唯物主义观点——这是一个大题目，针对诗史，这里只谈两点：一是把诗歌放在社会环境中来看。诗人的天才创造是重要的，但又必然有社会、经济、政治、思想潮流、国内外大事等不同程度的影响；英国浪漫主义本身就是第一次工业革命和法国资产阶级革命两大革命的产物。二是根据当时当地情况，实事求是地阐释与评价作品。
>
> ……
>
> 就历史唯物主义而言，这是任何写历史的人应有的观点……我们当代中国学者特别需要用它来研究和判别外国文学史上的各种现象。它会使我们把文学置于社会、经济、政治、哲学思潮等等所组成的全局的宏观之下，同时又充分认识文学的独特性；它会使我们尽量了解作品的本来意义，不拿今天的认识强加在远时

和异域的作者身上,而同时又必然要用今天的新眼光来重新考察作家、作品的思想和艺术品质。

这是佐良师在 1987 年为到 1991 年才出版的《英国浪漫主义诗歌史》所写的序言中说的。就我个人的认识,这是一切研究和书写任何一个民族文学史的最重要和最根本的出发点。没有这一观点,就写不出正确的文学史。

到了 1993 年,他为自己的又一巨著《英国诗史》所写的序言中,又是怎样说的呢?且看:

> 关于怎样写外国文学史,曾经几次有所议论,这里只扼要重述几点主要想法:要有中国观点;要以历史唯物主义为指导;要以叙述为主;要有一个总的骨架;要有可读性。
>
> 也许还可加上一点,即要有鲜明个性。就本书而言,我让自己努力做到的是:第一,在选材和立论方面,书是一家之言,别人意见是参考的,但不是把它们综合一下就算了事;第二,要使读者多少体会到一点英国诗的特点,为此我选用了大量译诗,在阐释时也尽力把自己放在一个普通诗歌爱好者的地位,说出切身感受。
>
> 写书的过程也是学习和发现的过程。经过这番努力,我发现我对于英国诗的知识充实了,重温了过去喜欢的诗,又发现了许许多多过去没有认识的好诗,等于是把一大部分英国好诗从古到今地又读了一遍。衰年而能灯下开卷静读,也是近来一件快事。

这里,我们可以看出,经过几年的"学习和发现",在主要是"重述"了几点原有的关于写史的"想法"之外,又增加了一条新意:写史"要有鲜明个性"。而同时,说自己"衰年而能灯下开卷静读"是"一件快事",也使我们这些后辈和今后的新来者得到无限激励和鼓舞。

到了1994年,在由佐良师参与主编的《英国二十世纪文学史》中,他对于写史的观点,就更加明确了:

> 撰写之初,我们对此书内容和写法是有一些想法的,当时曾归纳为这样几条:
> 1. 书是由中国学者为中国读者写的,不同于外国已有的英国文学史……
> 2. 因此它以叙述文学事实为主……
> 3. 要包括较多信息……
> 4. 指导思想是历史唯物主义……(再次强调——笔者注)
> 5. 要着重作品自身,通过研究作品来讨论问题……
> 6. 写法也要有点文学格调……
> 7. 尽量吸收国内外新材料、新发现……
> 8. 规格尽量照当代国际通行方式

在序言最后,佐良师说:

> 进行这样从中到西的学习,占领新材料,进行新分析——我们面前的工作还多得很,二十世纪卷的完稿仅仅是一个开始。

请注意这里的"学习"二字。佐良师是以这样的态度来写史的。最后,在佐良师于1992年动手撰写、到他离世后一年的1996年方才出版的《英国文学史》一书中,他写道:

> 近年来一直在从事文学史的研究和撰写,有一个问题始终令我困惑,即一部文学史应以什么为纲。没有纲则文学史不过是若

干作家论的串联，有了纲才足以言史。经过一个时期的摸索，我感到比较切实可行的办法是以几个主要文学品种（诗歌、戏剧、小说、散文等）的演化为经，以大的文学潮流（文艺复兴、浪漫主义、现代主义等）为纬，重要作家则用"特写镜头"突出起来，这样文学本身的发展可以说得比较具体，也有大的线索可循。同时，又要把文学同整个文化（社会、政治、经济等）的变化联系起来谈，避免把文学孤立起来，成为幽室之兰。

至于编写外国文学史的其他原则，我的想法可以扼要归纳为几点，即要有中国观点，要以历史唯物主义为指导，要以叙述为主，要有可读性。

另外一个重要的问题是：讲述一个民族（或国家）的文学史，不仅只是介绍和评述历史中的重要文学著作，更应当对所涉及的重要文学家做出介绍和评价。这在佐良师的几部英国文学史专著和有关论文中，是十分突出的。

为举例说明这一点，且让我们来看一看，佐良师在他的《英国文学史》一书中以20多页的篇幅介绍并评论了莎士比亚的剧作之后，是如何评价这个巨人在英国文学乃至世界文学中所处的地位的：

> 在20世纪80年代，我们回头来看他，仗着时间所给的优势，至少看清了下列几点：
> 1. 他描绘了几百人物，许多有典型意义，而又每人各有个性。
> 2. 他不只让我们看到人物的外貌，还使我们看到他们的内心……
> 3. 他深通世情，写得出事情的因果和意义，历史的发展和趋势……

4. 他沉思人的命运，关心思想上的事物，把握得住时代的精神。

5. 他写得实际、具体，使我们熟悉现实世界的角角落落……

6. 他发挥了语言的各种功能，……让传达工具起一种总体性的戏剧作用。

7. 他的艺术是繁复的、混合的艺术，从不单调、贫乏，而是立足于民间传统的深厚基础……

8. 而最后，他仍是一个谜。……他写尽了人间的悲惨和不幸，给我们震撼，但最后又给我们安慰，因为在他的想象世界里希望之光不灭。他从未声言要感化或教育我们，但是我们看他的剧、读他的诗，却在过程里变成了更多一点真纯情感和高尚灵魂的人。

这样来写一个民族的文学史和其中一个重要的作家，就不仅能使我们读者了解作品和作家，更会让我们在这宝贵的人类遗产中获得灵魂的升华和飞越。

说到此，我们可以看出，从20世纪80年代后期起至90年代中期，或者说从《英国浪漫主义诗歌史》到《英国文学史》这一系列有关英国文学史的专著的出版，佐良师对文学史的写法、原则、指导思想是有一条既一脉相承、一以贯之，而又与时俱进、不断创新的红线的，那主要就是：要有中国观点（由中国人写了给中国人看的），要以历史唯物主义为指导（把文学同整个文化的变化联系起来），要以主要文学品种的演化为经，以大的文学潮流为纬，同时，对文学史中的重要人物要有全面的、客观的评价。

佐良师有关英国文学史的这一系列著作中所提出的观点，为我们今天和今后研究中外文学史的人指出了正确的、可循的方向。我认为，这是佐良师为我们留下的重要的遗训。

文采夺目的王佐良

除了众多文学研究专著和论文,以及诗词和诗歌译文外,佐良师还写了大量的散文、随笔、游记。在这些文学作品中,人们获得的一个突出感受,就是佐良师的"文采"。

用一个什么样的词来形容佐良师的文采呢?我思之再三,只能用一个被用俗了、似乎已成陈词滥调的词:美。只有这一个字,正如它的英语对等词 beauty,能够最完整、最深切、最恰当地道出佐良师的文学风采。

让我们来看一看他的一段小文。

1991年,三联书店出版了一个小册子,名为《心智的风景线》,收集了14篇游记。为这个小集子,佐良师写了一个小小的序。他写道:

> 出游外国有各种体会:紧张,疲惫,辛苦,都感到过,但也尝到过乐趣。我是一个喜欢安定和宁静的人,但又向往着流动——流动的色彩,乐声,语言,风景,人脸,都吸引着我。远程旅行在个人生活上更是一种大流动,身体在动,心灵也在动,因此印象特别鲜明,思想也比较灵活,这种时候就不免想写下一点东西来,作为日后回忆的印证,于是而有这里的若干篇游记。
>
> 既写,就想脱出一般记游的格局,有点个人色彩。于是投下了更多的自己,力求写出真情实感。另外,我试着要反映一点所接触到的文学情况、文化环境、社会思潮,也都是根据自己的切身体会,仍然包含在对人对地的观察里,着重的是当时的情,而不是抽象的理。要知道,一只学院墙后的田鼠,虽然多年掘土也自得其乐,有时候也想到墙外骋驰一番,甚至高翔一下的。
>
> 是为序。

我怕我这篇东西写得长了，在抄录时想节略掉其中一些话。但实在舍不得，好在不长，三百几十个字，真可说是字字珠玑。

且让我们再来看看这远不是"墙后的田鼠"的人，是怎样在他的文中"投下了更多的自己"和"当时的情"的。

1982年，佐良师有机会去苏格兰的一个小岛——斯凯岛，他专门去拜访了一位用盖尔语写作的重要诗人绍莱·麦克林。佐良师曾译过他几首诗，也曾在爱尔兰举办的文坛聚会上与其见过面。

这次两位故友、两位诗人重逢，自是无限快乐，佐良师同老友及其老伴莲内和女儿玛丽、女婿大卫愉快地欢聚了一晚。两个老友谈的自然主要是诗和共同的诗人朋友。这里，且让我们来看看佐良师是怎样写他们短暂的重聚之后的道别的，也看看这里面的文采：

> 一夜好睡，第二天早上我早早醒来，……莲内给我们做了一顿好早餐，我吃完之后，十点钟就告别了莲内和玛丽，坐上大卫开的汽车，由绍莱陪着去到城里，然后到达飞机场。那是一个大晴天，昨天的雨和阴云都已消失，阳光照得一切明亮。我在途中想把岛上风光多看几眼，然而心情已经不同。人生总是这样来去匆匆，刚谈得投机就分手道别了。我走上几乎是全空的机舱，看着站在地上挥手的绍莱和大卫在变远、变小，一会儿连斯凯岛也抛在后面了，于是收纳起欢欣和惆怅，准备面对下一站的旅行和更多的离别。

（《斯凯岛上的文采》）

两位诗人以后未能再见，而且也先后离去了。而这样的离别、这样的文字，能不让我们动情吗？

这就是佐良师的语言的美、他的文采。

说到这里，还是要提一下一件大家都熟知的事：佐良师的文采，不仅见诸他自己的写作中，也表现在他的译作中。而且，他不仅写白话文美，写文言文也美。在这方面，最好的例子莫过于佐良师所译的英国哲学家弗兰西斯·培根的随笔三则。在 16、17 世纪的英国上流社会中，文人学者喜欢用类似我国文言文这样的古雅文字。培根的《谈读书》(*Of Studies*)一篇就是如此。我们且引几句：

> Studies serve for delight, for ornament, and for ability. Their chief use or delight, is in privateness and retiring; for ornament, is in discourse; and for ability, is in the judgement and disposition of business.

佐良师的译文是：

> 读书足以怡情，足以傅彩，足以长才。其怡情也，最见于独处幽居之时；其傅彩也，最见于高谈阔论之中；其长才也，最见于处世判事之际……

忍不住再引一段：

> Reading make a full man; conference a ready man; and writing an exact man. Histories make men wise; poets witty; the mathematics subtle; natural philosophy deep; moral grave; logic and rhetoric able to contend. Abeunt studia in mores [4].

---

[4] 拉丁语，英译为：Studies pass into the character。——笔者注

佐良师的译文是：

> 读书使人充实，讨论使人机智，笔记使人准确……读史使人明智，读诗使人灵秀，数学使人周密，科学使人深刻，伦理学使人庄重，逻辑修辞之学使人善辩：凡有所学，皆成性格。

这是何等的文采！他若与当年在西南联大时的作文老师余冠英先生九泉相聚，当无愧色。

教育家的王佐良

在追忆了佐良师在英国文学、文史学、诗学以及翻译事业诸多领域的重大成就后，我们不能忘记：他一辈子是一位教师。

佐良师在清华、西南联大就学期间就已为生活之需而兼任教学工作。毕业后留校任教。1949年回国后，被安排到北京外国语学校（北京外国语大学前身）担任教授、教研室主任、系主任、副院长、外国文学研究所所长、校长顾问等职务；并先后担任本科、硕博士研究生的教学和导师工作。

我在课堂上受教于佐良师的时间不长，不久就被调出参加教学工作。但在以后几十年的岁月中，无论是在教学还是教材编写或科研工作中，始终得到佐良师的帮助和指导。佐良师是我终身的老师。

给我印象最深的，是佐良师授课的方式。他永远以一个共同探讨者的身份与学生"交谈"，而不是"教授"。他善于就所学内容提出问题，让学生发表意见，在探讨中不时插入一些自己的带启发性的观点，引导学生能更深入地思考。但是，在这样的课堂研讨活动的最后，他总会以似乎是在总结学生意见的态度和方式来提出结论。这些结论，实际上是将学生引导上了一个更高的认识层次，但又使学生感到有自己的意见在其中；这就是佐良师的教学艺术。重要的是，这里充分体现了对学生的尊重，更是对发挥学生独立思考能力的有效引导。

对中青年教师的帮助、引导甚至"提携"是所有曾受益于佐良师的人都永远不会忘记的。许多后辈教师在他的指引下选定了自己的研究方向，甚至明确了自己在学术生涯中的最终目标。在主持编写许多大部头"文集"时，他总不忘主动邀请中青年教师参加编写工作，并要求他们独立自主地编著一定篇章，使他们得到锻炼成长的机会。尤其应当提到的，是他对中青年教师的尊重。在他担任外国文学研究所所长期间和以后，每次有教师自国内外学习或参加学术会议归来，他总要召开专门会议，听取他们的体会心得和信息，仔细记笔记，提出启发思考的问题，并常说从中受益。

佐良师的诲人不倦、乐于助人的精神是所有他的学生和同事都深有体会的。1976—1978年间，我奉调到毛泽东著作翻译委员会参加《毛泽东选集》（第5卷）的英译工作（佐良师因身体原因未参加）。那时，我虽已从事英语教学和教材编写工作多年，也做过一些口笔译工作，但翻译"毛著"对我却是一个巨大的考验。一次，在遇到一个十分难译的概念以及涉及的句子的译法时，我打电话给佐良师向他求教。他当时在电话中就给了我一两个可供选择的译法，我已觉大为受益。不料第二天，他打电话到办公室找我，要我回电给他。后来在通话中，他详详细细地告诉我他经过深思之后，对那个词和句子有了更恰当的译法。我被佐良师这种严肃、负责的学风深深地感动了。后来，在讨论文稿的会上，我把这一段故事讲给了共事的学者们听，其中有北京大学的老教授李赋宁。李先生说这就是他的老同学、老朋友的"脾气"。

在我们说佐良师的诲人不倦精神时，还必须提到他对弟子们的严格要求。佐良师经常鼓励年轻人，很少严词批评，但得到他直面的夸赞和表扬也不太容易。但是，当他看到你确实用心做了功课，并确实感到满意时，他会以真心实意的态度给予恰如其分的肯定，但绝不会有任何溢美之词。记得有一次大约是90年代初，上级给了学校一个突击任务，要将一份有一定篇幅的重要文件立即翻译出来。佐良师找了几个人参与其事，有我在内。我把自己的一部分译好之后，交给了佐良师。第二天，我心神不安地问他是否可用，他只说了一句：Quite readable，但已经使我心满意足了。

历史唯物主义者的王佐良

佐良师是一位国际主义者、马克思主义者、历史唯物主义者。

我们都知道，佐良师是中国共产党党员。他的文学创作和研究工作，从来都不是在象牙之塔里面的纯学术研究，而是处处显现出他明确的政治立场和思想认识。

佐良师从青年时代起就热爱苏格兰诗人彭斯的诗，这固然是由于其诗中所描绘出的一个农民青年的纯真的爱情，更主要的是诗中所表现出的对统治阶级的反抗和对民主自由的向往。他写道：

> 然而彭斯不只是关心爱情，他还注视当代的政治大事。他是一个民主主义者，喜欢同被统治阶级目为叛逆的民主人士往来。他自己还特意买了一条走私船上的四门小炮送给法国的革命者。正是这样一个彭斯写下了《不管那一套》那样的辛辣而开朗的名篇，宣告社会平等，歌颂穷人的硬骨头，并且展望人人成为兄弟的明天。

（《苏格兰诗选》）

佐良师绝不是只喜爱莎士比亚和彭斯。当中国文坛上还没有多少人知道苏格兰近代诗人休·麦克迪尔米德时，他向国人介绍了他。关于他，佐良师写道：

> 他的诗作经历了几个时期：初期，他用苏格兰方言写抒情诗；中期，他揭发和讽刺苏格兰现状，同时又写政治诗，如对列宁的颂歌……
>
> （《休·麦克迪尔米德（1892—1978）》）

他特别介绍了麦克迪尔米德的《将来的骨骼（列宁墓前）》一诗：

> 红色花岗岩，黑色闪长岩，蓝色玄武岩，在雪光的反映下亮得耀眼，宛如宝石。宝石后面，闪着列宁遗骨的永恒的雷电。

佐良师并且阐释说：

> 诗人利用了一些地质学上的岩石名称来写列宁墓室的坚实与闪耀，而室外反射过来的雪光则代表了俄罗斯的大地和人民。最后出现了"永恒的雷电"这一形象，它同诗题"将来的骨骼"一起点出了诗的主旨，表达了列宁对人类的永恒的影响。这是有重大意义的政治诗，然而在艺术上又是完全成功的。
>
> （《休·麦克迪尔米德（1892—1978）》）

这样的介绍，不是鲜明地道出了作者本人的国际共产主义者的情感吗？

关于佐良师的文学探究，我们还必须着重指出一点：他是始终以历史唯物主义和马克思主义为指导思想的。在成为一个共产主义者之前，他实际上已经在不一定完全自觉的情况下这样做了；但是以后，他就是完全自觉地这样做了。他不仅自己如此，而且公开地宣扬这种观点，并且要求自己的共事者们也遵循这样的观点。他说：

> 我们可以对其中的作家作品重新审视，做出评价。这不仅仅是一个要有新见解的问题，而是要有新的观点——在我们说来就是经过中国古今文学熏陶又经过马克思主义锻炼的中国观点。
>
> （《一种尝试的开始》）

此外，我们还应看到：佐良师在强调文采、强调语言要"美"的时候，他绝不是只讲语言形式，他首先是要求写的东西要有内容、要有思想、要有灵魂、要有真理。在一篇讨论英语写作中如何利用强调手段的文章的最后，他写道：

> ……内容的重要。关键在于要有值得强调的思想感情、远大理想和高尚情操才能产生动人的语言，真理是最强音。
>
> （《英语中的强调手段》）

请看，唯物主义的观点何其鲜明！

爱国者的王佐良

多年来，学习和研究佐良师的学术造诣的人们，主要集中在研读他在1949年新中国成立之后，尤其是"文革"结束之后撰写的作品，而很少或说几乎没有人论及过他当年在北平的清华以及昆明的西南联大时作为一个爱国热血青年的著作。

说起来，也是令人痛心的。之所以佐良师自己也很少谈及那段时期的事和当时的作品，是因为他的一个"隐痛"：长期以来，佐良师因为20世纪三四十年代在昆明时曾从事由当时的国民政府主持的对外宣传工作而被认为曾为国民党服务。这个历史包袱直到"文革"之后才真正得到改正。不仅如此，从近日佐良师的公子王立博士所获得的珍贵资料中方才得知，他父亲在抗日战争期间曾撰写过许多充满爱国激情的散文。

1935年夏，19岁的佐良师考取清华大学，来到北平。然而，他不是陶醉在这古都昔日的辉煌中，而是为许多人在国难日益逼近的时候"沉醉在过去的迷恋里，守住积满尘灰的古董"而忧心。

1936年初，在《北平散记》一文中，他写道：

古老并不是荣耀，印度埃及的故事早就是教训了，唯有自强不息永远的青春才是最可贵的。

有一天北平的人不再看着夕阳的宫殿而怀古，不再幽灵似的喊着"文化、文化"，而人人看向前面，朝初升的阳光挺起胸，跨着大步走去的时候，这古城还有一点希望。

1936年冬，这个20岁的爱国青年的激情化作了行动。"一二·九"学生运动大爆发了。年轻的大学生王佐良与大批热血青年一道"挺起胸，跨着大步"走在游行队伍的洪流中，向旧世界发出了呐喊。在《一二·九运动记》一文中，他写道：

山山海海的呼声响应起来了，北平的学生是不会寂寞的。在上海，在天津，在武汉、广州、保定、太原、邕宁、宣化、杭州，在中国的每一角落，千千万万的学生都起来了，浪潮似的怒吼充满了整个中国。

其后，佐良师在昆明西南联大读书和留校任教期间，他的两首爱国诗作被闻一多先生收入《现代诗钞》中。当抗日战争进入20世纪40年代的关键阶段时，许多大学生或离开课堂投笔从戎，或在课余或教余时间投身多种多样的抗日活动。佐良师以其优秀的英语水平，参与了由当时国民政府军事委员会组织的对外英语宣传工作。其中包括一项以英语出版的 Pamphlets on China and Things Chinese（《中国与中国的事物》）系列宣传册。佐良师结合他的中外文学知识和素养撰写了 Trends in Chinese Literature Today（《今日中国文学之趋向》小册子。他从一个爱国者、一个中国文学的捍卫者的角度，以28页的短短的篇幅，描述了我国新文化运动前后的中国文学的发展，尤其是当时战时文学的状况。他认为从五四运动开始的中国新文化运动是"新的时代精神的体现"，高度赞颂了以鲁迅为代表的一代新文化作家对中国文化和文学发展的巨大贡献和影响。同时，他也对中国文化和文学的发展表露出充分的信心。他写道：

> 我们的文学会变成什么样的？我们已经看到，它始于模仿。现在人们都说回归，但归往何方？没有比这更难回答的问题了。然而，鲁迅的成就可能会有助于我们理解这一点。我们这一代人怀着对这位伟人的深深的敬意成长起来的。我们在他身上发现了旧文学赋予他的那种倔强的性格特点。借此，鲁迅修炼成一种具有如此奇特魅力的风格。那么，在这里有没有些许启示呢？虽然现时正在发生变化，将来又尚未可知，但我想（文学）会有机会寻根回到过去的——或许不是为寻找建议，而是宣示一种亲缘关系。发展的意义亦即在此。

（王立辑译，杨国斌校译）

这里，我们可以清楚地看到，佐良师提到"亲缘关系"的理念。这表明，早在他还是一个二十几岁的青年时就已经看到，鲁迅先生所指出的中国文化和文学发展的道路，那个"寻根"的大众文化和大众文学的道路，就是"今日中国文学之趋向"——一种"亲缘关系"。

在这本小册子中，佐良师从一个文学工作者的认识出发，写出了他对祖国文化和文学的爱心及对它的发展的信心。而这种深厚的爱国心在那以后的50多年的创作生涯中，以不同的方式和形式，不断深化地、日益深刻地表现出来。在他的大量著作中，在关键性的、理论性的问题上，到处都体现出了他深厚的爱国情操。

是他，首先提出了外国文学史研究和写作的中国化问题。他说，我们编写的外国文学史是由中国学者为中国读者写的，应该不同于外国已有的外国文学史。同时，他提出了有没有中国的文学史模式的问题。他说：粗看几乎是没有。直到1990年左右，才有一本名为《中国文学史》的书出版。但是深入一看，这类书古已有之。刘勰的《文心雕龙》里的《时序》就是一篇从上古时期到5世纪的中国文学史，从杜甫到元好问又可见用韵文评述前代诗人的一种诗史的雏形。到了这个世纪，则从鲁迅的《中国小说史略》《汉文学史纲要》等和闻一多的《中国文学史稿》，一直到钱锺书的《谈艺录》和《宋诗选注》，都说明我国是已经有了我们自己的文学史研究及其重大成果的。为此，佐良师还专门用英语写了一篇 *Literary History: Chinese Beginnings*（《文学史在古中国的先驱》），让国外学者对中国文学史的沿革有所了解。

这是爱国主义者的王佐良的骄傲。

说到佐良师的爱国情操，我们不能不在篇幅有限之下节引一首他在1984年为改革开放后的祖国的新面貌而发自内心的欢歌：

《雨中》

我站在一所大学新盖的楼前,
看着雨点和雨中走着的青年。
……
我站在雨里看着这些新学生,
心里过去、现在都浮起,
还想到雨里见过的都市和街巷,中国、外国的都出现,
但是我的脚踏在北京的土地上,而北京在改变着风景线,
……
这样彻底的改造显出了大气魄,在过去也许要登报夸几天,
但如今北京有多少大工程,
中国全境更何止广厦千万间!
我们学会了埋头讲速度,
要追回逝去的华年!
呵,有心人何必多感慨,
不妨把这多难的世界看一看,
这雨会下到白水洋黑水洋,
却只有这边的彩虹最灿烂。
我站在大学的楼前看着雨点,
感到凉爽,而不是辛酸,
忘了寒霜悄悄爬上了自己的鬓边,
也无心站在路口再旁观,
打开伞我踏进了人流,
在伞下一边走路一边顾盼,
我似乎应该感到老之将至,

但又似乎还有一个约会在面前，
何止是一个人一生的梦，
还有一个民族一百年的焦虑和心愿！

这是出自一个古稀之年的爱国者的心声，他惦记的是一个民族和它的一百年……

性情中人的王佐良

最后，也许是最重要的，我要说一说：佐良师也是一个有血有肉、有情有感的普通人。

佐良师是一个敬师爱友的人。他在学术研究和写作中有所成就时，始终不忘中外恩师和同窗对自己的影响。且不说他在诸多著作中提及他们之处，专门的纪念文字就有如下这许多：

《怀燕卜荪先生》

《译诗与写诗之间——读〈戴望舒译诗集〉》

《穆旦的由来与归宿》

《怀珏良》

《〈周珏良文集〉序》

《在文华中学学英语》

关于他在西南联大时的老师燕卜荪，他写道：

燕卜荪同中国有缘，但他不是因中国才出名的。早在他在剑桥大学读书的时候，他的才华——特别是表现在他的论文《七类晦涩》之中的——就震惊了他的老师……《七类晦涩》于1930年出版，至今都是英美各大学研究文学的学生必读的书，而作者写书的时候还只是一个20岁刚出头的青年。

(《燕卜荪（1906—1984）》)

> 他来到一个正在抗日的战火里燃烧着的中国。……那时候，由于正在迁移途中，学校里一本像样的外国书也没有……燕卜荪却一言不发，拿了一些复写纸，坐在他那小小的手提打字机旁，把莎士比亚的《奥赛罗》一剧凭记忆，全文打了出来，很快就发给我们每人一份！
>
> （《怀燕卜荪先生》）

关于他的诗友查良铮，他说：

> 似乎在翻译《唐璜》的过程里，查良铮变成了一个更老练更能干的诗人，他的诗歌语言也更流畅了。这两大卷译诗几乎可以一读到底，就像拜伦的原作一样。中国的文学翻译界虽然能人迭出，这样的流畅，这样的原作与译文的合拍，而且是这样长距离大部头的合拍，过去是没有人做到了的。
>
> （《穆旦的由来与归宿》）

佐良师就是这样敬爱他的老师和诗友的。

然而，对于自己，佐良师永远是一个虚怀若谷的人。他翻译了他最喜欢的彭斯的爱情诗之一《一朵红红的玫瑰》，读者在吟诵原诗之余，也叹服译文之美。但是，佐良师却说：

> 《一朵红红的玫瑰》这样著名的诗篇，英语是如此简练，如此清新，而我的中文译文，念起来就不大好了。
>
> （《翻译：思考与试笔》）

他又曾说：

> 我们必须不断地学习，不断地深入观察，不断地深入实践。翻译者是一个永恒的学生。
>
> （《翻译与文化繁荣》）

佐良师挚爱妻子儿孙。夫人徐序在他留英学习时，在战火纷飞中抚养着他们的孩子。1947年秋，在去国途中的轮船上，佐良师写下了这样的诗：

《海上寄吟》
离开北平是离开习惯了的温暖，
我恨你跟着火车在月台上跑，
因为那使坐在窗口的我
重演了一切影片里的离别。
……
现在你可能明亮地笑着，
孩子们只觉得少了一个威胁，
而我却在惦记家里的门窗，
是否锁好了每一道安全开关。
……
翻滚的海水才是真实的存在，
每一分钟我离你更远更远，
只在看着别的女人的时候，
我知道我愚蠢地失去了你。

到了43年后的1990年，当他们俩已是老夫老妻的时候，佐良师以42阕的长诗《半世纪歌赠吟》记下了两人50年的恩爱和患难。

《半世纪歌赠吟》
1940年2月1日
我们相会在贵阳的小旅店,
我带着从昆明来的沿途风尘,
你只提一只小皮箱就离了校门。
……
回到昆明的清风明月,
我们又有了笑声,
……
战争在进行,物价在飞腾,
为一点糙米我常排在长队中,
……
内战和恐慌终于过去,
你迎接了北平的新生,
我也赶紧从海洋那边归来,
要出一点力,看新社会升起。
……

这168行的长诗的最后两阕是:

这就是五十年来的大轮廓,有过欢乐,也有过痛苦,两人之间也有过波折,却没有让任何力量劈开。

有你坐在我桌旁的藤椅里,不说话也使我写得更安心;无须衡量命运对我们的厚薄,今天不是终点,时间还在奔流……

然而,令人心酸的是:时间只奔流了5年!

佐良师的孙女王星，毕业于北京外国语大学，与爷爷又有一层师生关系；在爷爷熏陶教养之下，还是初中生时就曾以初生牛犊的劲头小试译笔；现在做《三联生活周刊》的主笔，有志继承祖业。她在1995年爷爷去世的第二天，写了一篇《爷爷的书房》。此文最后，她写道：

此时此刻，坐在爷爷的书房里，我忽然想起还有许多问题应该问爷爷的。

书房里静悄悄的。外面也静悄悄的。恍惚间，仿佛听见有缓慢的脚步声，正如同每天中午爷爷午睡后向书房走来时的脚步声。

……

我又回想起几年前那段时光：那时我坐在这张沙发上，一页一页地读着那本《名诗辞典》，听到在那个阴郁的夜晚，爱伦·坡的不祥的乌鸦栖在雅典娜神像上，高声叫着：

"永不再！"

真的吗？我抬起头，看到日正当午，爷爷的书房窗外，一片阳光灿烂。

这里，我们读到了一个深爱爷爷的孙女的心愿和信念。这使我的耳边响起美国诗人 H.W. 朗费罗同样的名句：

Lives of great men all remind us
We can make our lives sublime,
And, departing, leave behind us
Footprints on the sands of time;

好了，我这支拙笔，无论再写多长，也无法将一个完整的王佐良以及他的学术成就充分地、准确地、如实地描绘给大家。而且，我觉得，即使我们的读者把《王佐良全集》12大卷从头至尾一字不漏地全部读了，却不曾有机会同王佐良有过面对面的接触的话，也仍是不可能完全地看到一个有血有肉、有感有情、有笑有泪、有好有恶的王佐良的。

此时此刻，我想起了佐良师在《译诗与写诗之间》一文的最后曾写下纪念他的诗友戴望舒的几句亲切感人的话。我想稍许模仿这一段话，来结束我这篇序，寄托对老师的思念，并希望能表达众人之情于万一：

至今人们都在惋惜王佐良先生过早地离世。正当他在经历了一段文学创作的辛勤劳动和巨大收获高峰之后，在我们这个曾经是多灾多难的祖国刚刚走上一条复兴的道路，因而我们在等待着王佐良在他的创作生涯中又会有一次新的飞跃的时候，命运制止了他。然而，命运却夺不走他的辉煌成就。他在搁下他的那支笔以前，已经把他对人民的深情，秀美动人的文采，有关文学理论、英国文学史、英国诗歌、西欧文学、不同民族文学的契合等诸多方面的知识和信息，通过文化交流来实现和谐世界的梦想以及一个伟大的爱国者和国际主义者的高尚情操传达给了爱他的人群——这个人群更多的是中国人，然而也有外国人。这一广大的人群对这位文坛巨匠是充满了无限尊敬、怀念和感激之情的。而这套《王佐良全集》将成为他们永远的瑰宝。

缅怀王佐良先生

胡文仲

（北京外国语大学外国文学研究所）

王佐良先生离开我们已经 21 年了，但是，他似乎又从来都没有离开过我们。他的学术思想和学术风格无时不在影响着我们，他的音容笑貌似乎仍在眼前。王公是我的老师，又是我的领路人，在我人生的重要节点，王公的提携和指点常常起了关键作用。

我从北京外国语学院本科毕业以后，先在翻译班进修了一年半，之后进入师资班。在师资班时，王公为我们专门开设了英国文学史课程，这是我们最喜欢听的一门课。王公讲英国文学史，手里只有几张卡片，偶尔会看上一眼，绝大部分时间都是侃侃而谈，凭着他惊人的记忆力讲述历史事件和作家生平，有些引文他甚至连卡片都不看就朗诵给我们听。苏格兰诗人罗伯特·彭斯是王公最喜爱的诗人之一，他的诗文王公常常大段大段地朗诵，我们坐在下面听得如醉如狂。这样的课完全是一种精神的盛宴，课后还不断地回味，真正体会到什么是余音绕梁三日不绝。

我记得我们第一次拜访王公的情景。一个周末，我们去王公家里看望他。我已经不记得我们谈了些什么，但是，有一个细节至今铭记在心。我们坐定以后，师母徐序老师给我们每人都倒了茶，最后她把一杯茶放到王公的面前。这时王公轻声对徐老师说："谢谢。"对于王公来说，这可能是最自然不过的事了，然而却引起了我们这些年轻人的注意。王公对徐老师的体贴、尊重和礼貌给了我们很深的印象，为我们具体地诠释了什么是相敬如宾。

"文革"结束以后，有一天，我去王公家里看望他。不久前他左手骨折，手上还缠着绷带。他虽然还住在照澜园，但在"文革"期间造反派强占了他家的一部分房子。他和徐老师住得十分拥挤。见到王公的时候，他正坐在炉火旁边的一个小凳子上，面前是一把椅子，椅子上是一沓白纸，已经写完的一沓放在另一边。看到这个情景，我心中十分沉重。但是，王公不谈"文革"，不谈自己的处境，也不谈他骨折的事，只谈眼前正在写的这篇文章。他谈笑风生，心里似乎只有他正在写的这篇文章，病痛完全不放在心上。他的豁达乐观和敬业精神令我深受感动，终生难忘。王公在"文革"中受到了很大的冲击，无论是在批斗学术权威或是清理阶级队伍期间，王公都是批斗的靶子，身心的创伤难以描述。但"文革"结束，改革开放以后，他又一心扑在工作上，与陈嘉、李赋宁、杨周翰、许国璋等外语界老先生一起起草新的外语教学方案，拨乱反正，恢复教学秩序。之后，王公主持高校外语专业教材编委会的工作，在他的领导下，我们开始制订教材编写计划，安排全国的外语教材编写任务。在此期间，他还被任命为北外副院长，主管学校的教学科研工作，并且担任《外国文学》和《文苑》的主编。尽管工作极为繁忙，他还会利用一切时间埋头写作，几乎一年出版一本专著，显示出他学术积淀之深厚。

1979年，我被公派到澳大利亚悉尼大学进修。这是改革开放以后，国家第一次派教师出国进修。我被选中，心里自然非常高兴，决心要利用出国学习的机会把因"文革"而失去的时间夺回来。但是另一方面，在我的心目中，总觉得业务进修还是应该去英国，那里的学术水平更高。所以，到了悉尼大学以后，心中忐忑，对于自己究竟应该学什么犹豫不决。我写了一封信给王公，讲了我当时的处境和心情。王公当时在北外担任学校的领导职务，工作极为繁忙，但是，他接到我的信之后很快就复信给我。他在信中说,悉尼大学是澳大利亚最老的大学,既然澳大利亚文学是悉尼大学英文系的强项,就应该选读澳大利亚文学。目前澳大利亚文学在国内还是一片空白,回来以后可以开课。听到王公这么明确的意见,我心里就踏实了。根据王公的意见,我在悉尼大学以选读澳大利亚文学课程为主,同时还选了英美文学、文学批评、语言学等课程。我们这批中国教师选课量比澳大利亚硕士生普遍多二分之一到一倍,学习负担之重可想而知。回国以后,我在英语系开设澳大利亚文学课程,还在学术期刊上陆续发表了一些论文和文章,从此开始了澳大利亚文学研究之旅。事实证明,澳大利亚文学虽然没有英国文学那样源远流长,但它本身具有鲜明的特色,也不乏优秀的作家和作品,诺贝尔文学奖得主帕特里克·怀特(Patrick White)就是澳大利亚文学的杰出代表。

1980年,中国作家代表团访问澳大利亚,出席在阿德雷德举行的艺术节活动。代表团由杨宪益和他的夫人戴乃迭以及王佐良先生组成。他们在悉尼停留期间,曾访问悉尼大学,与英文系主任莱奥妮·克莱默(Leonie Kramer)教授座谈,并和我们在悉尼大学进修的九个教师见面。之后,还在东方语文系做了学术演讲。在异国他乡见到自己的老师,我自然极为高兴,但由于他们的行程紧张,没有机会多谈。王公对我说,有时间写一篇有关澳大利亚文学动态的文章给他,这就是此后刊登在《外国文学》上的《悉尼来信》——我的第一篇有关澳大利亚文学的文章。

1984年4月,国家教委决定调我到院里工作,任副院长,负责教学和科研。我当时担心做行政工作会影响自己搞科研,心中十分纠结。王公知道以后,劝我接受任命,他对我说:"在院里工作一是不要丢掉科研,一是要注意团结。"我在做行政工作的八年期间始终铭记王公对我的嘱咐,不敢稍有懈怠。1986年学校申报博士生导师时,我没有主动申请，因为我感到自己的科研成果与博导的要求还有差距。王公知道此事以后，专门打电话给我，与我在电话上谈了许久，劝我申报。他说："做了博导可以更激励自己，是件好事，应该申报。"

1991年，在行政领导工作结束以后，我与时任外国文学研究所所长的王公谈我想进外文所做学术研究，不知他是否同意。他说："我当然欢迎，不过曾经沧海难为水，你真想清楚了？"我说："想清楚了，我能在王公领导下工作是难得的机会。"

我调到外文所后，和王公的接触逐渐增多，常常谈外文所的工作和校内各系外国文学研究的情况。任外文所所长期间，王公通过组织学术活动和讲座，把全校的外国文学研究力量团结在自己的周围，在外文所下面设立了不同区域、不同国别的文学研究室。王公学术视野宽广，善于团结和组织学术力量，在英语系又先后开设了欧洲文化入门课程，并编写《英语文体学引论》，把一批中年教师培养成为学术中坚力量。在晚年，王公主持编写了5卷本的《英国文学史》，进一步把校内和校外的学术力量组织起来，从而完成了这一巨著。王公不愧为我国外国文学研究的核心和标杆，为此大家都十分敬重王公，同时也都赞赏他处世为人的风格。10多年的时间，外文所的同人团结在王公的周围，大家十分尊重王公，王公与大家相处也很愉快，有时所里同事还与王公一起在北外附近的饭馆小聚，纵论学术以及非学术的大事小事。所里上下团结，合作共事，关系十分融洽。这一优良传统在北外外国文学研究所一直保持至今。

我第一次听到他说伤感的话，是在周珏良先生去世之后。他对我说："从今之后没有人说话了。"可见周公在他心中的位置无人可以替代，他失去的不仅是好友，更是他的知音，有一段时间他情绪低沉，话也少了许多。

王公学院顾问工作结束以后，办公室需要腾空，他的一大批书搬

胡文仲与王佐良

到了18号楼他午休的小房间里。我去看他，看到房间里到处都是书箱子，我对他说："什么时候找人把书整理整理放到书架上吧。"他说："不用了。我不会再用这些书了。"听了这话我心里很难过，但是又不知道该如何回应。在王公主编的《英国文学史》基本完成以后，有一天，我对王公说："现在有时间了，是不是该写个回忆录？"他说："我是一个普通人，没有什么好写的。"我说："您经历过的那些人和事就很值得写。好多事我们都不了解。"他说："不写了。"时至今日，我仍然觉得这是一个很大的缺憾。

王公去世后，我去看望徐老师。书房的桌上放着王公面带微笑的照片，一切都井井有条。徐老师把抽屉打开来给我看。她说："你看，王公把一切都清理得那么好。我查了他的东西，发现所有该发的文章都发出去了。没有任何事情需要我做。只有一件事没有来得及，就是出版社送来了一套金庸的书要他写评论，他没有时间看。"王公似乎有些预感，他对于自己的身体以及身后之事了然在胸，提前把一切做了安排。从这里我们也可以看出王公的睿智和豁达。

忆王佐良老师

张 耘

(北京外国语大学英语学院)

1956年夏天,我来到了北外,分到了英语系学习。还没上课,便听到了如雷贯耳的三个名字:王佐良、许国璋和周珏良。他们是著名的教授,英语系的顶梁柱,被大家称作"王公、许老和周公"。他们三个是老清华的同班同学,其中,王公和许老是从英国牛津大学留学回来的,周公是从美国留学回来的,都是20世纪50年代初从国外回来参加新中国建设的,王公当时是英语系主任。

1958年秋天开学以前,听说王公将担任我们班精读课老师一年,全班同学都高兴极了。暑假后上课的第一天,王公走进了教室,穿着一件浅咖啡色的西服,打着一条墨绿色的领带,儒雅、大方又得体。人虽然已经不算年轻,但相当帅气,很有精神,个子不算高,但一双眼睛十分有神,一下子便把我们吸引住了。虽然已经过去了50多年,但当时的情景仍如在眼前。当然,真正折服我们的是他渊博的知识、深厚的学问、扎实的英语功底和自然、地道又流畅的英语口语。

王公教我们的时候正是"大跃进"的年代,我们去十三陵修水库,挖沙担石,劳动量很大,回到学校大家都累坏了,上课坐不住,困得眼睛睁不开,打瞌睡是经常的事。为了把课听好,我总是坐在第一排正当中,老师的眼皮底下。但上王公的课我永远不用担心会犯困,因为他的课非常充实又具体生动,容不得我们走神。他来上课并不带什么笔记本，往往只有一张纸、几行字。起初我还有点奇怪，但是很快我便发现他上课确实不需要什么笔记本，他的学问全在脑子里面，已经融进了他的血液，一呼即出。

记得有一次上课，王公走进教室，只拿巴掌大小的一张纸片，便开始讲18世纪爱尔兰著名作家斯威夫特的文章《一个小小的建议》("A Modest Proposal")。他讲作家对当时社会的抨击，建议把小孩杀了，因为肉可以吃，皮可以作为用具。他对文章的分析十分深刻，并讲到作者用词的讲究、笔锋的犀利。课讲得如此生动，至今我仍然记得王公当时的表情和手势。我们大家都为这位作家能把不平等的社会揭露得这么深刻，语言如此辛辣而佩服不已。（但是到了"文革"时期，有些人开始了对王公、周公和许老的批判，给他们戴上了"反动学术权威"的帽子，称他们三人为"洋三家村"。王公对这篇文章的选用，也被上纲成"对社会主义的攻击"，让王公受了不少委屈。）

1960年5月，我们年级一批同学提前被调出来当了老师。为了提高我们的业务水平，王公又给我们上课了，他的教学还是那么兢兢业业，一丝不苟。这次给我印象最深的，是他对文学的热爱。他博大精深的文学知识，深深地感染了我，我下定决心，也要探索文学这丰富多彩神奇美妙的世界。

就在这个时期，有一天王公邀请我们去他家玩儿。他的夫人徐序在清华大学教书，他们的家就在清华园内一幢旧式的平房里。我很吃惊地发现他家的居住条件并不好，他们和几个孩子住得并不宽敞。家具也相当破旧，只有那墙边书架上的书让我们眼睛一亮，其数量之多，品种之丰富，真让我们羡慕！这是王公的小图书馆。不少书都是从国内外旧书店淘来的。从那时起，我也开始爱书如命，立志也要建起自己的小图书馆。20世纪80年代，我有机会去美国学习，便省吃俭用，回来时带了不少书，光运费就花了几百美元。

还有一次上课,王公讲英国女作家奥斯丁的《傲慢与偏见》一书,除了对情节和人物等的剖析,他专门强调了奥斯丁的语言之美,说她把英国语言之美推到了极致,尤其赞美其笔下对话的生动幽默。王公说为此,他每年要把《傲慢与偏见》阅读一遍。受王公的影响,我也对这本书产生了强烈的兴趣,也阅读了多次,并深深地喜欢上了它。我对阅读的兴趣,在很大程度上也是来自王公的熏陶。

"文革"后期,我们从湖北沙洋干校回到了北京。虽然每天很疲劳,要上课,要管孩子,要做很多说不清的事情,但是我仍然每天阅读,几乎把图书馆能借到的书都看了个遍(当时文学书能借的并不多)。有一天我提着暖壶去打开水,碰到了王公,他脱口而出:"You young teachers are really cheap and good."(你们这些青年教师真是物美价廉。)他很了解我们,知道我们拼命地工作,还要拼命地学习提高,生活条件又十分艰苦,工资只有56元。当时我们一家三口,有时还要加上两位老人,住在一间十多平方米的房间里,挤得转不开身。他对我们非常关怀,非常同情。

1984年春,由于王公的推荐,我以自费公派的形式去美国明尼苏达大学学习,一面当助教养活自己,一面选修文学课。那一段日子也很艰苦,要面对美国文学专业的大学生,要选自己的课,写自己的论文。两年中,没有在凌晨2点以前睡过觉,但是这两年对我日后的教学有着极大的影响。我为两位戏剧教授当过四个学期的助教(两年共有八个学期),这就为我回国开戏剧课打下了比较扎实的基础。感谢王公给我提供了这么好的学习机会。

1984年到1986年我在明尼苏达大学学习期间,王公应邀去明大英语系作专题演讲,题目是"对莎士比亚的研究"。那一天,在一间明亮宽敞的大厅里聚集着明大英语系的教授们,他们饶有兴趣地聆听王公的演讲。王公讲话从容,用词简朴而生动,还不时用一些幽默风趣的词句引起大家的热烈反响。最重要的是他对莎翁的作品有极深刻的认识，还有自己独到的见解，教授们听得津津有味。他们对王公的评价很高，几百年来有多少人研究莎翁，要讲出新意，实在不容易。

王公做学问的认真严谨也是出了名的。20 世纪 80 年代后期，他送我一本他新出版的专著《论契合——比较文学研究集》，是一本比较文学研究的集子。这本书对不同作家、不同文学之间的契合，尤其是中外文学之间的契合做了认真的研究。全书用英语写成，语言十分流畅，涉及的中外作家很多，光参考书目就有密密麻麻十几页，索引有近 20 页，据说不少英美学者都为其水平之高而惊叹。老一辈学者做学问的态度和精神，永远值得我们认真学习。

王公对英美文学的研究达到了很高的境界。我曾多次看到他与英美文学界知名人士交谈，涉及很多作家、作品和不同派别的评论家。不论是新的还是老的，他都知道，都能发表自己的见解。难以想象他读过多少书，看过多少文章。甚至对一些非常新的、还不太知名的作者他也熟悉。他对知识的探求、对书籍的热爱深深地感动着我。他常说好的作品要细细品味，不是吞下去，而是要细细嚼，才能领会其味，这些话使我终身受益。

王公的中文水平和中国文学、古代文学的修养也极深。正因为他通晓中外文学而且有高超的写作能力，因此他的翻译才能得心应手，成为"信达雅"的典范。我至今还记得他在课堂上讲他翻译苏格兰著名诗人罗伯特·彭斯的诗《一朵红红的玫瑰》时的情景。他先朗读了原诗，之后读了他的译文，并讲为什么这样翻译。彭斯的诗音乐性很强，因此译文中保留了节奏和韵脚；原文很接近民歌，王公在译文中用了清新朴素的中文。他还特别讲到，他把"red, red rose"译作"红红的玫瑰"，很贴切，很生动，那时人们还不常把"红"字叠用，不像现在，人们已将其看作一种习惯用语，这种译法在当时是很精彩的创新。

说起诗歌，也许是受王公的影响，我在学生时代便对其产生了强烈的兴趣。在明尼苏达大学学习时，我在一位美国诗人的鼓励下开始了英语诗歌的创作。我把发表的诗给王公看，后来在美国出了诗集也送给王公一本。他看了很高兴，说好，说喜欢，要我继续写下去，有了新诗别忘了给他。他为学生取得的每一点进步感到高兴和安慰，这给了我很大的鼓舞。

1994年夏天，作为富布莱特访问学者，我要去耶鲁大学进修美国戏剧，临行前去王公办公室与他告别。那时他要从副校长的办公室搬出来，正在收拾他的书籍。记得他曾对一位老师说过："我该做的事都做完了。"当时我在他的眼神里也看到一丝凄凉。他嘱咐我要利用这个机会好好读书，还要尽量多走走多看看。动身的头一天我又给老师打了一个电话，他说："机会难得，会有收获的。"我则说希望他保重身体，坚持做我教给他的保护颈椎的五老抓气功，我回来再看他。谁知这一去，便成了永别。

1995年1月，我正在耶鲁大学住处写论文，收到了吴千之从西海岸打来的电话，接着杨勋也从纽约打来电话，告诉我王公去世的消息。怎么也想不到他走得这么急，竟没有给我回北京看他的机会。我失去了一位好老师，北外失去了一位大学者，中国失去了一位英美文学的领军人物！我在国外不到一年的时间里，许老、王公相继而去，周公更先他们一步走了。为什么三个人走得如此匆忙？他们是英语系的支柱，是英语系的开创者，没有他们就没有英语系的今天。

得知王公去世的当天，我把关于奥尼尔的论文放到了一边，写了小小的一首诗，献给王佐良以及先他而去的许国璋、周珏良二位老师。

AND NOW YOU

was January 19 the date

oh, Wang gong you left

in such a haste

pulling close the gate

that let in learners and visitors

colleagues and friends

you are one of those

who left behind treasures

in the numerous works of yours

and generations of students

the seeds you have sown

multiply and bloom

I still hear in my ears

"a modest proposal",

"pride and prejudice"…

must be over 30 years

and that dark period

when you were labeled

"three villagers of the west"

the three of you Wang, Xu, Zhou

pride of our school

springhead of knowledge

makers of the department

You left in a hurry…

Zhou, Xu and now you

You three are again together

eternally together

chatting, talking and laughing

essays, poems

novels and plays

heartily celebrating your reunion

but you have left us behind

weeping for our loss

not one, or two, or three

We've lost you all

Zhou, Xu

and now you

（原载《中华读书报》，2013 年 2 月 20 日 18 版）

恩师王佐良为我引航

钱兆明

翻译家、英国文学史家、英语教育家王佐良先生是鞭策、影响了我一生事业的恩师。他离开我们已经 27 年。27 年来他的教诲、他的音容笑貌一次次出现在我耳畔脑际，挥之不去。曹莉邀我为她主编的《永不终结的契合——王佐良纪念集》写一篇追思文章，我非常乐意。这给了我又一次缅怀恩师的机会。

1978 年至 1986 年，我在北京外国语大学度过了难忘的八年。其中头两年我是王师、许师（许国璋先生）和刘师（刘世沐先生）"文革"后首届研究生班的一员；后六年有幸留校当讲师，继续师从王师做科研，见证了他事业巅峰期前半段为创办外语学术期刊、著书立说、培养人才所付出的非凡才智和无穷辛劳。

王师为我们留下了 42 部著作（外研社 12 卷本《王佐良全集》汇集了这 42 部著作，不重复计算在内），其中 36 部是在 1980 年至 1995 年撰写的。荣幸之至，我和我同班八名学友参与了王师后期第一部著作——《美国短篇小说选》（中国青年出版社，1980 年）英文版 *Selected American Short Stories*（商务印书馆，1982 年）的编辑工作。该选本汇集了欧文、霍桑至厄普代克、欧茨等 31 位美国作家的代表作。王师用中文给每篇原作写了前言，他夫人徐序写了作者简介。选篇的注释他留给了同道和青年学者去完成。本校周珏良、国际关系学院的巫宁坤和社科院美国所的梅绍武等老先生注释了较难注的六篇。他自

北京外国语大学英语系 1978 届研究生班师生合影，摄于 1980 年春
后排自左至右：刘伟平、陈范梅、孔蕴华、徐自立、陈鑫伯、胡曰健、范守义、李燕姝
导师自左至右：熊德倪教授、许国璋教授、刘世沐教授、王佐良教授
前排自左至右：刘新民、金立群、钱兆明、龙吟夏、戚珏、楼光庆

己的研究生和社科院的研究生完成了其余的 25 篇。注释是人文学术研究的基本功，王师在我们准备论文前布置这项"作业"，是让我们在游泳中学会游泳。

我给 Selected American Short Stories 注释的是美国当代作家乔伊斯·卡罗尔·欧茨的《天路历程》(*Pilgrim's Progress*)。通读了这篇短篇后，我先做了两三天研究，主要是熟悉作品的背景和作者的风格。北外图书馆当时没有欧茨的长篇小说，从几部英美选本里我倒是搜出了她的另外两篇短篇《在冰原中》和《你要去哪里，你又去哪了》。这项注释工作让我终身受益——它不仅为我几年后注释《莎士比亚十四行诗》(商务印书馆，1991 年) 打下了基础，也为以后赴美读博从英国文学研究转向美国文学研究,及在美国大学开英美小说课做了准备。我读博的杜兰大学要求博士生在写论文前必先通过资格考试。美国文学专业资格考试的书目列出了 38 位作家、近百部小说。王师于 *Selected American Short Stories* 所选 31 位作家竟然全部在列。读过这些作家的短篇小说,再读他们的长篇小说毕竟容易一些。

1980 年标志着王师巅峰期的开始。就是在那一年,他创办了译介作品与评论作品相结合的 CSCCI 刊物《外国文学》。《外国文学》头一年出了 6 期,全部是专号,依次是:当代英国文学专号;德国和东欧文学专号;当代澳大利亚文学专号;当代法国、意大利文学专号;当代亚洲和非洲文学专号;当代美国文学专号。那年冬天,他召集袁鹤年和我(好像还有分配到财政部、即将去华盛顿世界银行工作的同班学友金立群)在他的办公室开了一个会。会上,他提出 1981 年先出一个 20 世纪美国文学专号,然后再出一个莎士比亚专号。记得会议结束时,他告诉我们,周珏良老师要从外交部调回来了;周师很欣赏我们的《外国文学》,只是觉得封面、封底色彩太单调,建议全彩刊登一些跟译介的作品匹配的名画图像。

1981 年春,《外国文学》按计划出了一个 20 世纪美国文学专号。那个专号的重头文章是袁鹤年的《〈榆树下的欲望〉和奥尼尔的悲剧思想》。该文前刊出了李品伟译的奥尼尔现代悲剧《榆树下的欲望》。20 世纪上半叶与奥尼尔齐名的小说家有海明威、福克纳和菲茨杰拉德。美国现代小说三杰中唯有菲茨杰拉德因被认为是"垄断资本主义御用文人"而长期无人译介。在王师的鼓励下,我选译了他作为"迷惘的一代"的代表作《重游巴比伦》,在那个专号刊出。那个专号没有选登中国读者已十分熟悉的海明威的作品,而是选登了刚逝世的萨洛扬的《白骏马的夏天》和 1978 年诺贝尔文学奖得主辛格的《重逢》。

王师开创《外国文学》初期最得力的助手是袁鹤年。袁师是我北外本科一年级的启蒙老师。1981年春,他和我都在给即将毕业的77届学生上课。我俩不仅是同一教研组的同事,还是一起编《外国文学》美国文学专号和莎士比亚专号的战友。我们一起去印刷厂看过校样,一去就是一整天。中午他出去吃饭,总记着给我带回一份饭菜。他英年早逝是我国美国戏剧研究的损失。1993年,《袁鹤年文集》出版,王师作了序。序末他怀着深情感叹:"如此才华,而英年逝世,鹤年离开我们是太早太早了!"(《王佐良全集》第10卷,第642页)

《外国文学》莎士比亚专号在1981年7月发行,专号的压轴戏是英若诚中译莎剧《请君入瓮》(*Measure for Measure*)。因为我家离英若诚家不远,王师让我周末抽空去他家取译稿。[1]那天,英若诚不在家,是他的夫人吴世良先生把厚厚一沓译稿交给了我。译稿后还附有英若诚专门为《外国文学》写的《〈请君入瓮〉译后记》。在《译后记》中,英若诚强调他译这部剧采用了不同于"文学译法"的新译法。王师非常欣赏这种考虑到演出效果的新译法。他看了《请君入瓮》的演出后写了《成熟的开始——评〈请君入瓮〉》一文。在文中,他夸奖英若诚"提供了第一个能在中国舞台上演出的新译本"(《王佐良全集》第10卷,第56页)。

编莎士比亚专号是王师多年的理想。他与北外另外两位老教授,许师和周师,都拿出了自己的新作。王师的《春天,想到了莎士比亚》后来收入他后期第11部著作《照澜集》(外国文学出版社,1986年)。6首即兴诗其一《心胸》有排比句云:"你最不薄情,永远在理解众人,/你最不矜持,永远在接近众人,/你最不拘泥,永远在探索、创新,/你才思最敏捷,你下笔如有神"(《王佐良全集》第10卷,

---

[1] 英若诚跟王师一样是清华外语系的毕业生。1945年英若诚入学时,王师已在清华外语系教了五年书。

第 46 页)。这几句诗用来赞王师本人也很妥帖。许师的《莎士比亚十二赞》集聚了琼生、密尔顿、约翰逊、爱默生等英美大文豪对莎翁的赞语。周师的《〈麦克白〉的悲剧效果》则是有创新见解的论文。除了中译莎剧、诗文,该专号还有书评。王师请广西师范大学的贺祥麟评了朱生豪译的《李尔王》《麦克白》等莎剧,题目是《赞赏、质疑和希望》。当时国内还未见有人评过中译莎氏十四行诗。王师让我来评。于是,我的《评莎氏商籁诗的两个译本》在同期刊出。

1982 年秋,王师收到上海复旦大学已故戚叔含教授译 5 首莎氏十四行诗稿。他将其交我,并嘱咐我写一篇评论,与诗稿一起在《外国文学》上发表。王师是国内有名望的莎学家,他授意我评梁宗岱、屠岸莎士比亚十四行诗译本和戚叔含译 5 首莎氏十四行诗,这种锻炼对我以后的事业大有裨益。在鼓励我研究莎士比亚诗歌的同时,他传授给了我科研定位的一个诀窍。新手入门该不该避开热门的英美诗人、作家?热门的英美文豪,评论得再多也会有被忽略的层面。这些层面正等待着有志学者去攻克。那篇评莎氏十四行诗译本的急就章和其后不久发表的《读戚译莎氏十四行诗》果然引起了国内外莎学界、翻译界的关注。1981 年 11 月,梁宗岱发表《译事琐话》,大段引我的评语,然后指出译诗必须"反复吟咏……体会个中奥义,领略个中韵味"。[2] 莎学家裘克安当时正在编辑一套《莎士比亚注释丛书》,短短三年他出版了《哈姆雷特》《裘力斯·恺撒》《仲夏夜之梦》《第十二夜》四种。看了我的两篇评中译莎氏十四行诗的文章后,他决定让我编注《十四行诗》。拙注莎士比亚《十四行诗集》于 1990 年初版,1995 年和 1998 年又先后重印两版。1987 年,美国《莎士比亚季刊》居然将我评中译莎氏十四行诗的两篇文章连同 1984 年载《外语

---

[2] 梁宗岱:《译事琐话》,《宗岱的世界·诗文》,广东人民出版社,2003 年,第 395 页。

教学与研究》的《评布恩新编〈莎士比亚十四行诗〉》、1986年载《外国文学》的《莎士比亚的十四行诗》和1986年载《外语教学与研究》的《新发现的一首"莎士比亚抒情诗"》一起列入了"Shakespeare: Annotated World Bibliography"。[3]

1982年夏，《外国文学》又出了一个爱尔兰文学专号。那个专号的篇目包括诗人翻译家查良铮译的叶芝诗《1916年复活节》和《驶向拜占庭》、周师的评论《谈叶芝的几首诗》、张中载译理查德·艾尔曼《〈死者〉的创作背景》、袁鹤年（松延）译西恩·奥凯西两幕悲剧《枪手的影子》和刘海铭译弗兰克·奥康纳短篇《恋母情》等。那年正值乔伊斯100周年诞辰，王师让我从乔伊斯短篇小说集《都柏林人》中选一篇译出，登载在该专号之首。我选译了《都柏林人》的第三篇《阿拉比》。易立新在《王佐良：一个真正意义的文化人》中提道，王师在西南联大时期"翻译过乔伊斯的短篇小说集《都柏林人》。遗憾的是，当时正处于战乱时期，译稿不幸随战火化为灰烬"。[4]关于爱尔兰专号，还有一点值得一提：其封面和封底配合所选乔伊斯、叶芝和奥凯西作品的情调，分别彩印了约瑟夫·哈威蒂的名画《游吟风笛手》和哈利·克拉克的彩绘玻璃窗画《圣伊达》。1981年美国文学专号的封底也彩印了名画，但所选之画与该期内容匹配得不那么紧密。

1984年，为配合筹建北外外国文学研究所，王师决定创办一个不定期的多语种学术刊物，刊名为《文苑》(*Studies in Language, Literature, and Culture*)。因为那几年我在外研社代理病休的林学洪总编主持校刊《外语教学与研究》的日常工作，王师让我兼管一下《文苑》。记得那天王师翻开案头一本从美国寄来的《中国文学》(*Chinese*

---

[3] *Shakespeare Quaterly* 38.5, P. 660 (1599), P. 792 (3643,3644), P. 793 (3651), P. 794 (3685).
[4] 易立新：《王佐良：一个真正意义的文化人》，《凤凰网读书》2012年8月9日；http://book.ifeng.com/yeneizixun/special/fanyijia/detail_2012_08/09/16683959_0.shtml.

Literature：Essays，Articles，Reviews），指着刊名页"Editors：Eugene Eoyang，William Niehauser，Pauline Yu；Editorial Assistants：Leo Chan，Amy Margulies"说，你我的英文称号就参考这个。

许师、周师、法语系的沈大力、俄语系的肖敏和悉尼大学的韩礼德教授给《文苑》创刊号写了长篇论文。许师的论文评介了鲁迅早年的哲学探索；周师的论文综述了1976年至1982年国内《红楼梦》研究的百家争鸣状况；沈大力的法文论文评议了马尔罗（André Malraux）以中国革命为背景的小说《征服者》（Les Conquérants）和《人类的命运》（La Condition humaine）；肖敏的俄文论文阐明了研究俄语篇章结构的重要性和必要性；韩礼德的特邀论文考察了英语的"功能性的句子展示性"（functional sentence perspective，FSP）。王师鼓励我也写一篇英文评论，即评20世纪80年代国内新开创的10余种外国文学期刊。于是，"China's New Interest in Foreign Literature：A Survey of Translation Periodicals"应运而生。

1985年夏，《文苑》创刊号还没出来，王师就把第二期的文章选好了。那年暑期，他同时在完成几部著作，其中包括英文论文集 Degrees of Affinity：Studies in Comparative Literature（《论契合——比较文学研究集》，外语教学与研究出版社，1985年）。他让我把该论文集的第七篇"The Poet as Translator"同时排入《文苑》第二期。"契合"是《文苑》第二期的一个亮点，"The Poet as Translator"通过对比戴望舒译波特莱尔诗和戴望舒的原创诗证明，翻译波特莱尔诗歌改造了戴望舒的诗风，使他成为具有象征主义倾向的现代派诗人。跟此文呼应的是周师将《红楼梦》与《哈克贝里·芬》《莫比·迪克》作比较的"The Garden，the River，and the Sea"。三部小说有许多不同，但有一点契合——主人公心目中都有一个封闭的世界。

我协助王师办学术刊物，以快先睹大手笔文章，学到了一套治学的方法。他总是鼓励我：多读好书、好文章，在虚心学习的同时，敢于提出质疑，发表创新见解。为了激励我"学而有思、思而有创"，培养我独立完成科研任务的能力，王师不断给我布置新课题，从书评、综述到评论，从兼收并蓄到创新，所有的磨炼都是积累与沉淀。

跟随王师多年，他一直没让我做诗歌翻译。1985 年冬，我盼望已久的译诗任务终于来了。那年，王师投入大量精力的另一个项目是译著《英国诗选》（上海译文出版社，1988 年）。文艺复兴时期、浪漫主义时期和 20 世纪初是英国诗歌的三个盛期。介绍前两个时期的英诗，他可用自己的或卞之琳、杨周翰等老先生现成的译作。现代英国诗歌的译介情况大不一样。能拿来就用的仅有袁可嘉译的叶芝的《当我老了》、查良铮译的艾略特《荒原》选段等十几首。他不得不亲自着手译麦克迪尔米德等人的诗，并让自己的和同道的研究生译诗，这就是为什么这部诗选用了几名青年学者的译作。

翻译十首哈代的抒情诗，是我赴美读博前王师给我布置的最后一项任务。这可是最合我心意的一项任务。我按照梁宗岱先生和王师的做法，一遍又一遍吟咏哈代的每一首诗，一边吟咏一边琢磨诗韵和表达的感情。吟咏到几乎能背诵了，才开始翻译。就算这样，初译稿还是不理想。我只好停下，去重读王师论译诗，重读他的译作。他在"The Poet as Translator"中说了，诗歌译者最好自己是诗人。不是诗人怎么办？那就只有多读表现相似情感的现代诗或译诗。那年春节，我守在家里，天天读诗，读艾青、臧克家的原创诗，还有王师的译诗。对照彭斯 *A Red, Red Rose* 和华兹华斯 *Above Tintern Abbey*，读王师的《一朵红红的玫瑰》和《丁登寺旁》，只觉得他的语言跟原诗的语言几乎一样简练、清新。过完春节，我重新再吟诵哈代诗，琢磨原诗的用韵和情感，并试着一首接一首用中国现代诗的语言翻译，这次的效果好多了。

这十首哈代诗最先在《外国文学》1986年第4期发表。万万没想到，这些译诗在《英国诗选》刊出后，其中几首又在王师的《英诗的境界》（生活·读书·新知三联书店，1991年）、《英国诗史》（译林出版社，1993年）和《英国文学史》（商务印书馆，1996年）中出现。在《英诗的境界》里，王师用《呼唤声》等三首译诗与哈代原诗对照，展现"无滥调，也无丽辞，而是用乡下人本质的语言"的诗（《英诗的境界》第107页；《王佐良全集》第9卷，第89页）。《英国诗史》收了《呼唤声》《在勃特雷尔城堡》《身后》《写在万国破裂时》《在阴郁中》5首译诗，没有附原诗。《英国文学史》同样收了《呼唤声》等5首译诗，没有附原诗。2006年，外研社出版王佐良、周珏良等主编5卷本《英国文学史》。其第5卷重印了《呼唤声》和《身后》片段的译诗和原诗。王师在《呼唤声》后加了评语，引导读者注意该诗中"'三重韵'（如'call to me'）和沉重的单音节脚韵（如'were''fair'）既有抑扬顿挫的音乐节奏，又在内容上表现了主人公奔腾的激情和现实的无情这两者之间的矛盾，留下了不胜低回的余音"。（《英国文学史》，第5卷，第24页）

王师在我赴美读博前让我翻译哈代诗，不仅为我读博主攻英美现代诗歌铺了路，也为我以后在美国教授英美现代诗歌做了准备。据美国现代诗标准选本《诺顿英美现代诗选》，美国现代诗的先驱是惠特曼和迪金森，而英国现代诗的先驱则是哈代、霍普金斯和豪斯曼。我读博时用的是这个选本，在新奥尔良大学主讲英美现代诗歌（Early 20th Century Poetry）也是用的这个选本。每当我在美国大学讲堂吟诵《呼唤声》（*you call to me, call to me*）和《身后》（*He was one who had an eye for such mysteries*）时，王师的身影自然就会浮现在我的眼前。

1986年我赴美读博后，与王师保持着联系。1988年岁末，王师让上海译文出版社给我寄来了一册《英国诗选》。1990年3月，因故延误的《文苑》第2期出版，王师给我邮来一本。在附信中他告我，拙译八首庞德诗"已发表在《外国文学》（19）90年第1期"。那时，我的博士论文《庞德和威廉斯现代主义诗歌中的中国元素》已快完成。庞德三章中的一章和威廉斯两章中的一章已分别被庞德专刊《帕杜玛》（*Paideuma*）和《威廉斯评论》（*William Carlos Williams Review*）接受录用。

我读博时能在短时间里定位攻美国现代主义诗歌中的中国元素，能提前在美国核心期刊发表论文中的两章，与王师8年言传身教分不开。王师授意我比较莎氏十四行诗不同中译版本、翻译哈代诗歌，看似与我30余年的科研无关，但实际上，这些研究和翻译让我打下了中西比较诗学的功底。1991年，王师读了我在《帕杜玛》发表的"Three Cathay Poems Reconsidered"，托外研社林学洪总编给我来信，转达他的祝贺与期望。他祝贺我在西方现代主义诗歌领域为中国学者争得了话语权，并期待早日见到我"代表中国学者见解的大部头论著"。我多想告诉王师，他看到的那篇文章1995年会成为他期盼的我"代表中国学者见解"的论著之一章。

王师不会看不出，那篇"Three Cathay Poems Reconsidered"运用了他在"The Poet as Translator"中提出的"译诗是双向交流"的理念。他和我讨论的对象都是诗人译者，他论的是一个中国现代诗人，通过译法国象征主义诗歌，学会了写具有象征主义倾向的中国现代诗；而我讨论的则是一个美国现代诗人，通过译李白意象叠加、情景交融的汉诗，创造出了意象主义的美国现代诗。王师自然洞察，我的"重评"是对"权威"的挑战。美国的和日本的庞德专家，在我之前已考察过庞德意象主义的中国渊源。然而，他们因为不懂，或不真正懂中国文化，在梳理中国文化影响的时候难免出差错。王师鼓励我早日写出"代表中国学者见解的大部头论著",重点是要有"代表中国学者的见解"。至于"大部头",据我的理解,不是要求论著的篇幅长,而是希望其学术影响大。

把论文提升为有影响的专著需要时间。耶鲁大学适时的资助,不仅使我有了深化东方文化影响的时间,也有了查核、充实论证材料的条件。20世纪90年代,美国高校刮起了一股滥用萨义德东方主义理论的歪风。*Orientalism and Modernism* 在厘清中国文化对早期庞德和早期威廉斯影响的同时,批判了这一倾向。该书对西方现代主义渊源固有认识的质疑,震惊了学界。1996年10月,美国耶鲁大学围绕拙著议题举办了"现代主义与东方文化"国际学术研讨会。2003年,该书续篇 *The Modernist Response to Chinese Art* 出版。次年6月,英国剑桥大学征得我同意后,即召开了以"Orientalism and Modernism"命名的国际学术研讨会。会议副题"Cross-cultural and Inter-artistic"认同了该续篇跨艺术领域的新焦点。

令人痛惜的是,在 *Orientalism and Modernism* 出版八个半月前,噩耗传来,王师驾鹤仙逝了。王师没有走,他永远活在我心里。他时时刻刻鞭策着我向他学习,将他做学问的激情和分享学问的热情付诸教学和科研实践。王师没有走。他一直在跟我对话。他有关中西比较诗学的种种理念,注入在我用英文写的 *The Modernist Response to Chinese Art*(2003)和 *East-West Exchange and Late Modernism*(2017);当然也注入在我从教50年献给他和许师的《若谷编》(外语教学与研究出版社,2018年)和刚脱稿、服务中国话语战略的《跨越与创新》(北京大学出版社,即将出版)。

中国当代比较文学的先驱
——回忆王佐良先生二三事

王 宁

（清华大学外文系）

从 2015 年到 2017 年这三年里，我们已经并将继续纪念中国比较文学史上三位奠基者的百年华诞：2015 年，我们刚刚纪念了中国当代比较文学事业的主要奠基人杨周翰先生（1915—2015）百年华诞，并讨论了他的比较文学理念和实践，紧接着 2016 年就迎来了另一位先驱者王佐良先生（1916—2016）的百年华诞。实际上，我们在纪念王佐良先生的活动中，大多强调他在外国文学，或更具体地说，在英国文学研究和翻译中所做出的杰出贡献，却忽视了他对中国当代比较文学的复兴及发展所做出的独特贡献。而这正是本文所要彰显的。2017 年我们将纪念另一位对中国当代比较文学的兴起做出过重要贡献的李赋宁先生（1917—2017）的百年华诞。关于杨先生在比较文学方面的建树，我已经写过多篇纪念性和学术性的文章，此处毋庸赘言。而对于王佐良先生在这方面的卓越贡献，我却一直没有很多机会阐述，国内这方面的研究性论文也不多见。现在，在纪念他老人家百年华诞之际，回顾往事，我不禁感到由衷的内疚和羞愧。人们在谈到王佐良先生的比较文学研究时，必然提及他的英文专著《论契合——比较文学研究集》，而我则从我个人和他接触的一些亲身经历入手来表达我对这位比较文学大师的缅怀和崇敬之情。

我和王公的关系并不像我和杨先生的关系那么简单，就是导师和学生的关系。我虽然不是王公的编内学生，但我一直把他当作指引我的比较文学和外国文学治学道路的一位"编外导师"。熟悉我著述风格的一些青年学者曾和我开玩笑道:"您的著述风格更像王佐良先生。"不错,这也正是我后来和王公一见如故并经常来往的一个原因。王公一生著述甚丰,广泛涉猎外国文学、语言文体学和比较文学与世界文学等多个分支学科,他的大多数著作我都买了,有些是通过图书馆借阅的,这些著作包括《英国诗史》、《英国浪漫主义诗歌史》、《英国散文的流变》、《英国文艺复兴时期文学史》(合著)、《英国二十世纪文学史》(合著)、英文专著《论契合——比较文学研究集》、《英语文体学论文集》、《翻译:思考和试笔》、《论新开端:文学与翻译研究集》,我们单从这些著述的题目就不难看出王公广博的知识和才华横溢的著述。先师杨周翰先生在世时提到王公时也不无敬佩地说,"王佐良先生下笔很快,而且质量很高,这一点我可不行。"此外,他在翻译实践方面也卓有成就。他不仅翻译了大量英国文学作品,而且还将曹禺的《雷雨》译成英文,其译文质量完全可以和英语国家的母语译者相比,而他对曹禺剧作的精深理解则更胜一筹。由此可见,当国内绝大多数译者仍沉溺于大量译介西方文学时,王佐良先生却已经看出了将中国文学的优秀作品译介到世界的重要性和广阔前景。这是需要相当的学术前瞻性和深厚的语言与知识功力的。可惜他早早就离开了我们,无法引领我们在推进中国文学走向世界的道路上披荆斩棘,向前迈进。

我和王公认识纯属偶然,但这偶然之中却孕育着某种必然。80年代后期,我在北京大学师从杨周翰先生攻读英文和比较文学博士学位,其间也曾为王公担任主编的《外国文学》撰稿。我原先以为王公担任主编只是挂名,根本不必审稿,其实则不然。记得1987年上半年的一天,我在老朋友、时任副主编刘新民的引荐下第一次和王公见面。在此之前我曾听到一些有关王公的风言风语,说他为人高傲,架子大,不好接近。但是我们一见面,他那和蔼可亲的谈话和不时插入的幽默风趣的英文词句一下就打消了我的顾虑。他不但对我的学业给予了指导性意见,并且说:"对于你的博士论文写作,我不懂,但我相信周翰会指导好的。你跟着他做论文不会错的。但同时也欢迎你继续为《外国文学》撰稿。"他还把他在清华园的住址告诉了我,希望我以后可以直接去他家里聊聊。但我忙于学业,同时也不想去打扰他老人家,在毕业前一直未敢去他家造访。

就这样,初次见面王公就给我留下了深刻的印象。同年10月,杨周翰先生率领中国比较文学代表团出席在美国举行的第二届中美比较文学双边讨论会,我知道,第一届会议由他们共同的老师钱锺书先生主持,由王公担任中方代表团团长。那届会议的学术阵容至今在中国比较文学发展史上也难以超越。我为杨先生办完了出国手续并送他到机场。我们还未走进检票大厅,杨先生就一眼看到了老同学王佐良。他们互致了问候,王公见到我一下子就叫出了我的名字,还问杨先生道:"你怎么不让王宁出席会议呢?他可是有思想的啊!"杨先生的回答是:"他现在的主要任务是读书,写博士论文,将来有的是机会。我们这些人不过是过渡性的人物,中国的比较文学事业将来主要靠他们年轻人去开拓和发展。"临别时我和两位老先生一一握手,王公特地说了一句:"有空来我家里聊。"但我直到毕业答辩前都一直未去他家造访。

1989年8月,我终于完成了博士论文的写作和答辩,留在北大英语系任教。但不幸的是,就在我答辩后的一周之后,我的杨先生就因患癌症住进了北医三院。11月上旬的一天,我听说他打算去西安找一个偏方治疗疾病,便匆匆地去他家和他道了别。没想到他这一去就再也没有回来。我受命承担了杨先生悼词的起草工作和一系列治丧工作,在八宝山举行的追悼会上,我再次见到了前往吊唁老同学的王公和其他一些年逾古稀的杨先生的故友和昔日同窗。我告诉王公我已经获得博士学位并留校任教，打算忙过杨先生的丧事后去看望他。王公说，欢迎，来之前先打个电话给我，免得扑空。

同年 12 月的一天，我按照王公提供给我的地址找到了他在清华园照澜院附近的住所。他当时居住的公寓在今天看来是十分简陋的老房子，但他本人对这样的居住条件却毫无怨言，甚至还将自己后来的一本论文集冠名为《照澜集》。王公热情地在家中接待了我，师母徐序教授在我们谈话时不断地为我的茶杯里加水。年逾 70 的王公思维仍十分清晰，同时十分健谈，从当年西南联大学生的学习和校园活动及文革前后北外的教学，到中国当代的英国文学和比较文学研究，最后提到中美比较文学双边讨论会的机制。他认为，由钱锺书先生和美国普林斯顿大学的孟而康教授共同发起的这一双边对话机制应该坚持下去。但是中美双方老一辈的学者大多已退休，年轻一些的如赵毅衡和张隆溪此时已留在英美大学任教，就剩下乐黛云教授还在北大主持比较文学研究所的工作。"现在你既然已经留在北大任教，我希望你和乐黛云把这项工作做好。"我们不知不觉谈了两个多小时，我知道他的时间十分宝贵，不忍心过多地去打扰他。

我回来后立即向乐黛云教授汇报了这一情况以及王公的建议，她也认为这项工作应该而且值得去做，于是很快给教育部递交了申请报告并得到批准。我记得教育部批准的经费资助是 7500 元，这在今天看来根本不算什么钱，但在当时能得到这笔资助也是来之不易的。但是后来由于种种原因，我于 1990 年秋出国从事博士后研究一年，乐老师也时常出国并忙于诸多行政事务，到后来又退居二线，直到 90 年代中期王公逝世时，第三届中美比较文学双边讨论会也未能如期举行。这应该是我无法向王公交代的一大憾事。1997 年我在荷兰莱顿出席国际比较文学协会年会时，见到孟而康教授，他向我深情地回忆起当年和钱锺书先生共同发起首届中美比较文学双边讨论会的情景,以及和杨周翰、王佐良等老先生交往的情景。我看到孟而康老态龙钟的样子,不禁对下一届会议的举办感到忧心忡忡。

我留在北大任教后不久,受系里委托,为《北京大学学报》编辑一期增刊,以便使系里一些教师的论文能够有发表的机会。为了保证增刊的质量,我们也邀请了一些仍健在的老教授撰写文章。其中一位从事翻译研究的老先生写了一篇文章,他在文章中表达了对王公的不满和批评。如果是一位中青年学者这样写,我作为编辑肯定会删去对王公大不敬的文字,但我知道那位老先生个性很强,如果删了他的文字他肯定会发脾气的,所以就没敢动一字。增刊作为内部交流并没有和学报的各期进入正常的发行渠道,但是却给全国外语界的同行都寄增了,其中也包括王公。

一天,系主任胡壮麟教授突然来找我,说道:"你知道,我们的增刊闯祸了!"我忙问为什么,他说其中有一篇文章批评了王佐良,而当时北大英语系申报了重点学科,王公作为国务院学位委员会委员,有很大的话语权,要是他不同意我们就完了。我们当时商量的结果是由我(作为主要责任人)带着胡壮麟主任和胡家峦副主任,一起去王公家给他赔罪。我们三人带着忐忑不安的心情敲开了王公的家门,胡壮麟教授开门见山地说道:"王公,我们是来向您赔罪的。我们最近出的一期学报增刊发了一位老先生的文章,对您有一些不敬之词,希望您不要在意。"王公听了哈哈大笑,说道:"我和他就翻译问题的争论大家都知道,我对他的批评根本不在意。本来嘛,从事翻译各人都有自己的看法,严复的'信、达、雅'讨论到今天还在不断地引发争论。"听到这话,我们才感到如释重负。后来,在评审重点学科时,北京大学和北京外国语大学的英语语言文学学科一起入选了国家重点学科。我们差一点误解了王公!

还有一件使我感到终身遗憾的往事需要在此提及：我1993年3月至9月在北美访学时，认识了美国翻译理论家安觉·勒菲弗尔，他那时对中国的翻译思想十分感兴趣，希望我为他和苏珊·巴斯奈特共同主编的"劳特里奇翻译研究丛书"编辑一本《中国的翻译思想》（*Chinese Thinking of Translation*）的论文集。我回国后初步拟了一个邀请撰写人员名单，既有一些德高望重的老先生，包括王公和李赋宁先生，同时也邀请了一些国内的翻译研究新秀。我斗胆登门向王公约稿，未料立即得到他的支持，我还送给他我在国际权威刊物《新文学史》和《加拿大比较文学评论》上发表的两篇论文的抽印本。他大加赞扬，并指出，从事外国语言文学研究，就要在国际学界发出中国学者的声音，他的鼓励给了我充分的信心。临走时，他还问我约他撰写的文章的长度以及具体的交稿时间。

1994年6月的一天，我打电话询问王公文章有未完成，他告诉我："已经基本上完成了，但是由于最近事情多，文章不长，你看看能不能用，如果不行就不要勉强。"我告诉他："能约到您这样的大家的文章是我求之不得的，肯定要用的。"一个月后我就收到了王公寄来的文稿，当时电脑还不那么普及，王公的稿子是用打字机打出来的，我很快将其编入文集，并连同其他十多篇稿子一并寄给了远在美国得州的勒菲弗尔。但是，也就在这之后不久，王公却永远地离开了我们，我不禁感到十分难过。令我更加遗憾的是，在王公去世后一年多的时间，我一直未接到勒菲弗尔的信息。其间我听说他身体不适，已不能工作了，但是他却连一封信也未回复我。由于当时那部文集的稿子已经快编完了我才收到王公的稿子，于是我稍稍看了一遍，做了些许编辑加工就将其和其他稿子一并寄给了勒菲弗尔，匆忙中我竟忘了将其复印一份留底！1996年5月，我实在忍不住了，终于往美国勒菲弗尔的家中挂了长途电话，接听者是他的夫人，只听她声音沉重地答复道:"他已经不在了。"我立即问起她书稿的事,她说她不是学者,对丈夫的学术不懂,也无法干预。我一下子心凉了半截,那部书稿就这样石沉大海了!而我未复印留底的几篇文稿中,恰恰就包括王公的大作。这使我在后来很长一段时间里一直感到愧对他老人家,这也成了困扰我多年的一大憾事。虽然丢失的已经无法找回了,但是向王公约稿,以及他的认真对待并按时完稿这一系列事情,却使我从中学到了王公严谨的治学态度和对后辈学者的提携和帮助,以及对用英文撰文在国际学界发表的重视态度。后来我之所以特别注重在国际刊物上发表英文论文,并率先在中国学界倡导用汤森路透开发的数据库"社会科学引文索引"(SSCI)和"艺术与人文引文索引"(AHCI)作为人文社会科学国际化的评价标准,与导师杨周翰先生的谆谆教诲和王公的鼓励和表率作用有着很大的关系。但是,这两位在英文写作方面功力十分深厚的老先生却早早地离开了我们,这无疑是中国比较文学和世界文学研究的重大损失。每每想到这里,我就感到十分难过。

在纪念王公百年华诞的日子里,我还想强调的一点,王公晚年所从事的最重要的一项研究工作就是主持编撰了 5 卷本《英国文学史》。众所周知,他历来对文学史的编撰有着明确的目标,特别是由他和周珏良主编的《英国二十世纪文学史》堪称从中国学者的立场和观点出发重写外国文学史的一个有益尝试。特别值得在此提及的是,他还在该卷中专门写了一章"英国文学与世界文学",这应该说是中国学者从世界文学的视角来考察英国文学的首次尝试。在当时的国际比较文学界,也只有佛克马等人发表了一些论文讨论世界文学现象。关于世界文学的讨论,远远没有成为一个热门的前沿理论话题,无论是现在当红的世界文学理论家戴维·戴姆拉什还是佛朗哥·莫瑞提的著述那时都还未问世,更不用说在中国学界讨论世界文学问题了。而王佐良先生却以其理论的前瞻性和宏阔的比较文学视野写下了这一具有很高理论意义和学术价值的专章，可以说是代表中国学界为世界文学问题的研究贡献了独特的研究成果，我们今天对之无论做何种估价都不为过。此外，王公在讨论文学理论问题时，特别擅长用文学的笔触，其行文优美，彰显了一位才华横溢的文学研究者的深厚文学素养，对于今天文学理论界风行的脱离文学就理论谈理论的不良学风无疑是一个反拨。想到这里，我不禁对王佐良先生的诗人气质和理论前瞻性更加敬佩了。

我的导师王佐良

高继海

（河南大学外国语学院）

2016年是王公一百周年诞辰，7月16日，北京外国语大学举行纪念王佐良先生百年诞辰及学术思想研讨会，我得以再次回到母校，品味20年前跟随王公读书的日子，见到不少当年的老师，备感亲切。能有王公作为老师，是我一生中最大的幸运。

和王公结缘起于考博。1982—1985年，我在河南大学外语系读英国文学硕士，师从美裔华人吴雪莉（Shirley Wood）教授，毕业后留校任教。我认真工作，勤于思考，获得了学生和同事的好评。当时河南大学外语系与美国的李氏学院（Lee College）有交换项目，每年有2至3名教师到那里进修，我曾想通过这个项目出国深造。可是经过多次询问，我意识到成功的可能性微乎其微，于是决定考博。既然不出国，就要考到最好的外语类院校，得到最好的指导，因此我选择了北外，选择了王公。1992年，我抱着试试看的态度报考王公的博士。我深知王公的敬仰者众多，根本没有指望能够考上，所以事先也没有与王公联系。后来接到复试通知，给了我莫大的鼓励，也是在复试现场，我才第一次见到王公。

复试的场景至今历历在目，记忆犹新。除了王公，面试委员会还有李赋宁先生和胡文仲先生。胡文仲先生让我说出康拉德小说中，叙事人马洛的作用。我硕士论文就是研究康拉德，因此对这个问题并不陌生。我回答，康拉德使用马洛这个叙事人，主要作用或目的是为了拉开作者与作品观点之间的距离，不至于让读者认为作品中表现的观点就是作者的观点，以避免福楼拜在《包法利夫人》出版之后遭遇的情境。胡文仲先生对我的回答很满意。李赋宁先生问的是莎士比亚《威尼斯商人》中夏洛克的形象问题，我因为读过这个剧本，做了简单答复，李先生也首肯。王公主要询问我以往的学术背景，读过什么书，对某些书的内容如何理解，等等。我一一答复之后，也借机问了一个笔试时感到困惑的问题：王公出了一道英国诗人罗伯特·布朗宁的诗 *Parting at Morning*：

> Round the cape of a sudden came the sea,
> And the sun looked over the mountain's rim;
> And straight was a path of gold for him,
> And the need of a world of men for me.

我理解为青年男女的分别，男人要去闯世界，女子送他，就像中国的民歌《走西口》唱的那样。可是这样理解，最后一句就解释不通，但不这样理解又难以想出其他的解读。所以我特意向王公请教。王公说，关于这首诗，布朗宁自己有一个解释：不是恋人的分别，而是一个人告别故乡。诗中第三行最后的那个 him，不是指男人，而是指太阳。王公一言就拨开语言的迷雾，令我豁然开朗。王公又接着说，我那样理解也是可以的，很多人，包括他本人，初次读到这首诗时也是这样理解的。他这样说，对我真是莫大的安慰。

能被王公录取为博士生，对我来说是意外的惊喜和幸运，也备感压力。我想真正做出点什么，不辱师门，不让王公失望。王公严于律己，一心向学，对待学生，他也是这样要求的。王公带的博士不多，我入学时，师兄杨国斌已经毕业，但仍在修改他的博士论文。

他的选题是刘勰《文心雕龙》英译。他曾多次与我谈到这个题目难做，谈到王公对他的鼓励与鞭策。入学之后，王公告诫我，要潜下心来，耐心读书，不要被不良风气左右，急于发表论文。他让我列出一个读过的书的清单，然后要求我每周读两本英文书，并就其中一本写出一篇 3000 字的英文读书报告。王公当时是北外外国文学研究所所长，兼任《外国文学》主编。外文所当时有一台电脑，硬盘容量是 40M，使用的软件叫 Word Perfect 5，软盘 1.2M，我和其他几位博士生轮流使用。至今仍然清楚地记得，那是我第一次使用电脑，不熟悉操作，更不知道可以使用纠错功能，所以打印出来的读书报告错误百出，也没有仔细检查就上交了。王公把我叫到办公室，拿出我写的读书报告，上面用红笔批改得密密麻麻。看到学生这种态度应付作业，老师的失望和愤怒可想而知，但即使这样，王公也没有声色俱厉地质问我，只是微笑着看看我。我感到无地自容，真想找个地缝钻进去。此后每写完读书报告，我都要在打印之前认真看一遍，打印出来之后再认真看一遍，确认没有错误了才上交。王公为人认真，总能在适当的时候给我引导。如果没有王公的推荐，我恐怕不会读完伊夫林·沃的小说，也不会想到博士论文就研究这个作家。

　　说起王公，印象最深刻的就是他横溢的才华和渊博的学识。王公对英国文学的热爱发乎于心，融入骨髓。整首整首的英语诗歌，从彭斯到雪莱，从华兹华斯到拜伦，他都信手拈来。整段整段的莎剧，也是不在话下。王公不但读诗、吟诗，更能品诗、译诗、作诗。王公本人就是一个诗人，所以他读诗，总能读出诗的韵味，鉴赏诗，总能分析出潜在的意义。先生品诗，不拘泥于窠臼，读一读他的《英国诗史》，我们就明白他对英国诗歌见解的独到和深邃，我辈听之，如醍醐灌顶，茅塞顿开。先生译诗，撷取精粹，贵在诚挚。

他翻译了自己最喜爱的诗人彭斯的诗，评论彭斯时说："原来彭斯的天才是多方面的，而其最可贵的品质来自民间。人人熟悉的民间问题，古老而又新鲜的民间说法，经久耐唱的民间曲调，有活力的民间方言，这些经过彭斯的吸收和提高，形成了一种非任何文人所作能比的真诗歌。"其实，王公的语言正如他眼中的彭斯一样，也是十分朴实，十分接地气。他特别注意遣词造句，特别注意用词的精确性，特别注意意境的制造、气氛的渲染。大概这是每一个诗人的基本功吧。王公著作等身，他的文字简洁明快，富有感染力，表现真情实感。他就像一个武林高手，大道至简，至于无形，简单几个招式，就将心中所思诉诸笔端。然而，正是这种不事浮华的诚挚，让王公的作品更加富有元气。听徐序师母说过，王公有一本自己写的诗集，未曾发表，"文革"时期，为避免引来灾祸，付之一炬，实乃憾事一桩。纪念先生的日子里，我们不妨读一读他的《心智的风景线》，细心体会先生的诚意之作。

王公为人低调，待人谦和。他辞去北外副校长的职务，专心学问，不为名利所累。先生的谦和不仅限于同侪，更在于后辈。20多年过去了，先生对我的关心、教诲，至今历历在目。这位众人仰慕的大家，很多人不敢轻易叨扰。我在报考王公博士之前也是一样，自觉太过渺小，甚至都没有勇气主动去联系。被录取之后，我到他办公室汇报读书情况，看到先生谦和的笑容，我立即放松下来。后来，听他讲解文学、谈做人的道理，先生的耐心细致、对我的生活和学习无微不至的关怀，让我数度感动得落泪。有一次，一位河南大学中文系的青年教师慕名前来拜访，在他办公室门外等候，让我进去问问可不可以见面。王公与这位老师素昧平生，而且正在伏案写作，但是听说这位老师在门外等候，批评我不该这样，吩咐赶紧把人领进来，与他谈了近半个小时。

能到北外跟着王公读博，河南大学也对我另眼相看。河南大学的负责人非常重视人才培养和引进，负责人事的副校长每年中秋节一定带着人事处的同志到北外看望我，如果可能的话，也希望能够拜见王公，请他一起吃饭。王公乐意了解地方高校的情况，但从未赴宴。当时河南大学外语系正在努力申报英语语言文学博士点，而王公就是国务院学位委员会外语学科评议组的召集人。我把河南大学外语系申报博士点的材料拿给王公，王公认为以我们的师资条件、科研条件，申请博士点是不成问题的。1994年国务院学位委员会外语学科评议组开会，王公没有看到河南大学外语系的申报材料，特意询问工作人员，还是未能找到河南大学的材料。王公给我打电话，询问情况。我立即打电话给学校，学校也莫名其妙。事后才知道，当时河南省主抓教育的副省长为了确保郑州大学上博士点，专门跑到北京，把河南大学的申报材料撤下了。在那个年代，这种以行政手段干预学科发展的事件屡屡发生，我们只好自认倒霉。校领导、系领导对王公的关心很是感激，嘱托我给王公买些东西送去。第一次王公接受了，第二次就拒绝了。王公语重心长地对我说，我孩子在国外，不缺这些。你好好读书，做好论文，就是对我最好的报答，是最令我高兴的事情。如今我当了15年的博导，对于王公当时说的这些话，感受殊深。

王公凡事亲力亲为，关心学生却从不麻烦学生。王公的儿女多在国外，他在北外西院有一套房子可以临时休息，平时多住在清华园的家里面，家里还有一个患癫痫病的儿子，我称呼他四哥，需要师母照料，定时给他吃药。我跟随王公读书近三年，除了偶然帮助王公查阅资料、核对索引之类，王公从不要求我帮助做任何家事。相反，每逢节假日，师母还会让王公邀请我去家里吃饭聊天。王公写的东西，很多都是经过师母誊抄后才送到出版社和杂志社的。因为王公文思泉涌，写起来很快，字迹不甚清晰，只有师母能够辨别他写的是什么。先生病重期间，在监护室打点滴，看我深夜守在床边，几次对我说："我不要紧，夜深了，你去休息吧。"先生不顾自己的病痛，反倒询问关心我的学业和生活，先生之恩情，此生铭记。

我时常想，王公是一个唯美主义者。印象最深的是他的一句话：Literature is not for you to learn, to study, but for you to appreciate. 他偏爱浪漫主义文学，尤其是济慈的诗。他在西南联大读书时，受教于威廉·燕卜荪，对燕卜荪的《七类晦涩》情有独钟，而且与同学穆旦交情颇深，在穆旦去世后写了悼念他的文字。前几天再读王公的《牛津剑桥掠影记》："1949 年 8 月，我离开牛津的时候，没有想到能重来。现在，虽然隔了三十三年，我毕竟又出现在墨顿学院的门口。"在这篇文章中，王公回忆了他在牛津读书的情景，感谢他的老师 F. P. 威尔逊教授对他的教诲，大到如何读书，小到如何确定论文选题，等等。王公曾经跟我谈起他当年的论文写作，还让我看过他当年的学位论文"The Literary Reputation of John Webster"。他说威尔逊教授要求他文章既要写得确实，又要写得有文采："文字不枯燥才是本领。"我们读王公的书，从来都是饶有兴趣，从来不感到枯燥。老师的要求，他真的做到了。

由此我联想到北外，这个接纳了我，滋养、丰富了我学术生命的国内一流高校。每次走进这个校园，我都被一种幸福感环绕着。从这里出发，后来我又到了很多地方，英国剑桥大学、美国哥伦比亚大学等，这些名校纵然很好，但于我，并没有特别的感情。唯有河大和北外，是我生命中最重要的两所高校，无论我身在何处，无论我身居何职，都是我魂牵梦绕的地方，是我灵魂的栖息地。感谢母校培养了我，今年又给我一个回家的机会；感恩王公悉心教诲，今天又给我们一个相聚的机会，使我见到了很多老师，陈琳先生、王家湘先生、张中载先生、胡文仲先生、何其莘先生。尤其是何其莘先生，在王公病逝后接替他指导我的论文写作，并且在后来给予我很多指导与帮助。陈琳老师的发言十分令人感动，他为《王佐良全集》写的序言感人肺腑，发人深思，是我读过的最好的序言。张中载老师、胡文仲老师、何其莘老师的发言都情真意切，让在场的人们感受到他们对王公的深情厚谊。在这里我衷心祝愿各位老师健康长寿。

王佐良先生琐忆

李 铁

（北京外国语大学外文所）

我调到北外的外文所时间不长，不过是王佐良先生谢世前四五年的事情。经一位在外文所工作的友人的介绍，去见了先生第一面。我有些紧张，至于话讲得总不达意。他很从容，谈笑着几乎愉快起来，而且推心置腹如对故人。我暗暗地感激他的细致和体贴，也暗暗地观察这位《一朵红红的玫瑰》的译者。是的，正在进行谈话的时候却在心里默诵对方的译作，的确是个奇异的体验，似乎实现了的愿望一定要迫不及待地唤起关于这个愿望的记忆。而我那时的记忆，不知出于什么样的感受，毫不迟疑地就选中了这首诗。两年以后，在一次纪念彭斯的座谈会上，我亲耳听到他朗诵了这首诗，悠远浑穆而一往情深，可是神情竟然显得有些孤独，声音也仿佛隐含着独擅千古的一缕惆怅。再两年，在先生遽归道山的那个冬夜，听两位友人追述起先生的平生，其时我的耳边不知不觉又响起了他朗诵这首诗的声音，那神情也同时鲜活地浮在目前。学者的、教育家的王佐良先生，就是这样一直被我视作诗人彭斯的异代知己，长久地留存在我的记忆中。

那次见过先生以后，我又按要求交给他两篇习作，中英文各一。不久，调动的事就算定了下来。但是那时还不比现在，人虽然到了学校，调动的手续却格外繁复。这期间只要见面，他就会询问一番，甚至有几次还正在说着，他就拿起电话找主管部门的人催办此事。当我试图要阻拦的时候，他只是微笑着向我摆手。虽说是催办，他的语气其实非常委婉客气，商量正事，也不忘寒暄琐事，绝无时下流行的名人架子和学者脾气。对此我当然心存莫大的感激，同时又怀有另一种复杂的心情，一种不能算是零星的不快，为他，也为我自己：我一直很后悔没有勇气向他反复申明，我其实并不希望他如此，因为我毫不怀疑，假如是为了他自己，则再迫切再困难的事情，他也未必一定愿意打这样的交道。

然而，也就是在先生的过问下，拖了两年来的各种手续终于全部办妥了。此时我早已参加了《外国文学》的编辑工作，并一面协助编校5卷本《英国文学史》。刊物和书的主编同是先生一人，于是来往渐渐多起来，有一度甚至很频繁，每周都要见他一两次，因为协助他处理日常工作的一位同事去休产假了，她的事暂时都移交给了我。所谓移交，其实也没有什么明确的分工交代，所里向来就是这样，类似某种相对松散的责任制。就是说，先生的公私事宜并不由我包办，比如为他挂号取药的是一人，联系处理校内公务的又是另外一人。我的事情不算多也不难办，无非是借还一些书籍，收发一些信件，查找一些资料，安排一些和文学史写作有关的会议之类。有一次需要代他去走访一位北大的老友索要一份文稿，他就取出纸笔，详细写明电话和地址交给我，然后又叮嘱什么时间打电话合适，去了以后要待多久为宜，务必要代他问候，等等。"他或许会坚持送你出来的。不过，他身体不是很好，还是请他不要出门吧。"他说这话的时候，笑容里仿佛还带着几分对我的歉意。

去见先生总是在周三上午，起先是在他的办公室，办公室退还以后改在他学校的宿舍，有时则是在清华园他的家中。大多时候只谈他交办的公事，说了就走，并不滞留。偶尔也闲聊片刻，往往是他说我听，他问我答，然后看看没事也就尽早告辞了。如今回想起来，那几年间我竟然很少有向他请教提问的时候，原因很简单：一是不愿耽误他太多的时间，先生在生命的最后几年里愈发勤奋地研究和著述。二是不知道该问些什么，这后一点包括不知当问不当问的意思。譬如：我很好奇他年轻时如何恋爱；是否好饮；为什么作起新诗来的，对少作评价如何；从北平到香港再到蒙自、昆明的一路上有过什么奇异的经历见闻；或者那些今日已卓然成家的他的旧雨新知们孰高孰下；甚或他曾师事的那些文化名人都有怎样怪诞的行止；等等。然而深恐有所不敬、不便而终于未曾开口。至于学问一道，并非不想请益，实在因为差得太远，无从问起。可惜山川不改而人事不能久常，今兹再想弥缝此失，也已然不可复得了。

而此之一失，还有更为可惜的一面。记得有一天，是在清华园他的家里，我曾问起他是否有写回忆录的打算。他想了想，回答说写回忆录也许自己还没有资格，但有几位师友确实应该好好写一写，有的写过了，还嫌不够充分。可是暂时还不会动笔，"因为很难写"。我理解他所谓难写不是什么托词，知人论事而能周悉中肯诚然不是一件容易的事情。大自一个时代的治理治乱、盛衰消息，小至一个人物的胸次怀抱、喜怒哀乐，必求做到了然于心，否则即难免隔膜肤廓之失。然而正是在这里，先生实有他得天独厚的条件：他是渊博的学者，出入中西，亦文亦史，尤其对于史的原则和识的路径有体大思精的实践。他又是散文名家，多年来笔耕不辍，形成了自己简劲高旷的独特风格。最为难得的是，先生一代学人是直接秉承五四以来新旧两种文化遗泽的最后一代，对那个时代的人和事皆所身历，濡染良多，一旦发为文章绝不会托诸空言。我相信也许不待我问，先生早已经在酝酿着了吧。不料《广陵散》未及奏响而人已云亡，只留下一篇怀念诗人穆旦的名文，来提醒我们文化上的某种损失有时正系于一身。

先生未竟的事业，我想，除了他自己的著述，还应该包括他在学术上和精神上对后学所能产生的巨大影响方面。在他长期主持工作的外文所内,一种特殊的氛围,或者说学术气象,仿佛也随着他的去世而风流云散了。甚至在所里不定期举办的学术研讨会上突然不见了他的身影,也是一件让人很不习惯的事情。

那时,这样的研讨会每月至少有一次,频繁的时候每周都有。先生邀请所外的人来讲,也鼓励在所内工作或学习的人讲。讲的人有中外名家,也有在某个领域内学有专长但名不见经传的年轻教师。听众则不限师生,无论专业,海报常常是提前几天就张贴在学生所必经的食堂门前的报栏上了。先生曾反复强调,学英美文学的人胸中要有世界文学的全局和中国文学的一点根柢,不如此不能取精用宏,进而通达贯综,有所创新。为此他多次延请不同语种学科的专家学者来做专题讲座,诚可谓用心良苦。有一次他专门请了北大的袁行霈教授来讲唐诗,结果自然是听起来有些茫然。但先生所贵重的、所欲经营的,正是这种熏陶之功,这种人文环境的不可替代的潜移默化作用。由此还可以进一步窥见他对于文学,乃至文化的独特见解,以及他对于外国文学研究者的要求标准。

我最初就是在许许多多的这样的场合得以领略先生不俗的学识、性情和谈吐。旁观默识也是一时快事,先生雅范往往能默默无言施教于人。他从不作皮相之谈,而且总是能够用平易自然的语言道别人所不能道,或者虽然明了而仍不能道的那些。就是说,有言外之意,无意外之言。他的提问也十分别致,不像是提问,倒像是商量。轻松地、愉快地娓娓道来,或若不经思地旁征博引,连类而及,而这当中也就渐渐地显现出极强的针对性,无论是对发言者还是对听众都启发悬至。我常常觉得,先生虽然无意,但确已通过这一过程将他经年积累的治学门径和思考方法传授给了我们这些后学晚辈。可说来惭愧,限于资质,我能够领会和把握的终究不过一点皮毛,这却是另外一回事了。先生有时也发议论,也月旦人物,但毁誉所在,仍然只是文章的得失,绝不牵涉题外的是非。每到这时他的语速就会突然慢下来,似乎在斟酌字句;神情也变得凝重,似乎很费踌躇,其结果就只剩下了寥寥数语。不记得是在什么场合了,有谁讲起了一位正在走俏的老辈散文家,先生沉默了片刻,说道:"他,文章是老到的。可是,酸。"

然而,这些浮光掠影似的断片描述,实际上去先生本身的气度还很远。我认为先生的真实性情,在那种略显矛盾的气度中体现得更加充分,只是笔墨很难摹状。试言之,也许可以暂且称为统摄和兼具的气度:统摄外象内质、人情事理;兼具热烈冷峻、富丽平易,因此而能随物赋形处挥洒自如,不特求异时也不苟同,虽待人以始终一贯的宽仁谦冲,却骎骎然有高逸之风。苏轼论文"行于所当行,止于所不可不止",先生文章如此,言行亦然。抛开我不容置疑的孤陋寡闻不计,这样一种独特的文化气质和魅力为我平生所仅见。我猜想,有这种感受的,我应该不是校园中唯一的一个。

周珏良先生在世的时候,研讨会他几乎是每次必到,来得比较频繁的还有李赋宁先生和吴景荣先生。按说这几位白发老人的交情已有半个世纪不止,可还是要在会前寒暄数语,客套得几乎多礼,散了会又要频频致候相送。前辈流风遗韵于此可见一斑,而对这种场景的记忆恐怕也是我不时怀念起这些研讨会的一个重要原因。

我从而又记起外文所在颐和园苏州街的一次春游:远远地见到王佐良和周珏良两位先生从一个仿旧的小竹楼上走下,沐着春风,仍在专注地谈论着什么,据说已小酌了片刻。我不禁想到,所谓的文化景观恐怕不能是周遭那些既费且陋的赝品楼榭,而是远处那两个已经有些蹒跚的、穿着素朴的身形。往昔旧事我当然所知甚少,但仅以当时所见而论,我确信那就是沧桑劳顿的人生中最宝贵的一刻,是翻覆沉浮的世事中最纯粹的一面，是为真诚所联结、被共同的事业所推动、经岁月而弥笃的友谊。我那时所看到的不是两位学问家，而是普通的相交一世的老朋友。

研讨会到了1994年初那段时间突然少了起来，以至于稀少，原因或许是先生已经辞掉了，或是被辞掉了学校中的所有职务和兼职，他不再是外文所的所长了。我起初听到这消息以后很惊讶，因为先生那时身体仍然健朗。打听为什么，结果是不得要领。然而不久就通知我去帮他腾办公室，又打听为什么，结果是语焉不详。我和先生的两位高弟去买了一打纸箱，在办公室门口给书籍打包。先生自己则在写字台的几个抽屉间徘徊着，并不时朝这边指点几句。忘记是谁问了一句什么，先生于是指着捆好的一堆书箱笑着说："其实，这些是最没用的东西了。"我那时听了并不以为意，平日读书看报也常见老先生们皓发书叹，虽起因不同，达观清明的心态则略无大异。甚至毋宁说，这恰恰是以一种类似狷狂的方式在坦露一颗独异的、执着的、虽九死而不悔的赤子之心。也许这是个不太恰切的比附：吕晚村评周亮工焚书之举，以为是"有所大不堪于中"，"是以惜其书不如悲其志也"。我不敢妄加揣测先生当时有怎样的"中"和"志"，但如果把先生的感慨和他教书育人、勤奋著述的一生相联系，则似乎可以认为他和许多老一辈学人一样有未竟之志在：小而言之是他在自己的学术上还有更高的追求，大而言之在于他对祖国文化前途的关注和对后来者的期望。

十几箱书籍连同一个旧书架统统搬到了他的宿舍，我也从此告别了那间不大的办公室——有一两次在门前走过，已经面目一新了。先生去世之初，我有几次是特意拐个弯儿，从办公室窗下那条小路绕过去。再往后，经过那里却是无意间了。但每次从窗下路过，总会想起先生的那番感慨，而每念及此又总会多少觉得意有不适，深感用事者的举措有时当真是莫测高深。以校园之大，楼屋之众，冗员之多且滥，机构之繁且复，何以偏偏缺少这除了书籍之外一无长物的十来平方米呢？但近来却连这类莫名其妙的疑问都消失了，并且还能肯定，如果一定要问，结果一定仍然是不得要领，语焉不详。

搬出办公室以后先生仍然到校，只是把原来的每周三次改成了一次，就在那间一室一厅的宿舍里继续办公。时间这样一集中，事情也就显得更多，人也都凑在了一起。每次抱着一大摞书籍刊物信件之类去他的宿舍，差不多正赶上他在给学生交代课业，待到我离开的时候，又有别的访客在等候着了。然而他似乎并不觉得疲累，从始至终还是像以前那样神清气朗。如果单看他的精神状态和办事效率，很难想到他已经是年届八旬的老人了。

我偶尔需要到清华园他的家里去见他，也就是这段时间，常常是临时有什么事打电话约定的。开门的永远是先生的夫人徐序老师，后面才是先生从书房里缓缓迎出来，他似乎永远都在伏案读书和写作。徐老师和先生一样热情，但比先生多了几分慈祥，而且，像她那个年龄的人很少有她那样好看的笑容。她总是先送过来一杯茶，然后才去忙别的事。告辞的时候她一定起身来送，也不问我来究竟为了什么事情，她总是要说"谢谢你"。

也就是一个月前，为了商量纪念文集的事又和所里的一位同事去了一次清华园。书房的门关着，我也没想去打开看看，想必，先生未及翻看一页的三联版《金庸全集》还堆在原处吧。屋里简陋的家具陈设和先生在世时几乎一样，只有那几瓶洋酒从破沙发右侧一个高得离奇的柜子上面移到了里面，旁边还摆放着刚刚出版不久的 5 卷本《英国文学史》中的第 3 卷。文学史的思考和写作是先生晚年的名山事业，不知剩下的两卷什么时候出齐。徐序老师，几年不见也愈发地衰老了。

平易、真诚、开放：王佐良教授的学术境界与风格

杨国斌

（美国宾夕法尼亚大学）

一

先师王佐良教授，1949年9月留学英国后回国，在北京外国语学院任教治学，直至1995年去世。在北外及外国语言文学界，大家都尊称他为王公。他是我的博士授业导师，所以我那时不直呼他为王公，而以"王老师"相称，先师母徐序，我则称"徐老师"。

王公治学与写作，重境界与风格。他的文章和著作，常提到境界和风格。比如1987年出版的文集《风格和风格的背后》，1991年的文集《心智的风景线》和《英诗的境界》。1994年出版的《英国散文的流变》，虽然书名里没有境界或风格的字样，但整本书却完美演绎了他的学术境界与风格。《英国散文的流变》是一本渊博的学术著作，但他的渊博与深邃，以平易、真诚和开放的风格表达出来，让读者感到亲切而不会望而却步。这也正是王佐良教授的学术境界与风格的核心。下面，我先简单回顾我随王公读书学习的过程，再以《英国散文的流变》为例，来具体说明王公的学术境界与风格。

1988年秋季，我开始在北京外国语大学跟随王公读博士学位，专业是英美文学，主攻方向是文学翻译。据国内翻译界学者研究，王公是国内第一位招收文学翻译博士研究生的教授。我毕业的时候，便也成为大陆第一个文学翻译的博士。我入学时，王公正在撰写多卷本

《英国文学史》。在写作过程中，他一直有意识地研究和借鉴中国文学史写作的传统。这也是他在那段时间跟我谈得比较多的问题。王公认为，中国文学史写作远在东汉班固编纂的《汉书·艺文志》中就已现端倪。南北朝时期刘勰所著《文心雕龙》具备了现代文学史的很多特点，王公推崇《文心雕龙》文采与思想并重，说刘勰的文学史观在他那个时代是超前的，有现代特征。《文心雕龙·时序》曰"文变染乎世情，兴废系乎时序"，说的就是文学随社会的发展而发展（《中楼集·文学史在古中国的先驱》）。

王公考察古中国文学史的先驱，是为探索当代文学史的写法。长期以来，他都主张写文学评论和文学史，不能本身没有文学味。1987年12月1日，他在南京开会期间，给他的好友、同在北外任教的周珏良教授写信讲到会上讨论的问题：

> ……更实在一点的也许是关于文学史写法的讨论。这次从英、美、苏联、民主德国、印度等国一直谈到我们中国，算是把文学史的各种写法展览了一下，虽说比较概略，但也有点启发。我的想法你是知道的，在这次会上也说了一下，人们的反映似乎是我太重文学性，而对科学性注意不够。唉，我多么不喜欢这个"性"字！而我所提的文学性，也不是当前西方和中国文论界所提的"文体性"之类，无非是希望看到文学史写得有点人情味和文采。为什么这些年来出的中外文学史都读起来像普通社论，谈文学而本身无文学味！我们的前辈并不这样，鲁迅和闻一多的文学史类著作都是很好的散文，甚至是抒情散文。文采当然并不等于堆砌美丽的辞藻，而是能有新见解，能从新角度看旧事物。

(《中楼集·与友人论文采书》)

二

我入学后的半年内,基本定下来博士论文做《文心雕龙》的英译。讨论论文题目的时候,王公跟我考虑了两条思路。一是研究文学翻译的理论,另一条路是动手做一个文学翻译工程,然后在实践基础上讨论理论。第二条路更具挑战性,也符合我的志趣,很快定了下来。下一步是选择翻译的作品。一开始考虑过翻译元杂剧,但是后来选了《文心雕龙》。一是王公那时候也在研究这本书,二是我在硕士期间跟周珏良教授上中西比较诗学课的时候,曾涉猎过一些国学经典的英译本,其中包括《文心雕龙》。《文心雕龙》那时候有一个完整的英译本和两三个日文译本。英译本的译者是施友忠,王公让我先研究下施的译本,同时学点日语,争取能看日译本。我学了两年日语,后来还真查阅了两个日译本。

选定做《文心雕龙》英译后,有很长一段时间是在做准备工作。一边研读《文心雕龙》的各种注释本,一边研究能找到的各种英译本和评论。除了施友忠的英译本外,还找到杨宪益、戴乃迭夫妇选译的五篇,另外有国外学者翻译过的几个零星篇章。开始翻译后,一边译,一边读17、18世纪的英国散文,我感觉那时期英国散文的典雅比较接近我想象中的英文版《文心雕龙》。这种阅读,是为了寻找一种语感。

翻译的过程很艰苦,如果没有王公的鼓励,我很难想象自己可以坚持下去。我的做法是先捡最喜欢的篇章翻。每译完一篇,就拿给王公看。他都会仔细修改,然后跟我讨论。这个讨论的过程,也是形成我的翻译原则和风格的过程。比如我在1991年12月4日的日记中记载:"王公告:译《文心》,一不要用太时髦的词,二尽量贴近原文。"到1993年的时候,《文心雕龙》全书的50篇中我翻译完成了30篇。

王公说 30 篇做博士论文足够了，再写一篇理论性文章放在译文前面，即可答辩毕业。那是在周珏良教授去世后不到一年，周公的去世对王公打击很大。他们二位同龄，在清华和西南联大读书时就是好友。1947 年王公去牛津大学读书，周公则去了芝加哥大学，1949 年两人归国后又一起在北外任教。他们应该是世间少见的知音知己了，所以在周公刚去世后的一些日子里，王公的精神也大受影响。当时王公跟我说翻完 30 篇《文心雕龙》可以毕业的时候，我在想他内心可能有一种对生命的危机感，因此希望我抓紧时间，顺利毕业。但他嘱咐我要在毕业后坚持把剩下的 20 章翻完，一定要出一个全译本。如果当时王公不这样叮嘱，我很可能毕业后就把《文心雕龙》的翻译给放弃了。之所以后来坚持完成译作，是因为我一直把王公的话当作他的遗愿来完成。遗憾的是，王公未能见到我的译本的出版。

王公做学问，重视文字功夫。他多次跟我说，不仅要写好英文，中文也要写好。他本人对中英文的写作，常常是认真地推敲文字。但王公推崇的文字功夫，不是花哨的文字，而是有内容、有思想的文字。他在写作《英国散文的流变》的过程中，翻译引证了大量原文，有时候会把译好的片段拿给我看，问我某某词的用法是否合适。他也有意识地锻炼我的英译中能力，给了我若干篇英国散文让我译成中文，帮我修改后，署我的名字，收入《英国散文的流变》。受王公影响，我在翻译《文心雕龙》的过程中，对一个词句的翻译往往会琢磨很久，反复吟诵，努力捕捉节奏和语感。

《文心雕龙》的翻译工作能坚持下去，除了王公的鼓励，也得益于王公精心培育的学术环境和学术共同体。这个学术共同体里面的许多师友，都曾给我的研究以支持和帮助。作为北外外国文学研究所所长，王公非常注重以外文所为中心，培养开放、活跃的学术气氛。有很长一段时间，他定期在外文所主办小型学术讨论会，并亲自主持。做报告的，既有外校学者，也有本所和北外的教师。印象比较深刻的，是他请北大中文系的袁行霈教授讲过一次，我因此才接触到袁教授的唐诗研究。外文所的李德恩、姜红、王伟庆、李铁诸友都做过报告。王公自己也讲，有一次王公讲的题目是"文学史模式问题"。出海报前他特意嘱咐，这个题目里不加"的"字。可见王公对语言的敏感与认真。

在这样学术气氛浓郁的环境中，名师与青年才俊济济一堂，个个都是风度翩翩，清新俊逸。置身这样的环境，做研究就会感到格外愉快，有动力。学术讨论会上的常客，除了外文所的人员还有英语系的周珏良教授、胡文仲教授、张中载教授、何其莘教授及青年教师侯毅凌等。也会常常在楼道里碰到楼上外国语言研究所的许国璋教授和他的高徒王克非，以及语言所的姚小平教授。克非兄跟我住同一栋筒子楼，来往更是频繁。大家都不时问起或谈起《文心雕龙》翻译的事情，对我是无形的鞭策。根据日记记载，有一次许国璋先生来外文所的电脑室敲门（我在那里帮王公编多语种的刊物《文苑》），他开门进来直接问我："《文心雕龙》开头第一句'文之为德者大矣，与天地并生者何哉？'，'并生'怎么译？"我紧张了一下，还没反应过来他就自问自答说："我要译为'coeval with the world'。"恰巧王公也跟我说过可用"coeval"。还有一次许老跟我说："你们王公，英文的确写得好，不能不承认，因为王公的英文'not labored'。"看过王公英文文章的读者一定会赞同许老的概括。王公的英文，跟他的中文一样，虽然写的是学术问题，但轻松自然，毫不费力，从来不用空洞抽象的概念。

外文所的讲座有时候也有国外来的学者。当时有一位英国约克大学英语系的研究英国中古文学和英国小说的教授菲丽帕·崔斯特瑞姆（Phillipa Tristram，Pippa）在北外英语系教书，跟王公有交往。王公请她在外文所做讲座，介绍我认识她。王公说 Pippa 的英文写得好，让我多向她学习。我博士毕业后于 1994 年夏出国，王公 1995 年初过世。1995 年夏，Pippa 从英国国家学院（British Academy）帮我申请了一小笔研究基金，邀我从美国去约克郡她的家中度过了三个月的暑假。正是在这段时间里，我完成了《文心雕龙》全书的翻译。博士论文之后翻译的那部分，再不能请王公过目。Pippa 主动提出帮我修改了这部分的译文，也是像当年王公给我修改一样，我在她家里每翻完一章，就拿给她看。她会一边读，一边提出无数问题。因为她不懂中文，所以比王公提的问题多。如今每当我想起这段经历，都唏嘘不已，感觉冥冥之中，仿佛是王公生前做出的特别安排。

三

王公的研究和写作，我参与比较多的是《英国散文的流变》（以下简称《流变》）。下面就以这部著作为例，谈谈王公的学术境界和风格。《英国散文的流变》是一部绝世之作，经典中的经典。王公写作的过程非常精心细致。总是他写好手稿，再由师母徐老师抄在方格稿纸上。王公跟师母的笔迹都十分娟秀，现在想起来仍历历在目。《流变》的写作，充分实践了王公心目中理想的文学史写作：既有思想，又有文采。整本书的风格可以归纳为平易、真诚、开放。王公对英国散文之熟悉，对各类散文涉猎之广，非一般人可比。但这样渊博的文学史知识，他却跟聊天一样，边讲边随手摘录各类散文中的精彩段落展示给读者。用俗话说，举重若轻，大师风范。这就是王公的学术境界与风格。

《英国散文的流变》重笔描述的，是英国散文中的平易传统。什么是平易传统？王公在《流变》的第八章写道："平易问题的关键是要清楚、准确地表达内容，不要因词害意；同时，这也要求内容是值得表达的，最好的平易文章是有新思想、新看法。"王公看重的是有思想的内容，有了好的思想，用自然、恰当的语言表达出来就是好文章。他在书的第二章讲文艺复兴时期的散文，他说在这个时期的散文写作中，科学家开始介入，科学家为散文写作带来了朴素、自然的说话方式。1660年成立的英国皇家学会要求全体会员：

> 用一种紧凑、朴素、自然的说话方式，正面表达，意思清楚，自然流利，一切尽量接近数学般的清楚，宁用工匠、乡下人、商贩的语言，不用才子、学者的语言。

王公认为这是一个"空前革命性的主张"，表明"散文能否写得清楚不是一件小事，关系到思想文化的全局，关系到将来社会的发展"。

当然，17世纪的平易跟20世纪的平易会有所不同，因为"平易的内涵随着时代而变化"。但不难看出，王公所推崇的平易传统，接近于普通人的语言风格，强调能够为读者所接受。但平易不等于平淡。他在第八章中又写道：

> 斯威夫特是主张平易的，但他也反对"平淡的措辞"和"大量平淡而无必要的修饰语"。笛福是最为平易了，但他的丰富的社会经验使他写得深刻。班扬是平易风格的第一个大家，但他有一颗不服从国教者的赤诚的良心和地上天国的理想，他的平易里包含着希望和愤怒，这样的文章是绝不平淡的。

平易的风格出于真诚。王佐良教授学术风格的第二个特征是对研究对象的真诚。洋洋多卷本，每本数百页的文学史、诗歌史、散文史著作，都像讲故事一样，娓娓道来，不拿一点架子，摒弃故弄玄虚的概念和理论，但思想之深刻却又非一般理论所能及。这是因为王公对待学术，犹如对人生，崇尚真诚。他与文本对话，再诉诸自己清澈的文字传达给读者，就像在跟朋友聊天。那是因为他心存至诚。如果说平易是风格，那么真诚则是内容。平易是文，真诚是质。先师之为人为文，没有虚华，是因为他重内容。有了深刻和新鲜的内容，平易的风格就不平淡。

关于如何做到平易而不平淡，王公在《流变》第九章的结束语中写道：

> 根据英文散文的发展来看，有一个比艺术更重要的因素，即散文所传达的内容。当内容是十分重要或说话写文的人有炽热的情感、道德感或新现实、新思想要传达的时候，则文章即使写得极为简朴也会吸引人的。班扬的不服从国教者的抗争热诚点亮了他的朴实散文；笛福的平易散文之所以有深度，原因之一是他能捕捉社会生活中的许多有意义的细节；科贝特的纪游之作之所以能放异彩，是因为他深知民间疾苦而心急如焚；萧伯纳的锐利则来自激荡 19、20 世纪之交英国社会的新锐的社会主义思想。

王佐良教授学术思想的第三个特征是思想的开放和视野的宽阔。在学术思想和风格上，有开放与封闭之别，有容纳型的，也有排他型的。思想之开放还是封闭，容纳还是排他，是真学术与伪学术之别。真正有益于社会的学术研究和思想，是开放的、容纳的，这也正是王公的境界。

作为外国文学专家、翻译家、作家、诗人，王公阅读的范围非常广。他大量阅读当代的中外文刊物，常常给我们推荐《纽约客》、《泰晤士报》文学副刊、《新政治家》等外文刊物上的文章。国内学者的文章，他最推崇费孝通和吴冠中。在写作风格上，王公主张在叙述中大量引用原作品，这样做既是对原作的尊重，也是对读者判断力的信任。《英国散文的流变》既是散文史，也通过中英文对照的原文摘录，全面地展示了历代英国散文的风貌。其中所选篇章十分精当而丰富。例如第六章讲到历史家麦考莱的散文，王公摘录了麦考莱《英国史》中描写17世纪80年代伦敦情景的片段如下：

> 外国人认为伦敦不同于其他城市的特别之处在于它的咖啡店。咖啡店是伦敦人的家。人们想要知道在什么地方可以找到一位绅士，一般不问他住在舰队街或法院巷，而问他常去的咖啡店是"希腊店"还是"彩虹馆"。只要能在柜台上放下一个便士，谁都会在那些地方受到接待。但每一等级、职业，每种宗教或政治派别又都各有自己的中心。圣詹姆斯公园附近的咖啡店是纨绔子弟聚会的处所，这些人戴着黑色或淡黄色的假发，大得盖住了头和肩，足以同大法官和下院议长所戴相比。他们的假发是巴黎货，浑身上下的装饰也是法国产品，从绣花的上衣、有流苏的手套直到系马裤的丝带。他们谈话用的是一种特殊方言，如今已不在时髦社会流行；但还可在有趣的喜剧舞台上的浮华爵爷之类的口里听见。那里的气氛犹如化妆品商店。他们只喜欢香气浓郁的鼻烟，此外任何的烟都在厌恶之列。如果有一个不懂规矩的乡下佬敢于要店里人送上烟斗，那么全场的嘲笑和茶房们的不客气的回答立刻会使他觉得不如另走一处。而他也无须远走。因为一般的咖啡店都像卫兵室那样充满了臭烟味。外地人有时感到奇怪，为什么这么多的人愿意离开家里温暖的炉火去坐在永恒的烟雾和臭味之中。抽烟经常不断的是维尔咖啡店。它在考文特花园和波街之间，是文艺界的圣地。那里谈的是理想的赏罚和戏剧中的三一律。有一派推崇贝洛特和近代作家，另一派服膺波瓦罗和古

代经典。一群人辩论《失乐园》是否该用有脚韵的诗体来写,另一群听着一个充满妒忌心的蹩脚诗人在数说着《威尼斯之保全》的不是,认为该把它轰下台来。这里的顾客各类人都有:佩戴星章绶带的爵爷,穿黑袍白带的牧师,说话尖刻的律师,怯生生的大学生,穿破粗呢衣服的翻译和编资料的,等等。店里最挤的地方在约翰·德莱顿坐的椅子附近。冬天这椅子总放在炉旁最暖的角落;夏天它出现在阳台。向这位桂冠诗人鞠一个躬,听他谈拉辛的最新悲剧或波苏关于史诗的论文被认为是一种特殊待遇,至于拿一点他的鼻烟闻闻更是莫大荣幸,足以使一个年轻的崇拜者神魂颠倒了。

栩栩如生的细节,勾画了 17 世纪伦敦咖啡店的社会景观。对西方社会理论有兴趣的读者,可能会记得德国社会学家哈贝马斯在其名著《公共领域的结构转型》一书中也专门写到 17、18 世纪英国的咖啡馆。但哈氏的书里,缺少对咖啡馆如此细致的描述。而《流变》所引麦考莱这段描述,则充分展现了伦敦咖啡馆的盛况,尤其是不同阶层所光顾的咖啡馆的差别。这一段话,实际上弥补了哈贝马斯公共领域理论之不足。哈贝马斯认为,公共领域是各阶层人士以平等的身份、自由开放地交流思想的地方,17、18 世纪英国的咖啡馆是哈贝马斯心目中公共领域的理想类型之一。但是麦考莱关于 17 世纪末伦敦咖啡馆的描述,却说明伦敦的咖啡馆有明显的阶层划分,是不平等的。

王公所谈英文散文,不限于文学性散文,还包括科学家的文章,包括口述史甚至广播电视上的散文。他所关心的散文,是"面向社会、面向实际的文章"。比如对 18、19 世纪之交的散文家威廉·科贝特,王公赞其"用明快有力的平易语言揭露黑暗,攻击政府,拥有广大的城乡贫民读者"。"科贝特骑着马或坐着马车,从一个村子到一个村子,沿途看庄稼,查牛羊,问民生疾苦,作今昔对比。"(第五章)

王公看待文学和文化的发展,总是充满热情的期待和对新事物的好奇和接纳。他注意到计算机、录像机等新媒体技术可能会对语言,尤其是口语所产生的影响,同时也指出"文字自有它的特殊效果",将依然活跃。在《流变》的第八章,他说广播散文这一新品种的出现,具有"非凡重要性":

> 这也是人类历史上的一个重要变化。过去,我们的远祖从口头交流进入到书面传达是踏了一个大步,现在我们从书面文字又进入声音和图像的新天地,传递信息可以做到"即时",地球缩小了,人的知识面和娱乐机会却大大增加了。同时,也带来了新的嘈杂,新的庸俗,新的污染,对个人生活的新的侵犯等等不良后果。

王公对于新媒体对散文的影响的看法,是具有预见性的。21世纪互联网文化所面临的,不正是这种"即时"的声音和图像的新天地与新的嘈杂和新的污染并存的局面吗?

在《英国散文的流变》的结尾,王公总结说,"散文的未来是敞开的","散文的变化也将是无穷无尽的"。只有拥有敞开的、宽阔的心智风景线的思想者,才能写出这样大气的作品。所以说,王佐良教授的学术思想、风格,乃至人生精神,是开放、平易、真诚的。而这样的风格与境界,正是我们这个时代的文化交流、学术研究和科学探索最需要的风格和境界。

2020年7月6日于费城

1992年杨国斌（右一）答辩合影

致契合
——纪念王佐良先生百年诞辰

吴 浩

王佐良先生、许国璋先生、周珏良先生在北京外国语大学学术谱系中有着重要的地位,被概括为"王、许、周",在某种意义上也是北外学术史上的蓬莱三山。王佐良先生在中年时候即被同人尊称为"王公",盖因其博学多识而得名。

2009年至2015年间,我在北外外研社工作,创立外研社人文社科分社。在那6年当中,我们陆续策划出版了王公的译文著述《彭斯诗选》《论契合——比较文学研究集》《译境》等。特别值得一提的是,12卷530万字的《王佐良全集》,纳入国家出版基金项目,在2016年王公百年诞辰之日出版。为筹备王公百年诞辰纪念大会暨《王佐良全集》首发式,北外副校长孙有中教授嘱我为大会的纪念视频撰写脚本。

纵览王公波澜壮阔的学术人生,他有4个熠熠生辉的身份。

王佐良先生是伟大的学者,在外国文学、比较文学和语言学等领域都有着卓越的贡献。王公对英国文学史的研究和撰著是其外国文学研究方面最重要的学术贡献。他提出了建立具有中国特色的外国文学史模式的重要问题。他这样写道,"我感到比较切实可行的办法是以几个主要文学品种(诗歌、戏剧、小说、散文等)的演化为经,以大的文学潮流(文艺复兴、浪漫主义、现代主义等)为纬,重要作家则用'特写镜头'突出起来","又要把文学同整个文化(社会、政治、经济等)的变化联系起来谈,避免把文学孤立起来,成为幽室之兰"。此外，王公特别强调在编写外国文学史中要秉承历史唯物主义的原则："它会使我们把文学置于社会、经济、政治、哲学思潮等所组成的全局的宏观之下，同时又充分认识文学的独特性；它会使我们尽量了解作品的本来意义，不拿今天的认识强加在远时和异域的作者身上，而同时又必然要用今天的新眼光来重新考察作家、作品的思想和艺术品质。"王佐良先生用英文撰写的《论契合——比较文学研究集》被誉为中国比较文学领域的奠基之作。王公使用"契合"来描述各国异域文化和本国古今文化之间的彼此渗透、互相影响的关系。王佐良先生在英语文体学方面的研究成果大大充实了我国英语教材的内容。

王佐良先生是出色的翻译家。王公在翻译理论方面多有建树，在文学翻译方面也有着丰硕的成果。王公翻译的培根《谈读书》一文脍炙人口，成为中国翻译史上不可逾越的高峰："读书足以怡情，足以傅彩，足以长才。其怡情也，最见于独处幽居之时；其傅彩也，最见于高谈阔论之中；其长才也，最见于处世判事之际。……读史使人明智，读诗使人灵秀，数学使人周密，科学使人深刻，伦理学使人庄重，逻辑修辞之学使人善辩：凡有所学，皆成性格。……"时隔半个多世纪之后，张中载教授仍然清晰地记得王公在课堂上朗诵他翻译的彭斯诗句："呵，我的爱人像朵红红的玫瑰，六月里迎风初开；/呵，我的爱人像支甜甜的曲子，/奏得合拍又和谐。"在英译汉之外，王佐良先生还曾与外国学者合作，将曹禺的《雷雨》剧本翻译成英文，广受好评。

王佐良先生是诗人，是作家。他创作的诗歌一唱三叹、清新隽永。他晚年回忆西南联大师友燕卜荪、穆旦等的散文，娓娓道来，令读者仿佛重新置身"笳吹弦诵在春城"的峥嵘岁月。他在评论穆旦的诗歌翻译和创作时谈道："诗歌翻译需要译者的诗才，但通过翻译诗才不是受到侵蚀，而是受到滋润。能译《唐璜》的诗人才能写出《冬》那样的诗。"这何尝不是王公的夫子自道呢？王公本人的翻译和创作莫不如是。能将《谈读书》翻译成为中文翻译文学巅峰之作的学者，才可以在他的散文集《照澜集》《心智的风景线》《中楼集》中，浸润氤氲着培根那样的逸兴和神韵。王佐良先生的最后遗作是《谈穆旦的诗》，他纪念老友的诗歌人生，念兹在兹的是穆旦《赞美》中的诗句："一个民族已经起来。""一个民族已经起来"，这是包括王佐良先生在内的西南联大知识分子"以学术为志业"的终极追求。

王佐良先生是教育家。他早年在西南联大毕业之后即留校担任助教，自英伦留学归国之后长期在北外执教。对于教育，王公一贯主张："通过文学来学习语言，语言也会学得更好"，"文化知识和文化修养有助于人的性情、趣味、美德、价值标准等的提高，也就是人的素质的提高，这是当前教育界和全社会亟须加强的最重要的工作之一"。"桃李不言，下自成蹊"。王佐良先生的高足当中，大使、外交家有之，外国文学研究专家有之，外语教育名师有之，甚至更有之转型成为社会学领域的国际知名学者、亚洲基础设施投资银行的首任行长。

无独有偶，施蛰存先生是五四运动以来的知名学者，博古通今，学贯中西，在很多领域都做出了卓越的贡献。施蛰存先生晚年总结毕生功业，在于为读书界打开东、南、西、北四扇大窗。施氏四窗琳琅满目却又主题分明：东窗是指对东方文化和中国文学的研究，南窗是文学创作，西窗是对外国文学的翻译和研究，北窗是对历代金石文物和碑刻书法的研究。参照施蛰存先生"四窗"的比喻，王佐良先生在外国文学和比较文学领域的研究、外国文学经典的译介、当代文学创作和外国文学教育上的成就，不啻王公的"四窗"。

西谚有云：狐狸多知，刺猬一知。哲学家以赛亚·伯林借此把思想家分为狐狸型和刺猬型两种，狐狸型思想家兴趣广泛、思维发散，在颇多领域都卓有贡献，刺猬型思想家则专注一点，开创出严密的理论体系。透过王佐良先生的"四窗"，一窥先生学术思想堂奥。王公身兼二者之长，既有狐狸型学者的广博，又有刺猬型学者的精深。但正如散文创作中的"形散而神不散"，如何理解王公学术思想一以贯之的内在精神？"契合"二字庶几可以担当。

王公在《论契合——比较文学研究集》序言中即提纲挈领地概括契合的两层含义。契合首先在于中外互动："当外国文学的输入解决了本土文学的迫切需求时，本土文学就会应时而动，发生巨变，并同时与外国文学产生契合；而这时的契合就不仅是文学间，也涉及社会、文化、经济和其他方面。"契合又在于古今新旧的互动："倘若一种古老的文学与一种新兴的文学相遇一处，前者有着悠久而弹性十足的古典传统，后者又拥有富有创意的美学或激进的意识形态，契合与碰撞就会更加精彩。"

汤一介先生逝世前一年的冬日，我曾去朗润园寓所拜望，讨论先生英译学术文集的定名。汤一介先生彼时关注哲学上"中西古今"之争的主题，旗帜鲜明地提出：走出"中西古今"之争、会通"中西古今"之学，融"中西古今"之学、创"反本开新"之路。仍然记得当时我与汤一介先生、乐黛云先生热烈讨论，最后将先生译作定名为《走出中西古今之争，进入返本开新之境：中国现代哲学文化论集》。

回溯王佐良先生在《论契合——比较文学研究集》开篇高屋建瓴的论述，王公憧憬并为之鼓与呼的契合，就是走出"古今中西"之争的契合，是进入"返本开新"之境的契合。在某种意义上，这也是王佐良先生、汤一介先生这两座文学研究和哲学研究高峰在心灵上的契合。

在新冠肺炎疫情肆虐、国际社会撕裂的当下，重读王佐良先生《论契合——比较文学研究集》的文字，不胜唏嘘。向王佐良先生致敬！向王佐良先生的"契合"思想致敬！

庚子冬月，于京华洙泗濠濮

共铸学术精品，耕耘中外文苑
——王佐良先生与商务印书馆

王　立

（美国布朗大学图书馆）

一、导言：辛勤耕耘，卓越奉献——一位中国"文艺复兴式"学者

2016 年是令人难忘的一年，清华大学、北京外国语大学分别举行了纪念先父王佐良先生百年诞辰的一系列学术活动。清华大学外文系等单位于 2016 年 6 月 6 日联合举行了"全球化时代的契合：王佐良先生百年诞辰学术研讨会暨清华大学图书馆王佐良著作专架揭牌仪式"。本次会议展现了王佐良先生治学奉献的一生——"卓越为公清华志，才华奉献天下行"。同时清华大学校史馆和北外校史馆还举办了"卓越与为公：王佐良先生百年诞辰展览"。为了缅怀王佐良先生的卓越学术成就与重要学术影响，促进外国文学研究和外语教育的发展，北京外国语大学于 2016 年 7 月 16 日组织召开王佐良先生百年诞辰纪念系列活动暨"外国文学研究中的传统与创新"学术研讨会，包括成立王佐良外国文学高等研究院、发布《王佐良全集》、设立"王佐良外国文学研究奖"、举办"王佐良先生生平与学术展"等。

先父王佐良，浙江上虞人，外国文学研究专家、英语教育家、翻译家、作家和诗人。早年他毕业于武昌文华中学，1935 年考入清华大学外文系。抗战全面爆发后随校迁往云南昆明，在西南联合大学完成学业，1939 年留校任教。1947 年考取庚款公费留学，入英国牛津大

学墨顿学院,获牛津文学硕士学位。1949年回国,任教于北京外国语学院(即今北京外国语大学)。历任北外教授、英语系主任、副院长、顾问、外国文学研究所所长,中国外语教学研究会副会长,中国外国文学学会副会长,中国英语教学研究会会长,中国莎士比亚研究会副会长,学术期刊《外国文学》主编,多语种学术杂志《文苑》主编等。并任第六、七届全国政协委员,国务院学位委员会学科评议组外国文学组组长,国家教委高等学校专业外语教材编审委员会主任等。

他毕生致力于外语教育与外国文学研究事业,不仅为国家培养了大批优秀外语人才和学术精英,还为中国外语教学的学科建设和外国文学研究的发展做出了卓越贡献。他学术视野开阔,学识广博,对英国文学的研究尤其体大思精、成果丰硕。作为中国现代少数几位用英文撰写比较文化与文学研究论著的先驱之一,他以民族文化为立足点,吸纳西方先进的研究方法,形成了独特的翻译理论,且身体力行,翻译了多部佳作。父亲一生学贯中西,治学严谨,著作宏富,在学术领域卓有建树,奉献了近四十部高水平著(译)作,文思新锐而清越,风格平实而超凡,深受读者喜爱和推崇,被誉为当代中国一位"文艺复兴式"学者。

笔者有幸躬逢上述纪念学术盛会,抚今追昔,不胜感慨。很惭愧原先对于父亲的著作和学术思想所知甚少,只是近年来参与搜集整理他的生平和著作有关文献时才开始学习和探讨的。2017年8月,笔者参加了为纪念商务印书馆创立120年而举办的"商务印书馆与中国现代文化的兴起国际学术研讨会",赶写和宣读了论文《王佐良先生与商务印书馆》,深感荣幸。作为中国第一家现代出版机构的商务印书馆,自1897年创立以来,以"昌明教育、开启民智"为宗旨,引进西学、整理国故,编印出版各科教科书、工具书、学术图书,刊行各类杂志,兴办社会文化教育事业等,在建设现代教育制度、促进中西文化交流、推动近现代学术进步、促进社会观念更新、提升国民素质等方面进行了卓绝的努力，成为中国现代文化兴起的重要引擎，为推动中国现代化事业做出了独特贡献。

本文试通过对王佐良先生与商务印书馆的学术交往和合作成果的简要回顾，缅怀前辈学者和学术出版人共同致力于奉献高水准中英文译作，辛勤耕耘优秀人文园地，以提高中国英语的教育水平和民族文化素质的崇高思想和实践。并结合近年来对其早期著作的文献发掘整理，进一步探讨王佐良先生对五四以来的中国新文学、比较文学领域的杰出贡献和前瞻性意义。特别是他身体力行中外文学"论契合"的精神，在倡导跨文化交流与理解方面树立了典范。

二、合作商务，共铸精品（一）——《英国文学名篇选注》和《美国短篇小说选》

先父和商务印书馆的主要合作大概始于20世纪60年代初的项目——《英美文学活页文选》（以下简称《文选》）。该选本由北京外国语学院王佐良教授、北京大学西语系李赋宁教授、北京外国语学院周珏良教授共同主编，商务印书馆出版，从1962年10月第一期开始直到1965年，陆续介绍了一大批英美文学名家名篇。每期选一位重要作者的若干精选作品，全部英文原文加中文解题注释。《文选》首期发表了王佐良选注的莎士比亚"十四行诗"四首：第18号、第29号、第30号及第65号。该期于1962年10月出版发行，印数2万册。其后又陆续出版了至少五六十种。《文选》的各篇选注都出自当时国内英美文学研究专家之手，体裁风格多样，文字简明精练，雅俗共赏，受到社会上的重视和赞誉。然而，到了1966年，"文革"开始了，这部文选也给编著者带来了厄难。先父时任北外英语系主任，他和另外两位教授一起被打成"洋三家村"、反动学术权威，遭受了种种迫害。商务印书馆负责《文选》的编审也被拉到北外去"陪斗"。后又被下放外地,历尽磨难。后因国际形势紧迫需要恢复外语教学和编写《汉英词典》,才把他调回北京恢复了部分教研工作。

《汉英词典》是当时国家重点出版项目,由北外英语系组织专家集体编纂,商务印书馆出版。这部有创新特色的权威性词典于1987年荣获北京市首届"哲学社会学和政策研究优秀成果一等奖"(同时王佐良著《论契合——比较文学研究集》获本届最高的"荣誉奖")。

《英美文学活页文选》对提高广大读者的英语水平和文学欣赏无疑起到了积极推动作用,不过,采取活页的出版形式虽然比较灵活快捷,但各零篇不便保存,极易散失,而且很难完整地全部收集。20世纪70年代末改革开放的热潮兴起,为了适应新时期对外语学习的迫切需求,筹划编辑成书,即《英国文学名篇选注》。该书是以《英美文学活页文选》英国部分扩充而成。其中精选16世纪英国文艺复兴时期起至20世纪20年代现代派文学为止的英国文学名家52人的名篇,此外还收录了一组英格兰和苏格兰民谣。作品种类包括民谣、诗、诗剧、英文《圣经》、随笔小品、文论、游记、传记、历史、小说、剧本等。这些篇章绝大多数是有定评的名文,选文对较近的时期略有侧重。在注释方面,注意从详。

王佐良教授给《英国文学名篇选注》作序,并为斯宾塞、莎士比亚、培根等12位作者的约40篇作品作注(另有两篇由时任教于清华大学外语教研室的先母徐序撰写)。他作为首席主编,不仅倾心竭力谋划全书布局选篇,还遍约全国多所高校的英语界专家学者。《英国文学名篇选注》出版后,受到广大英语学习者和文学爱好者的热忱欢迎,后来在学术界被公认为国内出版的英美文学选编最佳读本,至今众多学界人士都对当年受益于本书而深怀感激。据商务印书馆编审徐式谷先生的回忆:"该书每篇英语选文后面都附有'题解与注释',辑成厚厚一册，大 32 开精装本，共 1200 多页。由于是名家主编，名家选名篇，名家讲名篇，此书于 1983 年 9 月出版后，立即成为全国高校英语系师生的必备书，到 20 世纪末，即 1999 年 5 月已 8 次重印，迄今仍是商务印书馆的常销书。"

20 世纪 80 年代初，王佐良先生还编选了《美国短篇小说选》，先由中国青年出版社于 1980 年 6 月出版了中译本上下册，印数达 20 万册；后商务印书馆于 1982 年又出版了与其配套的英文原文中文注释本（王佐良、刘承沛编选）。该书共收美国短篇小说 31 篇，皆以美国为背景，即使写美国人在国外，也要有助于加深读者对美国现实的了解。所选篇目古今都有，而以今为主。作家包括欧文、霍桑、爱伦·坡、马克·吐温以至海明威、辛格、福克纳等 31 位名家，各种主要流派都略备一格。而每篇本身则或是内容有较大意义，或是艺术上有特点，若干篇目则是两者并具。篇目大致按作品内容所涉及的时代排列。每篇皆加详注并附前言及作者简介，供读者参考。

《美国短篇小说选》的中、英两个版本选篇完全相同，英文本的注释者有些就是同一作品的中译者本人，有些则因故而不同，注释工作改由他人（多为年轻学者）代劳。这样实际上扩大了参与编、译这些美国文学作品的学者团队。当时先母徐序也翻译注释了其中黑人作家兰顿·休士（Langston Hughes，1902—1967）的小说《教授》。父亲作为主编者不仅筹划组织了整个项目，还为每篇小说精心撰写了画龙点睛式的书评，加上由母亲为英文版各篇编写的"作者简介"。这样尽心打造出来的一套高水准的文选尽可能地贴近广大读者，使人学有所依，开卷有益。文学评论家曾镇南先生曾谈到他开始学习写文艺评论时，从王佐良先生的文章，特别是《美国短篇小说选》中为作品所写的短评得到的启发引领。他认为："王先生的文字，平易近人而自有清新深邃之处，单纯疏朗而又不失厚重绵密之致，这也是难能可贵的。"

"编者序"实际上是一篇对所选美国短篇小说的概括评述,并由此升发出对美国文学发展的总体看法。正如王佐良先生最后总结所言:

> 当然,这三十一篇小说不可能表达美国的全部现实,但是在它们各自所表达的小范围内——一个侧面,一个小问题——它们却都有不同程度的深刻,越是作家的思想认识透彻、艺术手段高超就越深刻。这就是为什么要深入了解一个民族,不能只注意他们那些五光十色的报纸、杂志、广播、电视,而必须还要读他们的文学作品;正是在文学作品里,可以寻到比表面现象要深刻得多的东西:这个民族的真正的思想、感情,甚至灵魂。
>
> 美国短篇小说的将来如何?我们读完了这三十一篇小说,把书掩上之后,不免会有这样的问题。显然,会出现各式各样的新风格、新流派、"新浪潮"的变化,但是也许有两样东西是不变的:一是美国文学对于美国现实的注视、发掘、剖析、批判,以至抗议,这个强大的传统会继续下去;二是美国文学至今不衰的活力,会使美国短篇小说依然生气勃勃。无论在主题的选择和发掘上,或者在技巧的发扬和实验上,美国短篇小说作家会继续做出他们的努力和贡献。美国短篇小说的将来是美国人民的将来的一部分,而美国人民是大有希望的。

三、合作商务,共铸精品(二)——《英国散文的流变》和《英国文学史》

在20世纪90年代初,王佐良先生又继续与商务印书馆合作,奉献了两部重要的英国文学研究专著:《英国散文的流变》和《英国文学史》。

王佐良先生不仅是学者，还是诗人，他提出的"以诗译诗"的翻译观尤为人们所称道。在此之前，他已发表了一系列译著，特别是关于英国诗歌的，如《苏格兰诗选》《英国诗选》《英诗的境界》《英国浪漫主义诗歌史》和《英国诗史》等。他不仅对英诗情有独钟，而且对英国散文也挚爱有加。因此有机会在商务印书馆出版《英国散文的流变》，他非常高兴。据该书的责任编辑徐式谷先生在《一次成功的组稿》一文中回忆，父亲曾在一次学术聚会上表示："……现在大家研究英国文学，重点都放在英诗和长篇小说上，很少看到有人谈及英国散文。我倒是想写一点有关英国散文方面的东西……"徐先生就赶紧和他联系商定，由商务印书馆出版。他说："（书出版后）王先生还专门打电话给我，对书的封面设计和版式都表示十分满意，那时，我馆是新闻出版署直属单位，每隔两年署里都要对直属社的出版物评一次奖，在某一年的评奖中，王佐良先生这本填补了英国文学研究领域空白的《英国散文的流变》（以下简称《流变》）获得了"编辑奖"，那张奖状我至今还保存在手边。"

《流变》一书涵盖的是所有不属于韵文的广义的散文，从文艺复兴时期莫尔的史书到20世纪下半叶的口述历史。《流变》精选的各时期的作品反映了当时社会的变迁、文明的演进和随着时代发展而不断变化的艺术形式和风格。《流变》写法是以散文笔法论述散文。英国散文史上的诸般问题在这里娓娓道来，语气平易安详。《流变》历数重要散文名篇选段的思想特点和风格文采，加上中英文对照的优美名篇选段，读来赏心悦目，意味盎然，深受启迪。自1994年这部力作出版以来，受到读者和学术界的欢迎和盛赞。因此，2011年商务印书馆又出版了"珍藏本"（遗憾的是有一误字，希望将来有机会订正）。

英国文学史是王佐良先生倾注毕生心力的教学和研究的领域。尽管一生历经风雨坎坷，又长期担负许多行政职务和参加各种社会活动,但父亲一直孜孜不倦地博览群书,钻研学术,成果丰硕。这部《英国文学史》,可以说是他晚年学识文采的又一结晶。令人欣慰的是,这部著作已经收入于 2016 年出版的《王佐良全集》第 1 卷中,2017 年商务印书馆再版了精装本。

要写好一部传统深厚、历代名家辈出、名作浩繁、思潮纷涌的英国文学通史,没有过人的研究实力和广博学识是很难想象的。王佐良先生多年勤奋的学术生涯和多方面的研究成果,为创作一部具有中国特色的高水准的英国文学史做了充分坚实的学术准备。改革开放以后,他先出版了《英国文学论文集》,其后又笔耕不辍,发表了大量文章,出版了 20 多部专著、译作及文选等。除了前述英国诗歌以外,还在英语文体学、比较文学、翻译理论和"莎学"研究等领域出版了多部专著,展现了弘博精深的学术造诣。这样,到后来他和周珏良先生领衔主持编写国家社会科学重点项目 5 卷本《英国文学史》时,自然是成竹在胸、水到渠成的了。

5 卷本分别为《英国中古时期文学史》(李赋宁、何其莘主编)、《英国文艺复兴时期文学史》(王佐良、何其莘主编)、《英国 18 世纪文学史》(刘意青主编)、《英国 19 世纪文学史》(钱青主编)、《英国二十世纪文学史》(王佐良、周珏良主编)。全书合编为通史,分卷又是断代史。该项目从 1984 年启动,直到 2006 年完成,历时 12 年,共有 33 位专家学者参与了编写工作,共同打造了这部规模宏大、资料丰富、论述精深、代表最高学术水准的有中国特色的英国文学史。其划时代的开创意义和对跨世纪的外国文学研究、比较文学等学科发展的重要影响自不待言,需要在研究中进一步深入总结和继承。

王佐良先生不仅作为主编统揽 5 卷本《英国文学史》的全局,还对方法论等纲领性问题进行了深入思考和多方面的论述,成为文学史写作总的指导思想。他提出中国特色的西方文学史著作应当具有"叙述性""阐释性""全局观""历史唯物主义观点"和"文学性"等特点,并一一加以论述。他把理念方法付诸实践,先后合著了《英国文学史》中的《英国二十世纪文学史》(5卷本之5)和《英国文艺复兴时期文学史》(5卷本之2)两卷,均深受赞誉。前者于1995年荣获"全国高等学校出版社第二届优秀学术专著奖特等奖";后者于1998年荣获"第十一届中国图书奖",1999年获"国家社会科学基金项目优秀成果奖"。但由于种种客观原因,5卷本直到2006年才全部出齐。这次笔者在北京参观商务印书馆办的涵芬楼书店时,正巧见到刚发行的2017年精装本《英国文学史》,感到非常惊喜。

商务印书馆出版的单卷本《英国文学史》则由王佐良个人独著,其基本思路是与5卷本一致的,可以说是他在那段时间一系列研究成果的浓缩本。在序言中他提出文学史写作的纲领性方法:

> 没有纲则文学史不过是若干作家论的串联,有了纲才足以言史。经过一个时期的摸索,我感到比较切实可行的办法是以几个主要文学品种(诗歌、戏剧、小说、散文等)的演化为经,以大的文学潮流(文艺复兴、浪漫主义、现代主义等)为纬,重要作家则用"特写镜头"突出起来,这样文学本身的发展可以说得比较具体,也有大的线索可循。同时,又要把文学同整个文化(社会、政治、经济等)的变化联系起来谈,避免把文学孤立起来,成为幽室之兰。

在这样的纲的统领之下,作者把从古代到20世纪英国文学做了一个总体的疏理。有评论指出,《英国文学史》这部全景式展示英国文学发展历程的力作,"以清新活泼的文字、生动形象的叙述,展开一个接一个的高潮,发挥富有创见的评论"。尤其是,"对于我国广大读者来说,《英国文学史》之格外令人感到亲切,还在于其中贯彻始终的'中国视角'"。王佐良先生说:"一种民族文学固然需要钻进去研究,但有时也需要从外边,从远处有一种全面观——这样一来,人们不仅可以纵观它的整个轮廓,而且还会看清其高峰之所在,以及这些高峰与别的民族文学的高峰之间的距离和关系。"全书结尾一章,"英国文学与世界文学",把英国文学放在整个世界文学的背景中加以考察,从而使这部力作有了广阔的视野和历史的高度。其高瞻远瞩的见解正是以全局观和比较文学方法来更全面理解英国文学的发展及其特点与品质的。作者最后总结说:

> 英国文学,带着它的优点和缺点,它的光荣感和忧患感,它现在的成就和困惑,它对将来的希望,正在进入20世纪的最后10年,已经听得见21世纪的召唤了。

总的来说,单卷本《英国文学史》不仅极好地体现了上述的方法论五点原则,而且写作上更有其鲜明的风格特色,特别是作者强调谈文学要有文学性,写文学史要有可读性,要有文采,并列举古今中外优秀文学史论为例,如意大利文艺理论家德·桑克蒂斯的《意大利文学史》,就是"既有卓见,又有文采"的。他尤其提出对文采的看法:"真正的文采不是舞文弄墨,而是文字后面有新鲜的见解和丰富的想象力,放出的实是思想的光彩。为了写好文学史,应该提倡一种清新、朴素,闪耀着才智,但又能透彻地说清事情和辩明道理的文字。"实际上他自己一贯身体力行,笔下的众多文字都是这种既有新颖卓见,又有文采神韵的精粹。钱锺书先生曾这样称赞父亲的作品,特别是对英国文学史研究的精进和成果:

> 时时于刊物上得读大作,学识文采,美具难并,赏叹无已。

承惠近著，急读序言，尝鼎一脔，已知力矫时流文学史为"闷欲死"之习，上追 De Sanctis 遗规。即此一端，足破天荒。

这里需要补充的是，单卷本《英国文学史》的缘起也和先父为国家重点出版项目1982年版《中国大百科全书·外国文学卷》撰写"英国文学"概况这一重要条目密切相关的。《中国大百科全书》后于2009年又出了全部按汉语拼音排序的新版。对照两个版本，可知"英国文学"条目在1982年版约14000字，文末有作者署名及参考书目；而2009年版篇幅缩减为约11000字，无（编）作者署名（只在全书末卷附录里列出所有作者的长名单）。从该条目内容上看，后者基本上沿用了1982年版的结构、形式和语言，只是文字篇幅有所缩编，而在最后部分加了两段关于反映"后殖民时代"新特点的叙述。1982年的条目以《英国文学概略》为题收入《王佐良文集》。1981年夏天，父亲当时冒着酷暑用了约一个月时间在其他工作间隙抽空完成全篇。其间，除了"英国文学"这个重点条目之外，他还撰写了"爱尔兰文学"这一较大条目，以及"培根""韦伯斯特""蒲柏""彭斯""拜伦""科贝特"和"麦克迪尔米德"7个中、小条目。他精心撰写的这些大百科条目，为新时期外国文学的学科建设做出了又一开创性贡献。写完了"英国文学"作者感到很高兴，"因为有了一个概略，以后扩充即成简明的英国文学史"。在这个他又称之为"英国文学小史"基础上，10余年后单卷本《英国文学史》终于付梓了。作为第一部由中国学者用中文撰写的比较完备英国文学通史，为书写中国特色的外国文学史提供了又一范例。

四、《英语世界》，人文精神——中外文学"论契合"思想与实践

改革开放中兴起的学习外语热潮带来了雨后春笋般的出版物，其中有一个学习阅读刊物格外引人注目，这就是商务印书馆于1981年创办的《英语世界》。秉承"文拓视野、译悦心灵"的办刊宗旨，该刊面向大学师生及其他英语爱好者，系中国第一家英汉对照的英语学习杂志。《英语世界》一向以内容新颖、形式活泼而著称，如首期的栏目包括：《识途篇》《时事》《文苑》《名著故事梗概》《人物》《翻译探索》《汉英佳译》《政论》《科技》《教学研究》《西方侧影》《杂辑》等，后又与时俱进地不断调整以适应新的语境和需求。所选文章英语纯正，译文规范，经典而不失趣味性，时尚而不落俗套，在介绍并借鉴西方文明的同时，对中国文化予以深切的观照。每期还选登一些新颖的、耐人寻味的艺术插图。因此，创刊以来一直受到广大读者的喜爱和推崇。尽管时代发展带来出版物形式和内容的很大变化，《英语世界》一直保持其最重要的特色，适合不同水平的读者的兴趣和品位。

《英语世界》的成功是与其强大编委阵容分不开的，堪称"名家办刊"的范例。王佐良先生作为顾问编委之一，在其中发挥了重要的咨询指导作用。《英语世界》主编陈羽纶先生曾回忆道，"我于1981年开始创办《英语世界》时，首先考虑的是要有一个高层次的、强大的编委会"，"而王公理所当然是我首先考虑到的权威学者。经我面请后，他立即慨然应允，令人铭感"。"每次编委会聚会，王公皆慨然亲临"，"还做了精彩的发言，具有指导意义"。从父亲的历次题词就能看出他对这个刊物的期望和关爱之情。在纪念《英语世界》创刊4周年时王佐良题词：《英语世界》具有知识性和可读性，且英汉对照，

特色突出，受到老、中、青读者的欢迎。相信这一长处，将能继续很好地保持与发扬，而题材则当更求现代化。"在纪念创刊 5 周年时，他用英文写了一整页的贺词，指出："The World of English has turned out to be the most readable magazine of its kind in China. Its success has been phenomenal."（《英语世界》已成为同类刊物中最有可读性的一种。它的成功是惊人的。）在纪念创刊 10 周年时他的英文贺词是："So far so good. For the future，may I suggest two things——more readable articles about the people and mores in different countries and a bit more space to the arts？Perhaps we could also do with a correspondence column，with all letters in English and limited to 150 words，including some short，sharp ones to the Editor？"（现在看来一切都好。为将来我想建议两件事：登更多关于不同国家人民和习俗的有可读性的文章；给艺术多留一点空间。也许还可以设通讯栏目，全部用英文，不超过 150 字，包括一些短小犀利的致编辑的信。）

在《英语世界》创刊号上，王佐良教授在《识途篇》栏目发表了关于英语学习中如何提高阅读能力的文章《谈读书》，最后小结道：

> 也许有一点值得多说几句，那就是阅读的好处。只要方法对头，即注意扩大阅读面，既要快读抓内容，又要停下来思考其要旨，我们会发现在提高阅读力的过程里，我们不仅吸收了知识，而且获得一种辨别能力，从而知道什么是好书，什么样的语言是好语言。有些好书使我们更加关心人类的成就和命运，有些好作品使我们的感情更深挚或更纯净。阅读是一种文化活动，阅读力的提高最终意味着一个人的文化修养的全面提高。

看到"谈读书"，不由得使人想起父亲所译的脍炙人口的英国 17

世纪哲学家培根的随笔《谈读书》中的精彩文字：

> 读书足以怡情，足以傅彩，足以长才。其怡情也，最见于独处幽居之时；其傅彩也，最见于高谈阔论之中；其长才也，最见于处世判事之际。……读史使人明智，读诗使人灵秀，数学使人周密，科学使人深刻，伦理学使人庄重，逻辑修辞之学使人善辩：凡有所学，皆成性格。

这两段文字风格迥然不同，然而都体现了王佐良先生对读书求知的真诚心态和体悟。他当时担任中国英语教学研究会会长，在繁忙的本校教学科研和行政工作之余，不遗余力地参与英语教育的社会普及工作。除了前述的 20 世纪 60 年代主编《英美文学活页文选》等阅读材料外，他一直对《英语学习》《中小学外语教学》等普及性阅读学习刊物热心指导。改革开放以后，他受聘于多所高校和研究机构担任兼职教授，还不辞辛苦应邀到几十所大专院校讲学，足迹遍布大半个中国。他曾应邀到中央电视台、北京电视台等媒体做指导英语学习的讲座和介绍英国文学的节目，还在国际广播电台（Radio Peking）专家访谈中讲述中国文化等。1983 年 8 月，他应北京作家协会之邀在长安大戏院举办了一个别开生面的"英国诗歌艺术"讲座，介绍了十几首各种类型的英语名诗，受到观众热烈欢迎。他还热心参加社会活动，同广大读者互动交流。对于《英语世界》这个新生的优秀人文园地，王佐良先生更是辛勤耕耘，珍爱有加，给予多方面支持和帮助。他曾为刊物撰写了不少文章、译作，多为英文写的，加上中译文。笔者所见的有：由母亲徐序译注的《论摩尔·弗兰德斯》（*On Moll Flanders*）和《文学史在古中国的先驱》（*Literary History: Chinese Beginnings*），以及散文《初访都柏林的印象》（*First Impression of Dublin*）等。还有一篇是 1985 年 9 月在广州举行的英语教学国际会议上致的英文开幕词。

作为了解外部世界的一个窗口,《英语世界》还是中外文化交流的园地,其中包括对当时在中国大陆刚刚兴起的比较文学的关注。在 20 世纪 80 年代中期,它特别连载了王佐良比较文学研究的最新成果《论契合——比较文学研究集》的中英对照选段。在这期间,父亲活跃在比较文学领域,做了许多开创性的工作。1983 年 8 月 29 日—31 日,他作为中方代表团团长,主持了在北京万寿路宾馆举行的第一届中美学者比较文学讨论会。中美双方各出十名正式代表,中方有:王佐良(团长)、杨宪益、杨周翰、许国璋、周珏良、袁可嘉、钱中文、周发祥、张隆溪、赵毅衡。美方代表团团长麦尔康(Earl Minor,普林斯顿大学),成员包括刘若愚(James J.Y. Liu,斯坦福大学)、欧阳祯(Eugene Ouyang,印第安纳大学)、唐纳德·范杰(Donald Fanger,哈佛大学)、芭芭拉·莱沃斯基(Barbara Lewalski,哈佛大学)、芭芭拉·史密斯(Barbara H. Smith,宾夕法尼亚大学)、余宝琳(Pauline Yu,明尼苏达大学)、保罗·富塞尔(Paul Fussell,宾夕法尼亚大学)、林顺夫(Lin Shun-fu,密歇根大学)、白之(Cyril Birch,加利福尼亚大学伯克利分校)。中方还有李赋宁、杨业治、叶水夫、朱虹、董衡巽等 20 多位列席代表。

会前,中国社科院副院长钱锺书先生宴请了双方代表团,并在开幕式上致辞说:"我们在创造历史,这不意味着交流的结束,而是刚刚开始。"美方代表团长、普林斯顿大学比较文学系主任麦尔康教授说:"比较文学可以促进和平。"父亲不仅主持了整个会议,还提交论文并做了多次精彩发言,反映都很好。代表们讨论热烈,交流真诚。结束时双方学者都感到研讨会非常成功,收获丰硕,且有相见恨晚之感。这次会议打开了中美比较文学领域学术交流的大门,其后又于 1987 年年底在美国举行了第二届中美比较文学双边讨论会,仍由王佐良教授作为中方代表团团长带队前往。

这也是王佐良先生第四次访美了。第一次是在1980年春，他作为客座教授赴美国明尼苏达大学授课讲学，是中美建交后最早进行学术交流的中国著名学者之一。其后于1985年春，他作为美中学术交流委员会邀请的杰出学者赴美，在普林斯顿、哈佛、加州伯克利、斯坦福、加州理工等多所著名学府及研究机构进行研究和讲学，其间共发表了九次学术演讲，主题包括"文学史的方法论""莎士比亚在中国""中国新诗中的现代主义""英美文学在中国""文学教学问题研究"等，都与比较文学研究相关，深受欢迎。1986年3月他又率中方教委代表团赴美首次参加国际英语教师协会（TESOL，Teachers of English to Speakers of Other Languages）的年会，介绍中国近年来在英语教学方面的重要成就。次年他率团参加中美比较文学双边讨论会及工作坊，访问了普林斯顿、印第安纳、加州洛杉矶等几所大学，随后应邀到加拿大维多利亚大学访问讲演。此外，父亲还曾以中国作家、特邀学者和国际评委的身份出访英国、法国、爱尔兰、苏联、澳大利亚、阿尔及利亚等国家和中国香港等地区进行文化教育交流活动，足迹遍布五大洲。无论到了哪里，他都用传神精彩的笔调和清新独特的见解记述当地的风土人情、学术文化以及人民之间友好往来和情谊。这些演讲和访学的成果成为《论契合——比较文学研究集》的主体，或收入其他文集。

王佐良先生当时在国内和出访的学术演讲大都是和比较文学研究有关的，同时期他发表了用英文撰写的比较文学的力作《论契合——比较文学研究集》，首次提出了比较文学研究中"契合"这一概念，这是对该研究领域的重要贡献。全书通过对现代中国文学一些典型作品和翻译的深入分析和阐述，揭示了近一个世纪中西方文学之间的相互渗透和影响等重要课题。该书出版以后，备受多方好评。明尼苏达大学英语系主任 J. 劳伦斯·米切尔教授称赞《论契合——比较文学研究集》是一部"出色的文集","资料丰富、启迪人心",又道,"仅从这些顺便提到的作家当中,也能窥见作者兴趣与学识的广博"。该著作从 1987 年至 1992 年先后荣获北京市首届哲学社会科学和政策研究优秀成果荣誉奖、全国首届比较文学图书荣誉奖和教委高校出版社优秀学术专著奖。2015 年由施普林格和外研社又分别出了新版及英汉对照本。

其实,王佐良先生不仅是研究和传播外国文学的专家,还作为一位跨语言、跨文化交流的使者,一生致力于促进中外文学间的互动和各国人民之间的理解。早在清华和西南联大求学期间,他就开始注意辨析不同文化的细微差异,并指出翻译的复杂性和重要性,对人类跨文化交流理解的可能性进行探索。他的大量中英翻译实践和对翻译理论的研究著作一直是近年来学术界探讨的热点话题之一。笔者近年来在抗战文献研究中发现的他撰写的 *Trends in Chinese Literature Today*(《今日中国文学之趋向》,以下简称《趋向》)的抗战英文宣传册和其他早期作品为这方面的贡献又添了实例。《趋向》以精辟的见解,生动的笔触,概述了从五四新文化运动开始的约 25 年里中国新文学的全景式发展历程、时代特征和历史意义。全篇分为四部分。首先用精练的语言概括了中国新文学的起因、社会背景和时代特征,激发读者的兴趣。然后是全文的主体,简要叙述了从新文学的发端到抗战全面爆发前的各文学流派的发展演变、代表人物及其作品。文中评介了鲁迅、胡适、郭沫若、闻一多、徐志摩、丁玲、冰心、茅盾、沈从文、巴金、曹禺等一大批当时最活跃于文坛的作家,并时时分析他们受到的外国文学的影响和创新之处。接着概述了抗战时期的文学创作的内容、特点和风格。最后概括了中国新文学的两大特征和重要意义,并对未来的发展做出了前瞻性的思考。

《趋向》不仅以洞察的眼光、独到的见解、精辟的论证速写了这一时期的中国文学史，而且这种写作方法本身其实就是一种比较文学的方法，是从中国文学接受外国文学流派的契合和影响的视角进行创作的。最后的落脚点还是中国新文学本身，并由此而总结出中国文学的两大突出的优点：严肃和纯洁。因此，它无疑是一部具有很高学术价值的著作，尽显比较文学高屋建瓴的世界性意义。《趋向》语言风格也丰富多彩，呈现出一种独特的诗人的灵秀和智者的哲思。全篇不仅勾勒出中国新文学简史，而且呈献给读者一篇诗化散文，阅后给人以文采的滋润、思想的启迪和美感的享受。正如美国汉学家韦闻笛教授所评论的：

> 这是给人以如此深刻印象的作品，多么引人入胜的写作风格！这篇文章把20世纪早期的中国文学放在政治和审美的视角下来考察，确实可以概括出这个复杂的文学领域的努力的成果。真是太令人陶醉了……

的确，虽然《趋向》是叙述中国新文学史的，我们从《英国散文的流变》和《英国文学史》中也能看到似曾相识的文风和思路：既有卓见，又有文采，竟是一脉相承，不断演绎成熟，而又交相辉映的。

五、结语：身体力行，世纪愿景——跨文化交流与理解的典范

通过以上的简要回顾我们可以看出，从20世纪五六十年代直到90年代，王佐良先生一直同商务印书馆的学术出版人和资深编辑们密切合作，携手打造了多部关于英美文学研究、英语教育和比较文学等方面的学术精品。他一生勤奋、睿智、卓越、奉献，是老一辈中国

知识分子中的一位杰出代表。南京大学原副校长、著名教育家、英国文学研究专家、学术界前辈范存忠教授曾这样称赞说:"佐良先生中英文造诣都很深,又非常谦虚热情。近几年来,他的成果很多,我看他将成为我国最优秀的学者。"的确,父亲数十年如一日地深思精进,忘我著述,而且一贯独立思考,从不人云亦云,富于探索和创新精神,在许多领域都卓有建树,为我们留下了一批宝贵的精神财富。

特别是先父对于中外文学、比较文学等领域的研究成果,不仅为学术研究和英语教学等领域做出了杰出贡献,而且他身体力行地探寻中外文学"契合"的精神,在倡导跨文化交流与理解方面树立了卓越的典范。这和商务印书馆促进中西文化交流、推动近现代学术进步的宗旨是息息相通、不谋而合的。从创意新锐的《今日中国文学之趋向》到见解独特的《论契合——比较文学研究集》,再到鸿篇巨制的《英国散文的流变》和《英国文学史》,王佐良先生娴熟地驾驭中外文化的学问,以全局观、历史观、比较文化观相融会的高度来思考和著述文学,集中体现了他关注提高民族文化素质和人类命运以及世界和平的高尚情怀。

王佐良先生当年和商务印书馆的同人们以提高中国英语教育水平和民族文化素质为己任,辛勤耕耘优秀人文园地的不懈追求和实践,将永远令人怀念并鼓励后人继承发扬。

爷爷的书房

王 星

（三联书店《三联生活周刊》）

今天是 1995 年 1 月 20 日，我又一次走进了爷爷的书房。

进门左边靠墙有两张沙发。我按照习惯在其中一张上坐下。沙发对面是那把藤椅和爷爷的书桌。记不清有多少次了，爷爷曾坐在那张藤椅上与我谈天。所谈的话题有些是日常琐事，但更多的还是关于我的学业。有的时候，爷爷则坐在那张书桌边写他的文章，留我一人坐在沙发上看书。那张书桌是一向被我视之为圣地的。

沙发旁边，靠着墙是一排书架。在我小时，那些五颜六色的图书就已使我眼花缭乱，长大些后，认识了书名，爷爷藏书的种类与数量更是让我惊异。几乎每次来到爷爷的书房，我都要以羡慕不已的眼光打量一番这面书墙。

爷爷的书摆放得很有规律。离沙发最近的一排书都是爷爷自己的著作。在这些书中，我最熟悉的是那本《彭斯诗选》。我小的时候并不清楚爷爷是研究什么的。有一次晚饭时，我拿着一本正在看的外国文学家传记集，从里面挑了一个自认为最生僻的名字，得意扬扬地问爷爷："爷爷，您知道彭斯是谁吗？"

"当然知道呀。"爷爷笑着回答我。

大家都笑了。

从那时起我才知道爷爷是研究、翻译彭斯的专家，后来我特地看了一些爷爷翻译的彭斯的诗，虽然看不太懂，但彭斯的一句"我的爱人像朵红红的玫瑰"在我心目中已成了爷爷的代名词。更大一些之后,我知道了爷爷并非只精于彭斯的研究与翻译,但儿时的印象却始终难以忘却。就在新年之时——那是我与爷爷最后一次见面——我还恰好到爷爷的书房,抄下了他翻译的彭斯那首著名的《往昔的时光》:

我们曾赤脚蹚过河流,水声笑语里将时间忘。
如今大海的怒涛把我们隔开,逝去了往昔的时光。

几乎紧挨着《彭斯诗选》的,是《照澜集》。书名源起于我们曾经住过的地方:照澜院。我在那里度过了六年多的时光。那时爷爷还没有像现在这样的书房,我也还只是个小学生。我和爷爷共用一张桌子:下午放学后我在桌上写作业,晚上爷爷则在那张桌上写他的文章。我想,《照澜集》中有些文章恐怕就是在那个时期写下的。但是,读《照澜集》却是搬家以后的事了。爷爷的文章有自己的风格:初看平淡无奇,再看方能发现朴实无华后面的文采。对此我一直佩服不已。

这排书中最靠边的是那本墨蓝色的《雷雨》。去年我们班为参加系里的比赛,决定用英语排演《雷雨》最后一幕。因为用的是爷爷的译文,而且爷爷一向对戏剧文学颇有研究,班里委托我请爷爷前去观摩指导。爷爷欣然答应了我们的请求,他不顾年高特意来到学校和我们座谈,还观看了我们的表演。后来,在全系的比赛中,我们的节目获得第三名。

在这排书的下面,有两本诗选。初看不显眼,我也只是在偶然间发现其中登载了两首爷爷的诗。它们显然是爷爷年轻时作的,风格是我所陌生的,有些像现代派,而迥异于我所熟悉的爷爷那种老成持重的文风。后来我才从一位记者采访爷爷的报道中知道,爷爷年轻时就想成为一名作家的。

另一个书架上的书大多是有关英国文学的原文书。但在书架下半部，却有不少中国古典文学的书籍，有《李太白全集》《唐宋词选》等。刚看到时我曾感到惊讶，以后却明白了，正是这种修养使爷爷译出了像培根的《谈读书》中这样精彩的半文言式的句子：

读书足以怡情，足以傅彩，足以长才。

最后一个书架上的书多为辞典。望着那本已陈旧的《新英汉词典》，我想起了五年前爷爷、奶奶送我的那本《朗文当代英汉双解词典》。此时此刻，它就在我案边静静地躺着。尽管我小心保护，它的封面还是磨损了，用一条胶带粘着。翻开词典，便能看见那几行熟悉的小字："给星星。爷爷、奶奶。1990年3月"。

爷爷的藏书远远不只限于英语与英语文学，其他种类的书中，我印象最深的是克拉克的那本《文明》。书中有一段评论莫扎特的文字，后来成了我翻译的第一段英语文章，那时我不过是个初中生。从那以后因为兴趣的缘故，又陆陆续续地试译过不少次。我始终没敢把这些拿去给爷爷看，因为我真希望让爷爷看到更好一些的作品。我确实是这样希望的，只是没想到……

爷爷的藏书中还有不少是关于美术的，其中包括贡布里希的那本著名的《艺术史》（这本书爷爷也曾多次借给我看）。可见爷爷也是很喜欢美术的。这点从爷爷书房里挂的几幅画上也能看出。高中时我曾在学校的英语小报上发表过一篇关于凡·高的文章。我把这篇文章拿给爷爷看。爷爷看了，说很喜欢。后来我才无意中发现爷爷书房的柜子里有本凡·高的画册。原来爷爷也是喜欢凡·高的。这很出乎我意料。

我从未想到爷爷这样的老人也会喜欢凡·高这样的表现派的画家。我一直以为凡·高那种对幸福和安宁近乎疯狂的渴望是只有年轻人才能理解的。其实，没想到的事又何止于此，我也从未想到爷爷曾写过那些诗的。

年轻人往往自以为是，其实很多事他们并不了解。而他们认识到这一点时，又总是晚了一点点。

此时此刻，坐在爷爷的书房里，我忽然想起还有许多问题应该问爷爷的。

书房里静悄悄的。外面也静悄悄的。恍惚间，仿佛听见有缓慢的脚步声，正如同每天中午爷爷午睡后向书房走来时的脚步声。我又回想起几年前那段时光：那时我坐在这张沙发上，一页一页地读着那本《名诗辞典》，听到在那个阴郁的夜晚，爱伦·坡的不祥的乌鸦栖在雅典娜神像上，高声叫着：

永不再！

真的吗？我抬起头，看到日正当午，爷爷的书房窗外，一片阳光灿烂。

（原载《王佐良文集》，外语教学与研究出版社，1997年）

王佐良的生平和他的事业

王 意　苏怡之　王 星

浙江省历来是人才辈出的地方，1916年出生于浙江省上虞的王佐良便是其中的佼佼者。从上中学时起，他即对英语教学和英语文学产生了浓厚的兴趣，经过数十年锲而不舍的努力，终于成为杰出的教育家和翻译家，跻身于国际上最著名的英语文学专家之列。王佐良这个名字，已经和中国的外国文学研究高峰联系在一起了。

王佐良童年时随就职于一家小公司的父亲住在今天的武汉市。他小学和中学分别就读于汉口的宁波小学和武昌的文华中学，后者是一所由英美圣公会等基督教派开办的教会学校，除了国文（汉语）以外，该校包括体育在内的几乎所有课程都是用英语教授的，这使他在中学时代就打下了良好的英语基础，对外籍教员的教学方法也有了亲身体会。中学毕业时，他原本准备投考大学，不料父亲所在的公司破产了，他不得不改变主意自谋生路，经过努力考取了湖北省盐务稽查处当了一名三等课员（会计）。一年来省吃俭用，凭借微薄的薪金，他居然也积攒下300元钱，从而得以继续求学。1935年，王佐良考入北平的清华大学，抗日战争全面爆发后，随校（即西南联大）迁往湖南（长沙、南岳）和云南（蒙自、昆明）。

学生时代的王佐良已显露出不凡的文学才华，从中学时起即已开始了写作生涯；先是以"庭晟""竹衍"等笔名在武汉一些报纸和《中学生》杂志上发表了《武汉印象记》《一二·九运动记》等散文，继而在昆明《文聚》月刊上发表了中篇小说《昆明居》，但更多的是写诗。可能是因为主修外文的缘故，他的诗风受西方现代派诗人的影响颇大。早期的诗作除在《清华周刊》《时与潮文艺》等刊物上发表过之外，闻一多所编《现代诗钞》中亦收其两首。

王佐良在大学一年级时，英文写作也初露头角，二年级时的英文作文成绩常名列全班之冠。受当时在清华任教、后来成为著名诗人的英籍教师燕卜荪的影响，他广泛阅读了大量英文版原著，尤对英国诗歌和诗剧感兴趣，自己也写了一些英文诗，有几首曾在伦敦出版的文学杂志《生活与文学》上刊登。

王佐良在翻译方面的最初尝试，开始于1940年在西南联大任助教期间。那时工作很繁重，生活又困难，常常要排队买米，他却仍然能坚持看书、翻译。早期译作有爱尔兰著名作家乔伊斯的短篇小说集《都柏林人》，曾托人带到桂林准备出版，却不幸遇上日寇飞机轰炸，手稿化为灰烬。后来仅整理出一篇《伊芙林》，1947年载于天津《大公报》的文汇副刊上。此间他也开始了学术论著的写作，其中最重要的，是撰写了《诗人与批评家艾里奥特》，曾分章节载于《大公报》和《益世报》上，开创了国内研究英国著名诗人艾略特（今译名）之先河。

1939年，王佐良毕业于抗日战争时期由清华、北大和南开大学合建的西南联合大学，留校任助教，后晋升为讲师。在整个抗日战争期间，为生活所迫，他除了从事教学工作以外，还要在外兼职，最多时曾同时干六份工作。和当时中国所有热血青年一样，他也积极参加了抗日救亡工作，以其精湛的英语专业知识，协助盟国在中国的军援工作。1944年7月至1945年8月，他曾兼任军委会宣传处昆明办事处主任，为向全世界宣传中国抗战形势、扩大中国在国际反法西斯统一战线中的声望做出了应有的贡献。

在西南联大期间，王佐良结识了当时就读于贵阳医学院的徐序女士,二人于 1940 年在贵阳结为伉俪。在昆明,他们生有一子一女。抗战胜利后,王佐良辞去在国际宣传处的兼职,举家随清华大学复员回北平,继续任教。1947 年秋,他考取了庚子赔款公费留学,成为英国牛津大学墨顿学院的研究生,主修 17 世纪英国文学,导师是著名的文艺复兴学者威尔逊。王佐良充分利用了牛津大学学者云集、学术空气浓厚和文献资料丰富等有利条件,勤奋努力,广泛涉猎了英国古典与现代文学的方方面面,不仅得以提前一年获得 B.Litt 学位,也为他日后的英国文学研究打下了坚实的基础。在撰写学位论文《约翰·韦伯斯特的文学声誉》时,王佐良按照导师的指点,充分掌握了有关这位莎士比亚同时代的剧作家生平业绩及其作品的丰富材料,包括各种私人抄本、剧本目录以至剧院广告,又详细考证了历代作家、批评家和读者、观众对他的作品的反应,用生动准确的语言阐述了韦伯斯特的文学成就,追溯出历代对于英国文艺复兴时代诗剧的爱憎、迎拒的弧线,从中看出不同时代的风尚,并进而揭示文学史和文学批评史的一个侧面。这篇论文在其发表 28 年后的 1975 年,由奥地利萨尔斯堡大学出版社作为专著出版了单行本,成为该校编印的英国 17 世纪诗剧研究丛书之一。此书受到国外行家的一致好评。论者不仅对文章的内容给予了充分的肯定,而且特别赞扬了王佐良把历来十分枯燥的考据内容写得生动感人的本领,说此书的文采"特别出色","它风格清新活泼,作者自始至终不失其幽默感,而且列举了许多有关所论时代的演出、研究和审美时尚的生动实例",这种写作风格后来在他的其他文论中均有体现和发展。王佐良对韦伯斯特的文学声誉的研究赢得了自己在英国文学方面的声誉。

在英国留学期间,王佐良也从未间断诗文的创作。他用诗的语言记叙了乘船途经香港、新加坡、开罗等地的观感,这些颇富文采的游记,曾陆续发表在天津《大公报》上。

结束了在牛津大学的学业后,王佐良曾准备去法国继续深造,而这时的中国已发生了天翻地覆的变化,他毅然放弃了在国外学习和工作的机会,远涉重洋,于新中国诞生前夕的 1949 年 9 月回到了解放了的北平,回到了妻儿身边。他在 40 年后回忆这段经历时曾对记者说:

> 当时的留学生大多数都和我一样,急于回国参加新中国的建设。记得当时帝国主义对大陆实行封锁,从香港乘船到大陆有一定的风险,但即便是那样,我们也下决心要回来。说实在的,当时要留在英国也不是不可以,而且生活也会很不错,但我们从未想过要留下,从留学一开始就认为回国是天经地义的。

回国后,王佐良全家一直居住在清华校园内。20 世纪 50 年代,妻子徐序又生下二子。

在经过华北人民革命大学政治研究院的短期学习后,王佐良被分配到北京外国语学校(后改为北京外国语学院,即现在的北京外国语大学)任教,在该校工作直到逝世。

新中国成立之初,中共中央宣传部组建了《毛泽东选集》英译委员会,王佐良与他的老师金岳霖、钱锺书等著名学者一起被聘为委员,共同参加了《毛泽东选集》1—4 卷的英译工作。

在北京外国语学院工作期间,王佐良以极大的热情投入英语教学工作中。由于他从中学起就经常受到英语环境的陶冶,在大学和出国留学期间更是受到多位中外名师的指导,他在英语教学中不仅展现了学识渊博的风貌,而且以较早采用启发式、讨论式等现代先进教学方法而受到师生的欢迎。王佐良在北京外国语学院历任教授、博士研究生导师、英语系主任、副院长、顾问、学术委员会主任、外国文学研究所所长等重要职务,几十年来一直辛勤耕耘在外语教学战线上,为国家培养了一大批高质量的人才,其中有许多人已成为我国外交、外贸、外国文学研究与教学方面的骨干力量。在王佐良和他的同事们的共同努力下，北京外国语学院很快便成为我国水平最高的外语教学与研究基地之一，在国际上也享有越来越高的声誉。

根据教学和翻译工作的需要，王佐良潜心研究了英语语言学方面的一些问题，特别是英语文体和风格。他在1963年撰写了《关于英语的文体、风格研究》，在国内率先提出了开展这方面研究的建议，文中精辟地指出：

> 文体、风格的研究是有实际用处的。它可以使我们更深入地观察英语的性能，看到英语的长处、短处，以及我们在学习英语时应该特别注意或者警惕的地方，因为英语一方面不难使用，一方面却又在不小心的或过分小心的使用者面前布满了陷阱。

> 对于英语教学来说，文体、风格之类最忌空谈，能否说出口语体、笔语体的名称或修辞格的定义，对于能否确切了解与恰当运用英语，没有多少关系。但是教师在教材的选择上却须具备有关文体、风格的知识，例如我们目下的初年级教材着重选用能够上口但又不过分口语化的文字，中、高年级需要有利于笔头模仿的各种实用文体（书信，布告，公文，特殊的报纸文体之类）以及一定数量的艺术文体。教师有一点文体、风格的研究显然可以选择得更自觉更细致，自己编写起教材来也容易有意识地注意文体上的适合性。对于高年级的学生，对于处在提高阶段的学习者，文体、风格的训练能够帮助他掌握英语已如上述，但是这所谓掌握不只是自己会说会写，还包含着对别人说的写的有确切的了解。真正确切地了解外语不是易事，造成了解困难的有许多因素，其中也有文体、风格的因素。

当时即使是在英语国家,对英语文体和风格的研究也是方兴未艾的课题,因此,王佐良的这篇论文堪称国内系统研究英语文体学的开山之作。在这前后,他还先后发表了一系列从语言学角度研究英语语言的论文,例如《现代英语的简练》(1957)、《英语中的强调手段》(1964)、《英语文体学研究及其他》(1978)、《现代英语的多种功用》(1979)等。这些论文在1980年汇编成《英语文体学论文集》一书,由外语教学与研究出版社出版。繁重的教学科研与行政工作使王佐良只能利用假期时间从事文学翻译,他谦虚地自称为"一个业余翻译者"。由于时间所限,除了在建国初期曾与友人方钜成、姜桂浓等合作由英文翻译出版了苏联作家爱伦堡的长篇小说《暴风雨》以外,他没有再译过大部头的小说,但翻译了为数可观的英语经典诗文和散文。50年代,他发表了培根的《随笔》译诗三篇,更为中国读者留下了苏格兰著名诗人彭斯的脍炙人口的诗句:

> 呵,我的爱人像朵红红的玫瑰,
> 六月里迎风初开;
> 呵,我的爱人像支甜甜的曲子,
> 唱得合拍又和谐
> (《彭斯诗选》,人民文学出版社,1959年,1985年增补版)

1958年,王佐良与巴恩斯合作完成了中国话剧的经典作品——著名剧作家曹禺的《雷雨》全剧剧本的英译工作。他用生动、地道的英语准确地表现了剧中各角色的个性,出版后受到行家的一致称赞。此外,他还将一些难度很大的汉语诗文翻译成英文。

由于在教学、科研和翻译工作中的杰出成就,王佐良在20世纪60年代先后被选为北京外国语学院和北京市文教系统的先进工作者,出席了全国文教系统的先进工作者大会。在共和国历史上史无前例的动乱期间，同许多同时代的专家学者一样，王佐良自然难逃一劫。抗战期间的一段经历使他又一次蒙受"历史问题"的审查，尽管有关事实早已在新中国成立初期就澄清了；他在英语界所处的位置更使他"理所当然"地被打成所谓"反动学术权威"，先是抄家批斗，继而发配到"干校"接受教育。但即使在那个特定的时期，英语作为一种既可用于国际交流，亦可用于阶级斗争的工具，仍有其重要的使用价值。在周恩来总理的亲自过问下，北京外国语学院从1971年开始组织编写《汉英词典》。由于有了这个契机，仍在接受"审查"的王佐良有幸于1975年进入编写班子，并成为副主编之一（主编为吴景荣）。这本从中美关系解冻开始编纂，到"四人帮"覆灭后的1978年面世的大型工具书是王佐良一生参与编写的唯一一部辞书。编辞书并非他的主要特长，但在"文革"那样的特殊年代，能有这样的相当专业的工作任务当然是十分宝贵的。王佐良以满腔的热忱积极投入了这项工作。为了力求每一个词条、释言和例句都达到准确无误和鲜明生动，他废寝忘食、一丝不苟地进行了大量的查阅、考证工作，并尽力为参与编写工作的青年教师提供力所能及的帮助。在总结编写这部词典的心得体会时，他说：

> 最终决定一部作品语言的好坏，以及在一定意义上决定一部词典优劣的，不仅在于编著者对于某种表达形式的精通与否，而且还在于他对论及对象的敏感性、他的想象力、他的求知欲和对新生事物探索的勇气、他对人类事业的关注和他是否有一个正确的世界观。

实际上，这种不满足于就事论事的思维方法和勇于求索、善于想象和孜孜不倦的敬业精神，一直贯穿于王佐良的毕生。

王佐良及其同事们同心协力，使《汉英词典》因丰富的内容、严谨的结构和准确的诠释而获得了巨大的成功。到1994年，商务印书馆已连续印刷五次，1995年，外语教学与研究出版社又出版了它的修订版。它的体例、词条和释义也为众多的后来者所广泛模仿和引用。

随着国家的政治、经济生活重新走上正轨，王佐良的才华也得以尽情地发挥。1981年起，他被聘为国务院学位委员会委员，1985年任该委员会学科评议组外国文学组组长。同时，他还历任国家教委高等院校专业外语教材编审委员会主任、国家教委高等学校专业外语教学指导委员会顾问、中国外语教学研究会副会长、中国英语教学研究会会长等职。由于在英语教学方面的成就，他还被清华大学等多所著名院校聘为特邀或兼职教授。

王佐良在英语文学方面的造诣使他被聘为中国社会科学院外国文学研究所的兼任研究员，并当选为中国外国文学研究会副会长和中国莎士比亚学会副会长。

作为诗人和翻译家的王佐良是中国作家协会理事、作协外国文学委员会委员、中华文学基金会中美文学交流奖评委员会主任、北京市翻译工作者协会副会长。另外，他还是《外国文学》《文苑》杂志的主编，并兼任《英语世界》《英语学习》《世界文学》《译林》等多种杂志的编委或顾问。

尽管身兼如此之多的行政和学术职务，王佐良仍然一刻也没有离开过他所热爱的英语教学工作。除了亲自指导一批又一批的硕士和博士研究生外，他还在教材和教学参考书的选编方面为我国英语教学事业做出了突出贡献。早在1961年，他就为国家主管部门制定大学英语专业培养方案选定了中英必读和参考书目，而且这个书目至今仍十分有用。从1980年起，除了传统的英语教学主流课程之外，他又领导一批中青年教师开出了关于欧洲文化的一门用英语教授的专门课程，为学生广泛而又具体扼要地介绍了欧洲各个历史时期的文学、艺术、哲学以及科学技术方面的基本事实，并与同一时期相关的中国文化现象进行了比较。1992年，由他和祝珏、李品伟、高厚堃共同主编，将讲授这门课程所积累的讲义、提纲等整理成英文的《欧洲文化入门》一书出版，此举得到全国各外语院校的欢迎和关注。这一尝试也从一个侧面体现了王佐良关于"通过文化来学习语言，语言也会学得更好"和"文化知识和文化修养有助于人的性情、趣味、道德、价值标准等的提高，也就是人的素质的提高，这是当前教育界和全社会极须加强的最重要的工作之一"的一贯主张。

王佐良在英语文体学等方面的研究成果大大充实了我国英语教材的内容。1987年出版的由他和丁往道主编的《英语文体学引论》立意新颖、论述精辟、结构严谨，受到教育界的一致好评，荣获国家教委第二届全国高校优秀教材优秀奖及北京市第二届哲学社会科学优秀成果一等奖。

国家的改革开放政策带来了学术界的繁荣。在经过多年的思考与实践以后，王佐良在英语文学、比较文学、文学史和文学翻译理论等多方面的学术思想也日益成熟，他的写作热情一发而不可收。从1978年起，几乎每年都有他的专著出版，而发表在各杂志上的短文和学术会议上的论文更是数量惊人。

王佐良的一个重要贡献就是向中国的广大读者系统地介绍了英语文学的大量优秀著作，特别是诗作和散文。"文革"后，他先是主编了《美国短篇小说选》（中国青年出版社，1978年），后来又和李赋宁、周珏良、刘承沛合作，陆续选编了《英美文学活页文选》，并将其集录成《英国文学名篇选注》（商务印书馆，1983年）。以后，他又翻译和主编了《苏格兰诗选》（湖南人民出版社，1986年）、《英国诗选》（上海译文出版社，1988年）、《并非舞文弄墨——英国散文名篇新选》

（生活·读书·新知三联书店，1994年）等。在这些著作中，王佐良一方面亲自翻译了许多英语名作，而且还为他选编的几乎每一篇作品都精心撰写了介绍和评述，使读者在欣赏异国诗文的音韵风采之余，还能了解到不少有关作者的身世和文化背景知识。

王佐良在文学翻译方面不仅拥有丰富的实践，而且还在翻译理论方面也颇有建树。他的翻译主张，比较集中地反映在他的《翻译：思考与试笔》（外语教学与研究出版社，1989年）、《论新开端：文学与翻译研究集》（英文专著，外语教学与研究出版社，1991年）和《论诗的翻译》（江西教育出版社，1992年）等专著和许多论文中。他特别注重包括翻译作品在内的各种作品必须面向读者，一再强调"一部作品要靠读者来最后完成"。他谦虚地把自己的译作称为"试笔"，说"翻译者是一个永恒的学生"。他认为，翻译的理论不能永远只是津津乐道于前人总结的"信、达、雅"三个字上，而应有自己的见解和发展。他自己的主张是："一、辩证地看——尽可能地顺译，必要时直译，任何好的译文总是顺译与直译的结合；二、一切照原作，雅俗如之，深浅如之，口气如之，文体如之。"在诗歌翻译方面，他更有独到的见解。他提出不论是翻译外国诗歌或中国诗歌，不仅要在音韵和节奏等形式因素上接近原作，而且应忠实原作的风格和意境，"传达原诗的新鲜和气势"。他还特别强调，翻译中要注意处理好全文和细节之间的关系，并谈了自己的体会：

> 如果译者掌握了整个作品的意境、气氛和效果，他有时会发现某些细节并不直接促成总的效果，他就可以根据所译语言的特点做点变通。这样他就取得了一种新的自由，使他能振奋精神，敢于创新。他将感到文学翻译不是机械之味的事，而是一种创造性努力。

王佐良正是以这种"创造性的努力"完成了许多优秀的翻译作品的。

从上大学时撰写有关英国诗人艾略特的研究论文和在牛津大学主修17世纪英国文学开始，50余年中，王佐良一直在英国文学的研究领域辛勤耕耘，多有建树。进入20世纪80年代，他先后编著了《英国文学论文集》（人民文学出版社，1980年）、《中外文学之间》（江苏人民出版社，1984年）、《论契合——比较文学研究集》（英文专著，外语教学与研究出版社，1985年）、《照澜集》（外国文学出版社，1986年）、《风格和风格的背后》（人民日报出版社，1989年）、《莎士比亚绪论——兼及中国莎学》（重庆出版社，1991年）、《英诗的境界》（生活·读书·新知三联书店，1991年）等，从多个角度介绍了英国文学和其他西方文学的方方面面，以及编著者自己的研究心得。其中，《论契合——比较文学研究集》一书集录了作者在20世纪40年代后期和80年代前期着意从事比较文学研究时用英文撰写的11篇论文，探讨的中心问题是20世纪中西方文学之间的"契合"关系。王佐良使用"契合"二字十分贴切而又形象地描述了各国文化之间的彼此渗透，互相影响的关系。这一概念的提出，是对比较文学研究做出的重大贡献。在这些论文中，王佐良用堪称"高级英语读物"（评论者语）的优美文字，先是通过对典型作品艺术性的分析来研究其思想性，进而探讨中西方重要文化运动和思潮的历史、文化与社会背景及它们的消长沿革，从对作品艺术性的分析观察其思想性内涵。该书出版后，受到中外学术界的一致欢迎，称赞它"用充足的史料有力地论证了20世纪西方文学对中国的影响"，对严复、林纾和鲁迅等翻译家的论述"非常精细"，对中国早期现代派诗歌所做的研究"清楚地分析了每位诗人如何超越外国现代派的影响而进一步发展具有独特个性的诗歌"。该书以其新颖的研究方法、独到的见解和清新的文笔，荣获北京市首届哲学社会科学和政策研究优秀成果荣誉奖和全国首届

（1979—1989）比较文学图书荣誉奖。

王佐良在他生命的最后10年中致力于英国文学史的研究。他主持了国家社会科学重点研究项目《英国文学史》的编纂工作。这是一项很大的工程，全书共分5卷，其中他和周珏良合作主编的《英国二十世纪文学史》一卷已由外语教学与研究出版社于1994年出版。与何其莘合著的《英国文艺复兴时期文学史》一卷已经完稿。此外，他还为《英国18世纪文学史》亲自撰写了有关诗人蒲柏的一章。

除了主编《英国文学史》这样的大部头的综合性文学史以外，王佐良还编写了一些专题性的文学史书，如《英国浪漫主义诗歌史》（人民文学出版社，1991年）、《英国诗史》（译林出版社，1993年）和《英国散文的流变》（商务印书馆，1994年）等，其中，《英国浪漫主义诗歌史》荣获北京市第三届哲学社会科学优秀成果一等奖。他在谈及"修史"这一十分严肃的工作时说，编著者不仅要尊重史实，而且"要有中国观点；要以历史唯物主义为指导；要以叙述为主；要有一个总的骨架；要有可读性"。他认为，"写外国文学史首先应该提供史实，以叙述而不是以议论为主"，要"有说有唱，说的是情节，唱的是作品引文。没有大量的作品引文，文学史是不可能吸引读者的"。"然而叙述中仍需有评论，所谓高明主要是评论的高明，特别需要的是中外诗文评论中常见的一针见血之言。"他还强调，文学史的"写法也要有点文学格调，要注意文字写得清楚、简洁，少些套语术语，不要把文学史写成政论文或哲理文，而要有点文学散文格调"。

王佐良的上述认识和主张不仅体现在他的史论中，也贯穿于他的全部作品中。作为一位既是诗人，又有大量译著的学者，王佐良作品中"鲜明的个性"就在于他力图用流畅洗练、生动准确的语言来叙述事实和表达观点。他对英语文体学和汉语修辞都有很深的造诣，这使他得以用富有文采的语言完成浩繁的文史论著的写作；他身体力行了"以诗译诗"的主张,又以散文笔法"说说唱唱"地叙述散文本身的流变;他的游记语言清新,他的剧评文采照人。即使是那些十分严肃深奥的文艺理论和历史沿革,经他娓娓道来,也毫无枯燥之感。读者在学到了知识的同时,也获得了一点"阅读的愉快",真正做到了雅俗共赏。王佐良在谈到文风时,认为即使是学术论文,也应"写得短些、实在些、多样些。如果做得到,也要新鲜些",要如实地记录下自己"所感到的喜悦、兴奋、沉思、疑问、领悟等等",并应"尽量避免学院或文学家圈子里的名词、术语","好的作品应该是能使人耳目清明的,论述文学的文章也应照亮作品,而不是布下更多的蜘蛛网"。这种用富有文采的语言来讨论学术问题的实践,是王佐良和他的同事们对于外国文学研究方法的有益的改革和尝试。

清新隽永的笔法不仅是王佐良深厚的文学功底的流露,也是他乐观、豁达性格的表现。虽然他的人生经历多有坎坷,特别是在"文革"中受到冲击,但在他发表的包括游记、回忆、评论和随感等所有的作品中,却看不到那种怀旧、惆怅的伤感语言,有的都是饱含希望进取的激情文字。正如他自己所总结的:"语言之有魅力,风格之值得研究,主要是因为后面有一个大的精神世界;但这两者又必须艺术地融合在一起,因此语言表达力同思想洞察力又是互相促进的。"

除了日常的教学行政工作和他特别钟爱的英语文学研究外,王佐良更积极地参与了许多社会政治活动。他于1978年被选为北京市政协委员,1983年加入了中国共产党,同年,作为教育界的代表成为中国人民政治协商会议第六届委员会委员,并连任至第七届。

王佐良的成就引起了国外学术界的广泛注意。1980年,他应邀赴美国明尼苏达大学任客座教授讲学三个月;此后,又先后访问了澳大利亚、英国和爱尔兰等国,参加各种学术会议和讲学。他是美国现代语言协会（MLA）和美国文艺复兴时期研究会会员，并被英语文学国际中心（ICLE）聘为顾问委员会委员。他广泛收集各方面的信息，对西方文学及评论流派的变迁和英、美、澳等国文坛的动态了如指掌，并通过对外交流及与国内同行经常地讨论，不断充实自己的学术思想。同时，也使国内外同行加深了对中国文坛动向及中国学者对外国文学研究成果的了解。

王佐良十分推崇"活到老、学到老"的格言，他一贯主张："搞外国文学研究和翻译工作当然离不开良好的外语能力，但首先要有坚实的汉语功底，而且要尽量多掌握一些国内外的政治、社会、经济和科学技术等方面的背景知识，这样才能深刻地了解所涉及的作品内涵，准确地用一种语言表达另一种语言文化，避免许多情况下由于本身文化素养不高和缺乏背景知识而出现的常识性笑话。为此，就要不断地学习，不断地'温故而知新'和接受新事物。"王佐良自己正是身体力行了这一主张，他不仅如饥似渴地博览中外各种文学、艺术、音乐、戏剧著作，而且利用会议、视察、出访等机会广泛接触社会，了解多方面知识。在翻译作品时，凡遇到经济、技术等方面的问题，他都虚心地向包括他的读者在内的懂行的人请教，汲取有用的营养。纵观王佐良的许多评论文章，常看到他能在关键地方恰如其分地信手拈来一些来自生活的例子和中外名著中的典故，又能准确流畅地翻译一些政治、经济、科技乃至军事等领域的术语和概念，使行家看后都毫无别扭之感。王佐良在谈到他写作《英国诗史》的心得时说道：

> 写书的过程也是学习和发现的过程。经过这番努力，我发现我对于英国诗的知识充实了，重温了过去喜欢的诗，又发现了许许多多过去没有认识的好诗，等于是把一大部分英国好诗从古到今地又读了一遍。衰年而能灯下开卷静读，也是近来一件快事。

这本倾注了王佐良多年学习和研究心血的史书，在他逝世后不久被国家教委评为全国人文社会科学优秀科研成果一等奖。

以工作为乐，同样是王佐良人生观的重要内容。为了积蓄充沛精力投入学习和工作，他在年轻时就擅长网球、爬山、游泳等多项体育运动，直到年近七旬，还可以时常骑车外出。晚年，积劳成疾使他患有心血管疾病，又由于颈椎骨质增生压迫神经，腿脚不大灵便，但他依然壮心不已，以惊人的毅力克服着病痛带来的种种不便，更加奋发工作。他曾说过："年逾古稀，还能工作，从一个意义上来讲，可以说是我的福气；从另一个意义来讲，也是不得已。我总是希望在有生之年为国家多做些贡献。尤其对我们来说，耽误了几十年的时间，就特别想把损失的时间尽量补回来。这是一种责任，也是一种快乐。"然而，人们从王佐良那丰硕广博的学术成果和井井有条的工作安排上也许想象不到，他与我国许多老一辈的知识分子一样，除了在业务上常常要为自己规定超负荷的工作任务，且不断地要与疾病斗争以外，在家里也有一本"难念的经"。几十年来，自幼多病的四子几乎每个日夜都离不开二老的照顾，1983 年的一次严重的煤气中毒事故，又使他事业上和生活中的忠实伴侣徐序女士身体元气大伤，这都不能不给他带来众多烦恼，但他却始终如一地保持着坚韧不拔的精神状态，奋笔疾书，忘我地工作。在他生命的最后 10 年间已有 16 部专著问世，身后仍有几本书在付印中。使他感到欣慰的是，通过他与新老外语工作者的不懈努力，我国的外语教学和研究水平日益提高，自己的学生和子女大多学有所成，所钟爱的孙女也步入了他曾为之奋斗毕生的英语文学事业。1989 年，在有关方面的关怀下，王佐良全家得以从居住几十年的清华照澜院老房（《照澜集》即由此得名）搬迁至距离不远的、条件较好的中楼新居。到了晚年，终于又有了一间属于自己的书房，这着实令他高兴。与在 20 世纪 50 年代翻译《彭斯诗选》时和妻子徐序分坐在一张圆餐桌两侧，他译，她抄，并共同讨论的情景相比，与在20世纪70年代在老宅的一隅与孙女轮流共用一张折叠书桌的情景相比，与曾经吊着伤臂坐在马扎上、伏在板凳上写作的情景相比，他感到十分满足了。这也是对他毕生奉献的一点回报吧。即将出版的《中楼集》，便是在这间书房里书就的。

1995年1月17日，《读书》杂志主编沈昌文到王佐良寓所代取他应台湾《诚品阅读》杂志之约撰写的《读穆旦的诗》的文稿，并送来他想读的金庸作品集。不料，这篇为台湾读者撰写的评论文章竟成了他的绝笔。当天，王佐良因心脏病复发住进了医院，经抢救无效，不幸于1月19日晚在北京谢世，终年79岁。

王佐良的逝世震动了中外英语文学界和有关方面，国家教委、北京外国语大学、清华大学、商务印书馆、三联书店等等有关部门、院校和单位纷纷派人或致电表达了深切悼念之情。北外的讣告给予他极高的评价。《人民日报》、《人民日报》（海外版）、《中国日报》、《光明日报》、《中国青年报》、《中国教育报》和《文汇读书周报》等重要报刊都登载了讣告、消息和悼念文章；中央电视台播放了各界人士在八宝山革命公墓礼堂向王佐良遗体告别的节目；新华社香港分社社长周南夫妇、爱尔兰驻华大使和在美国的友好人士等一大批生前友好发来了唁电。人们用汉语和英语中各种美好的词语和崇高的称谓，衷心地表述了对这位蜚声中外的一代大师的怀念之情。

1995年2月9日，王佐良的骨灰被安放在北京香山脚下的万安公墓。

1995年10月

（原载《王佐良文集》，外语教学与研究出版社，1997年）

第四部分

王佐良传略和著作简表

一、王佐良传略（清华篇）

（1916.2.12—1995.1.19）

　　王佐良，英语教育家、外国文学研究家、翻译家、作家和诗人。1916年2月12日生于浙江省上虞百官镇。父亲王燕麟曾任湖北戴生昌航运公司经理，幼时即随父亲与母亲羊月莲及妹妹王剑予家居武汉。1922年起在汉口绍兴、宁波旅汉同乡会小学读书。1929年至1934年在英美圣公会等办的武昌文华中学学习，打下了良好的中、英文基础。他在《在文华中学学英语》一文中，回忆记述了学校当时的师资等情况和对自己读书成长的影响。他从小就喜欢中、外文学，曾担任《文华校刊》总务部部长、小说编辑，发表过十多篇文学作品，成为一个"文学少年"。1934年7月，在湖北省全省高中毕业生命题会考中，他取得了第二名的优异成绩。

　　中学毕业后因家境变化，王佐良不得不停学求职。他考进湖北省盐务稽查处，成为一名会计课员以自谋学费。1935年考取当时的国立清华大学外文系，受业于英国诗人和批评家威廉·燕卜荪等名师。他入学时，中、英文水准皆为全班之冠，与李赋宁、许国璋、周珏良并称为该系"四大才子"。他读书非常勤奋，对文史哲各科都尽力涉猎；英文写作出色，几乎每次考试都是全班最好的，受到过贺麟、王文显、陈福田、叶公超、吴宓、刘崇鋐、钱锺书等各学科名师的称赞。在大学二年级举行的全校英语演说比赛中，他以"十年后之清华"（"Tsinghua Ten Years After"）为题目获得第一名。"七七"抗战全面爆发后，王佐良随校南下，经湖南（长沙、南岳）迁往云南（蒙自、昆明），入西南联合大学，并于1939年从西南联大外文系毕业，留校历任助教、教员、专任讲师。1940年2月1日，王佐良与在贵阳医学院学习的同乡徐序女士结为伉俪。

在西南联大期间，王佐良和丁则良等发起组织了文史哲学术团体"十一学会"（潘光旦先生释其名曰"推十合一谓之士"；吴宓先生称之为"二良学会"），举办学术讲座，办刊物针砭时弊，受到师生们的欢迎和支持。他与丁则良、周一良、王乃樑被誉称"三良一樑"，为西南联大文科青年教师中的佼佼者。在抗战期间，他用精通的英语积极协助盟军做军援工作，曾于1943年3月—8月兼任昆明干海子美军炮兵训练大队秘书和译员。后又兼任军委会国际宣传处昆明办事处主任，向世界宣传中国的抗战形势。他撰写了大量中、英文政论评估当时复杂的国际时局，分析各大战场形势，揭露德意日法西斯的卑劣的宣传伎俩，以显示对世界人民反法西斯战争必胜的信心。

抗战胜利后，王佐良于1946年秋携家人随校返回北平，在清华大学外文系继续执教。1947年秋，他以考试第一名的成绩公费留学，成为英国牛津大学墨顿学院研究生。他师从"世界上最有学问的文艺复兴研究者"F.P.威尔逊教授，攻读英国文学，出色地完成了学位论文，获B.Litt学位［后牛津又补发了Master of Letters（文学研究硕士学位）］。

新中国成立前夕，王佐良放弃了在国外继续深造和工作的机会，于1949年9月毅然回国。先在华北大学（中国人民大学前身）进修，随后到北京外国语学校（北京外国语学院前身）任教授。1950年与其老师金岳霖、钱锺书等一起被聘为中共中央宣传部《毛泽东选集》英译委员会委员，参加了《毛泽东选集》1—4卷的翻译工作。其后一直在北京外国语学院（今北京外国语大学）任教授、英语系主任。

1959年，他因教研工作贡献突出，被评为北京市先进工作者代表，出席了全国"群英会"，同年当选为第二届北京市政协委员，并连任到第五届。

在"文革"浩劫时期，王佐良和许多知识分子一样，受到冲击和迫害。他和另外两位北外知名教授被打成所谓的"洋三家村""反动学术权威"，被抄家批斗。更由于抗战时期的所谓"历史问题"而被长期隔离审查，历经磨难，并下放湖北沙洋干校劳动。后恢复部分教学工作，于1975年参加编写国家重点项目《汉英词典》，任第一副主编。

改革开放后，王佐良恢复了英语系主任工作，并任北京外国语学院副院长、院学位委员会主席、博士生导师、院顾问兼外国文学研究所所长等职务。于1981年受聘为国务院学位委员会委员，1985年起任该委员会学科评议组外国文学组组长。1983年，王佐良加入中国共产党，同年当选第六届全国政协委员，并连任至第七届。他被清华大学、外交学院、中山大学、中国社会科学院研究生院等多所高等院校聘为兼职教授或特邀博士学位评委，并兼任中国社会科学院外国文学研究所研究员、国家教委高等院校专业外语教材编审委员会主任、国家教委高等学校专业外语教学指导委员会顾问、中国莎士比亚学会和中国外语教学研究会第一届副会长、中国英语教学研究会第一届会长、中国外国文学研究会副会长、中国作家协会理事、中国翻译协会理事、中国国际友人研究会理事、《外国文学》主编等。他还被英语文学国际中心聘为顾问委员会委员，并于1990年享受国务院政府特殊津贴。1995年1月19日，王佐良因病不幸在北京逝世，享年79岁。

王佐良的夫人徐序（1918—2008），原名吟娥，浙江省鄞县人。原为清华大学外语系俄语讲师，自1953年起教书育人，卓有贡献。她不仅辛勤持家，任劳任怨，还为先生誊写了几乎每一部著作的发表稿，达数百万字之多。他们相濡以沫，患难携手风雨五十五载，是互敬家和、为人师表的一对楷模。他们共育有子女五人：长子王章、次子王意、女儿王佳、四子王竟、五子王立。除王竟不幸因病英年早逝外，其他子女均在父母的培养和熏陶下事业有成，各有建树。

作为著名的英国文学与比较文学研究家、教育家、翻译家、作家和诗人，王佐良一生勤奋、睿智、卓越、务实、奉献，在诸多方面都卓有成就。在繁忙的教学、行政工作和社会活动之余，发表的学术专著和主持编撰的著（译）作就达近 40 部。他特别在英语教育、外国文学研究、文学翻译理论与实践，以及促进中西方文化交流等领域做出了毕生的贡献，不愧是老一辈中国知识分子中的一位杰出代表。

早在 20 世纪五六十年代，王佐良就与许国璋、吴景荣被称为新中国"三大英语权威"，此后他继续积极献身外语教学与研究事业。身为英语界资深教授和博士生导师，他辛勤耕耘了半个多世纪，桃李满园，为国家培养了一批又一批优秀人才。仅在清华和北外，他亲自指导或授课的学生中就有众多知名人士，如陈琳、章含之、英若诚、张中载、胡文仲、吴千之、潘绍中、梅仁毅、王家湘、吴古华、金立群、郭栖庆、刘新民、金莉、曹莉、杨国斌、高继海、杨澜、姜红等。除此之外，他在外语教学法研究、教材选编、课程设置等方面都做出了创造性的贡献。

从 20 世纪 60 年代起，王佐良引领了对英语文体和风格的研究，汇编于《英语文体学论文集》和《风格和风格的背后》等书中。其《英语文体学引论》（与丁往道等合作）于 1992 年获国家教委第二届全国高校优秀教材优秀奖和北京市第二届哲学社会科学优秀成果一等奖。20 世纪 80 年代初，他倡导以介绍欧洲文化背景的课程，并主持编著了相应教材。其英文版《欧洲文化入门》（与祝珏、李品伟、高厚堃合作）于 1995 年获国家教委第三届高校优等教材奖一等奖，后一直作为大学和国家自学考试英语专业的指定教科书。在普及优秀世界文学作品方面也不遗余力，他兼任过《英语学习》《英语世界》《世界文学》《译林》等多种杂志的编委或顾问，并且经常撰文拟稿，通过报刊、电视等媒体举办讲座，向国内广大读者系统介绍英语文学的优秀作品。在 20 世纪 60 年代，他与李赋宁、周珏良、刘承沛合作选编了《英美文学活页文选》，后集结成《英国文学名篇选注》。他还主编了《美国短篇小说选》和《并非舞文弄墨——英国散文名篇新选》等作品集。

王佐良在英国文学和比较文学领域研究深湛，成就斐然，奉献了多部学术精品。其牛津学位论文 *The Literary Reputation of John Webster to 1830*（《约翰·韦伯斯特的文学声誉》）于 1975 年由奥地利萨尔斯堡大学出版社出版，并受到国外行家的好评。认为这部"有深度"的著作"非常出色"，是该出版社英国文学研究丛书中最具可读性的图书之一。他撰写了《莎士比亚绪论——兼及中国莎学》《英国散文的流变》等专著和《英国文学史》等史论。他与周珏良联合主编的《英国二十世纪文学史》于 1995 年获全国高等学校出版社第二届优秀学术专著奖特等奖；所著的《英国文艺复兴时期文学史》（与何其莘合著）1998 年获第十一届中国图书奖，1999 年获国家社会科学基金项目优秀成果奖。

王佐良用英文撰写的《论契合——比较文学研究集》对近一个世纪中西方文学之间的相互渗透和影响进行了全面阐述。该著作从 1988 至 1992 年先后获北京市首届哲学社会科学和政策研究优秀成果荣誉奖、全国首届比较文学图书荣誉奖和教委高校出版社优秀学术专著奖。明尼苏达大学英语系主任 J. 劳伦斯·米切尔教授称赞《论契合——比较文学研究集》是一部"出色的文集"，"资料丰富"，"启迪人心"，"仅从这些顺便提到的作家当中，也能窥见作者兴趣与学识的广博"。这部英文力作于 2015 年又由施普林格和外研社出版了新版及英汉对照本。

王佐良对于中外文学翻译理论的研究和实践也卓有建树,出版有《翻译:思考与试笔》《论新开端:文学与翻译研究集》等专著。他本人也是一位纯熟运用两种文字进行英汉、汉英双向翻译的专家,给读者留下了许多经典译著。他曾担任《毛泽东选集》中《战争和战略问题》等多篇的主译。1951 年他与姜桂侬、吴景荣、周珏良、许国璋、朱树飏等合作翻译了苏联作家爱伦堡的长篇小说《暴风雨》的英文版。1957 年他用笔名"竹衍"翻译了美国长篇小说《赛拉斯·丁伯曼》。1958 年他与巴恩斯合作完成的中国话剧《雷雨》英译本广受赞扬。他翻译的培根随笔《谈读书》等译文优美传神,被视为经典范例。

王佐良对诗歌的翻译尤为重视,倾心实践,功力深湛,译作众多。作为一位现代诗人,他主张"以诗译诗",把诗歌翻译看作是"一种创造性的艺术活动",书就了《彭斯诗选》等译文中许多脍炙人口的名句。他的大量著述也都与中外诗歌有关。如《论诗的翻译》《苏格兰诗选》《英诗的境界》《英国诗文选译集》《读穆旦的诗》《英国文学名篇选注》《英国诗选》等。所著《英国浪漫主义诗歌史》1994 年获北京市第三届哲学社会科学优秀成果一等奖;《英国诗史》1995 年获国家教委首届人文社科优秀成果一等奖和第二届全国优秀外国文学图书奖一等奖。王佐良的翻译理念、美学思想、文体风格、语言特色等为国内外研究者所重视,近年来已成为数十篇博、硕士论文的研究专题。

最近发现的一大批早期作品使人们对王佐良的文学创作方面的成就和贡献又有了新的认识。早在中学时,他就展露出文学创作的才华,担任过《文华校刊》主编,还经常写散文和诗歌,成了一个"文学少年"。近来还发现了他的几十篇早期作品,包括 20 世纪三四十年代创作的短篇小说、地方印象记、散文、诗歌等,发表在《中学生》、《清华周刊》、《文艺复兴》、《大公报》文汇副刊、《生活与文学》等中外报刊上。在抗日救亡运动中,他不仅和大批爱国热血青年学子一道,投身到游行示威的洪流中,还以笔名"竹衍"发表了《一二·九运动记》的激昂文章。在西南联大,他除了研究、翻译英文诗以外,还写诗创作,为《文聚》等文学刊物撰稿。他与同窗诗友穆旦等一起被认为是20世纪40年代"中国新诗派"的代表人物,诗风清新自然,语言质朴素净,长于智慧和哲思。闻一多先生曾把他的两首诗选入《现代诗钞》,近年来《西南联大现代诗钞》中又收录了19首,还有几十首有待结集发表。杜运燮先生在《怀念诗人王佐良》一文中说:"我总觉得,他气质上是个诗人。""他一生爱诗,写诗,研究诗,写诗论,译诗,编诗选。"不仅是诗作,他写的大量散文、游记、书评、剧评、随笔等都文采隽永,富于神韵,深受读者喜爱。

新近在抗战文献研究中发现的王佐良为战地服务团撰写的 *Trends in Chinese Literature Today*(《今日中国文学之趋向》)的抗战英文宣传册,具有重要的文物价值和学术研究价值。该文以精辟的见解,生动的笔触,概述了从五四新文化运动开始的约25年里中国现代文学的全景式发展历程、时代特征和历史意义。由此他对中国新文学的成就提出了独特的思考、诠释和展望,并从中阐发出自己的文学理念和追求,表现出诗人的灵秀和智者的境界。尤其是他从当时开始就以中外文学史相互"契合"的视角,运用比较研究的方法概括总结中国新文学的发展趋向。由此而发端的其后许多研究著作都一脉相承,体现了五四以来的人文思想精神,因此他被称为当代中国一位不可多得的"文艺复兴式"人物是当之无愧的。

王佐良不仅是中国著名的研究和传播外国文学的专家,还作为一位跨语言、跨文化交流的使者,一生致力于促进中外文学间的互动和各国人民之间的理解。早在清华和西南联大求学期间，他就开始注意辨析不同文化的细微差异，并指出翻译的复杂性和重要性，对人类跨文化交流理解的可能性进行探索。1980年春，他作为客座教授赴美国明尼苏达大学授课讲学，是中美建交后最早进行学术交流的中国著名学者之一。还应邀到俄亥俄大学进行学术演讲。此后又三次应邀赴美。1985年他作为美中学术交流委员会邀请的杰出学者，赴美在普林斯顿、哈佛、加州伯克利大学进行研究和讲学，还访问了麻省（阿姆赫斯特）、乔治·华盛顿、斯坦福、加州理工、明尼苏达、密苏里（堪萨斯城）等大学及三家特藏图书馆。其间共发表了九次学术演讲，深受欢迎。1986年他率中国代表团赴美参加英语教学研讨会。1987年又率团参加中美比较文学研讨会及工作坊，访问了普林斯顿、印第安纳、加州大学洛杉矶分校等高校，随后应邀到加拿大维多利亚大学访问讲演。他还以中国作家、特邀学者和国际评委的身份出访英国、法国、爱尔兰、苏联、澳大利亚、阿尔及利亚等国家和中国香港等地区进行文化教育交流活动，足迹遍布五大洲。

王佐良先生学识渊博，才华出众，他的主要著作已收集在《王佐良文集》(1997)、《王佐良选集》(2011)和最新出版的12卷本《王佐良全集》中。在学术上他尤其注重独立的思想见解，从不人云亦云，而是独辟蹊径，勇于探索，自成一家。他的文学评论锐利中肯，深刻精辟，富有新意。在治学上一向深思熟虑，严谨求真，一丝不苟。对自己已经发表的文字仍然推敲修改，不断精益求精。他一贯尊师重道，诚挚待友，热心助人，提携后学，诲人不倦。他胸怀宽广，高风亮节，友善仁厚，严于律己，宽以待人，深受中外学界同人的尊敬和爱戴。在北外，大家都亲切地尊称他"王公"。无论在教学研究工作中，还是在院、系领导岗位上，他都率先垂范，带领团队，优质高效地创作出大批一流学术成果。他不仅学贯中西，远见卓识，还与时俱进，不断从教学实践和中外文化交流中吸取新锐方法理念。虽然一生历经风雨坎坷，但达观坚韧的性格使他在逆境下也保持着积极的心态，自强不息，勤奋忘我，实干奉献。他一生辛勤笔耕，熔知识、文化和哲思于一炉，开创了全新的学术文风。"言为心声，文如其人"，他的众多作品中都反映出一种睿智高尚的风范和清新健朗的品格。钱锺书先生曾称赞王佐良在学术上的精进："时时于刊物上得读大作，学识文采，美具难并，赏叹无已。"他年轻时爱好打网球、游泳，欣赏西方古典音乐、艺术，还喜欢京剧和中国传统书画。他热爱大自然，常健行于山水名胜之旅，并体察记录中外各地风土人情，酝酿出篇篇佳作。多年来他一直潜心于研修学问，在生活上随遇而安，从不追求奢华享受。家在清华园先住丙所，后于 1953 年移居照澜院 13 号长达 35 年，1988 年冬方迁至中楼区。因教学和工作繁忙，他曾常年自己住北外宿舍，仅在周末骑车返清华和家人团聚。

　　王佐良对清华园的一草一木有着浓浓的情感和深深的眷恋。他上清华后不久，就发表了散文《思想，山水，人物》（1936），用清新抒情的笔调，记述了在优雅学习环境下，师生们紧张而愉快的生活。在《大学教育变质》（1943）一文中，他叙述了抗战时流亡迁校的巨大变故。在艰苦的物质条件下，在日寇飞机的轰炸下，西南联大等高校师生们发愤图强，表现出中国教育新的精神风貌。多年的校园情怀使他悟出清华人做学问的最高标准："卓越与为公。"他身体力行发扬清华的优良传统，心里始终保持着这一治学的终极原则。他常常一边在校园内散步赏景，一边感物寄兴，构思新作。《照澜集》（1986）和《中楼集》（1995）两部文集就是以清华的后两处居所冠名的，可以说是他寓身心于"水木清华"而生发的灵感的写照。在《想起清华种种——八十校庆感言》中他说：

　　　　我深知我的母校的可贵。我也曾在西方读书和讲学，到过不少第一流学府,也很喜欢它们,但我心里仍然抱有清华的形象,不怕拿清华同他们相比。因为我知道,在多灾多难的中国现代史上,我们的母校尽到了一所大学应起的作用:培养爱国的、学识精湛的专门家,在中国的革命和复兴里立下了功劳。

我们看到,卓越为公清华志,才华奉献天下行。王佐良先生的一生不懈的追求和成就,正是这种志向和贡献的完美体现。

后记:

本《传略》是在2012年出版的《清华名师风采》(文科卷)中《王佐良小传》原稿的基础上,参考其他有关先父的传记、回忆录等资料以及最近研究发现的材料重新增补撰写的。因时间仓促,学识见闻有限,很可能有疏漏不当之处,敬希各位师友和读者指正。

王立谨识 2016 年 12 月 1 日

二、王佐良著作简表

王佐良著作简表

出版日期	著/译者	书名、版本、出版社	获奖情况及注释
1930—1940年代	王佐良、佐良(笔名)、良(笔名)、竹衍(笔名)、行朗(笔名)、庭晟(笔名)等	诗歌、散文、中短篇小说、文学评论、政论、时评、游记、随笔等数十篇散见于各种报刊，有待继续搜集整理	
1946	Wang Tso-Liang（王佐良）	*Trends in Chinese Literature Today*（《今日中国文学之趋向》），战地服务团（北平）	
1951	王佐良、姜桂侬、吴景荣、周珏良、许国璋、朱树飏合译	《暴风雨》(【苏】爱伦堡著，三卷本)，文化工作社（上海）	译自英译本
1957	竹衍（笔名）译	《赛拉斯·丁伯曼》(【美】法斯特著)，作家出版社	
1958	王佐良、巴恩斯（A.C.Barnes）合译	《雷雨》(曹禺著，英译版)，外文出版社	
1959	王佐良译	《彭斯诗选》，人民文学出版社（1985年版）	

续表

出版日期	著/译者	书名、版本、出版社	获奖情况及注释
1975	Wang Tso-Liang（王佐良）	*The Literary Reputation of John Webster to 1830*（《约翰·韦伯斯特的文学声誉》，牛津学位论文），Salzburg University Press（萨尔斯堡大学出版社）	
1980	王佐良主编	《美国短篇小说选》，中国青年出版社	
1980	王佐良	《英国文学论文集》，外国文学出版社	
1980	王佐良译	《英国诗文选译集》，外语教学与研究出版社	
1981	王佐良	《英国文体学论文集》，外语教学与研究出版社	
1982	王佐良、刘承沛选编	《美国短篇小说选》（英文版），商务印书馆	
1983	王佐良、李赋宁、周珏良、刘承沛主编	《英国文学名篇选注》，商务印书馆（1987年再版）	
1984	王佐良	《中外文学之间》，江苏人民出版社	
1985	王佐良	《论契合——比较文学研究集》（*Degrees of Affinity: Studies in Comparative Literature*），外语教学与研究出版社	1988至1992年先后获北京市首届哲学社会科学和政策研究优秀成果荣誉奖、全国首届比较文学图书荣誉奖和教委高校出版社优秀学术专著奖

续表

出版日期	著/译者	书名、版本、出版社	获奖情况及注释
1986	王佐良译	《苏格兰诗选》，湖南人民出版社	
1986	王佐良	《照澜集》，外国文学出版社	
1987	王佐良、丁往道主编	《英语文体学引论》，外语教学与研究出版社	1992年获北京市第二届哲社优秀成果一等奖和第二届全国高校优秀教材优秀奖
1987	王佐良	《风格和风格的背后》，人民日报出版社	
1987	王佐良译	《爱情与自由》（彭斯著），人民文学出版社	
1987	王佐良主编	《文苑》（Ⅰ），外语教学与研究出版社	
1988	王佐良译	《英国诗选》，上海译文出饭社	
1989	王佐良主编	《文苑》（Ⅱ），外语教学与研究出版社	
1990	王佐良	《翻译：思考与试笔》（*Translation: Experiments and Reflections*），外语教学与研究出版社	
1991	王佐良主编	《文苑》（Ⅲ），外语教学与研究出版社	
1991	王佐良	《莎士比亚诸论——兼及中国莎学》，重庆出版社	
1991	王佐良	《英诗的境界》，生活·读书·新知三联书店	
1991	王佐良	《英国浪漫主义诗歌史》，人民文学出版社	1994年获北京市第三届哲社优秀成果一等奖

续表

出版日期	著/译者	书名、版本、出版社	获奖情况及注释
1991	王佐良	《心智的风景线》,生活·读书·新知三联书店	
1991	王佐良	《论新开端:文学与翻译研究集》(A Sense of beginning: Studies in Literature and Translation),外语教学与研究出版社	
1992	王佐良、祝珏、李品伟、高厚堃合著	《欧洲文化入门》,外语教学与研究出版社	1995年获国家教委第三届高校优等教材奖一等奖
1992	王佐良	《论诗的翻译》,江西教育出版社	
1993	王佐良编译	《英国诗选》(注释本),上海译文出版社(1995年再版)	
1993	王佐良	《英国诗史》,南京译林出版社(2008年再版)	1995年获教委首届人文社科优秀成果一等奖和第二届全国优秀外国文学图书奖一等奖
1993	王佐良	《并非舞文弄墨——英国散文新编》,香港牛津大学出版社	
1994	王佐良	《并非舞文弄墨——英国散文名篇新选》,生活·读书·新知三联书店	
1994—1996	王佐良、周珏良主编	《英国文学史》(5卷本),外语教学与研究出版社	

续表

出版日期	著/译者	书名、版本、出版社	获奖情况及注释
1994	王佐良、周珏良主编	《英国二十世纪文学史》（5卷本《英国文学史》之5），外语教学与研究出版社	1995年获全国高等学校出版社第二届优秀学术专著奖特等奖
1994	王佐良	《英国散文的流变》，商务印书馆	
1995	王佐良	《中楼集》，辽宁教育出版社	
1996	王佐良、何其莘合著	《英国文艺复兴时期文学史》（5卷本《英国文学史》之2），外语教学与研究出版社	1998年获第十一届中国图书奖；1999年获国家社会科学基金项目优秀成果奖
1996	王佐良	《英国文学史》，商务印书馆	
1997	王佐良	《王佐良文集》，外语教学与研究出版社	
1998	王佐良	《语言之间的恩怨》，天津人民出版社	
2005	王佐良	《文学间的契合——王佐良比较文学论集》（顾钧汇编），外语教学与研究出版社	
2007	王佐良	《心智文采——王佐良随笔》，北京大学出版社	
2009	王佐良	《带一门学问回中国——英国文学的信使王佐良卷》，天津人民出版社	
2011	王佐良	《王佐良选集》，外语教学与研究出版社	

续表

出版日期	著/译者	书名、版本、出版社	获奖情况及注释
2013	王佐良选编	《英国诗歌选集》(An Anthology of English Verse，上、下，金立群注释)，上海译文出版社	
2015	Wang Zuoliang（王佐良）	Degree of Affinity: Studies in Comparative Literature and Translation (《论契合——比较文学与翻译研究集》)，Springer（施普林格出版社）	
2015	王佐良	《论契合——比较文学研究集》（梁颖译，英汉双语版），外语教学与研究出版社	
2016	王佐良	《王佐良全集》（12卷），外语教学与研究出版社